MONSEÑOR FEDERICO LUNARDI

LA FUNDACIÓN DE SAN PEDRO Y GRACIAS A DIOS
(Y DE LAS PRIMERAS VILLAS Y CIUDADES DE HONDURAS)

ERANDIQUE
COLECCIÓN

LA FUNDACIÓN DE SAN PEDRO Y GRACIAS A DIOS (Y DE LAS PRIMERAS VILLAS Y CIUDADES DE HONDURAS)
MONSEÑOR FEDERICO LUNARDI

©Colección Erandique
Supervisión Editorial: Óscar Flores López
Diseño de portada: Andrea Rodríguez
Administración: Tesla Rodas—Jessica Cordero
Director Ejecutivo: José Azcona Bocock
Primera Edición
Tegucigalpa, Honduras—Diciembre de 2024

LAS DOS CARAS DE MONSEÑOR LUNARDI

No conocía nada sobre la vida de monseñor Federico Lunardi. Fue hasta que me topé —en la Colección del Libro Hondureño de la Universidad Nacional de Tegucigalpa, a cuyo personal agradezco su apoyo profesional en esta tarea de reeditar libros que ayuden a recuperar la memoria histórica—, con varios de sus obras, que descubrí la tarea de investigación arqueológica que este sacerdote italiano realizó en varios países del mundo, entre ellos, el nuestro.

Unánimemente, los especialistas en el tema reconocen las aportaciones que monseñor Lunardi hizo a la cultura hondureña, con libros que incluyen al Cacique Lempira, los mayas y la conquista.

Durante los diez años que vivió en Honduras como representante de la Santa Sede, monseñor Lunardi se dedicó a estudiar con pasión sobre la civilización asentada en Copán y otras zonas del país.

Sin embargo, el prestigio de monseñor ha sido cuestionado por varios historiadores, entre ellos, Eliseo Fajardo, director del Archivo Histórico Municipal de San Pedro Sula.

"El tráfico de piezas arqueológicas en toda Centroamérica fue una permanente acción deliberada de coleccionistas criollos y extranjeros. El vandalismo entre 1870 y 1940 fue difícil de controlar", señaló Fajardo. [1]

Un personaje que en ese momento extrajo piezas del Valle de Ulúa, entre ellas vasos de mármol, y las trasladó a Europa era el obispo italiano Federico Lunardi, quien tenía membresía de cónsul, y se dedicó el tráfico de artefactos arqueológicos que ahora son vendidos en esos países —agrega Fajardo.

En iguales términos se refirió el prestigioso arqueólogo Ricardo Agurcia Fasquelle en un artículo publicado hace treinta años en la Revista del Instituto Hondureño de Antropología e Historia.

"Un ejemplo de la destrucción del Patrimonio para la obtención de colecciones de instituciones e incluso de individuos, es el caso del Nuncio Apostólico, monseñor Federico Lunardi, quien estuvo en

---

[1] Entrevista publicada el 15 de noviembre de 2024 por el periodista Juan Carlos Rivera de Diario La Prensa de San Pedro Sula.

Honduras durante la época de los 40´s como embajador de la Santa Sede", recordó Agurcia.

"Evidentemente, Lunardi tenía cierto entrenamiento en Arqueología y, al estar en territorio hondureño se dedicó en forma sistemática a la recolección de una enorme cantidad de objetos arqueológicos", continúa escribiendo Agurcia.

Aunque aclara que "No tenemos a mano suficiente documentación sobre el caso de Monseñor Lunardi para decir si él obtuvo un permiso del Gobierno", Agurcia expone que "es claro que coleccionó una enorme cantidad de materiales arqueológicos que a su partida del país llevó consigo hacia Italia".

Hoy, esa enorme colección de materiales arqueológicos se encuentra en Génova, Italia, en la Sala Federico Lunardi del Museo Culturas del Mundo.

En medio de todo eso, Agurcia reconoce la labor investigativa que Lunardi realizó.

"Del lado positivo podemos observar que monseñor Lunardi dejó una serie de escritos que él hizo sobre la Arqueología de Honduras. A pesar de que muchas de sus observaciones no llevan el tinte científico deseado, contienen una cierta cantidad de información que de otra forma no tuviéramos el día de hoy", concluye.

El libro La fundación de la ciudad de Gracias a Dios y de las primeras villas y ciudades de Honduras (título original que hemos cambiado para hacerlo más tractivo a los lectores) es un ejemplo de ello.

La obra contiene infinidad de referencias de documentos que Lunardi encontró en archivos de la región.

Hemos respetado lo que, al día de hoy, parecerán faltas a la ortografía. De esa forma se conserva el espíritu de las cartas y documentos escritos por los conquistadores españoles hace varios siglos, y por el propio Lunardi.

Es un libro que, sin duda, hace a la bibliografía nacional un valioso aporte.

Óscar Flores López
Editor Colección Erandique

BIBLIOGRAFÍA RESUMIDA

ALVARADO, DON PEDRO DE, Adelantado. —Carta al Real Consejo de Indias de 20 de noviembre de 1535 en "Libro Viejo de la Fundación de Guatemala y papeles relativos a Don Pedro de Alvarado". —Biblioteca Guatemala, vol. XII, Guatemala, 1934. Otras cartas se contienen en DOCUIN y se citan en el presente trabajo.

ALCEDO, ANTONIO. —Diccionario Geográfico—Histórico de las Indias Occidentales o América—Madrid, 1786.

AYÓN, TOMAS. —Historia de Nicaragua, Granada,1882.

CASTILLO, BERNAL DÍAZ DEL.—Conquista de la Nueva España. —Biblioteca de Autores Españoles—XXII—de Enrique de Vedia, Tomo I.—Madrid,1931.

CASTILLO, BERNAL DIAZ DEL.—Conquista de la Nueva España—Tomo XXVI de la Biblioteca de Autores Españoles, de Enrique de Vedia, Tomo II—Madrid,1928.

CORTÉS, HERNÁN. —V Carta de relación al Emperador Carlos V.—Tomo XXII de la Biblioteca de Autores Españoles, de Enrique Vedia, Tomo I—Madrid,1931.

DURÓN, RÓMULO E.—Bosquejo de Historia de Honduras de 1502 a 1921. —(Biblioteca de la Sociedad de Geografía e Historia). S. Pedro, 1927.

ESPINOZA, VÁSQUEZ DE, Carmelita. — "Compendio y Descripción de las Indias Occidentales"—1629—30. Publicado en inglés, por la Smithonian Institution de Washington. La Primera Parte la ha publicado el Lic. Adrián Recinos: "La Audiencia de Guatemala", por Antonio Vásquez de Espinoza, año 1629—Guatemala, 1943.

GARCÍA ALVÁRADO, ERNESTO. — ¿Fundó Juan de Chávez la ciudad de Gracias?—Revista "Sembremos", órgano del Instituto Martínez Fuentes. Tomo I, nn. 2 y 3, dic. 1938, enero 1939.

HERRERA, ANTONIO DE. —Historia General de los Hechos de los Castellanos —El primer tomo: Descripción dé las Indias Occidentales. —La primera edición apareció en 1601; la última, no terminada, en Madrid,1934.

LUNARDI, MONSEÑOR FEDERICO. —Lempira, El Héroe de la Epopeya nacional de Honduras.—Extraído de la Revista del Archivo y Biblioteca Nacionales—Tomos XX y XXI, 1942—1943.

LUNARDI, MONSENOR FEDERICO. —Descubrimiento de la Gran Metrópoli Maya en el Valle de Comayagua, Rep. de Honduras— En Revista del Archivo y Biblioteca Nacionales—Tomos XIX—XX, años 1641—1942 y en Revista Geográfica Americana, n. 93, junio de 1941, Buenos Aires.

LUNARDI, MONSENOR FEDERICO. —Los Misterios del Valle de Comayagua, Extraído de El Cronista, de Tegucigalpa, febrero de 1941.

LUNARDI, MONSENOR FEDERICO. —Los Misterios Mayas del Valle de Otoro publicado en "El Cronista" 2 de.........1942 y en "Revista Geográfica Americana", XX, n. 118, julio 1943.

LUNARDI, MONSENOR FEDERICO. —Choluteca, Ensayo histórico etnográfico—Tomado del "Boletín de la Biblioteca y Archivos Nacionales", número extraordinario, oct. 1945, publicado en el Centenario de la ciudad de Choluteca. —Tegucigalpa, 1945.

LUNARDI, MONSENOR FEDERICO. —El Valle de Comayagua, Documentos para la Historia. —n. 3 Iglesia y Convento de San Francisco. —Tomado de Ja "Revista del Archivo y Biblioteca Nacionales", Tegucigalpa, 1945.

LUNARDI, MONSEÑOR FEDERICO. —El Valle de Comayagua, Documentos para la Historia—I, El Tenguax y la primera iglesia catedral de Comayagua (Ocaso de los pueblos mayas y orígenes de la Colonia). —Biblioteca de la Sociedad de Antropología y Arqueología de Honduras. —Tegucigalpa 1946.

LUNARDI, MONSENOR FEDERICO—Obras anteriores:

El Macizo Colombiano, presentado en sesión inaugural del Instituto Panamericano de Geografía e Historia, celebrado en Río de Janeiro, 1932—33.—Río de Janeiro,1935.

—La Vida en las Tumbas. —Arqueología de San Agustín y otras regiones de Colombia. —Río de Janeiro 1935.

—Costumbres Mortuorias del Macizo Colombiano. —Río de Janeiro 1935.

—Estatuas prehistóricas pintadas. —Santiago de Chile, 1934.

—O Angasmayo, límite oficial del Imperio Incaico (redescubrimiento del Río Angasmayo). Río de Janeiro, 1935.

—Primera y segunda edición en portugués, y edición abreviada en español.

—Fauna monumental prehistórica del Macizo Colombiano—En Rev. del Museo Nacional de Lima, Perú, 1936.

—A Primeira Missa na América—Edic. del Instituto Histórico e Geográfico de Río de Janeiro, 1928.

—I Sirióno—Estratto dell' Archivio per l' Antrop. e Etnología,no. 68, Firenze,1938.

—Las Calaveras, como objeto de susperstición entre los indios de la Cordillera de los Andes. —Revista Universitaria de Ia Sociedad Chilena de Ciencias Naturales, vol. XIX, dic. 1934.

—Animales monstruosos exhibidos en los Museos—En Rev. de la Soc. Chil. de Ciencias Nat., a. XXV, 1940.

—El Rayo y su Culto en los Andes—En Rev. de la Soc. Chil. de Ciencias Nat., a. XXV, 1940.

—La Fundación de la Ciudad de Gracias a Dios y de las primeras villas y ciudades de Honduras. —Tegucigalpa, 1946.

—El Sol diurno y nocturno de los Mayas—Estudios Maya, n. 1.— "Revista Honduras Maya" n. 1.—Tegucigalpa,1946.

—Hueitlapallan—La Hueitlapallan que buscaba Cortés no era Copán, sino Sulaco—Estudios Mayas n. 2, "Revista Honduras Maya", n.1.—Tegucigalpa,1946.

—Miscelánea Maya. —"Revista Honduras Maya" n. 1.

—Tres Vasos Mayas con cabezas en relieve del Valle de Comayagua.— "Revista Honduras Maya", n. 1, Tegucigalpa, 1946.

—La Majestad como insignia de poder entre los Mayas. Revista "Honduras Maya". n. 1.

—Una cabeza de jadleita entre los Cares. Rev. "Honduras Maya" número 1.

LIBRO VIEJO de la Fundación de Guatemala. —Biblioteca "Goatemala" de la Sociedad de Geografía e Historia—Volumen XII—Guatemala,1934.

MONTEJO, FRANCISCO DE, Adelantado. —Carta al Emperador Carlos V de 1° de junio de 1539. Tomo XXIV de la Colección de Documentos Inéditos por Torres de Mendoza, Madrid

1875. Reproducida en Revista del Archivo y de la Biblioteca Nacionales de Honduras, Tomo IV, núm.5, 6, 7, 8, año 1908. Inserta en la Colección de D. J. B. Muñoz, Tomo LXXXI y reproducida en Revista del Archivo y Biblioteca Nacionales, Tomo VI, n. X y sigs. 1928. Las cartas de 1º de junio, son dos y variamente reproducidas aun en el tomo II de Docum. Inéd. de Torres de Mendoza. La carta de 15 de agosto está repetida con variantes, en fecha de 25 de agosto (tomo II Docuin). — Como Montejo se vio impedido para escribir, mandó varias cartas por diversos caminos, las mismas cartas con algunas variantes. Las copias reproducidas en la col. Muñoz y Docuin contienen muchos errores, de importancia debido a la impericia del que las copió.

MARROQUÍN, FRANCISCO. —Obispo de Guatemala—Carta al Emperador don Carlos V., México 10 mayo 1537—En "Libro Viejo de Guatemala". —("Cartas de Indias", Madrid, 1877, pág. 413).

MARROQUÍN, FRANCISCO, Obispo. —Carta al Emperador Don Carlos, de 10 de agosto 1541—En "Libro Viejo de Guatemala"—Revista del Archivo y Biblioteca Nacionales. —Tomos, IV—V—VII—VIII—XV—XX y XXI.

MARIOTTI, PADRE CÁNDIDO.—IL Nome di Gesú edi Francescani—29 Edizione, Fano, 1909.

MEZA CÁLIX, ULISES. —Geografía de Honduras—Segunda edición, S. Pedro Sula,1936.

OVIEDO, GONZALO FERNÁNDEZ. —Sumario de la Natural Histeria de Indias—publicada en 1526.—Ed. Vedia, Madrid, 1931—publicada por primera vez en 1535 y tercera vez en 1557.

OVIEDO, GONZALO FERNÁNDEZ. —Historia General y Natural de las Indias, Islas y Tierra—Firme del Mar Océano. Publicada por la Real Academia de la Historia. Madrid, 1851.—Fue publicada la primera vez en 1535 y por tercera vez y completa, en 1557.

PERALTA, MANUEL M. DE. —Costa Rica, Nicaragua y Panamá en el siglo XVI. Su Historia y sus límites, 1883.

PEDRAZA, LIC. CRISTÓBAL, Obispo. —Relación de los sucesos ocurridos en Honduras y del estado en que se hallaba esta Provincia, —enviada a Su Majestad el 18 de mayo de 1539, poco después de haber llegado a la ciudad de Gracias a Dios. En

"Relaciones Históricas de América" de siglo XVI, por la Sociedad de Bibliófilos españoles, en Madrid, 1916. (Existente en Archivo de Indias, est. 63, caj. 6. leg. 9).

RECINOS, LIC. ADRIÁN. —Dos expediciones del Gobernador de Guatemala, don Pedro de Alvarado—en Anales de la Sociedad de Geografía e Historia de Guatemala, Tomo XIX, septiembre 1943, número I, pág. 62.

SALGADO, LIC. FÉLIX. —Elementos de Historia de Honduras—Tercera edición, Biblioteca de la Sociedad de Geografía e Historia de Honduras, Tegucigalpa, 1941.

VELASCO, JUAN LÓPEZ DE. —Geografía y Descripción Universal de las Indias desde el año 1571 al de 1574.—Madrid, 1894—Un manuscrito de Velasco existe en Biblioteca Nacional de Madrid, Codice I—15.

1.—San Juan de Opoa Viejo, donde tuvo su asiento por seis meses, la primera ciudad de Gracias a Dios.

2.—Talgua, que fue destruida casi del todo por Alvarado. Centro de caminos, fue el lugar donde según la tradición, LEMPIRA reunió los Señores Mayas de la región. Está cerca de Opoa y de Flores, en la serranía.

3.—San Juan de Opoa. Ruinas de la iglesia colonial.

4.—El cerro de Tepusuna, en donde se encuentran numerosos restos de animales gigantescos. Está sobre CHULULAN y cerca de Talgua.

5. Las Flores, antiguo CHULULAN. En la fotografía se ve el gran montículo, en primera línea; en segunda línea el Río Mejocote y en la orilla izquierda la Vega del Mongual, en donde hay restos de caserío español. Aquí tuvo su asiento la segunda ciudad de Gracias a Dios. En lo alto del barranco está situado TEPUSUNA.

EL AUTOR AL LECTOR

LA FUNDACIÓN DE GRACIAS A Dios, tema que me impresionó desde que escribí mi obra anterior titulada LEMPIRA, estaba ya lista para la imprenta hace justamente dos años. No fue publicada, por gran designio de la Providencia Divina, que desde entonces suscitó en mí un afán grande por buscar todos los documentos probatorios que no había podido encontrar antes, especialmente sobre ciertos puntos dudosos que ya había resuelto, pero quedándome el deseo de mostrar las pruebas irrefutables de mis aserciones.

Poco a poco me vinieron a la mano; hasta procuré de los Estados Unidos documentos en microfilm, para completar los que no había podido encontrar aquí ni en otras partes.

Reunido todo el material, me faltaba poner nuevamente mano a la obra, y la ocasión propicia ha sido el próximo Congreso de Arqueólogos del Caribe que debe desarrollarse principalmente en Copán, desde el 1° de agosto de este año.

Cosa ardua era recomenzar; porque el trabajo anterior ha servido solamente casi como de traza o de sumario. En la primera parte son nuevos los capítulos que se refieren a Cereceda, Chávez y Alvarado, y todas las numerosas y densísimas notas que enriquecen el trabajo primitivo que era muy reducido.

Nuevo también es el desarrollo que he dado a la fundación de San Pedro Sula. Novísima la ampliación que hice, estudiando y escribiendo sobre las otras fundaciones de las primeras villas y ciudades que se fundaron en los primeros momentos de la Conquista, hasta que vino la Audiencia en 1544 y acabó con todo: conquista y fundaciones de villas o ciudades.

Vista la mole y cantidad de capítulos escritos, sentí la necesidad de dividir el trabajo en cuatro partes: la primera, Gracias a Dios y San Pedro; la segunda, destinada a las otras villas y ciudades, hasta las más desconocidas, como la Villa de la Frontera de Cáceres y todavía más, la de la Nueva Salamanca. No me contenté con enumerarlas, sino las compuse con documentos y descripciones interesantes.

Me parecía trabajo incompleto si lo hubiese cortado aquí. Por lo tanto continué escudriñando la historia del viaje de Alvarado a

España, de su vuelta, tormentosa para Montejo, perseguido justa e injustamente aun por el Licenciado Pedraza y por la Audiencia; aumentando las desgracias, su vuelta, el intento de su deposición y su tristísimo fin.

Y después, los caminos circunvecinos de Honduras y el comercio maya con Yucatán y Tabasco, unidos en un solo vínculo; y un himno final a las ciudades esforzadas que hicieron posible la nueva nacionalidad de Honduras. Es ésta la tercera parte.

Más que historia he hecho en muchas partes, la filosofía de la Historia de Honduras, y me alegro, porque he abierto así un camino nuevo para los estudiosos de la Historia de esta gran Patria.

La cuarta parte contiene los documentos que he copiado y puesto al final, numerosos, cuyo volumen es mayor que las tres partes que la preceden; pero necesarios y utilísimos no solamente para entender la Historia de Honduras, sino para escribir una nueva historia, sin necesidad de recurrir, como hasta ahora se ha hecho, a autores de dudosas pruebas, de fechas alteradas, muchas de las cuales he corregido, y bebiendo en ellos los errores, que de aquí en adelante se deben evitar.

El trabajo ha sido ímprobo; pero mi premio es grande: por la satisfacción que tengo de comprender yo mismo, que he hecho una obra buena y útil para la historia y para Honduras.

Agradezco a todas las personas que me han animado y ayudado: no las nombro: quedan encerradas en mi corazón.

Monseñor + FEDERICO LUNARDI

Tegucigalpa, D, C., Fiesta del Corpus Cristi, 1946.

PRÓLOGO

El Dr. Federico Lunardi, Arzobispo de Side y Nuncio Apostólico de Su Santidad el Papa ante el Gobierno de Honduras, ha querido honrarnos inmerecidamente, al escogernos para prologar su último y notable estudio histórico intitulado LA FUNDACIÓN DE LA CIUDAD DE GRACIAS A DIOS Y DE LAS PRIMERAS VILLAS Y CIUDADES DE HONDURAS.

El tema es desde luego del mayor interés patriótico y cultural para los hondureños, y junto con sus trabajos anteriores, LEMPIRA, HÉROE DE LA EPOPEYA DE HONDURAS, LOS PAYAS, EL CONVENTO DE SAN FRANCISCO DE COMAYAGUA, CHOLUTECA (Ensayo histórico—etnográfico) y EL TENGUAX, publicado a principios de este año, ha venido a formar un valiosísimo haz de monografías sobre Honduras, que constituye un notable aporte en el estudio y conocimiento de nuestra Historia y un rico presente científico a esta tierra que lo considera como un gran benefactor espiritual o como uno de esos ilustres visitantes del extranjero que más se ha interesado en el estudio e investigación de nuestro pasado histórico y prehistórico.

El Dr. Lunardi, como es bien sabido en el continente, es un autor erudito y acucioso, infatigable y fecundo, que ha escrito numerosas obras de mucho mérito, sobre Historia, Arqueología, Geografía y Etnografía de los países de América que ha visitado, habiendo salido airoso en las diferentes empresas de este género que ha acometido. Profundo, erudito y humilde, como Fray de Liendo y Goicochea, predica, estudia y enseña, con celo y constancia incansables, como el sublime defensor de los indios, Fray Bartolomé de las Casas. Y su sed de ciencia y afán fanático, de inquirir, analizar, escudriñar y deducir, en el secreto misterio del pasado de los pueblos americanos, prende llamas de abnegación y sacrificio en los sagrados templos de su espíritu, que se abre como una flor de fe, de amor y de esperanza, o como un fastuoso ventanal de luz en el umbral del infinito.

Bibliógrafo y políglota de justa reputación, el Dr. Lunardi, en fuerza de una paciente, dilatada y talentosa labor de selección de muchos años, ha logrado reunir en su notable biblioteca, la colección de obras de consulta, en varios idiomas, más abundante y selecta que un hombre de estudio y de ciencia, puede tener entre nosotros. Por esta razón, sus trabajos son de gran mérito científico, enjundiosos, interesantes y saturados de mucha originalidad. De ahí que todos los juicios, criterios e hipótesis que externa, vayan respaldados por un espíritu crítico y filosófico y por el testimonio documental que es auténtico. Y cuando esto no es suficiente o no satisface a su espíritu investigador, ha tenido la gran fuerza de voluntad, o la fuerza de impulsión de un iluminado para trasladarse a las ciudades, pueblos, valles y montañas que sirvieron de teatro a los sucesos, para exhumar de ellos mismos, de sus viejos y polvorientos archivos o de la tradición oral inteligentemente interpretada, la médula de la verdad, que es la suprema función de los sacerdotes que saben orar de corazón, ante los silenciosos templos de la diosa Clío.

En el presente estudio que trata en primer término sobre la FUNDACIÓN DE LA CIUDAD DE GRACIAS A DIOS, el diligente Dr. Lunardi, ha librado y ganado su mejor batalla científica en la investigación de tema tan interesante y en el descubrimiento definitivo del fundador de la ciudad de Gracias a Dios, y de la fecha y lugar donde se realizó tan importante suceso. Y ello es tan valioso para los hondureños, en general, para la juventud que se educa en nuestras escuelas y colegios, y para la cristalización de nuestra realidad histórica, que desde hoy para siempre debe quedar borrado de las páginas de nuestra Historia y de la mente de nuestros estudiantes, el error de varios siglos, de que fue Juan de Chávez, el fundador de dicha ciudad.

El error tuvo su origen desde 1536, como lo demuestra el Dr. Lunardi con lujo de documentación y abundancia de serena lógica, en el complejo nudo de circunstancias políticas y militares difíciles y adversas que rodearon la destacada y discutida personalidad del intrépido conquistador de Guatemala, don Pedro de Alvarado, cuando al regreso de su infortunada expedición al Perú, se crearon o se dieron vida en aquel entonces, en situaciones confusas e inciertas, y en momentos de urgencia y precipitación, a hechos dudosos que fueron trasladados, como consumados, a documentos importantes que había que presentar ante el Consejo de Indias y ante el Rey de España, para acumular servicios y méritos que contrapesaran y destruyeran el gran número de cargos que golpeaban y hacían tambalearse, la gloria y el poderío de Alvarado, y por consiguiente, el gobierno que venía desempeñando en el Reino de Guatemala. Tales hechos históricos en favor del conquistador de Guatemala, quedaron aparentemente establecidos, y los documentos fueron archivados; pero la verdad histórica que no sirve intereses de nadie, sino los de la verdad, quedó sacrificada, por la fuerza de las intrigas, cálculos y combinaciones que favorecían la conveniencia y los intereses personales y políticos del personaje mencionado.

Cooperó en mala hora en la consumación de este delito de lesa Historia, la complicidad y culpabilidad, con intención o sin ella, del Licdo. Cristóbal de Pedraza, quien contribuyó en afirmar aquel error, con una relación que escribió sobre la provincia de Honduras en 1544, es decir, seis años después de haber vivido en ella, en la cual dijo, que Juan de Chávez había fundado la ciudad de Gracias, contradiciendo así sus propias afirmaciones anteriores, cuando en su carta al Rey de España fechada el 18 de mayo de 1539, informó, que Juan de Chávez no había fundado la ciudad que le ordenó don Pedro de Alvarado y que fue don Gonzalo del mismo apellido quien la había llevado a cabo.

La segunda de dichas informaciones, la de 1544, del Obispo Pedraza, no constituye un testimonio de suficiente fuerza moral y eficiente seriedad, que comunique plena veracidad a los hechos en ella relatados, pues la información fue hecha varios años después de haber desempeñado sus funciones y a enorme distancia del teatro de los acontecimientos, quizás obedeciendo a cálculos determinados o a intereses políticos especiales. Por consiguiente, la Historia no debe considerarla como un documento histórico de valor absoluto o como prueba indiscutible para servir la verdad. Mas, desgraciadamente, ésta fue la fuente histórica conocida y consultada por los primeros cronistas e historiadores de los primeros años de la conquista, para perpetuar el error. En cambio, fue omitido o ignorado, el documento auténtico, el testimonio oficial autorizado, que guardaba el oro de la verdad, como es, la carta del mismo Pedraza de 18 de mayo de 1539, escrita al Rey desde el mismo teatro de los sucesos, cuando éstos tenían lugar en virtud de órdenes del mismo Rey, y cuando Pedraza ejercía sus elevadas funciones de Protector de los Indios.

Y de ahí arranca el origen del error que han repetido y copiado los historiadores posteriores hasta nuestros días; pero el estudio completo del tema que ha realizado el Dr. Lunardi en la presente obra, respaldado con la documentación más abundante que se conoce, ha venido a despejar la niebla que la fecha, lugar, nombre primitivo y el nombre verdadero de su fundador—GONZALO DE ALVARADO.

Como dejamos dicho, la documentación que, como importantísimo Apéndice de la obra, ha logrado reunir el Dr. Lunardi, es un trabajo tan notable y meritísimo, como la exposición brillante, analítica y —enjundiosa de los hechos. Bien vale la pena, que los profesores de Historia, los estudiantes y aun las personas de buena cultura, tengan la paciencia de leerla y conocerla, para que ilustren su criterio para juzgarla. Entre esos documentos, resaltan su importancia e insólito valor histórico, la carta del citado Obispo Pedraza, de 18 de mayo de 1539; la carta del Lic. Montejo, escrita al Rey de España desde Gracias, el 1º de junio de 1539; y la información testifical en las ciudades de Gracias a Dios, Santiago de Guatemala y San Salvador, con personas que acompañaron al Adelantado Alvarado, a don Gonzalo de Alvarado y a Cereceda, todos los cuales coinciden exactamente en la afirmación de que Juan de Chávez no fundó ni pobló la ciudad de Gracias a Dios, que le fue ordenada por don Pedro de Alvarado en junio de 1536, y por contra, los documentos primero y tercero, prueban de modo contundente e irrefutable, que fue don Gonzalo de Alvarado, quien fundó primeramente dicha ciudad.

El Dr. Lunardi en su notable trabajo, no se ha concretado solamente a investigar y establecer los hechos históricos sobre el nombre del verdadero fundador del primitivo asiento de la actual ciudad de Gracias, sino que, empapado en la esencia de la verdad, en los detalles y circunstancias que le han brindado los numerosos documentos que ha tenido en sus manos, ha seguido paso a paso, las varias etapas de la histórica y señorial ciudad, describiendo la primera, segunda y tercera fundación, que las necesidades y nuevas condiciones de una vida mejor, impusieron a sus primeros pobladores.

Queda, pues, claramente establecido y probado en la FUNDACIÓN DE LA CIUDAD DE GRACIAS A DIOS con que el Dr. Lunardi obsequia a Honduras:

1º —Que la primera fundación fue hecha en el pueblo aborigen de OPOA, por propia iniciativa de don Gonzalo de Alvarado sobre una orden indirecta de don Pedro de Alvarado y en nombre del Rey de España, por el mes de octubre de 1536.

2º —Que la segunda fundación fue llevada a cabo, por mandato del Lic. don Francisco de Montejo o por él mismo, en la vega de MONGUAL, frente a la antigua CHULULAN (actualmente Las Flores), en nombre del Rey de España y por el mes de marzo de 1537, y

3º—Que la tercera fundación tuvo verificativo, en el sitio que hoy ocupa, al pie del Celaque y en la orilla izquierda del río Arcagual, afluente del Mejocote, por don Juan Montejo, hermano del Gobernador Montejo y el Obispo Pedraza, por mandato del Adelantado don Francisco de Montejo, el 14 de enero de 1539.

La segunda y tercera parte del libro, es un complemento admirable y valiosísimo, que completan el conspicuo y excelente material histórico, que el autor aporta a nuestra Historia Nacional, cuyo enorme y admirable esfuerzo cultural y científico en pro del estudio de nuestro pasado, bien merece la gratitud y estimación de los hondureños.

PEDRO RIVAS

6. — Piedra esculpida, sacada de uno de los montículos de la antigua CHULULAN. Representa una mano delicada, con adornos, perteneciente a un gran personaje maya. Es un bajo relieve finísimo, probablemente de estilo muy antiguo. Solamente esta piedra fue encontrada, pero debe de existir toda la gran figura.

7. — La ciudad de Gracias a Dios actual (tercera Gracias a Dios) y el Valle visto desde la altura.

8. — Gracias a Dios. Iglesia colonial de La Merced.

9. — Gracias a Dios. Casa (reedificada modernamente) que construyó el Licenciado Pedraza, al lado de la Iglesia, que fue el primer edificio de la ciudad. En esta casa, que era del cura, estuvo asentada la Audiencia de los Confines, pagando el alquiler por orden del Rey. Aquí hubo el altercado entre el Presidente Maldonado y el Obispo las Casas. Adornan la puerta dos leones, y por eso la llaman "La Casa de los Leones".

PRIMERA PARTE: GRACIAS A DIOS Y SAN PEDRO SULA

"...ella está debajo de algún planeta que no la consiente estar en sosiego. Plegue a Dios Nuestro Señor lo encamine como sea más servido". —MONTEJO.

"Fundada sobre tan excelente nombre, no puede ser sino que de la manen muy grandes bienes y virtudes". —PEDRAZA.

"Estando en una sábana grande que está junto al asyento del pueblo de unos indios que se dicen Choloma donde está un árbol que se llama madre de cacao". —Repartimiento de la Villa de San Pedro de Puerto de Caballos.

I.—El Nuevo Amanecer

El 14 de enero de 1539 sucedió en el suelo de Honduras un hecho tan notable y trascendental, que se podría con toda razón afirmar que desde aquel momento Honduras comenzó a vivir una vida nueva, propia e independiente, y desde allí nació su verdadera nacionalidad.

En aquella mañana, en el lugar que en la ciudad de Gracias ocupa la iglesia parroquial, al sur de la plaza mayor, el Licdo. don Cristóbal Pedraza, por mandato del Adelantado don Francisco de Montejo, ausente, y en nombre de Su Majestad, con toda la solemnidad que el momento requería, él y todos los principales del pueblo Justicia y Regidores, trajeron en los hombros el árbol de la Santa Veracruz, cantando el himno "VEXILLA REGIS PRODEUNT". "La bandera del Rey avanza, y lo hincaron en el lugar señalado para la iglesia, que fue desde allí el primer edificio de la ciudad. Todo de rodillas fue rezado el evangelio de San Juan: "IN PRINCIPIO ERAT VERBUM", "En el principio era el Verbo", y al mismo tiempo se puso un altar al pie de la cruz y alrededor de ella se colgaron mantas de los indígenas. Entonces el Licenciado Pedraza se revistió y dijo la Misa del Santísimo Nombre de Jesús en un misal sevillano.

De todo tomaron testimonio por escritura pública, y luego, todos los vecinos de la nueva ciudad de Gracias a Dios comenzaron a hacer sus casas, y el Licenciado la suya.[2]

---

[2] En la Fundación de nuevas ciudades, desde el principio de la conquista, se tuvo en cuenta un plan común, como se revela en el testimonio de la fundación de la Villa de la Frontera de Cáceres, por mandato de Hernando de Saavedra, en 1526; testimonio, cuyos conceptos fueron ya dados a Saavedra por Cortés, y copió después Diego López de Salcedo, cuando en 1527, mandó a Gabriel de Rojas al descubrimiento del Desaguadero, diciendo así:
"... miréis e veáis todas las partes, sitios e asientos para pueblo de españoles; mirando que estén el puerto de la mar del norte....mirando todas las cosas necesarias, especialmente questé en comarca de las poblaciones de indios, que sin mucho trabajo puedan servir a los españoles, y el sitio del dicho pueblo que esté vistoso, airoso y seco, y no mojado, donde en saliendo el sol reberbere en él, las aguas corrientes e claras, apartando de cienegas e lapachares de agua; e que haya pastos, dehesa, hexido, para todo género de ganados; e tierra de árboles para labranzas donde se pueda fundar casas de piedra; lo qual después de haber en nombre de Su Majestad, e mío, en su real nombre, tomado posesión intitularéis la villa, e fundada y edificada, nombrareis por alcaldes, regidores e otros oficiales del....mandando poner en partes más convenientes, horca, picota....e mandareis juntos en cabildo según costumbres destos reinos, hacer la traza, conforme al estadal de Sevilla, señalando en ella, primeramente, solares para iglesia, plaza, hospital, casa de cabildo, carnecería, propios, casa de contratación, e para mí; e después para les vecinos; todo lo qual mandareis ante escribano que dello dé fee,e ansi fecho, mandareis a los señores naturales de la tierra que hagan iglesia de dicha villa...."
(A. In. Patr. I, 1; DOCUIN 14, 58 y 385). Saavedra había tenido a la vista las sabias ordenanzas que le había dejado Cortes (DOCUIN 26, p. 185—194).
Para la fundación de la Iglesia se destinaba toda una cuadra de terreno, cuando menos, que servía para el edificio principal, el Sagrario, las dependencias de la casa cural y las oficinas, como se observa en las catedrales de México, Guatemala, Nicaragua, Santiago de Cuba, La Habana, Bogotá, Lima, Santiago de Chile y todas las demás; y a esta regla estuvieron sujetas las fundaciones de San Pedro Sula, Comayagua, Trujillo, y por fin GRACIAS A DIOS.
Efectivamente se puede comprobar con documentos, que la casa llamada de los Leones, en Gracias a Dios, era la Casa del cura, y cuando la Audiencia la tomó por falta de casa mejor, pagó su alquiler, como lo dice la carta del Rey a la Audiencia de los Confines, del año de 1546.
Dice así: "....por la incertidumbre de donde parara la audiencia no es menester al presente gastarse dineros en hacer casa para ella....en lo que decís que después que estáis en esa ciudad de Gracias a Dios se ha hecho audiencia en una casa del cura y que en ella abeys vivido voz el presidente y suplicáis se mande a los oficiales de su más que en esa provincia residen que paguen el alquiler de la, con esta os mando enviar cedula para que se tase el alquiler que por la dicha casase debe dar y que tasado los dichos oficiales lo paguen como por ella veréis. (Colcent., 42 y 49 DOCUIN 24).

Estaba fundada, por tercera vez, la ciudad de Gracias a Dios, en el mismo lugar que ocupa hoy día. **3**[3]

2.—Los antecedentes

La fundación de Gracias a Dios no fue cosa tan sencilla, cómo parece a primera vista.

Tuvo sus antecedentes, y entre ellos principalmente la necesidad de facilitar la comunicación entre los dos mares, después de haberse buscado en vano el estrecho ansiado.[4]

A la casa que el Obispo Pedraza construyó inmediatamente detrás de la Iglesia, hace alusión el señor Emilio Hércules (RA V, II, 88) al conmemorarse" en 1936 la fundación de Gracias: "Entre los edificios particulares merecen especial mención la Casa de los Leones, propiedad del Señor Obispo, Monseñor Ángel María Navarro, construida después del terremoto en el mismo sitio donde existió otra casa conocida con el mismo nombre y que fue de don Jeremías Cisneros. Hay memoria de que la primera casa que se construyó en el puesto, mismo que ocupa la actual de los Leones cuando la ciudad estaba todavía en su infancia (valga la comparación), era residencia del cura de la entonces villa de Gracias a Dios, en la cual se instaló en 1544 la Audiencia de los Confines en cuyo seno tuvo lugar un célebre altercado entre el Presidente de la Audiencia y el Protector de los indios, Fr. Bartolomé de las Casas..."

[3] Los números grandes negritos corresponden a los mismos números colocados en el cuerpo de los documentos que están puestos al final de este trabajo. Sirven para facilitar eventuales comprobaciones.

[4] Desde que los portugueses encontraron el camino de las Indias Orientales y de la Especiería, rodeando el Cabo de Buena Esperanza, los españoles sintieron la necesidad de buscar otra ruta para no verse obligados a pasar por los mares ocupados por ellos. La idea de Colón fue ir directamente por la vía del occidente. Así descubrió la América, en la creencia de estar cerca de la China.

Se continuó buscando el estrecho, encontrándose el de Magallanes, después de haberse descubierto toda la costa oriental de la América meridional.

Los conquistadores de la América Central no habiéndolo hallado, comenzaron a concebir la idea de una vía interoceánica marítima o terrestre. Gil González Dávila buscó la comunicación con ese intento en el gran lago de Nicaragua que llamó Mar Dulce. Por tierra quisieron trazar el camino a través de Panamá, de Honduras o de Nicaragua.

Entretanto, Gonzalo Fernández de Oviedo 57, en el sumario de la Nat.. His., escrito en España en 1526 para Su Majestad (cap. 85—86), reproducido en la Historia General (Lib.29 cap. 30), sostenía la idea del estrecho por Panamá, porque sobre la ruta que seguían los portugueses, tendría la ventaja de ahorrar dos terceras partes del camino.

Con esto, los Reyes comenzaron a recomendar que se buscase el camino deseado como lo hace notar Gil González Dávila en su Relación (PER 4): "...porque bis o

3.—El estrecho ansiado

El Almirante Cristóbal Colón, en su cuarto viaje, buscó afanosamente el estrecho, que él se imaginaba debía existir, para ir a las Islas de la Especiería, a las cuales creyó haber llegado muy cerca. De haber seguido hacia ahorrado tantos trabajos y tantas peripecias: pero, insistió en seguir la ruta Por fortuna, para Honduras, descubrió el Cabo de Caxinas el 14 de agosto de 1502, mandó a decir la primera misa del Continente, por el franciscano Fray Alejandro, (NAV, Rel. Porras), tomó posesión y llegó después al Cabo de Gracias a Dios.[5]

No halló el estrecho; pero murió con la convicción de haber llegado cerca de Cipango.

Gil González Dávila, en busca del paso interoceánico, desembarcó en la bahía a la cual dio por nombre Puerto de Caballos[6]. Poco después fundaba, frente al Cabo de Tres Puntas o Manabique, la Villa de San Gil de Bulenqvista. Inmediatamente por mar desembarcó entre Trujillo y el Cabo Camarón y se dirigió al interior de Honduras, llegando a Olancho en busca de oro, y mientras estaba "poblando"[7],

---

un capítulo de mi instrucción, vuestra Majestad manda que trabaje mucho por saber si hay estrecho de una mar a otra y que procure que lo que yo descubriere por la mar del Sur tenga salida a la mar del Norte, y porque volviendo desde aquí de la Española al Golfo de las Higueras que es en el paraje de la mar duce que yo hallé se podrá saber la duda, yo me parto, mediante Dios, con cincuenta de caballo y tresientos hombres...."

[5] Oviedo (21, 8 y 29, 21) insiste en que "el golfo de Higueras lo descubrieron los pilotos Vicente Yáñez Pinzón e Johan Diaz de Solis e Pedro de Ledesma con tres carabelas, antes que el Vicente Yáñez descubriese el río Marañon, ni que el Solís descubriese el rio de la Plata". Y que "la provincia del Cabo e golfo de Honduras, lo habíandescubierto con el Cabo de Higueras los pilotos Vicente Yáñez e Johan de Solís e Pedro de Ledesma", mucho tiempo antes que Gil González le pusiese el nombre de…Puerto de Caballos. Pero Pedro Mártir, Fernando Colón y las Casas, defienden el descubrimiento hecho por Colón y los nombres dados por él.
Cortés lo llama Puerto de San Andrés o Puerto de Caballos, y Puerto de Caballos en la Bahía de San Andrés,

[6] Mientras los autores en general dicen que Gil González echó a la mar varios caballos, Oviedo, al contrario, cuenta varias veces, que después de desembarcados los caballos, se le murió apenas uno, y a toda prisa lo hizo enterrar, para que los indios no se dieran cuenta de que los caballos eran mortales (OVIE 29, 21 y 31, I), observando que el hecho no era motivo para dar nombre a un puerto. 57.

[7] Gil González estaba poblando entre los Torebas. Los historiadores dicen en el pueblo de Toreba, pero debe entenderse que los Torebas habitaban por lo menos desde la región de Segovia hasta el Valle de Juticalpa, y como parece, hasta el Valle

según se expresa Oviedo (OVIE 29,21) a 50 leguas de la costa, en la región de Segovias sostuvo el encuentro con las fuerzas de Francisco Hernández de Córdova, que venían de Nicaragua e hizo retirar a Gabriel de Rojas desbaratando después y haciendo prisionero a Hernando de Soto, en Toreba. Poco después el mismo Gil González cayó en manos de Cristóbal de Olid, y llegado a México fue enjuiciado por Gonzalo de Salazar, usurpador de la Gobernación, y enviado con el proceso a España. (BERN c. 185).[8]

---

de Agalta, por lo menos. Pero, si se entiende que el nombre Toreba debe ser Tulxpan con significado de "hijos de nuestra tierra" o los "indios naturales", según lo he explicado en mis artículos Honduras Maya, Cap. VIII, (Diario "La Época", Tegucigalpa, 31 de enero de 1945), su territorio pudo ser más extenso.

De los indios TOREBAB del valle de Olancho se tiene todavía la memoria viva en Catacamas, cerca de la cual, y en medio de los indios Torebas existió la Villa de San Jorge de Olancho. Allí también, más al Norte en el Valle de Agalta, en 1526, el 2 de junio, en nombre de Hernando de Saavedra, el contador Bartolomé de Celada procedió a la fundación de la Villa de la Frontera de Cáceres, tomando posesión de todo el territorio de Olancho y de las tierras que había descubierto Luis Marin, Capitán de Hernán. Cortés, "con las provincias de Zulacomanony, Talaca, e Quesalpa". El sitio de la Villa de la Frontera de Cáceres viene descrito así: "E después de lo suso dicho, en la dicha provincia de Huylanchó, en una sábana cerca de unos pueblos de indios que Be dicen Telicachequita y Escamalpachecita, poco más de una legua de Escamipa la Grande, el valle arriba…fundaba y fundó un pueblo de cristianos españoles..."

En el territorio que yo mismo visité en mayo de 1943, en el excamino real que va de Juticalpa a Catacamas, entre el paso del río Telica, donde se hallan restos de un antiguo sitio, y Catacamas, se encuentran las ruinas de Olancho el Viejo, en el lugar que llaman Punuare de arriba (distinto de Punuare de abajo), y muchos lugares con restos de poblaciones antiguas. San Jorge de Olancho fue destruido por un fenómeno telúrico en 1611. (DOUUIN 14,57).

[8] Al saber tanta riqueza en Nicaragua y que Gil González Dávila estaba en Hondaras, Cortés quiso adelantarse al descubrimiento y tomar posesión de ella. Con este objeto envió con gran ejército a Cristóbal de Olid, quien por algunos soldados albo—rotadores, y por el Governador de Cuba, Velásquez, fue inducido a rebelarse y a hacer el descubrimiento, no por orden de Cortés, sino en nombre de Su Majestad Para remediar la rebeldía de Olid, Cortés envió por mar a Francisco de las Casas, que cayó en las manos de Olid al igual que Gil González. Olid fundó Triunfo de la Cruz en la costa cerca de Tela, pero en Naco fue decapitado por los dos capitanes que había aprisionado. Después de esto, Francisco de las Casas, mandó por mar a fundar un puerto en nombre de Cortés; y efectivamente, el 18 de mayo de 1525, en el "puerto e cabo de Honduras, golfo o sierra de Higueras. ... en el dicho nombre poblaban e tomaban en el dicho puerto asiento y villa y le ponían nombre la villa de Trujillo, y nombraban" (DOCÚINED 14,46). Oviedo y Cereceda la llaman Trujillo del PINAN (DOCUIN 14, 97; OVIE 31 e. 8).

camino que había tomado Francisco de las Casas, éste se fue a México con Gil González, la mayor parte de la gente de Olid. (BERN c. 183; DOCUÍN 14,971.

Los documentos no aclaran bien si Gil González Dávila fue voluntariamente a México o llevado por Francisco de las Casas; pero se puede considerar que Gil González no necesitaba ir a México sino volver a Santo Domingo... En verdad, en México estaba el por haber sido tierra inexplorada hasta entonces, y haber sido ocupada recientemente con jurisdicción de tres partes: Santo Domingo, Cuba y México.

Sea lo que fuere, Francisco de las Casas y Gil González Dávila, encontraron en México un verdadero caos. El factor Gonzalo de Salazar, haciendo publicar la suya: puesta muerte de Cortés, se había hecho pregonar por Governador. Francisco de las Casas se expresó públicamente contra el factor Gonzalo de Salazar quien había usurpado la Gobernación de Cortés, y por esto mismo, también Gil González Dávila fue afectado.

Cuenta Bernal Diaz (c. 189), que "después que el factor vio que el de las Casas y el licenciado no eran buenos amigos y le iban a la mano, luego los mandó prender, e hizo proceso contra el Francisco de las Casas y contra Gil González de Avila sobre la muerte de Olí, y los sentenció a degollar, y de hecho quería ejecutar la sentencia, por más que apelaban ante su Majestad; y con gran importunidad les otorgó la apelación, murió en Avilla.

Acerca de los mismos hechos, se encuentran otros documentos como los siguientes.

De ordinario los historiadores no ponen claro este punto de historia y falseando los hechos, dicen que las Casas prendió a Gil González y lo envió preso a España.

También Gil González se le acusó de la muerte de Andrés Niño y de haber ahorcado a Francisco Riquelme y a un clérigo en San Gil de Buena Vista de vuelta de la población que había comenzado en Nito (HERR Dec. III c. V. c. 130) Este hecho también parece tergiversado. En efecto, Bernal Díaz, que cuenta los hechos apenas dejados por teniente y capitán en aquella villa porque no les había dejado embarcar...y también porque mandaba dar garrote a un clérigo que volvía la villa. No murió el clérigo, porque Bernal lo nombra después con los otros que lloraban y rogaban "y todos los vecinos, y también el clérigo, que se llamaba el bachiller Hulano (fulano) Velásquez; y se juntaron en la iglesia, y rogaban a Dios que les ayudase y que no viniesen más males sobre ellos". (BERN 178).

Sofonías Salvat erra (Contrib. à Hist. O. A., 1939), dice que el piloto Andrés Niño murió en San Gil de Buenavista.

Otros documentos refieren lo siguiente:

"Rodrigo del Castillo informa contra Gil González Dávila que destruyó la tierra, alborotó los indios y fue contra Francisco Hernández y además fue causa de la muerte de Andrés Niño y mató a un clérigo". (DOCUIN 12, pág. 83 de León de Nicaragua,1° de julio de 1527).

Existe también el "Testimonio del pleito fecho por Gil González Dávila, destar a las órdenes de Antonio Villarroel, por el que se le permita venir sin prysiones a Castilla dende México, estando preso de orden de Hernán Cortés. Acompaña un

4.—Hernán Cortés también buscó el estrecho

Cuenta Bernal Díaz del Castillo lo siguiente (Cap. 165):

"Como Cortés tuvo nueva que había ricas tierras y buenas minas en lo de Higueras e Honduras, e aun le hicieron creer unos pilotos que habían estado en aquel paraje o bien cerca del, que habían hallado unos indios pescando en la mar y que les tomaron las redes, e que las plomadas que en ellas traían para pescar que eran de oro revuelto con cobre[9]; y le dijeron que creyeron que había por aquel paraje estrecho

---

requyrimiento fecho en la "Isla de Fayal" por el dicho Gil González, para no detener más el viaje". (DOCUIN 12, p. 362).

[9] Pedraza 14, en su relación hecha en España en 1544, cuenta la misma cosa y añade que se decía por indios antiguos de México, que de esta tierra de Honduras había salido la gente mexicana.

Además 37 en 1586 el Governador de Honduras escribió al Rey sobre una notícia; de que en la Taguzgalpa había una laguna de donde se sacaba oro para México en tiempo de «Montezuma». Esta noticia debe tener la misma fuente de la que refirió en una cédula de 1535 la Reina de España, que decía se sacaba oro para «Montézuma» de las bocas del Río San Juan o Desaguadero (PER 117). Pero estas dos noticias se basan sobre la existencia de una colonia que parece se había instalado recientemente en el Desaguadero, de naturales de Nicaragua.

Posteriormente se aplicó la leyenda de mercaderes mexicanos venidos al tiempo de Moctezuma y quedados en Honduras cuando Cortés conquistó a México. Esta leyenda divulgada a fines del siglo XV, seguramente tuvo origen en el hecho de que de los más de tres mil mexicanos que trajo Cortés a Honduras, muchos quedan ron en el país abandonados, especialmente llevados a las minas de oro que se habían descubierto en la Segovia y en el Guayape. La mala interpretación de la lengua, un poco de Rodrigo de Contreras, Governador de Nicaragua, cuando el Padre de las Casas, en 1536, predicó contra la expedición al Desaguadero, alegando que esto constituiría la muerte de muchos indios, mandó instruir dos procesos de los cuales informó seguramente a la Corte. La reina, por Cédula de 9 de septiembre de 1536 mandó que se descubriese el Desaguadero y la Laguna de oro. (PER 117). Contreras, por carta de 6 de julio de 1536 ya había informado al Soberano, que había mandado a descubrir el desaguadero. Pero por carta de 25 de junio de 1537, le informa el mal éxito de la misma expedición, que después de tres meses que había salido, se alzó la mayor parte de la gente contra el capitán y lo quisieron matar. Es sintomático el hecho de que, Contreras en estas dos cartas no haga ninguna alusión a la famosa Laguna del oro, ni a la carta de la Reina que en aquella fecha debía ya estar en sus manos. Por lo tanto, dudo mucho de la exactitud de las fechas.

Que Rodrigo de Contreras no le tenía horror a la mentira, se descubre de esto, que el Licenciado Herrera, cuando le tomó residencia en 1545, encontró no solamente Cédulas falsificadas, sino que Contreras las había arreglado de tal

y que pasaban por él de la banda del norte a la del Sur, y también, según entendimos, su Majestad le encargó y mandó a Cortés por cartas, que en todo lo que descubriese mirase e inquiriese con grande diligencia y solicitud de buscar el estrecho o puerto o paraje para la especiería, ahora sea por lo del oro o por buscar el estrecho; Cortés acordó de enviar por capitán de aquella jornada a un Cristóbal de Olí".

5.—El camino a Puerto de Caballos

Los descubridores buscaban a lo largo de Honduras un estrecho interoceánico. Gil González Dávila y Hernán Cortés encontraron que había en Honduras buenos puertos. Cortés mismo dejó abiertos dos: uno en Trujillo, hallado por Colón y fundado por Francisco de las Casas[10]; el otro en Puerto de Caballos, encontrado por Gil González, al cual Cortés dio vida, trasladando allí la colonia de Nito y llamándolo PUERTO DE LA NATIVIDAD DE NUESTRA SEÑORA, por haberlo poblado el 8 de septiembre de 1525. Este puerto, poco después, volvió a tomar su nombre de Puerto de Caballos, o San Juan de Puerto de Caballos. (HERR Descr. c. 13; LVEL), mientras en tiempos modernos se llamó Puerto Cortés, aunque el lugar histórico donde murió el caballo de Gil González, se encuentre en la parte opuesta de la misma bahía.

Precisamente este puerto comenzó a interesar a todos los que después de Cortés tuvieron relaciones con Honduras.

Efectivamente, estando todavía Cortés en Honduras, Francisco Hernández de Córdoba mandó "a su capitán Pedro de Garro para que

---

manera, que los repartimientos siempre debían quedar en la familia, tanto que, entre él, su mujer y sus hijos, poseían la mayor parte del territorio de Nicaragua. (V. carta del Lic. Herrera acerca de la residencia tomada a Rodrigo de Contreras, 24 Dic. 1545—DOCUIN 24, 397).

[10] Cortés según se colige de su Carta V, mandó a Alvarado a la conquista de Guatemala, y según éste le escribía, pensaba que ya se había juntado con Olid en Honduras cuando quiso volver a México por Guatemala; envió cartas a todos los pueblos para que limpiasen los caminos.

Así escribió también a don Pedro de Alvarado para que limpiase los caminos, quien por tierra solamente llegó hasta Choluteca, al tiempo que Cortés ya se había embarcado para México. Entre tanto Alvarado fue aconsejado por los amigos de México para que fuese a convencer a Cortés para que regresase pronto. En esta ocasión tuvo la primera noticia del Puerto de Caballos.

por banda del norte le buscase puerto para hacer sabidor a su Majestad de las provincias que había pacificado y poblado". (BERN 184) 35

6.—El territorio disputado. —Estrecho y minas

Oviedo, que cuando Gil González salió para este descubrimiento, se encontraba en Santo Domingo, estuvo muy al corriente de todos los hechos; mucho más que en octubre de 1524, llegó a Santiago de Cuba una carabela con ciertos marineros, los cuales debían volver a las Higueras. El teniente de Gobernador les hizo un interrogatorio para informar a los Oidores de Santo Domingo, y de ello resultó que cerca de tres meses después de desembarcado Gil González, desembarcó Cristóbal de Olid, y los dos se trataban como amigos. El testigo Fernando Gutiérrez Galdin, piloto, añadió "que estando el dicho Gil González la tierra adentro cincuenta leguas, supieron en un pueblo, que dicho Gil González había hecho, como el dicho Cristóbal De Olid e su gente estaban en la tierra..." Añadían los testigos, que querían mandar al Rey hasta 50.000 pesos de oro, y ya tenían 21.000, y que Andrés Niño se partía para ir a recibirlos y llevarlos a España (DOCUINED 14, 25). Esta información refuerza lo que dice, que Gil González se introdujo por entre el Cabo Camarón y Trujillo, yendo por mar.[11]

---

[11] Acerca del mismo argumento tenemos la carta de Diego López de Salcedo al Emperador, de 31 de diciembre de 1526, que dice: "Francisco Fernández, capitán de Pedrarias, diz que hizo dos pueblos en lo que llaman de Nicaragua, setenta leguas en León por Pedrarias Dávila, en 13 de julio de 1528" (PER 24). En la información hecha en Leon de Pedrarias Dávila, en 13 de julio de 1528" (PER 24—Col. Muñoz, t. 78. fol. 95) se dice según recopilación de Peralta: "Pedrarias fue a hacer residencia en Panamá habrá año y medio dejando pobladas las ciudades de León y Granada y Villa de Bruselas en el golfo de San Lucar, e Villa Hermosa en un punto de Santa María de Buena Esperanza, en las Minas de Gracias a Dios, que por su Majestad se descubrieron. Dejó por su lugar teniente general al veedor Martín de Estete y al mismo por alcalde de la fortaleza de León: teniente de Granada al Capitán Gabriel Rojas. En este estado vino López de Salcedo...Villa Hermosa se despobló en este tiempo...Pedrarias descubrió nuevas minas....".

Se puede anotar que Cortés mismo dio a Fernández de Córdova muchos instrumentos para el trabajo de minas y naturalmente no se los dio para que trabajase en territorio cercano, como fueron poco después Agalta y Juticalpa, aunque los indios Agalta tomaron parte en la matanza de los españoles de Benito de Hurtado y de Grijalva, con toda seguridad en la región de Segovia, como lo demuestra la carta

Brevemente se puede recordar que Gil González Dávila está ligado íntimamente con Honduras. Era Contador en Santo Domingo y estaba en la corte en 1518 cuando el piloto Andrés Niño con Andrés de Cereceda le interrogaron para ir a descubrir en la Mar del Sur; y habiendo sido familiar del Obispo Fonseca, Presidente del Consejo, le fue fácil obtener la gracia. Después de haber descubierto Nicaragua y la Gran Laguna que llamó Mar Dulce, en virtud de la misma cédula continuó el descubrimiento por la costa de Honduras, por creer que habiendo topado con la lengua y costumbres de en las costas de Honduras, cerca de Yucatán. En esta creencia salió de la Isla Española el 6 de marzo de 1524 inmediatamente después. |Había ido al primer descubrimiento el 21 de enero de 1522, y bautizados 32.000 indios, con el oro del quinto y, sin esperarlo, partió con 50 de a caballo y 300 hombres. (OVIE 31, I; PER 3).

Que Gil González desembarcó entre Trujillo y Cabo Camarón, lo dice el Lic. Pedraza en su cuarta Relación. Que estaba poblando lo dice Oviedo. Que estaba a 50 leguas de la costa lo dicen los testigos de la Información que hicieron los Oidores de Santo Domingo (DOCUIN 14, 25) ; el testigo Fernando Gutiérrez Galdin "'dixo: que el dicho Gil González llegó a la dicha tierra primero quel dicho Cristóbal De Olid, tres meses poco más o menos, e que iva con recelo que había de hallar en ella gente de Pedrárias de Avila, e que estando el dicho Gil González la tierra adentro cincuenta leguas....el dicho Gil González se recelaba del dicho Pedrarias que había de enviar gente a que le entrase en la tierra....e así lo decían públicamente entre la gente del dicho Gil González.

En todos los escritores de aquel tiempo, comenzando por Oviedo, Cortés y Bernal Díaz, se contaron las leguas que habían (las famosas leguas olanchanas) entre Trujillo y León (70 leguas—Oviedo, 3.190) la Segovia (50 leguas Oviedo, Cortés), Valle de Agalta (14 leguas—Oviedo, Cortés, Herrera).

Por lo tanto, cuando se dice que distaban 50 leguas de la costa, o de Trujillo, se debe entender que estaban en la región de Segovia, en

---

del Cabildo de León. Los Caciques de Tayaco no quisieron trabajar más, y todos los caciques abandonaron el trabajo del oro (v. Oviedo, Cortés y Bernal Díaz. Acerca de "Honduras Maya", nn, VII y VIII).

esas minas que inmediatamente buscaron Gil González, Pedrarias Dávila y Cortés; las cuales originaron la cuestión de los confines entre los españoles de la región hondureña y de Nicaragua, cuestión que el electo Obispo y Gobernador Alonso de Guzmán propuso al Rey, el cual decidió que entretanto las minas de uno y otro lado fuesen comunes en el sentido que tanto de una y otra parte pudiesen aprovecharlas, dando cien días de tiempo a Albítez para que definiera los confines entre una y otra provincia. (COLCENT, 18 ag. 1532).

En estas mismas minas, que fueron llamadas de Gracias a Dios, fundo Gabriel de Rojas un pueblo que se llamó Santa María de Buena Esperanza, que ahora se conoce por Ciudad Vieja; y más al norte encontró otras minas, las de San Andrés; por allí había fundado Pedrarias Dávila la población de Villahermosa (en Valhermoso), en donde los indios, en 21 de enero de 1527, mataron 19 cristianos, entre los cuales al capitán Benito Hurtado, y 25 caballos; y en los caciques de la comarca mataron 16 cristianos y al capitán Juan de Grijalva: los indios que lo hicieron eran del Valle de Olancho.

Oviedo proporciona de este territorio todas las medidas que se contaban en su tiempo. Las minas (de San Andrés) estaban de León 35 leguas. En 1529 fue quemado el pueblo de Santa María de Buena Esperanza, pero las minas se volvieron a poblar. Quince leguas de este pueblo estaba Villahermosa, en donde mataron a los cristianos con Grijalva, y no en Juticalpa, como han dicho los historiadores hasta hoy. De León había 9 leguas a Olocoton; otras 20 a los Anaguacas, y otras 12 hasta Guayape; otras cuatro a Telpanega; y cuatro leguas más hacia la parte de León estaba la Villahermosa en donde mataron a Hurtado y a los españoles.

Oviedo ha dado hasta aquí una medida como en zig—zag, y no del todo directa a Trujillo, sino más bien en gran parte horizontal; pero vuelve sobre la medida, diciendo que, desde Villahermosa hasta la villa de Trujillo, hay treinta y siete leguas. Desde León a la costa de la mar hay cinco o seis leguas. De manera que de la una mar a la otra son ochenta y ocho o noventa leguas por el camino que está dicho.

Pedraza (Relac. 1544) ponía de Trujillo a León 50 leguas y a San Jorge de Olancho 15 leguas; de Trujillo al Valle de Olancho 30 leguas antes menos que más, y de este valle a la ciudad de León en Nicaragua casi 40 leguas "de manera que de la ciudad de nicaragua al puerto de Trujillo abra casi 70leguas antes más que menos".

Muy defectuosas son estas medidas de leguas, que por lo mismo de ser inciertas y muy largas tienen fama con el nombre de leguas olanchanas.

Sin embargo, las medidas de todos los autores de este tiempo concuerdan en que las cincuenta leguas asignadas al lugar de las peleas entre los soldados de la parte de Honduras y de los de Nicaragua estaban localizadas en el territorio que hoy se llama de Segovia.

Tenemos después a Pedro de Alvarado, quien desde que había llegado a tierra hondureña, Choluteca, debió haber concebido la idea del camino inter—oceánico, que necesitaba para comunicarse desde Guatemala con la mar del norte, sin tener que pasar por México. En efecto, hizo que Su Majestad le enviara una provisión para que "fuese en persona a buscar algún puerto a la Mar del Norte, cerca esta Gobernación y poblase en él una Villa adonde pudiesen venir los navíos que de esos Reinos vinieren a esta provincia". No obsta que después se le dijera, por la Emperatriz, de no entrometerse "en lo que toca a cosa ninguna de la tierra de Honduras'" (Alvar. al Rl. Cons. de I., 20 nov. 1535), 400 porque él halló la manera de hacerlo, y por otra parte, la misma Reina le mandó que buscase el puerto, aunque fuese en otra Gobernación, cuando Alvarado estaba ya en camino de efectuarlo.[12]

---

[12] Habiendo conquistado Guatemala y siendo su. Governador, Alvarado sintió la necesidad de un puerto en el Caribe. Pero, entonces, la costa de Guatemala no le ofrecía ningún punto de apoyo, porque debía depender del puerto de San Juan de Olúa, (Veracruz, en México), siendo Yucatán bajo el Governador Montejo, y Honduras bajo otro Governador... Y para la costa no se había hecho ningún camino posible y corto.

Entretanto Honduras había soportado la crisis de los Governadores, lo mismo que Nicaragua. Al dejar a Honduras, Cortés había puesto en su nombre a Hernando de Saavedra. Este merició las alabanzas del Obispo Pedraza: había fundad, la Villa de la frontera de Cáceres, en Olancho, y prometí, buen gobierno, cuando lo envió preso amplios poderes, Governador del Golfo de las Higueras y mandado por los Oidores de Santo Domingo, para atajar los males derivados de las contiendas de los varios capitanes en aquel extenso territorio. Murió López de Salcedo el 3 de enero de 1530 dejando la gobernación en manos de Andrés de Cereceda, quien la entregó por pocos días a Diego de Albítez el cual, sirviendo en Castilla de Oro, la había obtenido, llegando náufrago cerca de Trujillo el 29 de octubre y a la Villa el 5 de noviembre de 1532. Murió dejando la gobernación otra vez en manos de Cereceda. Según Oviedo, se enfermó de fiebre mortal a los cinco días de haber entrado a la Iglesia a dar gracias a Dios, entregó la gobernación al séptimo día de la enfermedad, sin hacer testamento, y al noveno día murió. (OVIE 29, 21 y L. 42)

Entre tanto, I Emperador Don Carlos V, con cédula del 18 de agosto de 1532, respondiendo a una relación que le había dirigido Fray Alonso de Guzmán, Obispo de Trujillo, a quien había nombrado Governador de la provincia de las Higueras y cabo de Honduras dio poderes especiales que debían cumplirse dentro de cien días, para que el capitán Diego de Albítez señaláse los términos de las dos provincias de Honduras y de Nicaragua, declarando que las minas debían ser comunes entre todos los vecinos y moradores de las dos provincias. (COLCENT 20) 78.

Poco antes, el 20 de julio de 1532, la Reina había expedido la cédula ante dicha, por la cual se mandaba a Don Pedro de Alvarado conquistar el Puerto de Caballos y Valle de Naco, y repartir los indios, "con que quede metido e incorporado... en la dicha gobernación de Honduras". Poco después fue nombrado Diego de Albítez Governador de Honduras; por lo que, la Reina se vio obligada a derogar la cédula enviada a Alvarado diciéndole que no hiciese uso de ella y se fuese de la gobernación de Honduras, mandando al mismo tiempo a Diego de Albítez "para que poblase y pacificase y conquistase el puerto de caballos y valle de naco". Con las cédulas, la Reina había enviado a Albítez, también otra carta sellada para entregarla a Alvarado, al cual decía precisamente que había derogado la cédula y que desistiese de la conquista del Puerto de Caballos y dejase la Gobernación de Honduras. Por la muerte de Albítez y la ida de Alvarado al Perú, esta carta quedó en las manos de Cereceda, quien sólo la entregó a Cristóbal de la Cueva, el 19 de febrero de 1535, cuando éste, en la Villa de la Buena Esperanza, quiso tomar cuenta de la Gobernación en nombre de d n Jorge de Alvarado. Sólo entonces, Alvarado, a la vuelta del Perú a Guatemala, que fue el 20 de abril de 1535 (DOCUIN 24, 227), conoció la carta de la Reina. El 20 de noviembre del mismo año, después de haber salide airoso de la «residencia» que había venido a tomarle el Oidor Maldonado, escribió al Real Consejo de Indias, sobre el asunto del Puerto en favor de Guatemala, porque con otra cédula de 20 de febrero de 1534, la Reina le mandaba que buscase un puerto e hiciese unía población en el mar del Norte, pero dentro de los límites de su gobernación. Alvarado exponía que en esta forma no lo podía hacer, y entonces la misma Reina, con Cédula de 16 de febrero de 1536, le concedió conquistar "el Puerto de Caballos u otro alguno de la provincia de Honduras", mandando "que se guarden y cumplan las cartas e provisiones que en esta razón tenemos mandado dar y al nuestro presidente e oidores de la nuestra Audiencia e chancillería real de la nueva España y otros cualesquier nuestros jueces e justicias de las islas y provincias de las nuestras indias que guarden y cumplan e hagan guardar e cumplir esta nuestra carta...." (ARGULE, A. 1, 2, 3, 4).

A esto se debe que, por orden suya, su hermano Jorge enviara desde Guatemala a don Cristóbal de la Cueva, que requirió a don Andrés de Cereceda como gobernador sin autoridad, pidiéndole le dejase asentar y poblar una villa en la provincia de Naco (HER. V, 8, 9); y al encontrar fundada la población de la Buena Esperanza, entre Puerto de Caballos, Guatemala y el Golfo de Fonseca, y ocupada la Gobernación de Honduras, ante la oposición de Cereceda, pensó cumplir de alguna manera lo que le había sido encomendado, y se dirigió hacia el sur para fundar y poblar una villa, como en efecto lo hizo, fundando, probablemente en marzo de 1535, la villa de Jerez de la Frontera de la Choluteca.[13]

Con esto, la Reina no le concedía plena potestad sobre el Puerto de Caballos, porque en 1539 Alvarado vuelve sobre el mismo asunto y pide al Soberano que le conceda aquel Puerto.

[13] Todo este asunto, que los autores, en general, han tratado de una manera algo confusa e inexacta, se halla muy claro en el "testimonio de como Don Cristóbal de la Cueva Capitán del Governador de Guatemala, requirió al Governador de Higueras sometiéndole a su jurisdicción". Estas palabras que sirven para encabezar el documento que ponemos resumido al final, con respecto al punto de historia que se está tratando en este capítulo, no refieren el caso con exactitud. Lo que realmente pasó es lo siguiente: Al irse Alvarado hacia el Perú, encargó a su hermano Jorge de Alvarado para que conquistase el puerto de Caballos y el valle de Naco, según el primer permiso dado por la Reina. A este efecto vino con un ejército, Cristóbal de la Cueva, quien, encontrando el valle de Naco ocupado por Cereceda, requirió a éste por escribano, diciéndole que había asentado en término y jurisdicción de Guatemala; porque la cédula real mandaba a Alvarado que conquistase el puerto de Caballos y el Valle de Naco. Por lo tanto, Cereceda debía salir de la tierra o dar obediencia a Jorge de Alvarado.

Inmediatamente Cereceda dio al escribano "dos patentes de su Majestad" de 1533(es un error 1530), que se referían al nombramiento de Albítez como Governador, y el poder que Albítez dejó a Cereceda para gobernar, y además otra provisión en que el Rey mandaba a Albitez "para que poblase y parificase y conquistase el puerto de caballos y valle de naco questa es una sobrecarta de la curta que su Majestad mandó dar al Governador don pedro de Alvarado..."

Y luego Cereceda presentó una carta de la Reina dirigida a don Pedro de Alvarado, al cual no se había podido entregar, por no saberse su paradero, y pidió que don Cristóbal de la Cueva la abriese y leyese. Por esta carta Su Majestad mandaba "que deje y se vaya desta provincia y gobernación y la deje libremente al dicho señor Diego Alvites", completando así lo que había dicho en la sobrecarta "en que venía incorporada la provisión del dicho señor don pedro de Alvarado y que la derogaba y desazia y que le manda su Majestad que no use de lo que le había

Esta entrada de Cristóbal de la Cueva a quien Cereceda quiso encomendar la gobernación, preparó el camino a don Pedro de Alvarado, tanto porque Cereceda, va desanimado, se resolvió a dejarla, llamándolo en su ayuda con la misión que fue confiada a Diego García de Celis; como también porque Alvarado mismo habría encontrado la manera de conquistar el Puerto de Caballos para allí embarcarse e ir a la Corte de España, como era su deseo. 78

Inmediatamente se fundaron dos ciudades: GRACIAS y COMAYAGUA, y se encontró el camino entre el uno y el otro mar.[14]

---

mandado". Además, le mostró el poder que Albítez, al morir, le dió para gobernar. Esto debió ser también efecto de la súplica que el Cabildo de León hizo, para que Alvarado no se metiese en Nicaragua.

Cristóbal de la cueva obedeció todo y pido trasladó de los documentos.

Cereceda quiso entonces aprovechar la ocasión, para obligar a Cristóbal de la Cueva a quedar en Honduras como sujeto a él, puesto que había sido mandado a poblar, y mandó al escribano adonde don Cristóbal tenía asentado su real, en las estancias de Quezailica, el cual notificó las provisiones a los compañeros de don Cristóbal, en nombre del Governador Cereceda., Les mandaba además, que dentro del tercer día se viniesen a la villa de la Buena Esperanza "para estar debajo de la obediencia de su Majestad y de dicho señor Governador".

Don Cristóbal de la Cueva respondió a Cereceda que "no es mi juez otro sino el dicho jorge dalbarado debajo de cuya juridicion y amparo yo estoy e con cuyo mandado yo vine a servir a dios y a su Majestad en esta tierra y poblar una villa donde más a su real servicio combenga lo qual yo coy a fazer y despues de asentada dalle cuenta como a mi superior y señor...he acordado y acuerdo de yr a asentar la villa...y despues yo dure todo el favor y ayuda al dicho señor andres de cereceda que sea menester con licencia y mandado de mi Capitán general y Superior. Otro si digo que en quanto a quererme dejar la governacion que yo no soy parte para aceptalla por mano de nadie syno es de su Majestad y que sy el que yr a darle cuenta o a su Real audiencia en su nombre que muchas personas tienen a quien la poder dejar encargada..." Le decía además que tanto él como los Caballeros de su compañía, no hacían caso de las penas con que los amenazaba "por no ser mi juez...y que yo voy a asentar la villa que vengo asentar como criado y vasallo de su Majestad". Cereceda quería, pues, encargarle la Gobernación

Y así lo hizo. Se partió de allí y fue a fundar la villa de Jerez de la Frontera de la Choluteca. (V. mi trabajo "'Choluteca, ensayo histórico—etnográfico", en Boletín de la Bibliot y Arch. Nac., Tegucigalpa, 1945).

[14] En verdad fue Francisco de Montejo el verdadero ejecutor de las fundaciones y del camino entre los dos mares, al fundar Comayagua, ciudad que realmente resultaba a medio camino, cuya ruta del sur hasta el Golfo de Fonseca, descubrió el mismo Montejo en persona, presentando después un proyecto práctico al Rey de España (Carta de Montejo de 1 de junio de 1539, DOCUIN XXIV, 250).

7.—Andrés de Cereceda

Las desgracias que sucedieron en el gobierno de Honduras, después de la salida de Cortés, sólo Dios las sabe, porque los historiadores han podido revelar pocas cosas y, por cierto, no todas referidas con exactitud.

Estas desgracias culminaron en el gobierno del Contador don Andrés de Cereceda, a quien dejó la gobernación Diego López de Salcedo, al morirse, el 3 de enero de 1530, permaneciendo en el gobierno hasta la venida de don Pedro de Alvarado, porque Diego de Albítez, nombrado gobernador, llegó náufrago a Trujillo, el 5 de noviembre de 1532 y murió a los pocos días de haber llegado (v. nota 10), dejando nuevamente encargado de la gobernación a Cereceda.[15]

---

[15]Oviedo, todavía más que Herrera, es el informador más directo, de las peripecias de Don Andrés de Cereceda, porque no solamente lo conoció personalmente, sino que con tener su casa en Santo Domingo, estaba al tanto de los documentos y de los acontecimientos, amén de que Cereceda le escribía directamente: (OVIE 31,1—6; HERR 5, 9, 6, 8) 61 y Pedraza, Alvarado, Celis y otros escribieron y se lo contaron personalmente cuando pasaron por Santo Domingo en la ida y en su vuelta de España.

Este sujeto, su presencia y su actuación, no tuvo ningún influjo sensible en la historia de Honduras, en el momento más importante del principio de su nacionalidad.

Su figura comienza a iluminarse con ocasión de la muerte, dada por Pedrarias, a Vasco Núñez de Balboa. Entonces era familiar del tesorero Alonso de la Puente en la gobernación de Pedrarias Dávila en Panamá. Este Tesorero mando a España a Cereceda con el piloto Andrés Niño, los cuales movieron a Gil González Dávila, Contador en Santo Domingo, que en aquel año de 1518 estaba en la Corte y había sido familiar del Presidente del Consejo, el Obispo de Falencia; Fonseca, para que obtuviese los navíos de Vasco Núñez de Balboa y el permiso de descubrir en la mar del Sur. Hecha la capitulación con el Rey; Cereceda fue hecho Tesorero de la Armada; y cuando descubierta la tierra de Nicaragua, los caciques atacaron a los españoles, "entonces parecióle a Gil González que no se podía excusar de pelear e mandó al tesorero Andrés de Cereceda e a los que llevaban la guarda del oro, que caminasen todo lo que pudiesen!"

Después de esta hazaña, desde Santo Domingo, dónde había ido a preparar otra armada para descubrir la costa de Honduras, Gil González, lo mandó a la Corte con el oro y a hacer la relación del descubrimiento (DOCUIN 14, 21), mientras, González, sin esperarlo, fue a descubrir, con la suerte que conocemos. (PER,4).

Reaparece después en Trujillo, probablemente llevado por Diego López de Salcedo, que al morir le entregó la gobernación. La colonia de Trujillo estaba formada por gente de origen diverso, pero en su casi totalidad por gente de Cristóbal

Entretanto Alvarado, en cumplimiento de lo pactado con el Rey, había ido con su flota en busca de las Islas Molucas, y de la Especiería, pero, en realidad, a la conquista de tierras ricas del Perú, dejando a su hermano Jorge con el encargo de enviar a buscar el puerto en la mar del Norte. Con este fin vino a Honduras Cristóbal de la Cueva, con bastante gente, y quiso someter a Cereceda, quien, a su vez, pretendió que Cristóbal de la Cueva y su gente se sometieran al Gobernador de Honduras— 77,78.

Dicen los historiadores que Cereceda se quejó al Consejo de Indias y pidió al Rey que mandase a poner límites, indicando la necesidad de un camino entre Puerto de Caballos y la bahía de Fonseca. No he podido encontrar documentos ni cartas al respecto,

---

de Olid, y eran los que vinieron con Garay, o sea "bandoleros de los que echaron de Pánuco". (BERN, 183) se añadieron los de Cortés y los traídos por López Salcedo, y finalmente los que se salvaron del naufragio y habían venido con Diego de Albítez de Nicaragua, los cuales dieron inmediatamente que hacer.

A la muerte de Salcedo, sucedieron graves alborotos en Trujillo y Cereceda fue a punto de perder la vida. Salvada la situación, buscó el remedio natural procurando la fundación de una villa en Olancho, acaso donde quiso establecerla Cortés, y no resultándole ésta, fue a dar vida a la colonia de Naco, y no secundó la idea de ir a fundar en el desaguadero del Río San Juan, según el pensamiento de Albítez y el deseo de sus soldados. En el Valle de Naco fundó la Buena Esperanza y resistió a Cristóbal de la Cueva que le pidió la gobernación, resignándola finalmente en manos de Alvarado. Después de esto se eclipsó.

Sobre Cereceda ofrece una información preciosa la carta a Su Majestad de Francisco Castañeda, escrita en León de Nicaragua, el 30 de marzo de 1529 (PER fol. 36 38), después del regreso de López de Salcedo a Trujillo. Por ella se ve que Andrés al Cereceda fue llevado a Trujillo como Contador, por López de Salcedo, y lo acompañó hasta Nicaragua. Al ser librado López de Salcedo, no se dio permiso de volver, a Andrés de Cereceda sino después de algún tiempo, como se deduce de la carta citada, que dice así: "Llegado aquí, hallé a Andrés de Cereceda, contador de las Higueras en Honduras, que no era aún partido, e por el dicho capitulo e para hazer cargo al dicho tesorero Diego de la Tobilla, le tomé las quentas a él e a Juan de Ampudia, que sirvió un poco de tiempo en el oficio de contador...Diego López de Salcedo e los oficiales de Higueras e Honduras se pagaron de sus salarios de los frutos desta provincia; dello hize cargo al contador de Cerezeda, que lo libró e remití a v. m, porque constó por testimonio de los oficiales de la contratación de Sevilla que tiene dada fianzas al oficio e por esto lo dejé yr e porque fuese a poner cobro a Higueras e a Honduras en la fazienda de :V. M.. Suplico a v, m, apruebe lo que ansy hize en dejar yr al dicho contador".

Así lo dejó ir, para que los cobros en Honduras no quedasen abandonados:

mucho más que Oviedo, que estaba enterado de lo que pasaba, no conoce este particular. Además, Cereceda había de por sí resuelto en parte el problema de la comunicación entre los dos mares. Efectivamente, de 1534 a 35, según narran Herrera y Oviedo, desamparó Trujillo para ir a poblar en el Valle de Naco y descubrir minas que existían en aquella jurisdicción, yendo con dos columnas de tropas por diferentes caminos. En esa ocasión cometió, según Herrera, las mayores crueldades y llegó en parte a pacificar a los caciques del Valle de Naco y a fundar el pueblo de SANTA MARÍA DE LA BUENA ESPERANZA, más arrimado a la sierra, para estar cerca de otros grandes pueblos, en un buen sitio de la provincia de ZULA. "En medio de aquel valle asentaron el pueblo, que llamaron de la Buena Esperanza, tres leguas de Quimistán, siete de Naco, y veinte y tres de Puerto de Caballos, para donde decían que había camino para bestias de carga..." y "entendían que a la legua y media y dos leguas había cuatro ríos, con grandes muestras de oro". [16]

---

[16] Seguramente, al fundar Cereceda a Santa María de la Buena Esperanza, pudo tener en sus manos todas las ventajas y facilidades que ofrecen los valles formados por la cuenca del Río Chamelecón y todos los pueblos que estaban en ese territorio.

Al decir de Montejo (Carta de 1° de junio de 1539), en todo aquel valle en que había veinte e seis o veinte e ocho pueblos, no dejaron uno, que todos los destruyeron con sus vacas e yeguas, e con las muchas piezas que trajeron de Guasmuca, al tiempo que vinieron, que todos los más pueblos despoblaron y trajeron aquello que era lo mejor que había en toda esta gobernación, para venir a destruir estos Valles, que era lo mejor de esta provincia.

Se debe añadir que el Río Chamelecón nace en la Sierra del Gallinero, muy cerca de Dulce Nombre, a poca distancia de Santa Rosa de Copán. En la misma montaña, con dirección opuesta, nace el Río Copán, el mayor afluente del Río Motagua, que pasa por Copán. Esa cuenca fluvial que desde Puerto Caballos, donde desemboca el Chamelecón, se abre entre montañas hasta encontrar la cuenca del Río copán y del Motagua, a través de Santa Rita y por Copán lleva a Guatemala. Por el otro camino de Ocotepeque y San Miguel lleva hasta el Golfo de Fonseca.

No se debe olvidar que moradores de Copán, El Paraíso y La Florida, traspasada la montaña, fueron a fundar o trabajar a Quiriguá, encontrándose esta antigua ciudad maya a poca distancia, al noroeste de estos últimos lugares de mucha antigüedad.

Los indios de Guasnica (Chasnigua) destruidos por Cereceda, son los que dispersados entre las montañas de Villanueva, cerca de la Pimienta, viven todavía, al sur de San Pedro, en pocas chozas de forma redonda, hacia Santa Bárbara,

8.—La mirada de Alvarado sobre Honduras

La mirada de don Pedro de Alvarado sobre Honduras no era de fecha reciente; y si no hubiera sido por las dificultades que experimentó en la conquista de Guatemala, y por las oposiciones que tanto a él como a Cortés le hicieron en México los contrarios obligándolo a demorarse tanto en España como en la Nueva España,[17]

---

llevando una vida muy primitiva. Son los que se conocen con el nombre de Hicaques del Palmar.

Antiguamente fueron muy buenos olleros, ya que se encuentran entre los montículos, ahora destruidos por el cultivo de los bananos, buenas piezas polícromas, de hechura maya y buenos moldes de figuritas y de pitos, comunes en toda la región de ese valle parte y del río Ulúa, que según Alonzo de Luxan contaba (OVIE XXXII, c.8), "de una parte y de otra treinta leguas ambas sus costas va (iba) poblado todo de huertas de cacao deste río".

Eran los mayas del Ulúa, que dispersados por Cereceda, se volvieron gente de la selva, aguerridos y bravos, que siendo antes Hicah, o sea gente plebeya, fueron después de la llamados Hicaques, con significado de salvaje. Son los que Montejo llama indios de "Guasmuca", casi destruidos por Cereceda.

[17] Don Pedro de Alvarado, brazo derecho de Cortés en la conquista de México, fue mandado por él a conquistar a Guatemala, como efectivamente lo hizo, fundando en 1524 la villa de Santiago de los Caballeros de Goathemala (El 27 de julio funcionaba el Cabildo. LACTAG 7). En la relación que en esta misma fecha escribió a Cortés, le decía que adelante, la tierra adentro, según noticias que tuvo en Cuscatlán, había grandes tierras con ciudades de cal y canto, y que pasado el invierno iría en demanda de la provincia de TAPALÁN, que estaba a quince jornadas de Guatemala, cuya "ciudad era tan grande como esa de México y de grandes edificios y de cal y canto y azoteas; y sin esta ayl otras muchas y cuatro o cinco dellas an venido aquí a mi a dar la obidiencia a su Majestad....este verano que viene plaziendo antro señor pienso pasar dozientas leguas adelante..." (L1VIE 281). Más exactamente que en México, donde la idea era vaga,en la región de Cuscatlán se debió conservar la tradición de la región paradisíaca, el país de la abundancia, de TLAPALLÁN y con otros nombres compuestos, se indicaba hacia Copán, región de grandes palacios y grandes riquezas, a donde se decía fue a parar, en época tardía, el rey de los mitológlcos Toltecas, cuyo nombre Topíltzín Quetzalcóalt, y otros nombres míticos, comprendida la mujer Xochitl, entran en la serle de leyendas, contadas como pura verdad por los primeros cronistas de México. (Al respecto puede verse, entre otros, lo que dice Plancarte, Prehist. de Méx. p. 463) Lo que queda de la leyenda del imperlo, de Hueytlato, payaqui, etc., son las ruínas de Copán, de las de toda la región de Gracias del Valle de Quimitán, del de Comayagua y se puede decir de toda Honduras y todas las grandes ruinas que hacían noble corona a Copán, hacia la parte de Occidente, en la región de Guatemala y de Yucatán.

y finalmente por la expedición que hizo a la América del sur en 1534, para cumplir con el compromiso que había contraído en la Corte 39 habría entrado más temprano a esta región, de la cual el capitán Luis Marín debió darle amplias informaciones; región que era tan apetecida y tan disputada por todos los conquistadores de aquel histórico momento.[18] Gil González Dávila, el primero que quiso

---

Con lo que Alvarado expresa a Cortés, se indica ya el deseo de la conquista de Honduras, que solamente comenzaba entonces a vislumbrar. Cortés (Carta IV) creyó que Alvarado ya se había juntado en Honduras con Olid.

Sucede después la ida de Cortés a la costa de Honduras. Alvarado sentía deseo de ir, por la vía de México, a España, en donde esperaba "gratificación de sus muchos servicios" (REM 1, 4), y efectivamente, en el acta del 4 de octubre de 1525 (LACTAG) aparece que estaba "de partida para México"; pero según Remesal, "dentro de pocos días recibió carta de don Fernando Cortés" desde Trujillo, ordenándole preparase gente de carga y gastadores para enderezar los caminos "porque se determinaba de volver por tierra a México" (Los autores en general refieren que Cortés llamó a Alvarado para que fuese a Honduras; Remesal dice que, solamente le ordenó preparase gente de carga y gastadores para los caminos, que quería volverse por tierra. Bernal Díaz, trata solamente de que Cortés quiso volver por mar, y que Alvarado fue llamado a México por sus amigos, para hacerse cargo de la gobernación, en vista de que decían que Cortés había fallecido, pero Alvarado por temor del factor no quiso ir). Como los acontecimientos de México fueron remediados por las órdenes mandadas por Cortés, cambiando las autoridades, así los amigos "luego en posta envían, mensajeros a Guatemala, y le hacen saber de la prisión del factor y veedor; y como Cortés estaba en Trujillo, que no es muy lejos de su conquista, que fuese luego en su busca y le hiciese venir a México. (BERN 188). Cortés ya había salido para México el 25 de abril de 1526, cuando Alvarado fue en su busca, llegando solamente hasta la Choluteca Malalaca, y volviendo por Cuscatlán que estaba en rebeldía. El 26 de agosto del mismo año, Alvarado pidió nuevamente al cabildo (LACTAG) la ida a México, y esta vez acompañado, de los Alcaldes, Regidores y grandes Caballeros. Se presentó efectivamente con gran pompa y fama de gran conquistador, con lo que casi oscureció da gloria de Cortés que en aquel entonces fue residenciado por el Licenciado Ponce de León y por su sucesor el Licenciado Marcos de Aguilar.

[18] Bernal Díaz del Castillo (Cap. 184—193) nos proporciona toda la información acerca de las regiones de Honduras por las cuales él anduvo con el capitán Luis Marín, desde Naco, Trujillo, Olancho, Agalteca, Manianí y por el camino de Talanga a Choluteca en donde encontró a don Pedro de Alvarado, hasta salir para México, por el mismo camino de la costa del sur que siguió Francisco de las Casas (el cual pasó por Ocotepeque), en cuya ruta Alvarado encontró fiera resistencia por parte de los indios de Chaparrastique, Cuscatlán, Guatemala y demás pueblos hasta que llegó a México, en donde ya estaba Cortés (V. también Nota 5).

ocuparla para encontrar el estrecho, fue estorbado por los capitanes enviados por Pedrarias Dávila, por Cristóbal de Olid, que lo prendió y por Francisco de las Casas, capitán que Cortés había enviado para prender a Olid.[19]

Cortés, no quería salir de Honduras, más bien quería conquistarla, porque había allí muchos y grandes señoríos, como sabía por las relaciones de Alvarado e informaciones de otros muchos, teniendo todo apuntado en sus libretas especiales (V. carta V dé relación ; había muchas minas y riquezas inmensas; tenía consigo a dos excelentes intérpretes: Marina y Aguilar que sabían entender la lengua Maya; y ya había dispuesto no regresar tan pronto a México, sino mandar poder para nuevos Governadores y poderes para Pedro de Alvarado y Francisco de las Casas, si estuviesen en México, hasta que él llegase (BER. c. 188). Pero le instaron tanto que finalmente se embarcó y llegó a México en medio de la alegría general, a fines de junio de 1526. (COR V).

Allí encontró al Licenciado Luis Ponce de León, enviado por Su Majestad para tomarle residencia. Don Pedro de Alvarado, que, en Cabildo de 30 de enero de 1526, había sido autorizado para llevarse buena guardia de su persona "para ir a México" (acaso, manera velada para poder ir a Honduras a encontrar a Cortés y librarse de la acusación que efectivamente después le hicieron, de haber desamparado la ciudad), llegó hasta Choluteca Malalaca, cuando ya su jefe había regresado, y volvió con dificultad, por la resistencia que encontró en los indios, que aun en Guatemala estaban alzados y no quisieron venir de Paz. En Cabildo de 26 de agosto del mismo año, pidió que los acompañasen varios señores (LACTAG), y con los 80 soldados de Cortés, entre los cuales estaban Bernal Díaz, llegó a México, en donde encontraron que Luis Ponce Pedro de Alvarado fuese a Castilla a suplicar a Su Majestad le hiciese merced de la gobernación de Guatemala; y entre tanto que iba a Jorge de Alvarado por su capitán a la pasificación della; y cuando el Jorge de Albarado vino trajo consigo sobre docientos indios de Tlascala y de Cholula y mejicanos, y de Guacachula y de otras provincias que le ayudaron en las guerras".

También a Cortés le aconsejaron ir a España, en donde obtuvo el título de marqués y otras mercedes por parte del monarca.

Alvarado, obtenida la gobernación, volvió a México y aquí encontró que se le había levantado un proceso, debiendo defenderse de muchas acusaciones. Entre ellas aparecen unas en que se dice que poco después de haber poblado una ciudad en la provincia de Guatemala, recibió una carta de Cortés que le llamaba a Honduras con todo su ejército, y los regidores lo requirieron para que no desamparase la ciudad, y pasaron entre ellos palabras duras, y finalmente se fue, dejando mitad del ejército en Guatemala. (LIVIE 144).

[19] Acerca de los hechos que se refieren a estos capitanes, véanse las notas anteriores, especialmente la que tiene el número 8. Los soldados de Cortés no siguieron precisamente el camino de Francisco de las Casas, quien desde Naco se dirigió a Ocotepeque, poniéndole el nombre de Asistente, por un incidente que allí

El mismo Cortés, si no hubiera sido por la rebelión de los que había dejado para gobernar en México, la hubiera conquistado y colonizado de una vez, estableciendo de esta manera la felicidad de Honduras para siempre.[20] Pero, Cortés, desde Trujillo, tuvo que poner orden en las cosas de México y apurar su regreso, porque ya los suyos querían que volviese, haciendo cuanto pudieron por quitarle su decidida voluntad de conquistar a Honduras. Que, si lo hubiese hecho, ¡otra sería la historia de Centro América!

Alvarado, por su parte, después de su vuelta de España, con título de Gobernador de Guatemala se dedicó a la empresa falaz de la Especiería, que por poco le cuesta la cabeza. Sin embargo, Honduras estaba entre sus ideales, ya que Cortés había fracasado en esta empresa, y la existencia de ricas minas, y excelentes puertos lo obsesionaban.

Porque, poco a poco, la idea del estrecho interoceánico, se había en él convertido en una necesidad de encontrar un puerto a breve distancia de Guatemala; ya que, siendo su conquistador y Gobernador, lo miraba como un problema urgente y de suma trascendencia, como oportunamente lo expuso a Su Majestad.

9.—Alvarado en dificultades por haber ido al Perú

En la Corte, don Pedro de Alvarado, imitando a Cortés, que ya había hecho una armada para ir al descubrimiento de la «Especiería», capituló con el Rey sobre el mismo objeto, ya que se dio cuenta que era éste un punto débil. Efectivamente esa promesa le valió muchas

---

pasó, según lo cuenta Montejo, en su carta de 1º de junio; ellos desde Naco tuvieron que ir primero a Olancho, y desde allí se dirigieron al Manianí y por Agalteca y Talanga, fueron al pueblo de Choluteca Malalaca, siguiendo después el camino del mar, como también lo hizo Francisco de las Casas.

[20] Cortés dejó en Trujillo a Hernando de Saavedra, su lugarteniente de Governador y Capitán General y le dio sabias ordenanzas para la fundación y el mantenimiento de las ciudades que fundase. El mismo quería ir hasta Nicaragua y al dejar la empresa, había recomendado a sus capitanes, como dice Bernal Díaz del Castillos (c. 183) "que nosotros nos fuésemos a ver la provincia de Nicaragua era demandalla a su Majestad en gobernación el tiempo andando, si apostase a México." Efectivamente, Pedrarias Dávila no era todavía Governador y gil González Dávila, su descubridor, no había recibido ningún título, sino solamente hecho una capitulación (COR V);

mercedes, sobre todo el título de Gobernador. Entretanto en México se le había procesado (BERN c. 193; LIVIE).

Herrera, fundándose sobre los documentos (Dec. V, lib. X, cap. 15), dice acerca de Cortés. "Llegó el Marqués del Valle el año pasado de 1530 a Nueva España, viniendo de Castilla, y capitulado con el Rey, por lo acerca del Descubrimiento de la Mar del Sur, los de la Nueva Audiencia de México le mandaron requerir, que dentro de un año armase; con apercibimiento, que no lo haciendo, tratarían de hacer Asiento con otra Persona". También había hecho algunos navíos para el mismo fin, antes de ir a la empresa de Honduras, y en su ausencia el Contador Rodrigo de Albornoz, en carta al Rey de 1525 (Docuin. XIII, 45) procuró aprovecharlos en su favor diciendo: "Los dos navíos que se hacían en Zacatula y un bergantín están acabados, y pudieran luego ir a descubrir y seguir el camino de la Especiería." (V. también Herrera, Dec. III, lib. IX, cap. 9).

Como lo hemos dicho, Alvarado, a pesar de que los cargos que se le habían hecho eran graves, y al mismo tiempo que a Cortés, se le debía residenciar y juzgar; sin embargo, salió no solamente inmune, sino con muchas mercedes y con el título de Gobernador de Guatemala; y esto especialmente "porque también dio gran intención, que desde Guatemala, por la Mar del Sur, enviaría navíos, en descubrimiento de las Islas de la Especiería: cosa que mucho el Rei deseaba". (Herrera, Dec. IV, lib. II, cap. I—III).

Desde entonces, casi todas las Cédulas Reales dirigidas a Alvarado, se refieren a esta empresa y al Puerto de Caballos. 'Es lástima que las que están publicadas en la Colección de Documentos Inéditos de Torres de Mendoza, contenidas especialmente en el Tomo 14 y 24, cuyos traslados fueron sacados en Pachacama, Perú, y los documentos de la Colección Muñoz, reproducidos en Libro Viejo de Guatemala, publicado por Villacorta, y Cédulas publicadas también en la Revista del Archivo de Tegucigalpa, tienen sus fechas, por lo general alteradas, acaso por haberlas entendido mal el Copiador, como se dirá más adelante.

La empresa de la Especiería fue causa de muchos atropellos e injusticias por parte de Alvarado, quien con astucia quiso burlarse de la capitulación hecha con el Rey procurando cambiar su contenido según su propia conveniencia y ambición. Ante todo, habiéndose enterado de las riquezas que había encontrado Pizarro en el Perú, se le despertó el apetito por aquella provincia, y escribió al Rey en este sentido, según carta de 19 de septiembre de 1532; quitó un navío al capitán Gabriel de Roxas, el cual se vengó yendo al Perú a ponerse al servicio de Pizarro; llevó no solamente centenares de negros, sino miles de indios, la mayor parte de los cuales se murieron en las tierras frías de Quito: llevó centenares de castellanos, desamparando las provincias de Guatemala y de Nicaragua, por lo cual se alteraron los indios y se rebelaron poniendo en peligro las gobernaciones. Encontraba una excusa, diciendo que Pizarro no podía sostener la guerra e iba a socorrerle; que había provincias, como la de Quito, que todavía no estaban conquistadas y que en fin él iba a servir al Rey.

El Rey y la Reina en sus cédulas de 5 de agosto de 1532 y de 15 de octubre del mismo año (Arch. De I. Est. 1º Caj. 1º) le trataban de las mercedes que le harían: la doceava parte de lo que descubriese; ser alguacil mayor (es decir, tener la vara de la justicia); nombrarlo gobernador de por vida; en fin, un capítulo que él aprovechó muy bien, contra toda intención del Rey, que era el siguiente: "otro sí, es nuestra merced, e mandaoos, que si vos, el dicho Don Pedro de Alvarado, vieres de ser cumplidero a nuestro servicio, e a la execución de nuestra justicia, que cualesquier personas de las que agora están e estovieren en las dichas tierras e Islas, salgan e no entren, ni están en ellas; e que si vengan a presentar, ante nos, que vos lo podáis mandar de nuestra parte....por la presente mandamos, que sin para ello, nos requerir, ni consultar a esperar, ni atender otra nuestra carta, ni mandamiento... lo ponga en obra, según que lo vos, digesedes e mandaredes".

En la capitulación, el Rey, entendía que el descubrimiento debía ser de tierras e islas que estuviesen al occidente de la gobernación de Guatemala y que no entrase en otras gobernaciones, nombrando especialmente la de la parte norte. Quedaban por descubrir tierras en las costas de Quito y de Chile hasta el Cabo de Hornos. Se aprovechó Alvarado. Se quejó de los Oidores de la Audiencia de México (carta del 1º de septiembre de 1532), que le habían ordenado cesar y no hacer la armada, a pesar de que por otra parte le animaban a hacerla; y acusaba a Cortés de esto, porque no había querido Alvarado entrar en concierto con él para la misma empresa. En este asunto, como también en muchos otros de esta misma época y de esta misma región, el historiador oficial Antonio de Herrera tiene muchas equivocaciones y malas interpretaciones de los documentos, principalmente por ignorancia de la topografía, y por el enredo del momento histórico; como tampoco parece que conoció la amenaza de muerte por parte de la justicia del Rey, que pesó sobre Alvarado en aquel momento en que fue al Perú.

El 8 de enero de 1534, estando pronta la armada y la gente, Alvarado escribe al Rey, lamentando que por no haber venido antes la orden real de partida, no había podido salir muchos días antes, aumentándosele así ingentemente los gastos; y finalmente, estando en el Puerto de la Posesión (Nicaragua), "llegó Gabriel de Cabrera con la Provisión y Capitulación de Vuestra Majestad....que puso remedio a todo... .y vista la Provisión e Capitulación hallé que Vuestra Magesad me obligaba, a que en el descubrimiento y conquista presente, sacara partido…yo me parto, mediante Dios, el día de esta fecha....Mi derrota será conforme a la Vuestra Majestad, y— dende los XIII hasta los XX grados (hasta el Perú) de la citada parte de la luna, descubrir todos los secretos de este ollar, y las Islas de Tierra— firme; y donde más convenga conquistar y poblar... que demás de lo referido, imbiaré dos naos para este efecto echar a navegar e calar el estrecho....". Finalmente le dice que en su lugar deja en Guatemala, en nombre del Rey, a su hermano Jorge de Alvarado. (DOCUIN 24, 204; LIVIE).

No salió el 8 de enero, porque el 20 de enero escribió al Ayuntamiento de Guatemala anunciándole su embarco. Salió el 23 de enero, como lo participó al Gobernador, don Francisco de Barrionuevo, con carta escrita el 10 de marzo desde Puerto Viejo, en el Ecuador, habiendo desembarcado en el puerto de Caraque, obligado por la fuerza de la corriente de Humboldt y "por el tiempo furioso del sur, y sudoeste".

Lo que sucedió después fue todo contrario a su fortuna. Llegado con grandísima dificultad a las tierras altas y nevadas de Quito, muchos españoles y muchísimos indios de tierra caliente, se le murieron de hambre y de frío. Los dos navíos que había mandado al sur para que descubriesen tierras, después de pasada la tierra descubierta por Pizarro, fueron aprendidos con los españoles, sobornados por este Conquistador; Gabriel de Roxas avisó al Mariscal Diego de Almagro, compañero de Pizarro, el cual, con un ejército se enfrentó a don Pedro de Alvarado, obligando a éste a venderle la flota y dejar todos los soldados e indios que había traído, hasta impedirle usar de escribano para tomar testimonio; y Pizarro, dándole 120 mil castellanos, lo devolvió directamente a Guatemala impidiéndole hasta escribir al Rey y detenerse en el camino, como él mismo lo dice en su carta al Soberano, fechada en San Miguel el 15 de enero de 1535, pidiéndole permiso para ir inmediatamente a España a besar sus manos y disculparse. En otra carta escrita desde Guatemala el 12 de mayo de 1535, le dice al Emperador todo lo ocurrido; se disculpa de no haber podido ir a descubrir las islas, hacia el Poniente, según lo que había capitulado, por haber encontrado las corrientes tan grandes y los tiempos tan contrarios, que fue forzado ir a recorrer la tierra del Perú, en donde tuvo las grandes contrariedades que sufrió tanto por parte de la naturaleza como por la de Pizarro. Se quejaba también de que en su ausencia se habían hecho relaciones a Su Majestad contra él; que habiendo llegado a Guatemala el 20 de abril, había encontrado los indios alterados, y por lo tanto, los del Consejo, Regidores y Oficiales de Su Majestad le obligaron a suspender su partida para España hasta que Su Majestad le enviase licencia.

A pesar de todo esto, tenía el valor de pedir todavía el descubrimiento de las tierras al Sur del Perú, y de hacer una nueva flota para ir a descubrir la Especiería y de ir él mismo a dirigir esa empresa.

En treinta de julio de 1534, el Emperador, enterado de todas las acusaciones que había recibido de muchas partes, y de que don Pedro de Alvarado, en lugar de haber tomado el camino del occidente para ir a la Especiería, se había metido en la Gobernación del Perú, envió rápidamente tres cédulas con orden de que Alvarado volviese; se salga de esas tierras, vaya a su descubrimiento conforme a la capitulación hecha, y vuelva a su Gobernación, bajo pena de muerte y de perdimiento de todos sus bienes.

Una Cédula era para el Gobernador de Panamá, Francisco de Barrio Nuevo, encomendándole ir a verificar si Alvarado ha ido al Perú, contra las capitulaciones que había hecho; que lo eche de allí para que vaya a su descubrimiento, no excediendo de ella, bajo pena de muerte "e perdimiento de todos sus bienes e de aleve e traición e caer en mal caso'" y lo mismo a los capitanes y gente de la armada sobredicha; autorizándolo hasta para reunir un ejército contra él para prenderle, si se resistiera.

La otra Cédula estaba dirigida al Licenciado de la Gama, sobre lo mismo, para el caso que el Gobernador muriese o tuviese algún impedimento para cumplir su cometido.

La tercera, dirigida al Alguacil Juan de Turgano, para que fuera a acompañarlos con la vara de justicia.

El Gobernador debía entregar o hacer entregar una carta a Alvarado, ordenándole salir de las tierras del Perú y desbandar la gente que hubiese ido con él. Esta carta era del 19 de julio de 1534. (CDPER).

Por estos antecedentes se comprende por qué Alvarado buscaba no solamente de librarse de tantas acusaciones muy peligrosas, sino de encontrar el camino para ir a la corte y pedir nuevos favores, como efectivamente lo consiguió.

10.—Últimos intentos de Alvarado para entrar a Honduras

La carta del 20 de noviembre de 1535 (y no 1536) 38 dirigida por él al Real Consejo de Indias, es reveladora de todo un capítulo de la Historia de don Pedro de Alvarado. 39[21] Él tenía su mirada fija sobre Puerto de Caballos en Honduras, que pretendía tener bajo su control,

---

[21] A este propósito se debe advertir, que la carta dirigida al Presidente del Consejo de Indias por el Governador de Guatemala, no es de 1536, como figura en la edición del Tomo XXIV de la Colección de Documentos Inéditos de Torres de Mendoza, sino de 1535. Efectivamente en esta carta se narran hechos que no pueden referirse a 1536, como el de que don Pedro de Alvarado se lamenta que el Licenciado Maldonado había venido de México a tomarle residencia. "El se pregonó su residencia en forma, con termino de cincuenta días, los cuales yo recedí en esta Ciudad, sin salir della, e no hubo persona que me pusiese demanda civil ni criminalmente, ni que dixese que tenía quexa de mí, como constan por el testimonio del mesmo escribano que truco que imbio a ese Real Consexo; ni tampoco halló cosa nenguna de que hacer ynformación contra mi. Y ansi él se volvió a la Ciudad de México, sin hacer cosa nenguna". 39 (V. Recinos An. Soc. Geo. Hist. Guat. 1 sep., 1943).

queriendo eludir la autorización para buscar otro puerto en la Mar del Norte.[22]

En esa carta, ante todo, se queja de que apenas regresado de la expedición, de donde no había salido con buena suerte y más bien cargado de deudas, un Oidor de la Audiencia Real de México[23], había

---

[22] En la carta de Alvarado dirigida al Soberano desde Gracias a Dios, en 4 de agosto de 1539, ya vuelto de España, y sin haber llegado a un acuerdo con Montejo, le dice: "Suplico a Vuestra Majestad me haga merced de este Puerto de Caballos; libremente, para que pueda pasar mis municiones...."; y al final de la carta, anuncia al Monarca que ya había llegado al convenio con Montejo; ya no necesitaba pedir esta gracia, por que con este convenio tenía unida la Gobernación de Honduras a la de Guatemala.

[23] Este Oidor era Alonso Maldonado, quien molestó Alvarado, a Montero y a otros; casó con la hija de Montejo, y no estuvo ajeno a los abusos de autoridad e intereses personales, especialmente en cuestiones de indios, porque fue objeto de acusaciones justas y reproches por parte de las Casas e informaciones ante la Corte por parte de un Alonso García, desde Gracias a Dios, en 19 de febrero de 1536 (DOCUIN 24, 352) diciendo: "Porque imbió Vuestra Majestad un Juez de residencia a esta Provincia de Honduras...para que hiciese xusticia, y hízola él como a él bien le estuvo… "Porque imbió Vuestra Majestad Ordenanzas Reales a estas partes…a esto dixo que no hacen acá lo que por Vuestra Majestad les a mandado…un pueblo que se dice Yamala, que era del Adelantado Don Pedro Dalvarado,lo quitó Montexo quando vino de Chiápa, a cuatro caballeros casados antiguos conquistadores, que algunos dellos no tenían otra cosa; y lo tomó para sí, y agora lo tiene, y posee Vuestro Presidente Alonso Maldonado desque se casó con la hixa de Montexo".

Y el sucesor y Juez de Residencia de Maldonado, el Lic. Cerrato, desde Gracias a Dios, en 28 de septiembre de 1548 (DOCUIN 24, 463) informaba así: "he acabado de tomar la residencia al Presidente e los Oidores, y está sentenciada... porque Vuestra Majestad sepa que aquí vinieron Presidente e Oidores, ninguna Ordenanza ni Ley de las nuevas ni viejas guardaron, ni posieron en execución; antes ellos mismos las quebrantaron....entendiendo solamente en sus minas e vacas e granxerias, porque determinaron en ser bien quistos del pueblo e gente, en quien otra cosa hiziese".

En cuanto al gravísimo incidente con el Obispo de Chiapa, B. de las Casas, quien hizo lo posible para que s diesen las nuevas leyes y se pusiesen en práctica, sucedió que entrando un día en la salá de la Audiencia, en Gracias a Dios, para ver si alcanzaría alguna providencia, el Presidente Maldonado le respondió: "Sois un bellaco, mal hombre, mal fraile, mal Obispo, desvergonzado, y merecíais ser castigado". El pacientísimo Obispo, poniendo la mano en el pecho, algo inclinada la cabeza, y los ojos en el Presidente, no respondió otra cosa: "yo lo merezco muy bien todo eso, que V. S. dice para que le hiciesen Presidente. (REM VI, 7). El

venido a residenciarlo, lo mismo que a sus oficiales: y a causa de ello "todos aquellos a quien yo debía dineros por obligaciones y escrituras de las debdas que hice para el despacho del armada, me amenazaban de arte sobre la cobranza, que viendo que no podía venir a tiempo la cédula que a su Majestad imbié a pedir de suspensión de mis debdas; y por no pagarlas con costas pagué a todos antes de tiempo; para que el oydor tuviese menos que hacer".

Fue ésta una hábil jugada de Alvarado, que se libró entonces de ser residenciado, y así tener libres las manos para preparar otra expedición y buscar puertos en la Mar del Sur y en la Mar del Norte, evitando, al mismo tiempo, entrar en la interpretación de las capitulaciones y mostrando ignorancia de los gravámenes y acusaciones que pesaban sobre él.[24]

Contra el agravio de la residencia que se le había intentado, él mostraba los méritos, especialmente el de haber encontrado y dado vida al puerto de San Miguel en la desembocadura del Lempa.

Se quejaba de que habiéndosele mandado por el Rey, que fuese en persona a buscar algún puerto en la Mar del Norte, cerca de Guatemala y en él poblase una villa; por otro lado la Emperatriz le mandó no entremeterse en cosa ninguna de la tierra de Honduras. Esto era efecto de haberse nombrado nuevo gobernador en la persona de Albítez, nombramiento tanto más necesario después de la muerte de López de Salcedo, en cuanto que Honduras y Nicaragua habían caído en una situación completamente caótica.

Alvarado hábilmente decía que no podía entender lo que Su Majestad le mandaba; porque por una parte, Honduras estaba mandada por Diego de Albítez[25] y por otra el Adelantado Montejo venía a poblar la tierra de Cozumel: así que la costa del Norte estaba

---

presidente Maldonado fue residenciado y sustituido en 1548 por el Presidente Cerrato. En el testamento de Montejo, en 1543, Alvarado figura como Presidente de la audiencia de Santo Domingo (V. R.S. Chamberlain, An. Soc. Geo. Hist. Guat. junio 1945).

[24] Fueron dos las residencias que Alonso de Maldonado debió tomar a Alvarado, como se explica en la nota 24.

[25] Albítez había muerto ya dos años antes y apenas tomó posesión de su cargo, dejando como Governador interino a Cereceda.

toda cerrada para Guatemala; decía por lo tanto que se le diese a lo menos el puerto de San Juan de Ulúa.[26]

Alvarado no se contentó con hacer llegar a la Corte, lo más rápidamente posible, la carta citada, sino que hizo enviar un procurador oficial, que en nombre del Cabildo de la ciudad de Santiago de la provincia de Guatemala, dió una cumplida relación e hizo presente en la Corte, no solamente la necesidad sino la conveniencia de un puerto, y de que mandase al Gobernador de ella, que con toda brevedad conquistase y poblase uno de los dichos puertos, el más cercano y conveniente a la dicha provincia, ya que en ella había gente española en abundancia para conquistarlo.

La Reina acordó en Consejo (ARGULE an. n. 4) que "debíamos mandar esta nuestra carta por la cual declaramos y mandamos que sy el nuestro gobernador de la dicha provincia de Guatimala y gente

---

[26] Esta era una maniobra, para obtener el puerto de Caballos, porque al mismo tiempo que escribió esta carta, Alvarado, habiéndosele prohibido por el Cabildo de ausentarse, hizo enviar un procurador de la ciudad de Guatemala, para que obtuviese el puerto más cercano y conveniente. Esto le fue concedido finalmente por Cédula de 16 de febrero de 1536, al recibir la cual, Alvarado se movió para entrar en Honduras, antes del 10 de mayo de 1536, cuando Maldonado se presentó para tomarle residencia. La orden de la Reina, de tomarle nuevamente residencia estaba dada, según Fuentes y Guzmán (RECOFLOR, IV, 5), en fecha de 27 de octubre de 1535, fecha atendible, a pesar de que el mismo escritor ofrece datos muy inexactos acerca de estos acontecimientos. Al mandar la Cédula, la Reina no nombra a Alvarado, sino que dice: "si el nuestro Governador de la dicha provincia de Guatemala y gente della conquistare e poblare algún puerto en la mar del norte aunque sea en los límites de las provincias de youcatan y cozumel que esta dada en gobernación al adelantado don francisco de montejo lo pueda tener el dicho Governador de Guatemala con la jurisdicción civil y criminal y usar dello como de la otra tierra que está dentro de su gobernación etc. (ARGU.LE an. n. 4) Es probable lo que dice Fuentes y Guzmán, fundándose en el Libro 29 de Cabildo (f. 103), que D. Pedro nombró por, su teniente al licenciado Rodrigo de Sandoval, que presentó su nombramiento en Cabildo el día 23 de febrero de 1536. Dice también este escritor, que Alvarado salió para Yucatán a verse y tratar con Montejo. Pero lo que se sabe es que hubo trato con el Virrey y con Montejo; Montejo le escribió para hacer cambios de territorio y puso por medio a su hermano don Jorge de Alvarado, pero don Pedro que deseaba a toda costa el Puerto de Caballos y por allí embarcarse, no respondió nunca hasta la vuelta de España, como lo dice Montejo en su carta. La carta de Alvarado es de 20 de noviembre de 1535 y, por lo que dice en ella, parece que García de Celis no había llegado todavía a proponerle la gobernación de Honduras. En todo caso es inexacto lo que dice Fuentes, que Alvarado fue a Yucatán.

della conquistare y poblare algún puerto en la mar del norte aunque sea en los límites de las provincias de Yucatán y Cozumel que este dada en gobernación al adelantado Montejo lo pueda tener el dicho gobernador de Guatemala con la jurisdicción civil y criminal y usar dello como de la otra tierra que está dentro de su gobernación por quanto en recompensa dello hemos encomendado al dicha adelantado Montejo la gobernación de honduras y si el puerto que así conquistare y poblare fuere el de caballos o otro alguno en la provincia de Honduras mandamos que se guarden y cumplan las cartas y provisiones que en esta razón tenemos mandado dar al nuestro Presidente e oidores de la nuestra audiencia e chancillería real de la nueva España y otros cualesquier nuestros jueces e justicias de las islas e provincias de nuestras indias que guarden y cumplan e hagan guardar e cumplir esta nuestra carta e todo lo en ella contenido".[27]

En este tiempo los españoles de Trujillo se quejaron al Rey contra Cereceda pidiendo un buen Gobernador.[28] Alvarado supo también que

---

[27] Así se comprende cómo se estaba burlando de Montejo, teniéndolo en suspenso, sin responderle, en una cosa tan importante como era la conquista de Honduras. Probablemente cuando llegó la carta de la Reina, entró a Honduras. No sabemos
cómo conciliar esta carta, con la orden dada por la Reina de procesar nuevamente a Alvarado y mandarlo a España, orden que puede ser anterior a la carta. En todo cabo la carta no excluía la residencia, y además era dada, no a Alvarado, sino al Governador en general, ya que la petición más reciente había sido hecha por el procurador en nombre del Cabildo de Guatemala y no en el de Alvarado como Governador.

El Obispo Marroquín (LIVIE 320) ofrece certidumbre acerca de la segunda residencia porque dice en su carta a Su Majestad: "... como se acabó el tiempo de la residencia, (Maldonado) volvió para México, y en llegando a México, halló nueva provisión en que se le mandaba que volviese a Guatemala por juez de residencia..." Después de varias consideraciones, y de pedir, él también el Puerto de Caballos para favorecer a Guatemala, se expresa contra la residencia en esta forma: "Plugiera a Dios que se o viera dilatado la residencia, que Naco y la sierra que es muy buena tierra quedara más asentado, y el Perú, que es lo de más importancia, tuviera capitán que lo socorriera! Prometo a V. M. que se ha perdido más en la residencia, que se pueda ganar en quitarle cien gobernaciones como las de Guatemala". En este tiempo Pizarro estaba cercado por los indios y pedía socorros desde el Perú.

[28] Este pormenor lo da Herrera (D. V, 1, 9, c. 8—9; D. VI, 1. I, c. 8). "Quejabanse de Andrés de Cereceda por haber desamparado aquella tierra. Significaban el peligro en que se hallaban, por los pocos que eran, diciendo, que si aconteciese que los indios los acometiesen...quejabanse de Andrés de Cereceda,

el licenciado Alonso de Maldonado venía nuevamente a residenciarlo[29] y entre tanto procuraba que el Adelantado Montejo se desprendiera de la gobernación de Honduras que codiciaba y que se le había dado por parte del Rey, obligándole el Virrey Mendozá a tomar lo más pronto el camino para ocuparla. Sucedió también al mismo tiempo, que el emisario Diego García de Celis le instaba venir en auxilio de Honduras, mientras que, según narra Herrera, los castellanos, llevando sus naborías, dejaron atado a un árbol a Cereceda"[30]. No dudó un momento: apenas llegada la respuesta de la

---

porque había llevado tantos indios al valle de Naco...aseguraban que cuando el Rey enviase un buen Governador con doscientos hombres, cerca del Desaguadero de Nicaragua, se podía poblar en un valle de grandes pueblos, no lejos de Veragua, a donde se hallarían grandes minas de oro; lo cual pensaba hacer Diego de Albítez, si viviera..."

También a Alonso Dávila, capitán de Montejo, le hicieron algunos el mismo ruego: "Algunos me dixeron que si Vuestra Majestad hiciese merced de aquella gobernación al adelantado Francisco de Montejo..." (DOCUIN 14, 125—Relac. 3 jun., 1533).

[29] En este corto plazo, fueron dos las residencias que se le tomaron a Alvarado, de las cuales se libró. Los historiadores, exagerando, dicen que Alvarado huyó de Guatemala para evitar la segunda residencia. Por lo que diremos en la nota siguiente, se sabe que no huyó, sino que se libró hábilmente. El Obispo Marroquín dice que el Oidor fue dos veces a Guatemala, a tomar residencia a Alvarado 53. Según Pedraza y Herrera, la segunda vez debía prenderlo y mandarlo a España. Por otra parte, la Cédula del Rey, con la cual volvió Alvarado, dirigida a Maldonado, alude a que Alvarado no se había presentado al tiempo de la residencia, la segunda vez. (LI.VIE, p. 327).

[30] Herrera (Cec. V, lib. IX, cap. 8—9) se extiende algo en la narración, sirviéndose de la Historia General de Oviedo, de las cartas de Cereceda y encontrando amplias noticias entre los papeles de la Corte a donde Diego García de Celis, testigo ocular y actor principal, había llegado con Alvarado en 1536. Muchas de las noticias están confirmadas por Pedraza y Montejo, que lo supieron de los españoles que habían sido actores, y lo sabemos también por las respuestas dadas por los testigos en el expediente en favor de Gonzalo de Alvarado que van publicadas entre los documentos al final de este trabajo. Además, Alvarado llevó seguramente los documentos en que se referían los últimos acontecimientos, como la renuncia de Cereceda; la fundación de San Pedro y de Gracias a Dios y los repartimientos hechos. El mismo Cereceda narra todo lo que le aconteció en aquellos días al dirigirse en carta de 15 de mayo de 1536 al Adelantado Alvarado

Corte, habiendo ya preparado su gente, se vino rápidamente a Honduras. [31]

El enviado Diego García de Celis encontró a Pedro de Alvarado alistando la armada, para mandar a descubrir las islas de la Mar del Sur, armada que puso al mando de don Alonso de Cáceres, quitándolo a Montejo. Celis le ofreció la gobernación de Honduras. El Adelantado no tardó en completar los preparativos, reuniendo cerca

---

quien estaba ya cerca de Naco, en el pueblo de Calcamo. Los mismos hechos se narran en el Acta de la toma de posesión de la Gobernación de Honduras por parte de Alvarado, el 21 de mayo del mismo año. Y Oviedo los vino a conocer directamente. 61 (Véanse los documentos publicados en "Libro Viejo de la Fundación de Guatemala" y papeles relativos a D. Pedro de Alvaralo. —Bibliot. "Goathemala", vol. XII, Guatemala, 1934; y los capítulos de Antonio de Herrera, Véase también el trabajo publicado por el Lic. Adrián Recinos, "Dos expediciones del Governador de Guatemala don Pedro de Alvarado", en Anales de la Sociedad de Geografía e Historia de Guatemala, Tomo XIX, n. 1, septiembre de 1943). Pedraza narra cómo Alvarado se vino casi huyéndole al juez.

Herrera tomó este dato de lo que narra Pedraza en su relación de 1544, diciendo "comenzaron a liar sus haciendas y maniataron al dicho cereceda y atáronlo a un árbol y dejábanselo allí con otros veinte y tres porque les estorbaba que no llevasen los indios sobredichos ni los sacasen de la gobernación.

[31] Celis debe haber llegado a Guatemala a verse con Alvarado, por noviembre o diciembre tomando por base los seis meses de que habla el Obispo Pedraza en su carta de 18 de mayo de 1539, o los 4 o 5 meses de que habla Montejo en la carta citada 29. Es posible que la carta de Alvarado de 20 de noviembre de 1535 sea anterior a la entrevista con Celis.

En su testamento, publicado por Chamberlain (l. c., nota 21) Montejo deja asentado que vino a Honduras obligado por el Rey. Dice así:

"Yten digo que puede aver diez y siete o diez y ocho años poco mas o menos que su magt me mandó que fuese a poblar las provincias de ygueras y honduras e a pacificarlo e yo lo hice a mi costa sin que su magt me diese cosa alguna y en la pacificación y población de las dichas provincias gaste mucha suma de mrs. En cantidad de treinta mil castellanos y porque al debido tiempo yo estaba con necesidad por los muchos gastos que avia fecho en poblar las provincias de Yucatan e cozumel y otras provincias ynbie a suplicar a su magt por la via del virrey de la Nueva Españá me oviese por escusado pues avia otros caballeros en aquellas partes que lo podrían hacer y su magt sin embargo dello ynbio a mandar y respondio a la carta del visorrey que su magt me avia mandado que fuese a las las provincias y que me hiciese yr y me lo requiriese y asi fui y las pacifique y poble a mi costa como lo es mandado que se pida a su magt. Los gastos que hice en la jornada y pacificación y población que son los dos treinta mil castellanos".

de tres mil achíes y otros indios que tomó en San Salvador, además de todos los indios de servicio.

11. Alvarado entra a Honduras

Con un número regular de españoles emprendió el camino por Chiquimula y Ocotepeque, quemando y destruyendo las poblaciones en donde encontró la primera resistencia: entró atropellando; pero el Jefe se quejó y para tener paz le dio tlamemes, o indios cargadores, los cuales a las tres leguas dejaron la carga y le abandonaron. Por ese camino habían regresado a México Francisco de las Casas y Gil González Dávila en tiempos de Cortés. Por lo que dice Montejo en su carta de 19 de junio de 1539, parece que Alvarado pasó por la provincia de Cerquín, o más bien por el valle de Sensenti, en donde los indios de toda la región de Sensenti y de Cerquín se fortalecieron en peñoles y se refugiaron en las serranías, sin acometerlos Alvarado, por la prisa de llegar a Puerto de Caballos; pero sí pasó por Talgua y la destruyó, y lo mismo hizo con Lepaera, poniendo fuego, destruyendo las poblaciones por donde transitaba y haciendo gran número de esclavos, hasta que llegó a Tencoa en donde se paró.

Todo esto consta por la relación del Licenciado Pedraza de 20 de mayo de 1539 5, 12 y de la carta aludida del Adelantado Montejo 24, 27. Los testigos del expediente en favor de Gonzalo de Alvarado, que se encuentran citados entre los documentos al final de este trabajo, 41 nos dan a conocer el camino que siguió Alvarado hasta Tencoa.[32]

12.—Juan de Chávez

De este capitán poco se sabe, a lo menos de su actuación en Honduras, en donde aparece y desaparece como por encanto, sin conocerse completamente sus gestas, sino fragmentaria y confusamente, por lo poco que dicen el Licenciado Pedraza, Francisco de Montejo y los testigos del expediente en favor de Gonzalo de Alvarado, y sin dejar sino la memoria de su paso desastroso.[33]

---

[32] Vease carta de Montejo de 1º de junio de 1539, RA 1 c. DOCUIN 24, 266 y documentos al final.

[33] No pertenece a este trabajo escudriñar la vida de Juan de Chávez fuera de Honduras.

El hecho de haberse tenido dudas de si el Juan de Chávez que obró como veedor en Nicaragua en tiempos de Rodrigo de Contreras y durante los hechos que siguieron a la predicación del Padre las Casas, en 30 de junio y en 23 de agosto de 1536, sea el mismo Juan de Chávez que entró por mayo del mismo año a Honduras con el ejército de Alvarado tiene algún interés. Juan de Chávez, llegado a Tencoa antes del 21 de mayo, fue enviado a pacificar las poblaciones amotinadas y a fundar una ciudad. No lo hizo, y más bien se volvió cuanto antes a Guatemala.

A rigor de términos, él probablemente, de vuelta de Honduras, pudo estar el 30 de junio en Nicaragua.

Pero las circunstancias parecen contradecirlo.

Ante todo, en Nicaragua existieron varios Chávez, como también en Guatemala.

El Juan de Chávez que vino, a Honduras, era vecino de Guatemala desde 1529, viernes 11 de júnio. "Este dicho día pidió vecindad Juan de Chávez por su petición él pidió solar señalado e tierra. Sus mercedes se lo mandaron dar, e le recibieron por vecino". (LACTAG). Esto no excluye que a Guatemala haya llegado antes, pero no sabemos de dónde.

Juan de Chávez, el 29 de febrero de 1530 estaba presente en Cabildo cuando se discutió sobre la llegada del Capitán Martín Estete a Cuscatlán, como también el 12 de marzo siguiente. En 29 de diciembre de 1531 era regidor; en 2 de septiembre de 1532 firmaba el acta en Cabildo cuando el futuro Obispo Marroquín presentó los títulos de Cura y Juez eclesiástico (Remesal T. I, lib. I, cap. 12, lib. II, cap. 7).

Evidentemente pertenecía a Guatemala, aunque en 1535 muchos habían ido a Nicaragua.

Después de su vuelta de Honduras a Guatemala, se sabe de él por Fuentes y Guzmán (RECFLOR P. II, lib. V, cap. 5) que fue comisionado para conocer en el reclamo de Fray Bartolomé de las Casas.

Oviedo (Lib 41, cap. 3) cuenta que se encontró en la destrucción de Guatemala; en aquella noche desastrosa un niño se salvó, un niño que llegó hasta la casa de un Espinel; cuando amaneció "entró un español que lo halló, e con una soga le subieron a la casa de un hidalgo, llamado Johan de Chaves, e en acabando de sacar el niño, se hundió la casa". Sucedió esto el 10 de septiembre de 1541.

En 29 del mismo mes, Juan de Chávez dio en Cabildo su parecer acerca del lugar adonde se quería trasladar la ciudad (RECFLOR P. I, lib. V, cap. 3).

En 1544 era Regidor; venida la discusión sobre la jornada de los Lacandones por los Religiosos Dominicos, el 6 de agosto fue nombrado Procurador para ir a la Corte de España; pero teniendo que atender a los pleitos entablados acerca de la encomienda 11. DOCUIN. 24, 439). En 1546, era alcalde ordinario, al tiempo que se hacía la taxación de los indios (RECFLOR P. II, lib. VI. c. 18).

En 1541, después de la muerte de Alvarado, el Obispo Marroquín había recomendado a Chávez para la Gobernación de Honduras, dando las mejores informaciones de buen cristiano y caballero 56.

No hay ninguna duda de que guiando más de dos mil achíes llegó con Alvarado a Tencoa antes del 21 de mayo de 1536.[34].

Durante aquella conquista, Tencoa fue en todo tiempo como un oasis de paz y de seguridad para los españoles, que recurrían allí en los momentos más difíciles.

Pedro de Alvarado, desde allí se dirigió inmediatamente a Naco para recibir la gobernación; y como a su paso había dejado a los indios de Honduras en actitud hostil y en pie de guerra, tuvo que resolverse a apaciguarlos; para este objeto nombró Capitán General a Juan de Chávez y lo mandó con orden de fundar una ciudad en un lugar en donde fuese más necesario y conveniente y le pusiese por nombre e intitulase la ciudad de Gracias a Dios, de esta gobernación de Ygueras de Honduras, en nombre de su Majestad"[35] 6,33,41.

Así lo cuenta llanamente el Obispo Pedraza (1. c., pág. 149):

"Y en llegando el dicho Adelantado don Pedro de Alvarado a un pueblo que se dize Trencoa (Tencoa), que es desta governacion, que es doze léguas donde el dicho Cerezeda y los dichos españoles estavan, supo cómo todos los dichos cristianos se yvan, y hizoles un mensajero haciendole saber al dicho Cerezeda y a los dichos cristianos, como venía el en persona a socorrelles de la manera susodicha, y el dicho Cerezeda y los cristianos, como 10supieron,

---

En su notable trabajo "El Significado Histórico de la Ciudad de Gracias" (1936) el Lic. Ernesto Alvarado García, anota que Chávez murió en Belalcázar, en el Reino de Granada, el año de 1557, tomándolo de una carta de Doña Aldenza de Saavedra, su mujer, dirigida al Obispo Bartolomé de las Casas, que reproduce íntegramente.

[34] En este día, Bernardo de Cabranes, notario de Su Majestad, llegó a Naco para recibir la gobernación de Honduras de manos de Andrés de Cereceda. Los documentos aludidos que pongo al final del trabajo lo atestiguan.

[35] En una nota de J.J. Pardo, en "significado hist. De la C. de Gracias", por el Lic. E García Alvarado, pag. 34, citando una cédula de 30 de junio de 1537, en que se dice que Montejo no quite los indios encomendados por Alvarado (Doc. N. 35), se manifiesta que en la parte expositiva de esta cédula consta que Alvarado (Pedro) marchó por la sierra de Gracias a Dios "antes de que el Joan de Chávez asentase enella..." (Cedulario, N° 1, f. 35 v.—Arch Colon de Gua. a,—Secret. Gob. y Just).

Con estas palabras se debe entender, como lo dice Pedraza, que Juan de Chávez Gracias a Dios. Pero sabemos que no la asentó y que se fue a Guatemala sin hacerlo.

determinaron de esperallo, y unos se fueron a juntar con el dicho Andres de Cerezeda, y otros se fueron para el dicho don Pedro de Alvarado, el qual llego al lugar donde el dicho Cerezeda estava, y llegado, recibieron todos muy gran consuelo y alegría y favor con su venyda, y el dicho Cerezeda viendo el poder que traya y las pocas fuerzas que tenía, determino dexalle la dicha gobernación y ponérsela en las manos, y así lo hizo dejación de ella, y todos los que con el estaban y él se juntaron con el dicho don Pedro de Alvarado, y de allí determino de yr a conquistar y a pacificar el rio de Ulua, que es junto al puerto de Caballos, e a donde es agora la villa de San Pedro, porque le dijeron que estaba de guerra".

"AL TIEMPO QUE EL DICHO ADELANTADO DON PEDRO DE ALVARADO LLEGO AL DICHO PUEBLO DE TENCOA CON TODO SU EXERCITO, E SUPO LO QUE PASAVA CERCA DEL DICHO DESPOBLAMIENTO, DE ESTA TIERRA, Y COMO TODOS LOS CRISTIANOS LA DEXABAN DESEMPARADA Y SE YVAN, DETERMINO DESDE DICHO PUEBLO DE ENVIAR A UN CAVALLERO QUE TRAYA CONSIGO, QUE SE DIZE JUAN DE CHAVES, POR CAPITAN CON CIERTA GENTE DE LA QUE CONSIGO TRAYA, Y CON ALGUNOS DE LOS QUE EN ESTA TIERRA HALLO A CONQUISTAR Y PACIFICAR LOS TERMINOS DE ESTA CIUDAD, QUE A LA SAZON NO ESTAVAN PACIFICOS, SINO DE GUERRA, Y TODO LO QUE MAS PUDIESE, MANDOLE QUE EN LO MAS NECESARIO DELLA Y QUE MAS VIESE QUE CONVENIA, POBLASE UNA CIUDAD, Y QUE LE PUSIESE POR NOMBRE E INTITULASE LA CIUDAD DE GRACIAS A DIOS, DESTA GOVERNACION DE YGUERAS Y HONDURAS, EN NOMBRE DE SU MAJESTAD, Y QUE LE ENVIARA, DE ADONDE ESTUVIESE, SENALADOS LOS QUE AVIAN DE SER ALCALDES Y RREXIDORES, Y RREPARTIESE LOS PUEBLOS YN DIOS QUE LE PARECIESE QUE PODIAN SERVIR EN ELLA, QUEL PACIFICASE, LOS QUALES REPARTIESE A EL Y A LOS QUE CON EL VENIAN, MIENTRAS EL SE YVA A VER CON EL DICHO CEREZEDA Y CON LOS DEMAS ESPANOLES QUE CON EL ESTAVAN, E A CONQUISTAR TODO LO MAS ABAJO HAZIA EL PUERTO DE CABALLOS Y RIO DE ULUA; Y ANSI, EL DICHO JUAN DE

CHAVES SE PARTIO CON LA DICHA JENTE, Y ENTRO POR LA DICHA TIERRA POR LOS TERMINOS DESTA CIBDAD, Y LLEGO A UN PENOL MUY FUERTE QUE ESTAVA EN LA PROVINCIA DE CARQUIN, DONDE ESTAVA MUCHA JENTE DE LOS NATURALES YNDIOS ALLEGADOS Y RECOGIDOS EN EL, DE TEMOR DE LA ENTRADA DEL DICHO DON PEDRO DE ALVARADO, PORQUE LES VENIA DANDO GUERRA POR TODOS LOS PUEBLOS POR DONDE VINO, Y LOS CRISTIANOS E YNDIOS AMIGOS QUE CON EL VENIAN LES ACIAN MUCHO DAÑO, COMO SE SUELE HAZER EN LAS TALES GUERRAS, EN EL QUAL DICHO PEÑOL ESTAVA RECOGIDA MUCHA PARTE DE LA JENTE DE TODA LA TIERRA, Y COMO LLEGO A EL DICHO JUAN DE CHAVES CON LA GENTE QUE LLEVABA, ANSI DE CRISTIANOS COMO DE YNDIOS AMIGOS, LOS DICHOS NATURALES QUE ESTAVAN EN EL DICHO PENOL LE RRESISTIERON LA FUERZA Y PELEARON CON EL MUY VALIENTEMENRE Y SE DEFENDIERON TODO LO POSIBLE, DE MANERA QUE NUNCA LOS CRISTIANOS LE PUDIERON ENTRAR, NI AUN LLEGARON AL PIE DEL DICHO PENOL, Y COMO LOS CRISTIANOS QUE YVAN CON EL DICHO JUAN DE CHAVES VIERON LO QUE PASAVA, E ANSI MISMO COMO EL PENOL HERA MUY FUERTE, LOS DICHOS YNDIOS QUE CON EL ESTAVAN HERAN MUCHOS, Y ELLOS TAN POCA GENTE Y SIN MANTENIMIENTOS A CAUSA DE NO HALLAR JENTE NINGUNA POR LOS PUEBLOS, QUE ESTAVA TODA RRECOGIDA EN EL DICHO PEÑOL, DIXERON AL DICHO JUAN DE CHAVES QUE DIESE AL DIABLO EL DICHO PENOL Y LA DICHA TIERRA,QUE NO ERA TIERRA PARA ELLOS, Y QUE NO QUERIAN ESTAR EN ELLA NI DAR MAS PASO NI PUNTADA EN COSA DELLA, QUE LES DEXASE YR CON DIOS A SUS CASAS, PUES ERAN DE GUATIMALA,E ANSI SE LO REQUIRIERON MUCHAS VECES AL DICHO JUAN DE CHAVES, Y EL DICHO JUAN DE CHAVES, COMO VIO LA VOLUNTAD DE LOS DICHOS ESPANOLES QUE CON EL ESTAVAN, Y LA GRAN NECESIDAD QUE TODOS PASAVAN DE HAMBRE, Y LA GRAN FUERZA DEL DICHO PENOL,

DETERMINO DE YRSE CON TODOS ELLOS Y DEXAR EL DICHO PENOL SIN MAS HAZER COSA NINGUNA EN EL, E ANSI SE SALIO DESTA DICHA GOBERNACION CON TODOS ELLOS, SIN HAZER COSA NINGUNA EN ELLA DE QUANTO LE FUE MANDADO POR EL DICHO DON PEDRO DE ALVARADO, SIN CONQUISTAR NI PACIFICAR, NI TRAER NINGUN PUEBLO DE PAZ POR NINGUNA PARTE DE QUANTAS PASO, Y ANSI SE FUE A GUATIMALA, ADONDE AGORA A LA SAZON ESTA, Y ESTO SIN AVER SALIDO EL DICHO DON PEDRO DE ALVARADO DESTA TIERRA, NI SIN AVERSE ENBARCADO PARA ESPANA, SINO ESTANDO EL PRESENTE EN ELLA.

Como se ve por este testimonio, y por la carta de Montejo y los testigos del expediente ya citado, que se pueden leer en los documentos al final del trabajo, Juan de Chávez efectivamente recibió orden de fundar la ciudad y de ponerle el nombre de GRACIAS A DIOS; pero, como dice Pedraza, se fue sin hacer ninguna cosa de cuanto le había mandado don Pedro de Alvarado 6, 33, 41.

Es inútil, pues, insistir en que Juan de Chávez fue el fundador de Gracias a Dios, cuando no la fundó ni hizo nada, y antes bien destruyó los lugares en donde después realmente se fundó; ni pasó por Lepaera y Opoa, porque se fue a Guatemala por otro camino.[36]

Veremos después las cuestiones que vienen al paso, a consecuencia de su actuación.

---

[36] Montejo al referirse a los hechos de Juan de Chaves, decía al Rey: "hasta que llegó cerca del Valle de Zura, que envió a Juan de Chávez a pacificarlos: y el Juan de Chaves fue haciendo lo mismo quel hasta Cerquín, como ya he dicho, y allí quiso entrar en el peñol porque todos estaban de guerra en él, y no pudo; y los vecinos de Guatemala y S. Salvador lo requirieron que se fuese, pues aquella tierra no era de Guatemala ni era para poblar; y así lo hicieron. ESTO ES LA VERDAD....el Juan de Chávez había desamparado la tierra".

Además de esto los testigos del expediente en favor de Gonzalo de Alvarado están unánimes al decir que Chávez no hizo nada. Al regresar a Guatemala no pasó por para entrar a la región de Cerquín, porque Pedraza, en la narración citada arriba, dice que los compañeros de Gonzalo de Alvarado no encontraron rastro de su paso en Lepaera.

13.—Fundación y repartimiento de la Villa de San Pedro

En esta narración seguimos al Obispo Pedraza, por ser él a la vez testigo auricular, ocular y actor en los acontecimientos que se están siguiendo, y porque su Relación de 18 de mayo de 1539 (al contrario de la de1544) es la más clara y la más completa además de ser la más verídica y más próxima a los mismos hechos.

Don Pedro de Alvarado, después de haber despachado al capitán Juan de Chávez y la gente que iba con él, que era la mayor parte, es decir, 60 españoles y más de dos mil indios amigos, amén de los de servicio, se fue a donde estaba Cereceda, a Naco, a recibir la gobernación el 21 de mayo y a pacificar los pueblos numerosos a lo largo del río Ulúa. Culminó con fundar y poblar la villa de San Pedro del Puerto de Caballos, como real y solemnemente la fundó el 27 de junio de 1536[37], ante el escribano y notario don Gerónimo de San Martín, según consta del acta de fundación: en este dicho asiento de cabaña funda y puebla la dicha Villa de Puerto de Caballos". (DOCUIN, XV, 530; Rev. Arch. IV, 5—6) 78.

Hecho esto, el 15 de julio de 1536, en la misma villa y ante el dicho escribano, "su señoría, habiendo conquistado los naturales de la dicha gobernación, hizo repartimiento general de los pueblos e indios naturales de la tierra de la jurisdicción de la villa de San Pedro de Puerto de Caballos, que su señoría fundó para Su Majestad, a los vecinos, e pobladores e conquistadores della, el cual se hizo en la forma e manera siguiente......"[38] 78.

Como se desprende del informe en el expediente de don Gonzalo de Alvarado 41, estando los indios en pie de guerra, los víveres escasearon rápidamente, y don Pedro de Alvarado, apenas fundada la ciudad, sintió la necesidad de mandar a buscarlos por medio del dicho

---

[37] Esta fecha, que en general hasta ahora, los historiadores dieron por 26 de junio, fue corregida a raíz de haber traído el señor A. Trejo Castillo, de los archivos de Indias, la copia del documento original. (V. "El Cronista", Tegucigalpa, N° 6511, Alvarado García, en "Don Pedro de Alvarado, etc", pone la fecha corregida en 27 de junio.

La copia exacta existe en el Ministerio de Relaciones Exteriores de Tegucigalpa, entre los documentos de la cuestión de Límites entre Honduras y Nicaragua.

Véase documentó 78 al final.

[38] Véase documento 78 al final de este trabajo.

Capitán don Gonzalo de Alvarado, acompañado por 16 españoles de caballo y 14 de a pie, con cierto número de indios amigos (en otro interrogatorio se dice: "con doce de a caballo y con 15 o 20 peones y con cierta gente de indios amigos), porque los vecinos de ella padecían grandes necesidades y hambre'" y a la vez a pacificar a los indios.

Don Gonzalo estuvo en estas faenas, hasta la fundación de Gracias, "unos tres o cuatro meses", y fue por muchos despoblados y desiertos sin caminos, "pasando muchos ríos, sierras, ciénegas", haciendo puentes por donde pasase la gente y caballos que llevaba, según el interrogatorio del mismo expediente[39], y llegó al valle de Oloma, Cataguana (Morazán), Siguatepeque y Río Tinto (¿cerca de Olancho?). De seguro estaba ya de vuelta y no tan alejado, en Siguatepeque parece, cuando don Pedro de Alvarado le mandó una orden, muy importante, por cierto, ya que el mensajero, que era Juan Cabrera, volvió con muchos mantenimientos de los que habían sido recogidos en la sierra, de tal manera que pudieron sustentarse los españoles "hasta tanto que hicieron sus sementeras", según dijo el testigo Dubón.

El Adelantado ya había mandado a buscar un navío a Trujillo para que viniese a Puerto de Caballos y quería salir luego para España, como efectivamente lo hizo pocos días después, según se desprende de lo que dicen los testigos ya citados, que cuando don Gonzalo fundó Gracias a Dios, don Pedro de Alvarado se había embarcado ya para España, y el testigo Andrés Dubón se halló presente al embarque.[40]

14.—Repartimiento de la Ciudad de Gracias a Dios

Entre tanto, hecho el repartimiento de la Villa de San Pedro, en la misma Villa, el 20 de julio de 1536, se hizo, ante el mismo escribano

---

[39] La diferencia de un mes, en tres o cuatro meses, no se puede admitir, decir, que es seguramente exagerada la dicción de "tres o cuatro meses". Probablemente fueron tres y algunos días.

[40] El embarque se efectuó seguramente el 12 de agosto, porgue en esa fecha se a dar explicación de los hechos, y hacer algunas importantes peticiones entre los repartimientos hechos por él, dando por anulados los efectuados por Montejo. Francisco Cava fue uno de los qué se embarcó con Cortés para España. 78
Por otra parte, Alvarado ya había escrito al Ayuntamiento de Guatemala, despidiéndose desde San Pedro el 27 de julio de 1536.

y notario Gerónimo de San Martín, repartimiento general de la Ciudad de Gracias a Dios.

"Yo Gerónimo de San Martin escrivano de Su Majestad y notario público en la su Corte y en todos los sus reynos e señoríos, doy fee e verdadero testimonio a todos los señores que la presente vieren, como el muy magnífico Señor don Pedro de Alvarado, Adelantado de las provincias de Guatemala, e Capitán General e justicia mayor en esta gobernación de Higueras y Honduras y sus tierras e provincias por su Majestad; por ante mí el dicho escribano su señoría hizo repartimiento general de los pueblos e indios naturales de la dicha provincia de Higueras, que su señoría ha conquistado, de la jurisdicción de la ciudad de Gracias a Dios; QUE SU SEÑORÍA NUEVAMENTE[41] HA FUNDADO E POLBADO EN NOMBRE DE SU MAJESTAD, a los vecinos e conquistadores y pobladores della, el cual, dicho repartimiento que su señoría hizo, es este que se sigue".

"En la villa de San Pedro del Puerto de Caballos, veinte días del mes de Julio, año del nacimiento de Nuestro Salvador Jesucristo, de mil e quinientos e treinta e seis años, el muy magnífico señor don Pedro de Alvarado, Adelantado etc… dixo; que habiendo conquistado y pacificado esta provincia de Higueras, hacia la parte de las sierras,

---

[41] En 1936, con motivo del centenario de la fundación de Gracias a Dios, se suscitó una larga como inútil cuestión, sobre la palabra NUEVAMENTE, usada por el escribano Sanmartín. Dijeron entonces que la palabra nuevamente significa de nuevo, o sea, otra vez, y por lo tanto con esa palabra el escribano quiso significar que Gracias a Dios se había fundado otra vez por Alvarado, habiéndola fundado la primera vez Gabriel de Roxas. Sobre este capitán, véase el capítulo al final, en donde apunto este gravísimo error. En cuanto a la palabra NUEVAMENTE el mismo Diccionario de la Academia, da como segunda acepción, el significado de RECIENTEMENTE. Efectiva mente con este significado, se encuentra la palabra nuevamente, usada en todos los documentos de la Conquista de la América Central; la usa Cortés, Alvarado, Bernal Díaz, Montejo y todos los que enviaron Relaciones a España, como también Oviedo y Herrera. Para tener una idea, consúltese Bernal Díaz, cap. 177: "por ser nuevamente venida de Castilla" (era un soldado nuevo) y c 181; "Trujillo nuevamente poblado". (DOCUIN 14, 236 y 246).

En cuanto a las palabras FUNDAR y POBLAR, no significan la misma cosa. Pero en todos los documentos que se refieren a este trabajo se encuentran los dos términos usados promiscuamente, aunque de por sí, con la palabra poblar, se entendía llevar gente y formar población, aunque hubiese hecho algún acto legal; y también formar realmente una población, después de haberla fundado.

HA POBLADO para Su Majestad una ciudad que se llama la ciudad de GRACIAS A DIOS, para que esté poblada de españoles, y la tierra se ennoblezca, y los señores y naturales de la dicha tierra, que están debajo de la obediencia de Su Majestad, como los que de hoy en adelante vinieren, sirvan en ella a los vecinos e pobladores conquistadores de la dicha tierra, conforme como Su Majestad lo manda, por ende CONFORMANDOME CON LA PROVISION DE SU MAJESTAD, EN QUE MANDA, QUE LOS SEÑORES E NATURALES DESTAS PARTES, SE HAN (sean) REPARTIDO POR LOS CONQUISTADORES E POBLADORES DELLA, conforme a lo que en ella sirviere o por su persona mereciere; teniendo respeto a la calidad y persona de cada uno, hacía e hizo repartimiento general de todos los pueblos y jurisdicción que tiene señalados a la dicha ciudad de Gracias a Dios, por los vecinos e pobladores délla, en la forma e manera siguiente:

"Señaló para sí.

"A Andrés de Cereceda

"A Diego García de Celis.

"A Juan D. Chaves, vecino de la dicha ciudad y alcalde mayor y capitán, en nombre de Su Majestad, dió y señaló su señoría, de repartimiento, los pueblos de OPOA e Mabotena, con todos los pueblos sujetos y estancias y barrios y señores principales de los dichos pueblos, de que llevó cédula.

"A.

"A Gonzalo de Alvarado, vecino y ALCALDE de Su Majestad, de la dicha ciudad, dio y señaló su señoría, de repartimiento, los pueblos de Taloa y Piracra (Talgua o Toloa y Piraera) con todos sus sujetos y señores e indios; de los que llevó cédula.

"A Alonso de Cáceres, vecino de la dicha ciudad, dio su señoría, de pueblo de Tecomat—Tepet, con la mitad de los pueblos a ellos sujetos, e señores e indios, de los dichos pueblos, en compañía de dicho Gaspar Suarez; de que llevó cédula.[42]

---

[42] Arquín y Yuserquín: debe ser CARQUFN, o sea Cerquín, que seguramente los mayas de la región pronunciaban QUERQUÍN. El mismo Cáceres fue a conquistarlo. Débese notar que Alvarado había dicho a Juan de Chávez que hiciera el repartimiento. Por otra parte, se sabe, por la carta de Montejo, de 1º de junio de 1539, que Alvarado, desde antes de entrar en Honduras, había repartido entre los

15.—El conflicto en el repartimiento
Este importante e histórico documento da lugar a muchas consideraciones. La principal de ellas es la siguiente.[43]

---

que querían seguirle. los varios lugares, aun sin conocerlos, aunque estos lugares deben haberse conocido por los soldados que en 1525 y 1526 estuvieron por toda Honduras con motivo de la entrada de Cortés, y en aquel entonces pusieron o cambiaron los nombres que se conocen por el repartimiento de Alvarado.

Cerca de Ocotepeque, había Alvarado repartido mucho antes, indicando que el pueblo se lo debía conquistar el agraciado. Así también a Cáceres se le dio Cerquín, y tuvo que conquistarlo. No bastando esto, Alvarado dio 10 repartimientos a personas que nunca habían estado en Honduras, mientras iba de viaje para España. Todo esto lo revela Montejo en la carta sobredicha.

Muchos nombres de sabor mexicano, o de otras lenguas centroamericanas, además de las ramas mayas, fueron puestos o cambiados, o traducidos en estas ocasiones anteriores. Efectivamente, muchos nombrarse encuentran traducidos del todo, y otros a mitad, presentando un nombre bilingüe.

Es típico el caso de Ocotepeque, que se llamaba de otra manera, y se le dio el de El Asistente, cuando pasaron por allí Francisco de las Casas y Gil González, en 1526.

Cerca de Ocotepeque se han encontrado recientemente las ruinas del pueblo donde Copán Calel, que significa «Señor de Copán», defendió esta fortaleza, contra Hernán de Chávez en 1530.

[43] Otras consideraciones de gran peso son las siguientes:

1. El Adelantado había mandado a Juan de Chávez que poblase una ciudad y le pusiese por nombre e intitulase Gracias a Dios en nombre de Su Majestad.

2. Afirma el Obispo Pedraza que mandó a Juan de Chávez que "repartiese los pueblos e indios que le pareciese que podían servir en ella, quel pacificase, los quales repartiese a el y a los que con el venían".

3.—Que todos los pueblos por donde fue Chávez estaban en pie de guerra, y después de haber acampado en Tencoa, se movió hacia el sur para no volver más. De guerra estaban Lepeara y Opoa; este último pueblo le había tocado en el repartimiento; pero tanto el uno como el otro fueron tan destruidos por Alvarado y por Chávez en la primera pasada, que Lepaera, de 400 casas que tenía, había quedado con sólo 70 u 80, y Opoa, de 270 quedó con 30. 27

Dicen todos los testigos, que el lugar en donde debían encontrarlo era en esas montañas, entre las cuales está también Lepaera y Opoa; pero "se habían ido y desamparado la tierra" con lo que se entiende todo el territorio en general, porque Pedraza narra que Gonzalo de Alvarado, en busca de Juan de Chávez llegó hasta Lepaera sin hallar rastro ni nueva de él; entonces envió a buscarlo a Gaspar Juares de Avila, el cual, lejos de Lapaera y de Opoa, halló nuevas rue Juan de Chávez y los demás se habían ido a sus casas; y regresando encontró a Gonzalo de Alvarado acampado en Opoa 8. Uno de los testigos referidos, se expresa diciendo que EN ESAS SERRANÍAS había estado Juan de Chávez pero había despoblado o

Es verdad que Alvarado había dado orden a Juan de Chávez para fundar la ciudad de Gracias a Dios; aún más, le había dado orden de hacer el repartimiento de la misma ciudad entre los españoles conquistadores, pero, en el momento de redactar el Acta, hacer el repartimiento y salir para España, Alvarado no conocía en dónde estaría Chávez, ni si hubiese o no fundado la ciudad.

En la duda, no hubiera podido legalmente proceder al repartimiento, porque estaba rigurosamente mandado que no se podían repartir tierras que no hubieren sido conquistadas, ni ciudades

---

desamparado la tierra por no poder sustentarse. Es decir, QUE NO SE ASENTÓ. De los testimonios dichos se saca claramente que lo buscaron en Tencoa, donde lo habían dejado acampado con todo el ejército, y ya se había ido a Guatemala 41

4. El repartimiento no fué obra de un solo día, sino el resultado, de peticiones anteriores, de consideraciones, según lo mandado por la Corte de España y según las conveniencias de Alvarado y de promesas para que los españoles acompañaran a Alvarado en la empresa.

5. Los españoles que habían quedado con Alvarado, para terminar de poblar la ciudad de Gracias a Dios, eran muy pocos, en comparación con los 60 españoles que fueron devueltos con Juan de Chávez; a todos los cuales se dieron pueblos e indios de repartimiento con sus respectivas cédulas.

6. Según Montejo 25, don Pedro de Alvarado no había visto ni pacificado la tierra cuando la repartió ni los que recibieron los repartimientos lo sabían; "dejó hecho en esta ciudad ciento e diez repartimientos que fueron desta manera, daba a uno una provincia; y repartía todos los pueblos y estancias dellos a otros:y a otros daba un pueblo por tres o cuatro nombres a tres y a cuatro personas; e a otros daba peñas y sierras y ríos por repartimientos y a otros asientos de PUEBLOS VIEJOS DESPOBLADOS.

7. En la fecha del repartimiento, Chávez y los 60 españoles con los más de 2000 indios auxiliares se habían vuelto "a holgar y descansar a Guatemala y San Salvador a sus casas, que tiene muy buenos repartimientos", según la expresión de Montejo 26, quien refiere también que "el capitán Juan de Chávez había desamparado la tierra y la gente quel Adelantado trajo antes quel dicho Adelantado saliese de la tierra..."31

Esto concuerda con lo que dicen los testigos muchas veces citados 41. Calculando el tiempo, es posible que su vuelta fuese en junio.

8. El Repartimiento fué escrito por el Escribano de Su Majestad y Notario público Gerónimo de San Martín, que hizo también los despachos de los nombramientos de la ciudad de Gracias a Dios que fueron enviados a Gonzalo de Alvarado. Fué después Tesorero de la Provincia de Hond iras. Rindió testimonio en la ciudad de Guatemala el 5 de julio de 1555. 49

que no hubiesen sido realmente fundadas, como lo apunta también Montejo en su carta de 19 de junio de 1539.[44]

Alvarado debió salvar de todas maneras las apariencias legales, para con un mandato del Monarca y por lo tanto de haber fundado una ciudad entre los dos mares, cómo también poder tener una excusa contra el mandato de la Emperatriz, que le había ordenado de no entrometerse de ninguna manera en las cosas de Honduras, aunque después por otra cédula se le concedió buscar un puerto en la Mar del Norte.[45]

Dice Alvarado en su carta al Real Consejo de 20 de noviembre de 1535: "A mí se me envió una Provisión de Su Majestad para que yo fuese en persona a buscar algún puerto a la Mar del Norte, cerca esta Gobernación y poblase en una villa adonde pudiesen venir los navíos que desos Reinos vinieren a la Provincia. La Emperatriz Nuestra Señora, mandó por una carta, que no me entrometiese en lo que le toca a cosa ninguna de la tierra de Honduras, por quanto había proveído de aquella Gobernación a Diego de Albitez ...por manera que yo no puedo entender en lo que Su Majestad manda, sin entrar en los límites de estas dos Gobernaciones.

Había además, el agravante, que antes de que él viniera a Honduras, y había sido nombrado como Gobernador don Francisco de Montejo, el cual en consecuencia se quejó al Rey.[46]

Contra esto, Alvarado había reunido todos los documentos en que se extremaban las pruebas para dar fe de que su venida había sido obligada por la llamada de Cereceda, en la urgencia de salvar a

---

[44] Contra el reclamo de Montejo, y en compensación de la expedición que Alvarado prometía con ir a la Especiería, el Soberano revalidó o subsanó el repartimiento hecho por Alvarado, con Cédula de 30 de junio de 1537 (v. Nota n.65) y con Cédula de 22 de octubre de 1538, en que nombra a Alvarado Governador de Guatemala y manda a Maldonado, juez de residencia, que no ponga impedimento ninguno (LIVIE p. 327).

[45] No estaba claramente concedido el Puerto Caballos en la carta de la Reina, sino un puerto en la mar del Norte; tanto es verdad que aún en 1539, ya vuelto de la Corte, Alvarado insiste en pedir al Rey que le conceda el Puerto de Caballos.

[46] Montejo en su carta al Rey se queja también de que Alvarado había puesto todo el cuidado porque ninguna carta de Montejo saliese para España, impidiéndole así de escribir al Rey; Montejo debió valerse de algunos medios secretos, como el mandar cartas por personas de confianza que iban a México.

Honduras de la ruina; y por lo tanto, había fundado y poblado San Pedro de Puerto Caballos y Gracias a Dios, cumpliendo finalmente con los deseos de la Corte y las necesidades de estas tierras, y también con la última cédula de la Reina, que con toda probabilidad ya tenía en sus manos.[47]

16.—Astucia previsora de Alvarado

En la urgencia, pues, de embarcarse en Puerto de Caballos para ir a defenderse ante la Corte, porque el Juez de Residencia tenía orden

---

[47] Alvarado no había descuidado un punto muy importante, puesto en práctica por él casi siempre, y corriente en aquellos tiempos, cerca de la Corte: el de valerse de intercesores.

Efectivamente, después de haber reunido todo los documentos que probaban la necesidad extrema, hizo reunir el Cabildo de San Pedro de Puerto de Caballos, precisamente en Puerto de Caballos, el 12 de agosto de 1526, antes de embarcarse, e hizo que hicieran un "Testimonio del estado de despoblación en que se hallaba la Provincia de Honduras a no haberla socorrido el adelantado Alvarado, a quien se lo rogaron, hallándose en Guatemala, con varias peticiones en favor de aquella tierra, hechas por el procurador de la Provincia". (DOCUIN 14, 279; Arch. I Pa., 1, 1).

En este testimonio se encuentra la petición que el Procurador nombrado, Francisco Cava, debía presentar al Soberano en nombre de la Provincia de Honduras; en ésta, después de demostrado el caso de extrema necesidad, se pedían varias gracias; principalmente que Pedro de Alvarado fuese el Governador, y que los repartimientos hechos por él fuesen respetados. Se añadían los documentos referentes a Cereceda, de cómo lo habían obligado a despoblar y dejar que cada uno se fuese; el estado de desesperación y el traspaso necesario de la Gobernación en manos de Alvarado. Se aseguraba que se había fundado la Ciudad de Gracias a Dios por Juan de Chávez, por mandado de Alvarado.

Dudo mucho de la completa veracidad de estos documentos, compuestos en un moento de tanto interés para Alvarado; como hay que dudar de la completa genuinidad de los documentos que se refieren a los dos repartimientos, a pesar de que llevan la firma de los escribanos. Sabemos de lo que eran capaces en ciertas circunstancias tales escribanos. Sin embargo, estos documentos reflejan en su esencia, el momento de emergencia, que Alvarado supo aprovechar.

Con Alvarado debían embarcarse los dos procuradores in solidum, Francisco Cava y Nicolás de Irazaga, el tesorero Diego García de Celis, que dio en Consejo de Indias una larga relación, en la cual probablemente se contienen algunos de los errores que pasaron en los escritos de los historiadores, y varios otros conquistadores que debían ser los intercesores en favor de Alvarado; el cual, con todo este aparato, y con la promesa de ir a las Molucas y a la Especiería, obtuvo todas las mercedes que quiso, mercedes que el Licenciado Pedraza hizo efectivas, con gravísimo daño de Montejo, de muchos otros conquistadores, y en general de Honduras.

de enviarlo preso a España; y para salvar las apariencias legales del repartimiento, hecho antes de que fuese fundada la ciudad, pues, como he dicho, en aquel momento no sabía dónde estaba Chávez ni si había cumplido con el mandato de fundar la ciudad, se vio en la necesidad de hacer algunos arreglos.

Envió con toda urgencia los nombramientos que había prometido, de alcaldes y regidores, al Capitán Gonzalo de Alvarado, que dejaba por su teniente, mandándole que fuese inmediatamente a buscar a Juan de Chávez y su ejército, en donde estuviera para enterarse de si hubiese cumplido con los mandatos, llevándole los nombramientos de alcaldes y regidores de la ciudad que hubiese fundado y poblado, o FUNDASE I POBLASE".

Con esto Alvarado se ponía a salvo de cualquier insidia de los adversarios porque: o que la ciudad hubiese sido ya fundada realmente por Chávez, o que se fundase ahora con la cooperación de Gonzalo de Alvarado, en todo caso él se quedaba como quien estaba seguro de haberla fundado y como fundada la dio en la Corte.

Y debe notarse que, para no complicar las cosas, don Pedro de Alvarado no dio a Gonzalo de Alvarado expresa orden de fundar él la ciudad, sino que ordenó que después de haberse unido a Chávez, todos juntos la fundasen, según se expresa Pedraza al narrar el hecho de la fundación.

17.—El hecho de la fundación ante la Corte

Gonzalo de Alvarado, no habiendo encontrado a Chávez en ninguna parte, la fundó por su propia iniciativa, en nombre de Su Majestad poniendo los mismos alcaldes y regidores que Alvarado había señalado.

Así Alvarado pudo proclamar en la Corte, de haber él fundado la ciudad de Gracias a Dios; que ésta la había fundado Juan de Chávez por su mandato; y que él había hecho el repartimiento en forma legal; de tal manera que pudo reclamar contra Francisco de Montejo quien había hecho un nuevo y contrario repartimiento haciéndolo condenar en los daños y pérdidas sufridas en su ausencia y en las ganancias del oro que habían sacado de Naco las numerosas cuadrillas de mineros que Alvarado había hecho venir de Guatemala y de San Salvador.[48]

Pudo también proclamar de haber cumplido con las ordenanzas reales, y se pudo defender de los enemigos que lo habían acusado ante el Consejo de Indias, tanto que obtuvo del Rey una plena absolución sobre todo lo que le había pasado, con la orden al Juez de Residencia, de no ocuparse más del asunto.

Habiendo prometido a Juan de Chávez que le mandaría los nombramientos de Justicia y Regidores, cumple con lo dicho, y le remite efectivamente los despachos de los mismos nombramientos 49, con la precaución de nombrar al mismo Juan de Chávez como ALCALDE MAYOR y darle por repartimiento al pueblo de Opoa, ya anteriormente casi destruido; y con mayor precaución todavía, nombra ALCALDE DE SU MAJESTAD, al Capitán González de Alvarado, el mismo que realmente debía hacer lo posible para que se fundase cuanto antes la ciudad, y figurar como haber concurrido a fundarla, antes de que hubiese sido repartida.

Así, repito, Alvarado pudo ir ante la Corte de España, y con la ayuda del tesorero García de Celis, dar por fundada por Juan de Chávez la Ciudad de Gracias a Dios, y pacificada Honduras.

El Adelantado don Francisco de Montejo y Pedraza, se encargaron después de desmentirlo. Pero el Consejo de Indias 23, Alvarado y las personas que lo acompañaban "habían hecho relación a V. M. que el

---

[48] Antes que viniese Alvarado, habían hecho venir a Naco cuadrillas de mineros de Guatemala, que sacaran oro para Cereceda, Celis y el Padre Abela. Alvarado hizo venir numerosas cuadrillas de Guatemala y de San Salvador. Alvarado acusó a Montejo el cual presentó su defensa así: (Carta de 1º de junio—DOCUIN 296): "'Ansí mesmo oro de quinto, y ansí lo escribió el Adelantado Alvarado al Protector que Vuestra Majestad había mandado que se lo inbiase, y no sé cómo tal dexaron, pues que dexaron la tierra de guerra, y aun no avía venido nenguna quadrilla a sacar oro, sino el Padre Avela y el contador Cereceda, que tenían cada quince piezas en las minas y el Thesorero, de Guatymala; y después de yo venido, vinieron todas las quadrillas de Guatymala y de San Salvador, y estuvieron un año e tres meses sacando oro, y en todo este tiempo se sacaron setenta mil castellanos, de que vinieron a Vuestra Majestad doce mil castellanos doro de quinto; después sacaron las cuadrillas, sin dejar nenguna, porque se le murieron muchos esclavos y muchos indios de los pueblos que venían a proveer las quadrillas y destacábase el Licenciado Maldonado, Governador que a la sazon hera, mandó sacar; y por esto no se tomó información a Vuestra Majestad".

Adelantado Alvarado había conquistado esta tierra, y dejándola esta ciudad poblada y pacífica. Y después de venido el Tesorero, yo le dije: ¿que como había hecho tal relación pues que no era así? respondióme quél no había dicho allá tal, sino que algunos indios habían venido a hablar al Adelantado, como suelen hacer a otros capitanes, y que en el Consejo de V. M. se había dado por de paz la tierra porque así se hizo en el Reino de Granada y que así se había determinado..."[49]

Y la verdad era que cuando la ciudad fue realmente fundada, Alvarado se había ya embarcado para España, el 12 de agosto de 1536.[50]

18.—La primera y verdadera fundación de Gracias a Dios

Cuando Pedro de Alvarado, desde Tencoa, dio orden a Juan de Chávez para fundar una ciudad en un lugar en donde fuese más necesario y conveniente, y "le pusiese por nombre e intitulase la ciudad de Gracias a Dios, desta gobernación de Ygueras y Honduras, en nombre de Su Majestad", le aseguró también "QUE LE ENVIARIA, DE DONDE ESTUVIESE, SENALADOS LOS QUE AVIAN DE SER ALCALDES Y REXIDORES'.

Al ordenarlo, Alvarado no contaba con que el Capitán Juan de Chávez, tendría que pasar por poblaciones hostiles y todas en pie de guerra, como las había dejadlo atrás, al venir hasta Tencoa, cuyos indios había atropellado y agraviado y tratado duramente, y que los españoles que iban con él, no tenían ningún interés sino de volver a sus haciendas que tenían en Guatemala. La fundación se quedó frustrada.

No sabemos que Chávez haya dado cuenta de esto a Alvarado. Pero, sí aparece que éste procedió a hacer el repartimiento formal teniendo en cuenta aún a los españoles que ya se habían ido a Guatemala, incluyendo a Chávez, a quien extendió cédula y título de Alcalde Mayor, como consta en el Acta del repartimiento.

---

[49] Estas relaciones fueron seguramente tomadas en cuenta por Herrera, quien las transmitió a los historiadores que lo copiaron y con esto contaminaron la tierra con errores históricos tan difíciles de corregir.
[50] Alvarado se embarcó el 12 de agosto, como aparece en el testimonio citado en despedir a Alvarado y enviar dos procuradores a España. (DOCUIN 14, 279).

Porque en efecto este repartimiento había sido ya hecho antes de entrar a Honduras, prometiendo a cada soldado, probablemente lo que él deseaba, como también Alvarado continuó en repartir tierras, después de su partida a España. Muchos de los españoles que vinieron y regresaron, eran viejos soldados que ya habían venido a Honduras al tiempo de Cortés, y conocían las tierras y habían dado o cambiado los nombres a los lugares, y tanto que algunos eran nombres propios de españoles.

Como no estaba del todo seguro de si había sido fundada la Ciudad de Gracias a Dios, envió con toda prisa a Gonzalo de Alvarado a ayudar a la fundación. Repetimos que se debe aquí insistir en que no dio expresa orden a Gonzalo de Alvarado, de fundarla él, sino de ayudar a fundarla.

Efectivamente, como ya lo hemos dicho, no teniendo noticias de Juan de Chávez, hizo los nombramientos de justicias y regidores, como había prometido a Chávez y como atestigua Gerónimo de Sanmartín, que escribió el acta e "hizo los despachos de todo ello" y por medio de Juan Cabrera y otros españoles, mandó una orden inmediata a Gonzalo de Alvarado que estaba lejos, en el interior del país, pacificando y recogiendo víveres, para que fuese a buscar a Juan de Chávez, al mismo tiempo que a (Gonzalo de Alvarado) lo dejaba como su capitán y teniente, según se expresa el testigo Bernardo de Cabranes. Oigamos al Obispo Pedraza (1. c., pág. 153):

"Y fecho esto, determinó enviar a un deudo suyo que se dice Gonzalo de Alvarado, muy honrado caballero, hermano de Luys de Chaves, el de Trujillo, con la más gente que sobró de dicho repartimiento que hizo en la dicha villa de San Pedro, que hera de la gente que hallo con el dicho Andrés de Cerezeda, para que buscasen al dicho capitán Juan de Chaves, quel antes avia enviado a conquistar desde dicho pueblo de Tencoa, y se juntasen con el, para que todos juntos hiciesen lo que por el dicho adelantado le fue mandado al dicho capitán Juan de Chaves, ansi en la dicha conquista e pacificación de la tierra, como en la dicha fundación de la dicha ciudad de Gracias a Dios que le mando que fundase, y el dicho Adelantado don Pedro de Alvarado le envió, de donde quedó, señalados los alcaldes y regidores que avian de ser en la dicha ciudad de Gracias a Dios quel dicho capitán Juan de Chaves tuviese fundada y poblada, o fundase y poblase, el qual dicho Gonzalo de Alvarado se partió con los dichos españoles a hacer lo sobredicho, y vinieron en busca de dicho capitán Juan de Chaves, y llegados a un pueblo que se dize la Paera, ques seys leguas de esta dicha ciudad, viendo que no hallavan rastro ni nueva de dicho Juan de Chaves, determinó él y los dicho españoles que con el estaban de enviar a un caballero que se dice Gaspar Juárez de Ávila, muy honrado caballero, el qual en estas partes a servido muy bien a Vuestra Majestad, según he sido informado, en busca del dicho capitán Juan de Chaves con ciertos cristianos, con él, el qual fue y andado en su busca alló por nuevas todo lo susodicho del dicho Juan de Chaves de cómo se avia ydo a su casa el y todos los españoles que con el avian venido, sin hazer cosa ninguna de las que el dicho Adelantado le avia mandado, y que avia dejado desamparada la dicha tierra sin hazer ningún fruto en ella, como está antes dicho; y como supo lo susodicho, determinó de volverse a do havia dejado al dicho Gonzalo de Alvarado con los demás cristianos que con el havian quedado, a dalles quenta de la yda del dicho Juan de Chaves y de los dichos cristianos que con el avian ydo, el cual hallo al dicho Gonzalo de Alvarado e a los dichos cristianos en un pueblo que se dize OPOA, mas hazia acá desta dicha cibdad, casi dos leguas, el qual les dijo todo lo que pasaba del dicho Juan de Chaves y de los que con el fueron, e como supieron la certidumbre de lo que pasaba, determinaron todos los unos y los otros de fundar en el dicho pueblo de Opoa la dicha cibdad de Gracias a Dios por esta gobernación, en nombre de Vuestra Majestad e hicieron los alcaldes y rregidores quel dicho Adelantado Alvarado enbió nombrados, y esto hasta tanto que hallasen otro mejor asiento donde se poblase, porque les avian dicho que en otra parte más abaxo avia otro mejor asiento, que es a do yo la halle poblada al tiempo que vine a estas partes; sino porque hera en tiempo de aguas y tenían pocos yndios, y por no dalles trabajo en fazer las casas, determinaron de poblar en el dicho pueblo de Opoa, hasta tanto que pasase el ynvierno y las aguas, y luego pasalla en el dicho lugar do yo la halle poblada..![51]

---

[51] Todo lo que narra Pedraza concuerda con lo que refiere Montejo 26 y lo que afirman los testigos antes citados 41, de que no encontraron a Juan de Chávez, el cual se había ido a Guatemala antes de que Pedro de Alvarado se embarcase para España.

Así Gonzalo de Alvarado fundó la ciudad por su propia iniciativa, y no de orden expresa de don Pedro de Alvarado.

Contando que apenas hecha la fundación de la ciudad de San Pedro Sula el 27 de junio de 1536, partió don Gonzalo de Alvarado en busca de alimentos para sustentar a los vecinos de la villa recién fundada, y calculando los tres o cuatro meses que pasaron hasta que se estableció en Opoa, se llega a la conclusión de que la primera fundación de la ciudad de Gracias a Dios debió efectuarse por

---

Se ha visto que Chávez, en la vuelta, no pasó por Lepaera ni menos por Opoa, que estaban fuera del camino; sino probablemente, de Tencoa donde estaba acampado, se fue por el Conal y La Iguala para salir a Belén y al valle de Cerquín; allí no llegó ni al pie del peñón donde se había fortificado Lempira.

Los testigos citados lo buscaron en las serranías de Tencoa, pero ya se había ido.

He aquí algunas pruebas más de los testigos:

El testigo Andrés Dubón, vecino y regidor de la ciudad de Gracias, dijo:

"'A las 5: que este testigo vino con mucha parte de los bastimentos que el dicho Gonzalo de Alvarado y los que con él iban recogieron en la tierra y "lo truxo a la villa de San Pedro» y que fue gran parte para el sustento de los españoles, hasta tanto que hicieron sus sementeras".

"A la 7: que vido partir al dicho Gonzalo de Alvarado al dicho viaje con la dicha gente y a este testigo le mandó volviese con los bastimentos a la villa de San Pedro y ansi lo hizo"....

Alonso de Polo, vecino y regidor de la ciudad de Gracias a Dios a la pregunta la expresó: que lo que de ella sabe es que llegado Gonzalo de Alvarado con la demás gente que consigo traía a donde pensaba hallar al dicho "Joan de Chávezi, Capitán General, no lo halló a él ni a otra persona alguna, pues se habían ido y desamparado la tierra".

A la pregunta 11 respondió: "que es verdad que halló toda la tierra de guerra e ansi estuvo con toda la gente en los pueblos de Lepaera y Opoa hasta que vino el Capitán Alonso de Cáceres con poderes del Adelantado don Francisco de Montejo, con socorro de españoles y bastimentos y de allí se comenzó a pacificar la tierra, y esto sabe de la pregunta".

A la pregunta 12 dijo: "'que es verdad que estando en el pueblo de Opoa el dicho Gonzalo de Alvarado por capitán, pobló esta ciudad POR LA PRIMERA VEZ, por parecer del Cabildo según este testigo oyó y vio poblar la dicha ciudad y pregonar públicamente como se poblaba en nombre de Su Majestad y esto sabe de esta pregunta".

octubre,[52] tal cual la pone también el Lic. don Ernesto Alvarado García en su precioso trabajo ya citado (I, 3, pág. 14) 41.

Efectivamente estaban en plena estación de lluvias, que son propias de ese mes, y los españoles se asentaron en Opoa con el pensamiento de buscar otro lugar mejor, mientras tanto pasaba el invierno. Pedraza bien informado en Gracias, por los mismos españoles que actuaron en aquel entonces, refiere que estuvieron en Opoa casi seis meses,[53] después de los cuales hicieron la verdadera fundación, que fue la segunda fundación, de la ciudad de Gracias a Dios.

19.—Segunda fundación de Gracias a Dios

La segunda fundación de la ciudad de Gracias a Dios pasó casi desapercibida y el Obispo Pedraza, en su preciosa narración, que hemos interrumpido en el capítulo anterior, le dedica pocas líneas, sólo en apariencia, porque en realidad de hechos una gran parte del relato pertenece a la segunda fundación. He aquí lo que dice:

...determinaron de poblar en el dicho pueblo de Opoa hasta tanto que pasase el ynvierno y las aguas, y luego pasalla en el dicho lugar do yo la halle poblada; en el qual dicho pueblo de Opoa estuvieron casi seis meses, y en este medio estando los dichos Gonzalo de Alvarado con los dichos españoles poblados de la manera susodicha, vino el dicho capitán Alonso de Caceres[54] en nombre del dicho Adelantado don Francisco de Montejo, gobernador que a la sazón es, con los traslados de las provisiones reales de Vuestra Majestad, autorizados auténticamente, para que le recibiesen en nombre del dicho gobernador y le tuviesen por tal gobernador desta dicha

---

[52] Aun comenzando a contar desde la fecha del repartimiento de San Pedro Sula, hecho el 15 de julio se llega más o menos al mismo resultado.

[53] Contando los seis meses que estuvieron en el pueblo de Opoa, lugar que indican todos los testigos y el mismo Pedraza, se conoce que deben haberse trasladado en marzo de 1537. Más que fundación fue una traslación; pero, dado que la primera fundación en Opoa fue provisional, hasta que hubiese pasado la estación de las aguas, como refiere Pedraza y los testigos, se puede decir que la que pudiera llamarse SEGUNDA FUNDACIÓN sucedió por marzo de 1537.

[54] Como consta en el Acta del Repartimiento de la Ciudad de Gracias a Dios, Alonso de Cáceres fue comprendido en ello. El, pocos meses antes, había tenido encargo de Montejo, nombrado ya Governador de Honduras, para reunir gentes en Guatemala; Montejo de 1º de junio. Sin embargo, Montejo le dio el cargo de su Capitán y le envió a tomar posesión, en su nombre, de la dicha Gobernación.

gobernación, e a el por su theniente y capitán en su nombre, mientras el venia, porque ya venía camino para residir en el dicho cargo, el qual presentó las dichas provisiones ante la justicia e regidores de la dicha cibdad que a la sazón heran, y ellos, como vieron quel dicho capitán no traya los originales de las reales provisiones de Vuestra Majestad, sino los traslados, cerca del dicho caso, no las quisieron obedecer, porque dezia la dicha provisión real que le obedeciesen y tuviesen por tal gobernador, presentándose el dicho don Francisco de Montejo personalmente con la dicha provisión original, y viendo que no venya Personalmente, y que en la dicha provisión no decía que lo recibiesen a él o a quien su poder obiere, en su nombre, con la dicha provision o con su traslado autorizado, no le quisieron recibir al dicho capitán Alonso de Cáceres, sino respondieronle que viniendo el dicho Adelantado don Francisco de Montejo el pecho por tierra, y ternyan por su gobernador y capitán general, y para lo hazer y cumplir estaban prestos e aparejados".

"Y como el dicho capitán vio esto, dijo quel se quería estar allí con ellos, pues el dicho gobernador don Francisco de Montejo no podía tardar, y en estos términos, como no vio el dicho capitán Alonso de Cáceres que entre ciertos criados e aficionados del dicho Adelantado don Pedro de Alvarado que estaban en la ciudad, e otras personas, avia cierta división, unos que decían que no recibirían a don Francisco de Montejo, e otros que dezian quel dicho Adelantado de Don Pedro de Alvarado los había enviado allí e que a el avian de obedecer, y no a otro, en lo cual había muy grande discordia y alboroto, e por evitar el dicho Alonso de Cáceres el daño que via muy a punto aparejado, de lo qual redundara despoblarse la dicha ciudad y acabarse de perder la dicha tierra, tuvo tal manera, como muy buen capitán, que granjeó con los mas que pudo como lo tuviesen por teniente e capitán en nombre del dicho don Francisco de Montejo, por virtud de los dichos traslados, y hizose apregonar por tal e apregonar las dichas provisiones en nombre del dicho gobernador[55], luego desde a pocos días que pasé esto, como vio la cosa que estaba algo más asentada y pacificada, determinó de dexar en la dicha ciudad en su

---

[55] Herrera añade la noticia de que: "prendió a los Alcaldes y Regidores y los quitó de los oficios y puso otros de su mano, y envió a llamar al Adelantado don Francisco de Montejo, el cual fue luego…"

lugar al dicho Gaspar Xuares de Ávila con cierta gente y él tomó los mas que pudo y fuese a entrar por la tierra adentro que estava en los terminos desta ciudad hazia la provincia de los Cares para conquistar y pacificar la dicha tierra, que estaba toda de guerra, e hazelle que vinyesen todos los pueblos y naturales della a dar la obediencia a Vuestra Majestad, y a él en su nombre y de su capitán general; y desde a pocos días quel se partió, llego el dicho adelantado don Francisco de Montejo a la dicha ciudad (Opoa) el qual fue muy recibido de todos quantos estábamos (estaban) en ella, y de ahí adelante le tuvieron e obedecieron por su gobernador en nombre de Vuestra Majestad como oy en día lo tienen; y después, de ser llegado a la dicha ciudad, envió toda la más gente que traya consigo de México y de Guatemala, al dicho capitán Alonso de Cáceres, y él se partió a la dicha villa de San Pedro con cierta gente le quedó, a pacificar todo lo que estaba de guerra junto al rio de Ulua, ansi lo de las sierras, como lo demas, casi en termino de veynte leguas de la dicha villa, que dexó repartida el dicho Adelantado don Pedro de Alvarado a los dichos vezinos de la villa de San Pedro, estando como estaba de guerra, sin lo conquistar ni pacificar, y ansi lo dexó al tiempo que se partió, segund he sido ynformado; y ansi como llegó el dicho don Francisco de Montejo a la dicha villa de San Pedro e rio de Ulua y supo que todo lo que dicho tengo estaba de guerra, envió un capitán suyo que se dize Alonso Reynoso, a las dichas sierras a lo conquistar y pacificar, y ansi lo hizo; y ansi mismo le mando que buscase por todas vías si hallase por alguna manera para descubrir minas de oro, y las descubriese, el qual de aquella jornada lo descubrió e hecho esto el dicho Adelantado se volvió a la dicha ciudad de Gracias a Dios (la segunda, en Mongual), y llegado a ella vino el dicho capitán Alonso de Cáceres de la entrada do hera ydo, a verse con el dicho Adelantado y gobernador don Francisco de Montejo, para dalle quenta de lo que avia hecho en la dicha entrada y de los pueblos que avia hecho venir de paz y dejaba pacíficos, e por alguna más gente ir a conquistar los que quedaban, para poblar la dicha villa de Comayagua, de la qual vuelta la pobló e pacificó con toda aquella tierra y las provincias della, que son quatro o cinco hasta el valle de Olancho, en lo qual ha trabajado mucho y servido en muy grande manera a Vuestra Majestad, de la qual jornada e ida que fue, nunca más ha vuelto a esta ciudad, sino siempre ha andado en la dicha conquista.... especialmente el dicho peñol de la provincia de Cerquín...".

De todo lo que se ha referido, aparece que Alonso de Cáceres y Francisco de Montejo encontraron a los españoles en Opoa, lugar de la primera fundación provisional, en donde los españoles quedaron seis meses, hasta pasada la estación de las lluvias.

Le tocó a Montejo escoger el nuevo sitio a donde trasladar la ciudad y fundarla una segunda vez de manera estable, en cuyo lugar estuvieron hasta la llegada del Licenciado Pedraza.

Este nuevo sitio, estaba situado en una esplanada a la izquierda del Río Mejocote, en el sitio que todavía conserva el nombre de Mongual y en donde quedan los restos de las casas de los españoles, frente a los más antiguos montículos mayas, altos, numerosos y de esmerada construcción de piedra tallada, la más fina que he visto, con vestigios de escultura de semblanza arcaica, que se encuentran al otro lado del mismo río, en donde está el actual pueblo de Las Flores. Este pueblo, que era antiguamente llamado CHULULAN y hoy también CHULULA, está situado cerca del PICACHO o Tapusuna (también Tepusuna), en donde afloran restos de grandes animales fósiles, a cuatro leguas al noroeste de Gracias.

En este sitio en donde floreció la muy antigua cultura maya, se asentó Montejo, a los seis meses de haberse fundado la primera GRACIAS A DIOS. Sitio ameno, de mucho pasto, de buenas y abundantes aguas y próximo a Talgua, en donde está la junta de los caminos para ir a todas partes del territorio hondureño.[56]

Estando en este sitio, los españoles efectuaron las más grandes hazañas para la conquista de Honduras. Al mismo tiempo, Alonso de Cáceres fue a fundar a Santa María de Comayagua y conquistar el peñón de Cerquín en donde estaba fortificado el Héroe de la Epopeya de Honduras, LEMPIRA; y desde allí salió Montejo para ir a

---

[56] La tradición dice que Lempira vino a Talgua para tener una junta con los señores de la región. Esta parece leyenda. Pero quien conozca perfectamente el territorio fragoso de Gracias, dira que precisamente en Talgua está la llave de los caminos, y que Lempira pudo contar las fuerzas de los españoles que estaban abajo, en la izquierda Lempira pudo contar las fuerzas todos los señores del Río Ulúa, como efectivamente se rebelaron, dando mucho que hacer a Montejo, hasta que los pacificó momentáneamente.

expugnar el baluarte de Tenampúa, en donde se habían fortificado los Guaxerequi (Guajiquiro), fundar nuevamente a Comayagua y llevar la mirada hasta Olancho.

20.—La tercera fundación de la ciudad de Gracias a Dios (14 de enero de 1539)

A esta ciudad de Gracias a Dios, que se había trasladado aquí y que todavía estaba en su segundo nacimiento, llegó con el título de Protector de los Indios, el Licenciado don Cristóbal Pedraza, el que después fue el primer Obispo que realmente tomó posesión de su cargo, en la primera quincena de octubre (7—10) de 1538.[57] Entre las reales órdenes, traía la de que ordenaba se construyesen casas de piedra.

Francisco de Montejo ya había buscado un lugar a propósito para trasladar nuevamente la ciudad, y a la llegada del Licenciado se efectuó el gran hecho.

Se fundó entonces la tercera Gracias a Dios.

He aquí la narración del mismo Pedraza, que fue gran parte en la tercera fundación que siguió inmediatamente.

"...en treze días del mes de Septiembre yo llegué al puerto de Cavallos, desta gobernación de Ygueras y Honduras, a salvamento; el Señor sea loado por ello, y su bendita Madre; y luego, desde a tres o quatro días me partí para la villa de San Pedro, ques siete leguas del puerto, en la qual estuve quinze días, y de ay me partí para la ciudad de Gracias a Dios (la segunda en Mongual), que ay desta villa alla veynte y dos leguas, adonde estaba el gobernador don Francisco de Montejo, del qual fui muy bien recybido, y de los otros caballeros y hidalgos de la dicha ciudad, los quales a lo que al presente mostraron, se holgaron mucho con mi venida....desde a tres días le presente las reales provisiones de Vuestra Majestad, y ansí las que tocaba a la protettoria, como las demás, en su presencia y en presencia de todos los mas desta ciudad, y el las obedeció e puso sobre su cabeza con toda la reverencia y acatamiento devido, ante el escribano de la dicha governación e ansi mismo le presenté la real provisión de Vuestra

---

[57] Pedraza encontró a los españoles en la segunda Gracias a Dios, según su afirmación: "que es a do yo la hallé poblada al tiempo que yo vine a estas partes", es decir, la halló poblada en Mongual.

Majestad en que le mandaba que en todo quanto le pidiese favor e ayuda para lo tocante al dicho cargo a las otras cosas que Vuestra Majestad me mando cometer, que lo diese; el qual respondió que ansi en lo uno como en lo otro el estaba pronto y aparejado para lo susodicho...fue acordado entre ambos que ciertas provisiones de las que traya no usasen tan ayna dellas hasta que la tierra estuviese un poco mas asentada....especialmente la provisión de la tasasión de los yndios, y la otra en que mandava Vuestra Majestad que hiziesen casas de piedra y de madera, conforme a la calidad de las personas de cada uno de los conquistadores e pobladores.

Mientras pasaban los primeros días de la llegada del Protector, Montejo se estaba preparando para ir a pacificar el Valle de Comayagua, y fundar de nuevo la ciudad de Comayagua, que los indios habían destruido.

Como hubiese encontrado un lugar más apropiado para el asiento de la ciudad de Gracias a Dios, antes de partir, llevó al Licenciado y a otros caballeros a verlo, dejando él poder para la fundación de la nueva ciudad (la tercera fundación) a su hermano Juan de Montejo.

Todo esto está descrito muy pintorescamente y con mucha sencillez por el mismo Licenciado en la carta que escribió a Su Majestad, desde Gracias a Dios (la tercera), el 18 de mayo de 1539, carta que ya hemos copiado abundantemente. He aquí la narración del ácto solemne de la tercera fundación de la ciudad, que se verificó el 14 de enero de 1539, como aparece por la narración de Pedraza.

"...dado horden en esto, desde casi dos meses adelante el Governador se partio de la ciudad, porque avia necesidad de su partida para yr acabar de pacificar ciertas provincias de la villa de Comayagua, porque andava por la una parte dellas un capitán suyo que se dize Alonso Cáceres, el qual ha hecho mucho fruto en la tierra, porque es muy gentil capitán e animoso, y hombre que sabe bien las cosas de la guerra, e fue muy necesario que el dicho Governador fuese por otra parte con gente para que se acabase de pacificar, e ansi mismo para hazer el repartimiento de aquella tierra en los vezinos que estavan señalados en la dicha villa de Comayagua quel dicho Governador pobló y edificó".

..."Y con la yda del dicho Governador se acabó de pacificar y conquistar todo lo que estaba por conquistar y pacificar, y se repartió a los dichos españoles vezinos de la dicha villa de Comayagua, y al tiempo que se partió desta ciudad me rogo que me quedase yo en ella en compañía de su hermano Juan de Montejo, que dejaba en su lugar en ella por su teniente, y con los demás españoles que dejaba en la dicha ciudad se pasase a otro mejor asiento quel dicho Governador avia hallado dos leguas de allí, más allegado a todos los pueblos de los yndios de toda la comarca, porque el asiento que a la sazon estava, no hera tal qual convenia, porque hera mal sano y no tenía salidas para ningún cabo, y estava metido en una hoya, e a mucho peligro de los yndios y desviado del meollo dellos; y estotro lugar a do agora se pasó y está poblada, está en muy gentil asiento y muy sano e ayroso e tiene muy gentiles salidas, y está casi en medio de todos los yndios, y muy mas allegado y dichos naturales, lo qual todo comunicó el dicho Governador conmigo ante gue que fuésemos a ver el dicho asiento, y como lo vi, y mi fin y deseo era que estos naturales no sean tanto trabajados, según el cargo e oficio que demas de su salvacion, y porque vi que en acercarse de la cibdad y llegadose mas a todos los pueblos, ellos recibían buena obra, di mi voto y parecer en la pasada de la dicha cibdad, juntamente con la Justicia y regidores y procurador de la dicha cibdad y otros muchos cavalleros y hidalgos que para ello fueron llamados por el dicho Governador para ver el dicho asiento, yo; y ansi, ydo él la poblamos por su mandato en nombre de Vuestra Majestad, y el primer edificio que en ella se hizo fue poner el árbol de la Santa veracruz en el lugar donde se señaló y constituyo la yglesia, con el himno de Vexilla regis prodeunt, etc.; yo y quantos alli nos hallamos la traximos en los hombros, y al tiempo que la metimos en el hoyo, todos hincados de rodillas, yo reze el evanjelio de San Juan, In principio erat Verbum: ansi y en la misma ora se puso al pie de la cruz un altar, y se colgó todo alrededor della con paños de la tierra, y me vesti y dixe misa, la qual fue del dulcisimo nombre de Jesús, la qual dicha misa está en los misales sevillanos que comienzan asi: In nomine Jesu omne genu flectatur: porque fundada sobre tan excelente nombre, no puede ser sino que della manen muy grandes bienes y virtudes para su santo servicio y para aumentación de la real corona de Vuestra Majestad, como yo lo espero en su divina clemencia; lo qual todo ansi se tomó por testimonio, y luego todos los vezinos comenzaron a hazer sus casas, y yo la mia, y estube en la dicha ciudad hasta que vino el dicho Governador de la entrada a do hera ydo, y benydo dio muchas gracias y lores a Dios en ver pasada la ciudad, y en saber que se avia fundado en tan buen nombre...."[58].

Así fue fundada Gracias a Dios, la ciudad que todavía está en pie y que es la que da nombre a todo el Occidente de Honduras.

21.—Los errores de los historiadores acerca de la fundación de la ciudad de Gracias a Dios

a) PRIMER ERROR.—Juan de Chávez fue dado por los historiadores como fundador de la ciudad de Gracias a Dios.

En los capítulos VIII y XIV de este trabajo, se ha expuesto ampliamente cómo es un error grave éste, de afirmar que Juan de Chávez fundó la ciudad de Gracias a Dios; error en que cayeron todos los historiadores hasta hoy, con algunas rarísimas excepciones, como la del Lic. Ernesto Alvarado García, que lo evitó cuando una segunda vez escribió sobre el asunto, basándose sobre los testigos del expediente en favor de Gonzalo de Alvarado.

Juan de Chávez no fundó Gracias a Dios ni hizo nada de lo que le había sido encomendado por don Pedro de Alvarado.

Como se verá y hemos ya visto, este error se debió principalmente a don Pedro de Alvarado y a los que le acompañaron a España, a Cristóbal Pedraza en su segunda Relación, y al historiador oficial ANTONIO DE HERRERA. Estos dos últimos se contradijeron contando las cosas de manera contraria a lo que habían dicho anteriormente.

Que Juan de Chávez recibió orden de don Pedro de Alvarado de fundar esa ciudad, pero se fue a Guatemala sin cumplir con su cometido, y desamparó la tierra, lo dicen testigos directos como son: MONTEJO 24, PEDRAZA 6 y los otros TESTIGOS citados 41.[59]

---

[58] La fiesta del Santísimo Nombre de Jesús es una fiesta de origen franciscano. En 1530 el Ministro General de la Orden Franciscana pidió al Papa Clemente VII que aprobase el Oficio compuesto por el Padre B. Bernardino de Bustis, y concediese la celebración de la fiesta propia. El Sumo Pontífice aprobó el dicho Oficio del Santísimo Nombre de Jesús, y concedió la fiesta que debía celebrarse en toda la Orden el día 14 de enero, titulándola TRIUNFO DEL NOMBRE DE JESÚS. Concedió esta fiesta con documento pontificio fechado el 25 de febrero de 1530.

[59] Gerónimo San Martín, Tesorero de la provincia de Honduras, el 5 de julio de 1555, en la ciudad de Santiago de Guatemala, a la sexta pregunta declaró: "que

b) SEGUNDO ERROR. —Atribuyen al Capitán Gabriel de Rojas la primera fundación de la ciudad de Gracias a Dios, que habría efectuado en el año de 1530.

Esta noticia la da el mismo HERRERA en el Capítulo XIII del Tomo I, de su Historia, titulado: DESCRIPCIÓN DE LAS INDIAS OCCIDENTALES 65. En este tomo copió todo el manuscrito inédito de la Biblioteca Nacional de Madrid, Código J. 15, que pertenece a LÓPEZ DE VELASCO, pero añadiéndole alguna parte de historia de otra fuente dice: "La ciudad de Gracias a Dios...

pobló el año de 1530 el Capitán Gabriel de Rojas...para beneficiar las minas de oro...tuvo grandes reencuentros con los indios...dentro de un fuerte…lo hubo de desamparar. Como se puede comprobar en los documentos colocados al final de este trabajo, López de Velasco, autor anterior a Herrera dice más bien: "Pobló a este pueblo, a lo que se entiende, Don Francisco de Montejo..." 70.

Todo lo contrario hizo Herrera en la Década VI, lib. I, c. 8, donde contradiciéndose, dijo que la había fundado Juan de Chávez, mientras, en la "Descripción" dijo que "el año de 1536 el capitán Gonzalo de Alvarado volvió a poblar esta ciudad".

También el mismo Herrera confundió la ciudad de Gracias a Dios con el Cabo de Gracias a Dios, y lo que es de este Cabo lo atribuye a la ciudad.

Efectivamente vemos que atribuye a Chávez lo que aplican a Colón, que dicen exclamó: "Gracias a Dios que hemos salido de estas

---

después de que don Pedro pacificó el Río Ulúa mandó a «Joan Cabrera» y a otros españoles que fuesen a donde estaba Gonzalo de Alvarado y que todos juntos fueran donde estaba "Joan de Chávez, que era en la serranía donde agora llaman la ciudad de Gracias a Dios e nombramiento de justicia e regidores" y que Gonzalo de Alvarado iba por Alcalde de la dicha ciudad y este testigo hizo los despachos de todo ellos y fueron a la dicha serranía y hallaron que Joan de Chávez se había despoblado y venido a esta ciudad de Guatemala y que Gonzalo de Alvarado con los demás españoles que con él fueron asentaron en la dicha serranía e hicieron fundación de la ciudad de Gracias a Dios, por la comisión que llevaban del Adelantado (Alvarado)".

Que había despoblado, aquí significaría que antes había poblado; pero el significado es que con todos los suyos se habían ido de la tierra en donde estaban acampados, porque nunca pobló.

honduras" y al mismo tiempo aplica a Gabriel de Rojas el haber fundado la ciudad de Gracias a Dios, cuando, al contrario, en la otra Década, narrando los hechos que sucedieron en el año de 1530 con López de Salcedo y Pedrarias Dávila, des.cribe con lujo la historia de la fundación de la villa en el Cabo de Gracias a Dios, 62 (Cfr. Dec. 4 lib. VII. c. 3.—año 30), diciendo entre otras cosas: "el capitán Gabriel de Rojas, en la población de las Minas de Cabo de Gracias a Dios, se defendía de las invasiones de los Indios".

Ahora bien, se sabe que en el Cabo de Gracias a Dios nunca se hallaron las minas sobredichas.

Es evidente que el nombre de Gracias a Dios, aplicado entonces a muchos lugares, para agradecer a Dios algún beneficio, después de haber pasado muchas penalidades, intrincó a Herrera, y a todos los que lo copiaron. Porque no conociendo la topografía, no supieron entender que las minas de Gracias a Dios que Gabriel de Rojas encontró, están situadas en la actual Provincia de Segovia (Nicaragua), en el confín con Honduras. Y esto, desgraciadamente, no lo han entendido los historiadores hasta hoy, fundándose en el historiador Ayón, quien copió los hechos de las Décadas de Herrera.[60]

---

[60] Entre otras cosas, al tiempo de las discusiones sobre los límites, confundieron la Villa de Santa María de la Buena Esperanza fundada en la Segovia, en las Minas de Gracias a Dios que descubrió Gabriel de Roxas, con Santa María de la Buena Espereranza fundada por Cereceda cerca de Naco en 1533—34. Esta Santa María de la Buena Esperanza de las Minas de Gracias a Dios, citada por Castañeda, se identifica con la Villa Vieja, y fue sustituida posteriormente por la villa de la Nueva Segovia. Pero en la confusión de las discusiones, se dijo también que Gabriel de Rojas había descubierto las Minas de Gracias a Dios en el Cabo de Gracias a Dios, y alli había fundado una villa, cuando fue mandado a descubrir el Desaguadero.

Este también es un error; López de Salcedo mandó a Gabriel de Roxas a descubrir el Desaguadero, pero no teniendo bastantes fuerzas, no fue. Descubrió las Minas de Gracias a Dios en la Segovia, y fue allí en donde sostuvo todos los asaltos de los indios, siendo poco socorrido por los gobernadores, que en aquellos momentos tenían otras cosas propias que defender. Y allí, en esa región, cuya parte septentrional llamaban Olancho, fueron matados por los indios los españoles con Benito Hurtado y Juan de Grijalva, habiéndose sublevado todos los señores de toda la región, por causa de los gravísimos atropellos de estos capitanes, y los de Saavedra, López de Salcedo y de todos los demás, sin ninguna excepción.

Que Gabriel de Rojas encontró las Minas de Gracias a Dios en la Segovia lo dicen claramente las cartas del Concejo de León y de Castañeda, que también pongo entre los documentos al final.[61]

En el mismo error cae el Padre Carmelita VASQUEZ DE ESPINOSA, 1629—30, en el Compendio y Descripción de las Indias Occidentales, el cual parece haberlo tomado de HERRERA, que publicó su primera edición en 1601—1604 o de una fuente común, porque lo traicionan grupos de palabras que no pueden atribuirse al acaso, 71 sino al haber tenido a la vista a este autor, como lo hizo también Torquemada.

AYON, Historia de Nicaragua, copia los hechos narrados por Herrera, de la fundación de una villa, efectuada por Gabriel de Rojas, en el CABO DE GRACIAS A DIOS 62.

PERALTA, acoge lo que afirma Herrera en la "Descripción", de la fundación de la Ciudad de Gracias a Dios por Gabriel de Rojas en 1530, aunque esté en lo cierto en lo demás que dice, con respecto a Bancroft, y que esta ciudad confinaba con Guatemala, es decir,

---

[61] Efectivamente el Consejo de León de Nicaragua, decía: "Al presente está poblada en las minas de esta governación que se llaman las minas de gracias a dios la villa de Santa María Desperanza en la qual ay hasta setenta vezinos que tienen repartimientos de indios... e cada dia se descubren mas mynas en las provincias a ella comarcanas...viendo que conviene para la sustentación y paz de las dhas minas que se pueble un pueblo en el valle de Hulancho ques el que a vra mt (Vuestra Majestad) hezimos Relacion que se avia despoblado por guerra que los yndios dieron a los españoles (Villahermosa) que allí estavan...porque el dho valle esta en comarca de dhas mynas que avra de las mynas al valle doze leguas cerca de donde agora el capitan Rojas por mandado del dho alcalde mayor a descubierto las mynas ricas..."

Que este lugar estaba todavía en la región de la actual Segovia, se deduce de la Carta de Castañeda, que dice:

"...al Capitan Gabriel de Rojas... le imbié el poder, visto que las minas que se dicen de Gracias a Dios, andavan flojas, le escribí que en las vertientes de Santandrés hacia el Norte, yo estaba informado que avia tierra e ríos que parecían tierra de oro, porque ansi me lo havian certificado mineros viexos que avian visto al tiempo del Capitan Francisco Fernández aquella tierra...el dicho Capitán Gabriel Roxas...fue con diez y seis hombres a ver las bertientes de la Sierra de Santandrés hazia el Norte; y plugo a Nuestro Señor, de dalle tan buena dicha, que a descubierto siete rios en espacio de dos leguas...Este Capitán Gabriel de Roxas...dicen que descobrió primero estas minas de Gracias a Dios, y a las que angora descubrió las puso nombre del Espíritu Santo".

Choluteca, hasta donde llegó por aquel tiempo la Gobernación de Guatemala.[62]

c) TERCER ERROR. —Que la ciudad de Gracias a Dios tuvo una fundación anterior a la de 1536.

Ya hemos visto cómo ni Chávez, en 1536, ni Rojas en 1530, fundaron la dicha ciudad; y que la fundó por primera vez Gonzalo de Alvarado en nombre de Su Majestad sin mandato expreso suyo, (de Pedro de Alvarado) sino con ocasión de haberlo enviado don Pedro de Alvarado a buscar a Juan de Chávez, para que todos juntos fundaran o poblasen la ciudad.

---

[62] Peralta, Manuel M. de, Costa Rica, Nicaragua y Panamá en el siglo XVI.—Su Historia y sus límites.

Dada la confusión de nombres, no resulta del todo claro el pensamiento de Peralta que dice: Los primeros exploradores del Desaguadero o Río San Juan que salieron al mar fueron los capitanes Alonso Calero y Diego Machuca de Suazo, comisionados al efecto por Rodrigo de Contreras, gobernador de Nicaragua, en virtud de Real Cédula de la Reina, dada en Valladolid, a 9 septiembre de 1536. El poder que Calero obtuvo Contreras para explorar y conquistar el Desaguadero es dado en León de Nicaragua, a 3 de octubre de 1538... Aprestóse sin pérdida de tiempo, y en 6 de abril de 1539 emprendió el viaje, cuya relación original y diaria nos ha cabido la fortuna de descubrir, entre los más preciosos y menos conocidos tesoros del Archivo de Indias. Diego López de Salcedo encargó a Gabriel de Rojas el descubrimiento del Desaguero; pero esa expedición no llegó a realizarse. Incurre en un error el distinguido Mr. Bancroft en su notabilísima Historia de Centro América, cuando dice que Martín Estete y Gabriel de Rojas salieron al mar por el Río de San Juan y siguieron la costa hacia el norte hasta el Cabo de Gracias a Dios, fundando en este sitio una colonia. Esta aserción carece de fundamento y sólo se apoya en la confusión de nombres, pues Rojas Fundó en efecto la villa de Gracias a Dios, no en la costa, sino en el interior de Honduras, en la tierra de las minas hacia los confines de Guatemala. La nueva Jaén no fue fundada en esta vez como dice Mr, Bancroft, sino unos años más tarde por el capitán Diego de Castañeda. (Véase Bancroft (Hubert Howe) History of Central America, Vol. I, c. 22, pág. 607. London 1883).

No puedo creer que Peralta se refiera a la actual ciudad de Gracias a Dios, objeto de este estudio; quiero pensar que entiende decir de las minas de Gracias a Dios, en la región de Segovia, que realmente estando en los confines con la Choluteca y se puede decir que eran en los confines de Guatemala, porque esa región le pertenecía, aunque cuando obró Gabriel de Rojas, todavía no estaba definida su pertenencia, que en realidad comenzó con la fundación de la villa de la Frontera de Jerez de la Choluteca por Cristóbal de la Cueva, en 1535.

Se ha explicado también el significado de las palabras que don Pedro de Alvarado, al formular el repartimiento, pone en el acta "QUE SU SEÑORIA NUEVAMENTE HA FUNDADO E POBLADO", es decir, que "recientemente" ha fundado. (Véase nota n. 61).

A rigor de términos, se puede afirmar, que habiendo en vano dado orden de fundarla al Capitán Chávez, fue fundada por iniciativa propia, por Gonzalo de Alvarado, en nombre de Su Majestad. Así haciéndolo daba una buena interpretación al mandato que había recibido.

Entretanto, todos los documentos la dan por fundada por primera vez.

Hay además el testigo ALONSO POLO, Alcalde ordinario de la Ciudad de Gracias a Dios, que se había encontrado en todos los acontecimientos de aquel año, tanto con Cereceda como con los Alvarados, quien claramente, el 5 de julio de 1548, a la pregunta número doce, dijo: "que es verdad que estando en el pueblo de Opoa el dicho Gonzalo de Alvarado por capitán, POBLÓ ESTA CIUDAD POR LA PRIMERA VEZ, por parecer del Cabildo según este testigo oyó poblar la dicha ciudad y pregonar públicamente como se poblaba en nombre de Su Majestad".

d) CUARTO ERROR. —Juan de Chávez fundó la ciudad de Gracias a Dios en el lugar donde ahora está.

Como ya se ha visto, la ciudad de Gracias a Dios fue fundada tres veces, siempre cambiando de lugar. La que he llamado segunda fundación podría llamarse traslación, sin embargo, fue la verdadera fundación en firme, después de la primera fundación, que fue provisional.

e) QUINTO ERROR.—"Gracias a Dios, que avemos hallado tierra llana".

Esta expresión, que Herrera, en la Década VI, lib. I, cap. VIII, pone en boca de los españoles que acompañaban a Juan de Chávez, después de haber andado perdidos por las sierras, es paralela de la otra, que se atribuye a Colón: "Gracias a Dios que hemos salido de estas honduras".

Herrera copia esta narración de la Relación hecha por el Obispo Pedraza en 1544, en España, Relación que está llena de errores, falsedades y contradicciones, como se puede comprobar, al compararla con la relación que dio en Gracias a Dios, en 18 de mayo de 1539.

Los españoles que fueron con Juan de Chávez, no pudieron pronunciar la dicha expresión, primero, porque no fundaron la ciudad de Gracias a Dios, y segundo, porque ya Alvarado le había impuesto ese mismo nombre como lo atestigua Pedraza 6: "mandole que...poblase una ciudad, y que pusiese por nombre e yntitulase LA CIUDAD DE GRACIAS A DIOS".[63]

f) SEXTO ERROR. — La fecha.

Como se ha visto, si se da como fundada por Juan de Chávez, debería haberse fundado en junio o en julio de 1536. Habiéndose ya tratado de las varias fechas en capítulos anteriores, no es del caso insistir en ello.

g) SÉPTIMO ERROR. —El lugar.

El lugar se ha tenido comúnmente como incierto, o se ha dicho erróneamente que se fundó por única vez en el lugar donde está asentada ahora. Pero también he demostrado que la segunda vez fue fundada en el pueblo que actualmente se llama Las Flores.

También esto ha sido tratado anteriormente.

La primera fundación fue en OPOA: la hizo Gonzalo de Alvarado, por octubre de 1536.

La segunda fundación fue al hacer el traslado a la Vega de MONGUAL, frente a la antigua CHULULAN (actualmente Las Flores) por marzo de 1537; fue hecha por mandato de Francisco de Montejo, o por él en persona.

---

[63] Repetimos que Fundar y Poblar son dos palabras distintas que no significan la misma cosa. Pero, en todos los documentos de aquel tiempo, se encuentran usadas casi con el mismo significado, o las dos unidas. A rigor, fundar, es un acto legal; poblar es el hecho de llevar gente a asentar la población, el cual acto puede ser acompañado o no del acto legal de la fundación; por este motivo, en muchos casos dicen: fundar y poblar, ya que es inútil fundar, sin poner gente para hacer efectiva la población.

La tercera, en el sitio actual, al pie del Celaque y en la orilla izquierda del Río Arcagual, afluente del Mejocote, el 14 de enero de 1539. Se hizo por mandato de Montejo, y efectuó la fundación el Obispo Pedraza en persona, con don Juan de Montejo, hermano del Gobernador y en presencia de todas las autoridades: todo se tomó por testimonio, según dice Pedraza en su Relación.[64]

22.—Los causantes de los errores

a—Los mismos españoles conquistadores.

Los mismos españoles, encontrándose en un ambiente nuevo, de maravillosas riquezas y de extraordinaria vegetación, dé costumbres diversas y de diverso modo de vivir, exageraban las cosas y los hechos, hasta divulgar cosas tan maravillosas como aquella de que en los ríos del Darién se pescaba el oro con redes (Ayón, I. c.,II, IV) y en los mares de Honduras los pescadores usaban, para pescar, redes con plomadas de oro revuelto con cobre (Bernal Díaz, 1, c., c. 165). , Y si se hubieran limitado a sólo esto, poco daño hubiera sido; pero el mezquino interés del oro, la ambición y el afán de gloria y de mando, los llevó, en ciertos momentos, a traicionar a sus jefes, ambiciosos como ellos, a crueldades con los sujetos y con los naturales, y a recurrir a la mentira y a la calumnia.

Los más, escribían cartas a los amigos y parientes, contándoles hechos, que la mayor parte de las veces no se ajustaban a la verdad. Oviedo 61 nos ofrece un bello ejemplo de cómo escribió su historia, por otra parte, verídica en general, reuniendo las noticias que le daban por carta los amigos y de viva voz los que continuamente pasaban por Santo Domingo, para llegar a la Nueva España y a la América Central.

---

[64] Existen todavía las ruinas o restos del asiento que los españoles tuvieron en la vega de Mongual, frente a Flores, la antigua CHULULAN, que está todavía, en medio de grandes montículos antiguos, cuya excavación sería muy útil y aportaría gran luz sobre las poblaciones mayas de la región de Gracias, cuyos conocimientos tergiversan los aficionados lingüistas y arqueólogos que no saben desprenderse del nombre LENCA ni entender su verdadero significado.
Allí encontré grandes restos de construcciones de piedra primorosamente tallada a la manera de Copán y una piedra esculpida en bajo relieve en cuyo dibujo se ve una mano delicadamente diseñada, con sus brazaletes y adornos; piedra que no puede ser que sea la única esculpida que se encuentre allí. Y la hechura es maya.

En la Corte se llegaba a dudar de las mismas relaciones oficiales. En lo que toca a Honduras, en aquel primer tiempo de la Conquista, desde el descubrimiento de Colón hasta la implantación de la Audiencia en 1544, todas las relaciones, aún la de Colón, de Pedraza y de Montejo, están llenas de expresiones que demuestran la preocupación de no ser creídos, y repiten hasta la saciedad, de que han procurado saberlo todo exacta y verídicamente, y que exponen la pura verdad.[65]

Al tiempo de la fundación de Gracias a Dios, y durante los hechos que la precedieron, fueron tantos los intereses de Cortés, de Pedrarias Dávila, que continuamente dirigía su mirada sobre el territorio de Honduras, lo mismo que los de Salcedo, de Cereceda, de Pedro de Alvarado, de Francisco de Montejo, de Pedraza, y de todos los demás españoles que los acompañaban, y tantos los hechos, que complicaban o precipitaban los acontecimientos, que muchas veces, aún sin malicia, los mismos relatores creyeron decir la verdad, narrando todo lo contrario, como en el propio caso de la fundación de Gracias, atribuida a Chávez.[66]

Todos ellos, pues, hablando en general, fueron los causantes directos de los errores que se apuntan en el presente trabajo.

b—El principal causante de los errores: Don Pedro de Alvarado y los que lo acompañaron a España.

---

[65] Entre las falsedades, Oviedo (Lib. XXIX, c. 30) cita la del cronista Lucio Marineo, quiene scribió que en Tierra—Firme (Colombia) "fue hallada una moneda, con el nombre e ymagen de Cessar Augusto, por los que andaban en las minas a sacar oro: la qual ovo don Johan Rupho, arzobispo de Cosencia, y como cosa maravillosa, la envió a Roma al Sumo Pontífice...Por aquella moneda consta que los romanos avian llegado grande tiempo avia a los indios".

Tales novelas se contaban en esos tiempos, que no es maravillosa esta, porque entonces se enterraban también cuentas venecianas, y sacándolas después de sepulturas antiguas, se hacían pasar por cuentas etruscas o egipcias, de muchos siglos atrás.

[66] Juan Chávez, en agosto de 1541, venía recomendado por el Obispo de Guatemala, Marroquín, como Gobernador de Honduras. En esta fecha, citando los méritos de Juan Chávez, no hace ninguna mención de que él hubiese fundado la ciudad de Gracias a Dios, mientras en otra carta anterior escribía al Rey que Alvarado la había poblado.

Quien hizo el retrato moral de don Pedro de Alvarado afirma que no rehusaba la mentira.

Dejando aparte esto, es cierto que cuando Alvarado se fue a España para defenderse ante la Corte, tuvo necesidad imperiosa de acumular nuevos méritos, uno de los cuales, grandísimo a los ojos del Rey, fue el de haber finalmente poblado un puerto y haber fundado una ciudad entre los dos mares. Sinceramente o no, él estaba persuadido de que la ciudad de Gracias a Dios, había sido fundada por Juan de Chávez, a lo menos cuando lo mandó a buscar por Gonzalo de Alvarado, a quien nombró su teniente, es decir, teniente de Gobernador, con la orden de que todos juntos fundasen y poblasen la ciudad, si no estuviese todavía fundada. 8.

Así, tanto él, como el Procurador Francisco Cava, el tesorero Diego García de Celis y los otros que lo acompañaban, dieron relación e informes que afirmaban lo mismo; los cuales seguramente vió el historiador Herrera, a quien sirvieron para anotar en la historia el hecho erróneo de que estamos tratando.

En particular, Montejo asegura que Alvarado, cuando se fue a España, no había pacificado nada, ni había fundado a Gracias a Dios, porque Chávez se había ido de Honduras antes que él se embarcara, y que el famoso Repartimiento había sido un truco y una burla. 7.[67]

---

[67] Sin embargo, el Rey, complaciente con Alvarado que le prometía ir a las Molucas, confirmó el repartimiento que había hecho, deshaciendo por lo tanto el de Montejo, que con esto se encontró arruinado material y moralmente deshecho.
El Lic. Alvarado, en su notable trabajo. "El significado histórico de la ciudad de Gracias" (1936, reproduce un documento notable que lo proporcionó, anotado, el historiador J. Joaquín Pardo de Guatemala. El encabezamiento es el siguiente:
N. 35 que dn. Franco Montejo gov. De Honduras no quite los indios encomendados en aquella provincia por el adelantado Alvarado y Andrés de Cereceda. Valladolid 30 de junio de 1537.
Era precisamente lo que había pedido Alvarado por medio del procurador del Cabildo de San Pedro, que viajó con él a la corte.
El Prof. Pardo, en su nota, añade que "Asimismo consta en la parte expositiva de esta cédula, que Alvarado (Pedro) marchó por la sierra de Gracias a Dios" antes de que el Joan de Chaves asentase enella…" Estas palabras no significan que Juan de Chávez entró a Honduras después de Alvarado, sino que Alvarado entró, antes que Juan de Chávez fundase la ciudad de Gracias, cosa que nunca hizo.

Montejo dice además, que, según le refirió Celis, se había dado en el Consejo de Indias, por pacificada Honduras, y por ende, por fundada la ciudad. 23.

Así se puede afirmar que Alvarado y sus acompañantes fueron los principales responsables del error histórico que hemos apuntado.

c—Otro causante del error: Don Cristóbal Pedraza.

Nombrado Protector de los Indios de Honduras, con Real Cédula fechada en Monsón a 19 de noviembre de 1537, al tiempo que don Pedro de Alvarado y sus acompañantes estaban en España, don Cristóbal Pedraza se vió con ellos antes de recibir ese título de protector. Por tanto, antes del 13 de septiembre de 1538, fecha en que llegó a Puerto Caballos, él estaba persuadido de que Juan de Chávez había fundado la ciudad de Gracias a Dios, como lo hacen suponer ciertas palabras de su relación en que repite varias veces que se había informado con diligencia para saber la verdad.

Llegado a esta ciudad en la primera mitad de octubre, encontró todo diferente de lo que se le había dicho, y en 18 de mayo de 1539, manda al Rey la Relación que se encuentra al final de este trabajo entre los documentos, asegurando que la ciudad había sido fundada, estando Alvarado ya fuera de Honduras, por Gonzalo de Alvarado, de su propia iniciativa, y que Juan de Chávez no había hecho nada, concordando en esto, con la carta de Francisco de Montejo de 1º de junio de 1539. 8, 31.

Pero, habiendo vuelto a España en 1540,[68] con muchas preocupaciones y disgustos, escribió en 1544 la segunda Relación

---

[68] El mismo Pedraza, en su segunda Relación de 1544, dice que volvió a España por el mes de enero de 1541. Este parece ser otro ejemplo de los numerosos errores que contiene la misma Relación, porque Oviedo (Líb. XLI, cap.1), en consonancia con otras fechas y datos, afirma lo siguiente: "Pedraza....el cual me escribió todo lo ques dicho desde la villa de la Habana de la isla de Cuba, yendo de camino a España, a entender en lo que tengo dicho. La carta es fecha a los nueve de febrero de mil e quinientos e quarenta años, después de lo cual rescibí otra del adelantado don Pedro de Alvarado, fechaen la ciudad de Gracias a Dios a quatro días de agosto de mil e quínientos e treynta y nueve, e llegó aquí más tarde que la del electo, aunque se escribió antes quassi seys meses".

Aunque también Oviedo ofrece ejemplos de errores de fechas, sin embargo, en el presente caso los detalles son tales, que evidentemente el equivocado es Pedraza.

sobre Honduras, que es la única que aquí se ha conocido hasta ahora. Habiéndose llenado la cabeza con todo lo que contaban entonces en España, y acaso, para agradar aun a influyentes personas después de la muerte repentina de Alvarado, el 4 de julio de 1541[69], y la no menos repentina de su mujer, doña Beatriz de la Cueva, acaecida en la catástrofe de Almolonga, el 10 de septiembre del mismo año, se había olvidado de lo que ya había asegurado con respecto a la fundación de la ciudad de Gracias a Dios, contradiciéndose ahora en esta segunda relación, y asegurando que la dicha ciudad fue fundada por Juan de Chávez.

Esta segunda relación, escrita en España, cayó en manos del Historiador Herrera, y contribuyó al error antedicho, y a todos los demás que no se cuentan aquí.

d—El principal divulgador de los errores: el historiador Antonio de Herrera.

Herrera fue nombrado Cronista mayor de las Indias el 15 de mayo de 1596, y desde entonces se le llevan todos los papeles que le podían servir para escribir las "Décadas", que imprime en primera edición en 1601 hasta la cuarta Década, siguiendo inmediatamente la segunda edición.

Además de los papeles que dice haber tenido a la vista (Doc. VI, L. III, c. XIX) 68, en otros lugares cita los autores que ha consultado y otros documentos que ha tenido en cuenta. Por supuesto no dice haber copiado casi por entero un manuscrito de la obra de Velasco ni puesto entre sus Décadas toda la obra de Cieza de León. En la primera parte de su obra coloca la Descripción de las Indias Occidentales, que escribió como obra separada, copiando a López de Velasco e

---

Mucho más, que debiendo ir a la corte para dar cuenta y arreglar el asunto entre Montejo y Alvarado, parece imposible la demora de más de año y medio, desde agosto de 1539 a enero de 1541. Por lo tanto la fecha de su ida a España debe colocarse en enero de 1540. Algo le pasaba a Pedraza para incurrir en tantos errores, cuando escribió esa Relación.

El mismo Pedraza dice que salió en seguida para España; por lo tanto, para excusarlo deberíamos decir que se trata de un error del copista o del editor.

[69] Don Pedro de Alvarado sufrió el accidente mortal el 24 de junio de 1541 y murió el 4 de julio siguiente. De ordinario los historiadores equivocan esta fecha (v. LIVIE varios documentos).

incluyendo o recopilando brevemente los hechos históricos. Era ésta una obra escrita anteriormente a las Décadas, y que no formaba un mismo cuerpo con ella. No debe, pues, maravillar que en esta obra se encuentren datos históricos que están en abierta pugna con los de las Décadas. Tales son los datos históricos que se refieren a Gabriel de Rojas: en la "Descripción", dice, "este Capitán fundó la ciudad de Gracias a Dios en 1530'", y en las Décadas, narra esta misma fundación en el CABO DE GRACIAS A DIOS. Así también, en la "Descripción" afirma que Gracias a Dios fue repoblada en 1536 por Gonzalo de Alvarado, y en las Décadas asegura que fue Juan de Chávez quien la fundó, y en aquella ocasión fue pronunciada la frase legendaria: "Gracias a Dios que avemos hallado tierra llana'", confundiendo los hechos y las fechas de la Ciudad de Gracias a Dios con los que se decían acaecidos en el CABO DE GRACIAS A DIOS, asegurando además que la ciudad fue fundada en el mismo lugar actual.

Gozando Herrera, desde el principio, de gran reputación, por ser el Cronista mayor, todos los que posteriormente escribieron de Historia lo copiaron ampliamente, y los que no pudieron tener a la mano su obra, se copiaron unos con otros, perpetuando los errores que en su Historia habían sido acogidos, y que de uno a otro se transmitieron.

Y por lo que toca a Honduras, todos sus capítulos deben ser consultados con mucho cuidado y sometidos a una dura crítica, antes de ser aceptados; a pesar de que en partes contienen noticias que no se encuentran en ningún otro autor.[70]

23.—Las causas de los errores

Muchas fueron las causas de los errores citados. Ante todo, EL MOMENTO DE CONFUSIÓN Y EL AMBIENTE.

---

[70] Al final de este trabajo pondremos una colección de documentos, entre los cuales los principales capítulos de Herrera, contenido los múltiples errores que se han apuntado, y que sirven como comprobante de cómo los historiadores lo saquearon, sin citarlo, pero acogiendo ampliamente y sin ningún discernimiento todos los errores.

Honduras pasó por momentos muy difíciles desde los años en que llegó Gil González Dávila hasta que en 1544 se estableció en Gracias la Audiencia de los Confines.

Lo he tratado brevemente en los capítulos precedentes y lo trataré también en la tercera parte; sin embargo, aquellos años fueron de dolores y al mismo tiempo de grandeza.

Dolores para las numerosas poblaciones Mayas que, al terminar el BAKTUM, O sea, al final de su siglo, creyeron que pasarían a una nueva época y a un NUEVO AMANECER.

Efectivamente, como lo he demostrado en el APÉNDICE de mi obra anterior titulada LEMPIRA, en Honduras, todo en un momento, al finalizarse el BAKTUM, sucedió la caída definitiva de los antiguos Regentes o Señores, de los Dioses y de la Gente Maya. Todo en un momento, se pasó, del culto de los antiguos Dioses, al culto de la verdadera CRUZ.

Eran numerosas las poblaciones Mayas en Honduras; en esta tierra donde acaso encontró su primer AMANECER la GENTE MAYA.

Porque aquí, es en donde se corrigió el Calendario Maya, en 133 antes de Cristo; aquí se dieron las más perfectas y primeras producciones de arte Maya; aquí a lo largo del Río Chamelecón se encuentran las cosas más preciosas que hayan creado los Mayas; aquí, en todos los grandes ríos y en todos sus afluentes, se admiran los restos de grandes, antiguas y opulentas poblaciones, con sus altos y numerosos montículos, y con sus antiguallas que cada campesino descubre al labrar la tierra. Por fortuna de Honduras, todo esto está cubierto por ahora con una espesa capa de tierra protectora.

Escribiendo del año 1535, Fernández de Oviedo cuenta que "En aquella sazón sobrevino gran pestilencia en los indios, de sarampión e otras enfermedades, e murieron más de la mitad dellos…"

Con todas estas circunstancias, el ambiente de Honduras, en aquel tiempo, fue formado en parte por la gente que aquí llegó y en parte por los sucesos que se siguieron.

Se sabe que Trujillo fue fundada con la gente más inquieta y rebelde, y que las aspiraciones y las entradas al territorio de Honduras, reiteradas y continuas de Pedrarias Dávila, no fueron para dar sosiego a este país. Y cuando finalmente vino Alvarado no tenía tranquila la conciencia; y se fundó Gracias en medio de alborotos y contratiempos.

En este estado de cosas las noticias debieron darse fragmentarias e influenciadas por las pasiones.

A pesar de todo, en ese tiempo, se incubó y se forjó la nacionalidad de Honduras, que Montejo y Pedraza definieron y defendieron con tesón admirable.

SEGUNDA PARTE: LAS PRIMERAS VILLAS Y CIUDADES DE HONDURAS

"Pluguiera a Nuestro Señor y a su Bendita Madre que nunca el marqués del valle don Hernando cortés saliera della ni la dexara".
PEDRAZA.

24.—Informadores y Cronistas de las primeras fundaciones

Los principales informadores acerca de la fundación de las primeras villas y ciudades de Honduras, contando también entre ellas ciertas poblaciones de indios mayas de mucha importancia que constituyeron el primer núcleo o la primera ocasión para las dichas fundaciones, son Cortés, en su Carta V de Relación; Gonzalo Fernández de Oviedo, en su Historia General y Natural de las Indias; Bernal Díaz del Castillo, en su Conquista de Nueva España, Cereceda, Alvarado, las Cédulas Reales y los testigos, en la información que hicieron lo Gerónimos Oidores de la Audiencia de Santo Domingo y la información que hizo en Trujillo el Bachiller Moreno, además de las informaciones que hizo Cortés en Trujillo contra Moreno (DOCUIN 2). Todos ellos dan cuenta de las primeras fundaciones que se hicieron entonces en Honduras con todos sus pormenores.

25.—Trujillo (1502—1525)

Villa de Trujillo del Pinar, Puerto y Cabo de Honduras. —Punta de Caxinas. —Puerto de Honduras. —Villa de la Ascensión. —Puerto Juan Gil[71]. —Villa de Trujillo del Poniente e nuevo reino de León.[72]

---

[71] Velasco (VEL p. 312) y Herrera que lo copió (Descripe., c. XIII), dicen que su de Puerto se llama JUAN GIL. Este nombre figura también en el repartimiento de la Villa de San Pedro, en 1536: "A JUAN GIL, piloto, vecino de la dicha villa, dio e señaló de repartimiento, el pueblo de Tarate, etc." A lo que parece, este piloto quiso dar su nombre al VENTURA; en este caso, uno de los primeros frailes franciscanos le habría dado, o le habría ampliado el nombre. Desde los primeros tiempos, como se dice en la nota siguiente, los pilotos cambiaban los nombres a su gusto.

[72] En el memorial dirigido al Rey por los vecinos de Trujillo en el año de 1528 [colecc. León Fernández, Archivos Nac. de Costa Rica. Secc. Colón, C. C. N° 5019] se lee que estos vecinos encabezaron así su petición: "Los vecinos, justicia, regimiento y capitanes desta villa de Trujillo del Poniente que es en el Golfo de las Higueras, puerto y cabo de Honduras que agora se llama el nuevo reino de Leon".

La Villa de Trujillo, surgió en embrión desde cuando Colón descubrió la Punta "que llamó de Caxinas, porque había muchos árboles cuyo fruto es unas manzanillas buenas de comer, que en la lengua de los indios desta isla española llamaban, según decía el Almirante, Caxinas, aunque yo, que supe algo della, no me acuerdo que tal nombre oyese" (Las Casas, hist. XXI).[73]

Al mismo tiempo pidieron al Rey que les dejase por Gobernador a Diego López de Salcedo, y que "V. M. sea servido que sean las provincias de Nicaragua e cibdad de León y de Granada e villa de Bruselas e provincia de Guatemala juntamente con las demás desta villa todo de una gobernación y que no esté dividido lo uno de lo otro' [RA 17, 261]. En las correspondientes instrucciones dadas a los Procuradores en la Corte, repiten lo mismo y piden además que las provincias de los Guanajos sean anexos a esta villa porque son de la jurisdicción della"; y además "que nos haga merced a esta villa e nuevo reino de León todas las preeminencias gracias e mercedes e exenciones de que goza e a gozado e gozare la Ysla Española después que se pobló". [RA 17, 358].

En estos documentos no solamente se encuentra en embrión la Unión Centroamericana, sino se descubre también quien aquel entonces se haya tratado cerca de la Audiencia de la Isla Española, acerca de la erección en obispado de la villa de Trujillo, ya que en el memorial se pide aumento de clérigos, sacristanes y ornamentos. Sin embargo, no se hace mención de hacer una diócesis; pero se recuerda que Diego López de Salcedo era sobrino del Comendador Mayor que pobló la Isla Española y que era hombre astuto, experto y de mucha experiencia. Esto significa que tenía mucho apoyo en la Corte y en la Audiencia.

[73] Según Fernando Colón y Bartolomé de las Casas, los pilotos comenzaron en seguida a cambiar los nombres que había puesto Cristóbal Colón a los lugares del cuarto viaje, y los geógrafos se prestaron a estos cambios.

Uno de los ejemplos es precisamente el que Colón había llamado Punta de Caxinas al lugar en donde fue fundado después Trujillo; pero los pilotos y los geógrafos le pusieron nombre «de las Hibueras» y de las «Higueras», cambiando solamente el nombre a las calas bacitas que encontraban flotando.

Por lo mismo se ve que el nombre de Honduras, o de las Honduras no se lo puso Colón, porque no aparece en los documentos; sino, poco a poco los pilotos y los geógrafos, como lo da a conocer Cortés.

He aquí los varios nombres que paulatinamente recibió este Cabo, Golfo y Villa, además de toda la extensión de la tierra hasta el Golfo Dulce.

Cortés dice (COR 139): "Cuando yo...llegué aquel pueblo Níto, donde hallé aquella gente de Gil González perdida, supe dellos que Francisco de las Casas....había dejado sesenta leguas de allí costa abajo, en un puerto QUE LOS PILOTOS LLAMAN DE LAS HONDURAS (Trujillo), ciertos españoles que cierto estaban allí poblados, y luego que llegue a este pueblo y bahía de Sant Andrés (Puerto de Caballos), donde en nombre de vuestra majestad está fundada la villa de

"En esta costa saltó el Prefecto en tierra, la mañana del día 14 de agosto (domingo) del año 1502, con las banderas y capitanes y otros muchos de la armada a oír misa y el miércoles siguiente, yendo las barcas a tierra para tomar posesión de aquella región en nombre de los Reyes Católicos, nuestros señores, concurrieron a la playa más de 100 indios, cargados de bastimentos" (Fernando Colón, Hist., c. XC).

---

la Natividad de nuestra Señora...envié al navío que yo compré, para que fuese al dicho puerto de Honduras".

Por su parte, Bernal Díaz [BERN c. 183] dice: "y partidos del puerto de Honduras, que ansí se llamaba".

En el testimonio de la fundación de la Villa de Trujillo [DOCUIN 14, 44—RA] se encuentran las siguientes frases, que revelan las impresiones del primer momento: "yo Juan de Saldaña, escribano público y del concejo desta villa de Trujillo en el cabo de Honduras desta Nueva España" [es interesante ver cómo Cortés y los suyos—en este caso las Casas y los que en nombre suyo obraban—consideraban a Honduras como la continuación natural de la Nueva España] "en el dicho puerto e cabo de Honduras, golfo e sierra de Higueras"—"En el cabo de Honduras, que es en el golfo e tierra de las Higueras". El conocimiento exacto de estos nombres que daban los primeros pilotos es necesario para la exactitud de la topografía de Honduras cuando se escribe de historia y geografía antigua.

En la Relación de lo sucedido a Alonso Dávila [DOCUIN 14, 97] se encuentra lo siguiente: "en la Villa de Trujillo, puerto y cabo de Honduras" [esto es lo que escribió Alonso Dávila en Yucatán]; y el escribano de Su Majestad Bernardino de Cambranes [mayo de 1533] escribe: "EN LA VILLA DE TRUJILLO DEL PINAR, puerto y cabo de Honduras, del mar Océano"; "Andrés de Cerezeda, contador, lugarteniente de gobernador destas partes de Honduras y Higueras y sus tierras y provincias, por su Majestad"; "en la dicha villa de Trujillo, puerto y cabo de Honduras". [v. OVIE 31,8]

Cuando después de pocos días de fundada la villa, llegó el Bachiller Moreno, "quitó el nombre a la villa, y le puso la villa de la Ascensión" [COR 142].

Trujillo tiene por Patrono a San Juan Bautista. Fue inmediatamente ciudad, porque cuando el Soberano con cédula de 18 de agosto de 1532 escribe a Albítez [COLCENT] ya era ciudad, probablemente elevada en la ocasión de la elección del Obispo Alonso de Guzmán, según era costumbre. Fue residencia del Obispo y sede de la diócesis, cuya catedral fue trasladada por el Obispo Fray Gerónimo de Corella: "vinieron las Bulas [a la corte] a 8 de febrero de 1562 y al punto se le remitieron"; de hecho había sido trasladada a Comayagua desde 1560 por lo menos. Fue también capital de la Provincia de Honduras, hasta que de hecho, en 1573 fue trasladada a Comayagua, que en 20 de diciembre de 1557 había recibido el título de ciudad.

Velasco y Herrera ponen que el puerto se llamaba Juan Gil.

El primer sacerdote, que pisó tierra hondureña y dijo la primera Misa en esta Tierra—Firme, fue el franciscano Fray Alejandre, que venía en lugar de Escudero" (Porras, Relación; v. Navarrete).

En realidad no nació a la vida esta villa, hasta que Francisco de las Casas, enviado por Cortés "a saber de Cristóbal de Olid", librándose de las manos de Olid, después de haberlo acuchillado y cortándole la cabeza, se pregonó por capitán y ordenó el regreso a México, llevándose consigo a Gil González de Ávila.[74]

---

[74] En la información del Bachiller Moreno (DOCUIN 14, 255 RA), el testigo Diego de Dueñas dice:....'"e así le cortaron la cabeza en la plaza del todo e la pusieron allí en un palo fasta el día; e que luego se pregonó por capitán el dicho Francisco de las Casas, general por el dicho Hernando Cortés...e dende a pocos días el dicho Francisco de las Casas ordenó de irSE por tierra a México a Hernando Cortés, e llevar consigo al dicho Gil Gonzales, e dexó nombrados cierta justicia e regidores e oficiales para que poblasen en la tierra en el punto que mejor les paresciese, que fue Juan Lopes de Aguirre por capitán e teniente, e por tesorero e alcaldes a Juan de Medina e a Lope de Mendoza, e regidores a Alonso de Pareja, Alonso Esturiano, e a Perea e otros oficiales, e que poblasen en nombre de Hernando Cortés por su Majestad, e así se partió de allí de Nacuo para la vía de México, e los dichos justicias e regidores para ir a poblar con fasta quarenta o cinquenta personas, e este testigo fué con el dicho Francisco de las Casas ciertas jornadas e con el dicho Gil Gonzales, e que en el camino, en Macoloa (Macholoa) el dicho Francisco de las Casas dixo que mirasen los que le abian de seguir, porque, no abia de parar ni llevar mas de los que le pudiesen seguir, e que los otros que se quedarian por el camino; e así a esta cabsa fasta veinte hombres se volvieron a este testigo con ellos, e se tornaron e vinieron a Puerto de caballos, a do fallaron al dicho Juan Lopes con la otra gente a Puerto de Caballos; e porque allí no les pareció ques tan bueno para el pueblo, acordaron de venir a Cabo de Honduras, e allí dieron orden que en una carabela que allí abía, de Alonso Rodrigues, viniese en ella el fardaje e los dolientes, e que los caballos e la gente viniese por tierra, e que allí se juntasen en el puerto, e que de allí procurarían de inviar la carabela a la Isla de Cuba por bastimento, abiendo poblado a do mejor les paresciese; e que porque la caravela viniese segura, el dicho Juan Lopez de Aguirre, se metió en la carabela e Lopes de Mendoza e Torquemada, escribano, e dexó elegido por capitan fasta que llegase por tierra fasta Cabo de Honduras, a Juan de Me dina, e que desta manera partieron los unos y los otros; e que quando llegaron aqui a Cabo de Honduras, que serían fasta sesenta personas con mózos e otra gente, no fallaron la carabela, mas de que fallaron en ciertos maderos e en una canoa quebrada que decían que Juan Lopez de Aguirre abia ido a las islas por bastimentos e que se consolagen porque muy presto Aguirre vernian; e que desta manera obieron de poblar la gente que se falló en este puerto de Cabo de Honduras, en un pueblo que era de indios, e le pusieron por nombre la villa de Trugillo; e desta manera están e que han entrado por la tierra siete o ocho leguas, e que la fallan muy poblada y grandes pueblos e mucha gente de indios, e que no osan pasar adelante porque los indios los salen a recibir de guerra; y como quedaron

Antes de partir, Francisco de las Casas se pregonó por capitán general de Cortés e hizo "pregonar libertad, que cada uno se fuese a do quisiese, e después desto el dicho Francisco de las Casas nombró e señaló ciertos oficiales de justicia e regidores". Esto sucedió en Naco.

Fueron entonces a Puerto de Caballos; eran 110 hombres; uno de los alcaldes se alzó llevándose 50 personas a Cuba, con vestidos, armas y herrajes de los demás, quienes fueron por tierra y llegados al Cabo de Honduras, encontraron escrito en unos maderos que decía: "Johan López de Aguirre es ido a Cuba y presto verna con bastimento". Esperaron: al ver que no volvían, decidieron fundar la villa, el 18 de mayo de 1525, y le pusieron nombre TRUJILLO, según les había mandado las Casas.[75]

---

despojados de armas e otras cosas que les llevó la caravela, se traen a su pueblo, e aun allí sestán con temor velándose...". Otros testigos dan algunos detalles muy interesantes. El testigo Alonso de Pareja (id. p. 242) informa: "....la gente es poca y muy pocas armas, y los indios son muchos, porque se han descubierto grandes pueblos de casas de a más de quinientas, a siete e ocho leguas, e casas de cal e piedra muchas dellas, e han fallado (hallado) casa de fundición de los dichos indios, e que la tierra es llana e muy buena e de muchos bastimentos de la tierra, donde es maíz y cazabe e gallinas y ajes e frisoles e otras muchas frutas, e que la tierra es muy buena, si hubiese más gente para poblar".

[75] Véase Archivo de Indias. Patronato, Est. 1°, Caj. L°.—DUCUIN 14, 44—RA. Las Casas era precisamente originario de Trujillo en España.

Para mayor desgracia, al conocerse en Santo Domingo los acontecimientos de Honduras, los frailes Gerónimos, que eran los Oidores de aquella audiencia, mandaron a hacer una información con el Bachiller Pedro Moreno, quien llegado a Trujillo, en lugar de ayudar la nueva fundación, no quiso reconocerla en el nombre de Cortés, cambió el nombre a la villa y exigió una cantidad de esclavos indios.

Cuando él se alejó las cosas volvieron como eran antes. Aquella Audiencia no había podido evitar los sucesos y después no los supo remediar (v. documento de los Oidores al final).

Los vecinos de la Villa, que habían venido de Triunfo de la Cruz y de Naco, eran en su mayor parte los soldados de Cristóbal de Olid. Al respecto, Bernal Díaz, en el capítulo 162 cuenta la mala empresa que el rico Francisco Garay quiso hacer codiciosamente para conquistar parte de México por Pánuco (1523). Cortés tuvo que salvar al mismo Garay y sus soldados que le pagaron mal, desparramados por las poblaciones indias, robándolas y alterando el orden, por lo cual le costó mucho a Cortés pacificarlos nuevamente. Así, procuró embarcarlos para volverlos a las islas, y a muchos mandó con Cristóbal de Olid, y otros que quedaron le hicieron mala obra. De estos dice Bernal Díaz con respecto a Trujillo (cap. 183): "Como

Cortés, después de haber fundado la villa de la Natividad en Puerto de Caballos el 8 de septiembre de 1525, y permanecido allí 20 días, se fue a desembarcar al puerto de Trujillo, en donde supo todo lo que había acaecido, como lo narra él en su carta V. Por ella sabemos que el alcalde nombrado Francisco de las Casas se había alzado llevándose "de ciento e diez hombres, los cinquenta que eran, e a los que habían quedado les habían llevado las armas y herraje y todo cuanto tenían". Le hizo relación de todo "un clérigo que allí tenían".[76]

Cortés se hubo embarcado en el puerto de Caballos, y llevó en su compañía muchos soldados de los que trujo de Méjico y los que le envió Gonzalo de Sandoval, y con buen tiempo en seis días llegó al puerto de Trujillo; y cuando los vecinos que allí vivían, que dejó poblados Francisco de las Casas, supieron que era Cortés, todos fueron a la mar, que estaba cerca, a le recibir, y le besaron las manos, porque muchos vecinos de aquellos eran bandoleros de los que echaron de Pánuco, y fueron en dar consejo a Cristóbal de Olíd para que se alzase, y los habían desterrado de Pánuco. y como se hallaban culpantes, suplicaron a Cortés que les perdonase; y Cortés con muchas caricias y ofrecimientos los abrazó a todos y los perdonó, y luego se fue a la iglesia, y después de hecha oración, le aposentaron lo mejor que pudieron, y le dieron cuenta de todo lo acaecido..."

[76] En su carta Cortés refiere lo que dijo el clérigo: "Señor: ya sabéis como desde la Nueva España enviaron a todos o los más de los que aquí estamos con Cristóbal de Olid....mandaron pregonar que los que quisiesen quedar a poblar la tierra lo dijesen y los que quisiesen irse fuera della, asimismo; y hallaronse ciento y diez hombres que dijeron que querían poblar, y los demás todos dijeron que se querían ir con Francisco de las Casas y Gil González, que iban adonde vuestra merced estaba, y había entre estos veinte de caballo, y desta gente fuimos los que en esta villa estamos, y luego el dicho Francisco de las Casas nos dio todo lo que hobimos menester, y nos señaló un capitan, y nos mandó venir a esta costa y que en ella poblasemos por vuestra merced en nombre de su majestad, y señaló alcaides y regidores y escribano y procurador del consejo de la villa, y alguacil, y mandónos que se nombrase la villa de Trujillo, y prometiónos y dio su fe como caballero que él haría que vuestra merced nos proveyese muy brevemente de mas gente y armas y caballos y bastimentos y todo lo necesario para apaciguar la tierra, e diónos dos lenguas una india y un cristiano que muy bien la sabían; y así nos partimos para venir a hacer lo que él nos mandó, y para que mas brevemente vuestra merced lo supiese, despachó un bergantín porque por la mar llegaría mas aína la nueva, y vuestra merced nos proveería mas presto; y llegados al puerto de Sant Andrés o de Caballos, hallamos allí una carabela que había venido de las islas, y porque allí no nos pareció que había aparejo pará poblar. y teníamos noticia deste puerto, fletamos la dicha carabela para traer en ella el fardaje, y metímoslo todo, y metióse con ello el capitán y con el cuarenta hombres, y quedamos por tierra todos los de caballo y la otra gente, sin traer mas de sendas camisas, por venir mas livianos y

A los cinco o seis días de haberse fundado la villa, llegó el bachiller Pedro Moreno, vecino de la isla española; "echó fuera tras nosotros a un Juan Ruano que traía consigo, el cual había sido el principal movedor de la traición de Cristóbal de Olid, y este habló secretamente al alcaide y a los regidores" y que volvería para ser el capitán; les hizo firmar un acuerdo, "y quitó el nombre a la villa, y le puso la villa de la Ascensión".

"Cortés mandó que viniesen muchos indios y trujesen hachas, y que talasen un monte que estaba dentro en la villa, para que desde allí se pudiese ver la mar y puerto" (BERN 183), "y mandó a llamar a los de las islas Guanajas que trujeron mucho pescado y gallinas, y Cortés mandó dar unas puercas y un barraco que se halló en Trujillo, y de los que traía de México, para que hiciesen casta, porque le dijo un español que era buena tierra para multiplicar con soltalles en las isletas sin ponerles guarda; y ansí fue como dijo, que

El relato de Cortés, aún más fiel, es así: "y luego volvieron (los mensajeros) con bastimentos y gente para talar el sitio del pueblo, que era una gran montaña, porque yo se lo rogué cuando se fueron… roguéles que ellos enviasen mensajeros a todos los pueblos comarcanos… y que les rogasen de mi parte que me viniesen a ayudar

---

desembarazados por si algo nos acaeciese por el camino; y el capitán dio su poder a uno de los alcaides….se nos ofrecieron algunos reencuentros con los naturales de la tierra, y nos mataron dos españoles y algunos de los indios que traímos de nuestro servicio. Llegados a este puerto algo destrozados, y desherrados los caballos, pero alegres creyendo hallar al capitán y nuestro fardaje y armas, que habíamos enviado en carabela, e no hallamos cosa ninguna; que nos fue harta fatiga, por vernos así desnudos y sin armas y sin herraje, que todo nos lo había llevado el capitán en la carabela, y estuvimos con harta perplejidad, no sabiendo que nos hacer. En fin acordamos esperar el remedio de vuestra merced, porque le teníamos por muy cierto, y luego asentamos nuestra villa, y se tomó la posesión de la tierra por vuestra merced en nombre de su majestad y así se asentó por auto, como vuestra merced lo verá". Cortés, cuando envió Olid a Honduras "le dio dos clérigos que el uno dellos sabía la lengua mejicana" (entiéndase; la lengua maya, porque era el diácono Gerónimo Aguilar) (BERN 165).

Este acontecimiento de la fundación de Trujillo, acaecido el 18 de mayo de 1525, se encuentra en el "Testimonio de la posesión y fundación que hizo el capitan Francisco de las Casas, a nombre de Hernando Cortés, del puerto, asiento y villa de Trujillo, en el Cabo de Honduras (18 de mayo de 1525). (V. Archivo de Indias, Patronato, Est. 1°Caj,1°—Republicado en RA.)

a hacer a aquel pueblo, e así lo hicieron; que en pocos días vinieron de quinze o diez y seis pueblos, digo señoríos, por sí, y todos con muestras de buena voluntad se ofrecieron por súbditos y vasallos de vuestra alteza, y trujeron gente para ayudar a talar el pueblo y bastimentos...." (COR 143).

Cortés dejó como su lugarteniente a su primo Hernando de Saavedra y salió de Trujillo a 25 de abril de 1526.

La audiencia de Santo Domingo (HERR) regida entonces por los Gerónimos, mandó como Gobernador a Diego López de Salcedo, que llegó el 26 de octubre de 1526, mandó preso a Santo Domingo a Hernando de Saavedra y murió, después de un gobierno desgraciado, el 3 de enero de 1530, dejando la gobernación en manos del contador Andrés de Cereceda, cuyo gobierno fue más desgraciado todavía. El Monarca había entretanto nombrado Obispo de Trujillo y Gobernador a ALONSO DE GUZMÁN, probablemente de los Gerónimos que gobernaban en la Audiencia de Santo Domingo (siguiéndole después Fr. Juan de Talavera, también Gerónimo), como se dice claramente en una cédula de 18 de agosto de 1532, dirigida a Diego de Albítez, al cual mandaba a decidir acerca de los confines entre Honduras y Nicaragua, señalando especialmente la región de las minas del actual departamento de Segovia. 66

Parece que Diego de Albítez, que despechado, había dejado Nicaragua, e había ido a Panamá, tuvo encomendado el cuidado de Trujillo desde 1531, ya que a él se dirigió el Monarca para decirle del nuevo Gobernador y encomendarle la decisión de los dichos Confines (v. documento al final).

En seguida habiendo renunciado Guzmán, como lo dice Herrera, llegó como gobernador Diego de Albítez, que naufragó cerca de Trujillo el 29 de octubre de 1532; llegó a la villa el martes cinco de noviembre, entró inmediatamente a la iglesia; allí fue recibido por gobernador y a los cinco días "le dio una fiebre mortal e hinchazón de cabeza e ojos e toda la cara, e aumentósele de tal suerte, que al noveno día de su gobernación murió". (OVIE 31, 5).

Quedó nuevamente Cereceda por gobernador, quien desamparó pronto la villa para ir a fundar en Olancho, a 35 o 40 leguas de Trujillo (cerca de la Segovia, en el Guayape), pero se detuvo, por la llegada del capitán Alonso Dávila, que venía perdido de Yucatán, en donde estaba conquistando el Adelantado Montejo.

Este capitán quiso conquistar secretamente el puerto de Caballos, porque le dijo a Montejo que pertenecía a la Gobernación de Yucatán; entonces, Cereceda debió haberse dado cuenta de ello, y dejando la fundación en Olancho, en donde los soldados que pertenecieron a Albítez quisieron amotinarse y abandonarlo, desamparó casi del todo a Trujillo, que quedó con quince personas, y se fue a Naco.[77]

26.—Puerto Cortés (1524)

Puerto de Caballos — Puerto y Bahía de Sant Andrés.—Villa de la Natividad de Nuestra Señora.—Villa de San Juan de Puerto de Caballos

---

[77] En la Relación de lo sucedido a Alonso Dávila (v. Docum. al final) se dice (v. DOCUIN 14, pág. 120—Archivo de Indias. Patronato, Est. 19 Caj. 1°): "allé al contador de Vuestra Majestad Andrés de Cereceda, que gobernava por fallecimiento y muerte de Diego Albites, que por gobernador de Vuestra Majestad había hido aquellas partes, llevaba dos navíos bien provehidos de lo que era menester, e quiso su fortuna que cerca del puerto le formó muy gran tormenta que perdió los navíos y los que en ellos llevaba, como dio al través en la costa, ahogándosele mucha gente; a él sacaron con trabajo y vivió nueve días, los ocho en la iglesia teniendo novenas y el postrero en su casa: dexó al Contador de Vuestra Majestad por sustituto de gobernador, demás de haber perdido el dicho Diego Alvites armas y lo que llevaba; allé que había más de tres años que a aquella villa no había venido navío de Castilla ni de las Islas, por manera que casi tenian tanta necesidad de armas como yo".

Herrera (Dec. VI, L. 1, c. 8), acerca del prímer Obispo, presentado para Trujillo, Fray Alonso de Guzmán, probablemente Gerónimo, como lo era el segundo Obispo presentado para la misma diócesis, Talavera, se expresa del modo siguiente, segaramente sobre un documento que tenía a la mano, con probabilidad de los Gerónimos de la Audiencia de Santo Domingo, diciendo que "fue nombrado Gobernador Diego de Albitez, PORQUE FRAY ALONSO DE GUZMAN, A QUIEN HABIA PRESEN TADO POR OBISPO ...NOQUISO PASAR..."

Pedraza, en la Relación de 1544, da una buena descripción de la primera iglesia catedral construida en Trujillo. Dice así: "Tiene la ciudad una hermosa yglesia de tres naves puesta en lo más alto de toda ella de la cual se señorea toda la mar y se vee todo lo que viene por ella hasta una canoa por pequeña que sea, la cual se llama Sa. María de Honduras. Las paredes son de adobes y la cobertura toda de madera y junco y los pilares de todas las tres naves sobre q' está la cobertara son de cedro casi tan altos como masteles de naos de grosor casí de una braza y media de hombre".

El puerto que ahora tiene, desde el siglo pasado, el nombre de Puerto Cortés, es el primer puerto de Honduras, y es el segundo punto importante, descubierto por Gil González Dávila, en donde desembarcó. Había salido de Santo Domingo el 10 de marzo de 1524, después de haber despachado al contador Andrés de Cereceda, enviándolo a la Corte con el oro de Nicaragua y la importante relación, fechada el 6 del mismo mes Le decía al Monarca, que había topado con la lengua y costumbres de Yucatán, adonde él ya había estado, y que iba a buscar el estrecho, que creía estar situado de la otra parte del Lago Dulce de Nicaragua. En esto tenía razón, y si hubiese encontrado la desembocadura del Río San Juan, hubiese resuelto inmediatamente el problema. Se dirigió hacia Yucatán y, según lo cuenta Oviedo (31,1) "tomó puerto en la gobernación del Cabo de Honduras, quarenta leguas más al occidente, en un puerto, a quien él nombró puerto de Caballos, porque después quél ovo desembarcado los que llevaba, se murió uno dellos, e hízolo enterrar con mucho secreto, porque los indios no lo supiesen, ni viessen que los caballos eran mortales".[78]

La Bahía, a la cual fue puesto nombre, de San Andrés, no tuvo mayor importancia, hasta que llegó Cortés a Honduras. Dice Bernal Díaz (c. 181)"Pues como Cortés vio que en aquel asiento que halló poblando a los de Gil González de Ávila no era bueno, (era el asiento de Nito o San Gil de Buenavista), acordó de se embarcar en los dos navíos y bergantín con todos cuantos en aquella villa estaban (y así la despobló), dice que no quedó ninguno, y en ocho días de navegación fue a desembarcar adonde agora llaman Puerto de Caballos, y como vio aquella bahía buena para puerto, y supo de indios que había cerca

---

[78] Herrera (III, V, 12), copiado por todos los historiadores, dice lo contrario Oviedo, así: "'llegó a Guaymura, que así se llamaba primero la Provincia de la Ybueras, y no pudiendo tomar a Puerto de Caballos, excelente estancia, para mucho número de Navios, y el mejor Puerto, que ai en lo descubierto: con el mal tiempo echó a la mar algunos de los caballos, que llevaba, de donde le quedó el nombre, y el tiempo (borascoso) le hizo decaer, hasta el Golfo Dnice". Se debe notar que Oviedo tenía mejor información, porque estaba él en Santo Domingo adonde llegó un navío de los de Gil González en aquel puerto, los Oidores tomaron información al piloto y a los marineros, de lo que había pasado en Honduras, y Oviedo por en cuenta, según au costumbre, se informaba de todo, interrogando a todos, para escribir su preciosa historia.

poblaciones, acordó poblar una villa que la nombró natividad, y puso por su teniente a un Diego de Godoy, y dende allí hizo dos entradas en la tierra adentro a unos pueblos cercanos que ahora están despoblados; tomó lengua dellos cómo había cerca otros pueblos—basteció la villa de maíz, y supo que estaba el pueblo de Naco, donde degollaron a Olí, cerca, y escribió a Gonzalo de Sandoval, creyendo que ya había llegado y estaba de asiento en Naco...que...con sus soldados pacificasen aquellas tierras y poblasen una villa".

Cortés mismo, en su carta V de relación cuenta el hecho (COR p. 138): "...con toda la gente que en aquel pueblo había (80 personas, 60 hombres y 20 mujeres) me hice a la vela...y fuíme al puerto de la bahía de San Andrés, echando primero en una punta toda la gente que pudo andar, con dos caballos...para que se fuesen por tierra al dicho puerto y bahía... y yo llegué a dicho puerto, y hallé que la gente que había de venir de Naco había dos días que era llegada... yo estuve en este puerto veinte días proveyendo de dar orden en lo que aquella gente que estaba en Naco había de hacer, y buscando algún asiento para poblar en aquel puerto, porque es el mejor que hay en toda la costa descubierta desta Tierra—Firme, digo desde las Perlas hasta la Florida; y quiso Dios que le hallé bueno y a propósito, y hice buscar ciertos arroyos, y aunque con poco aderezo, se encontró a una y a dos leguas del asiento del pueblo buena muestra de oro; y por esto y por ser el puerto tan hermoso y por tener tan buenas comarcas y tan pobladas, paresciome que Vuestra Majestad sería muy servido en que se poblase, y luego envié a Naco, donde la gente estaba, a saber si había algunos que allí quisiesen quedar por vecinos; y como la tierra es buena, hallaronse hasta cincuenta, y aun algunos y los más de los vecinos que habían ido en mi compañía; y así, en nombre de Vuestra Majestad fundé allí una villa, que por ser el día en que se empezó a talar el asiento, de la Natividad de Nuestra Señora, le puse a la villa aquel nombre, y señalé alcaldes y regidores, y dejéles clérigos y ornamentos y todo lo necesario para celebrar, y dejé oficiales mecánicos, así como herreros con muy buena fragua, y carpintero y calafate y barbero y sastre; quedaron entre estos vecinos veinte de caballo y algunos ballesteros; dejéles también cierta artillería y pólvora".[79]

27.— San Gil de Buenavista (1524). —Nito.

San Gil de Buenavista fue fundado por Gil González Dávila en 1524, después de haber desembarcado en Puerto Caballos, buscando seguramente el famoso estrecho que él creía estar situado en Yucatán y, como dijo un testigo, llevado por la fuerza de la corriente. Efectivamente, como lo refiere Cortés, me dijo el que estaba por capitán de aquella gente, que cuando luego allí habían venido, que vinieron doscientos hombres, y que traían un muy buen bergantín y cuatro navíos, que eran todos los que Gil González había traído, y que con el dicho bergantín y con las barcas de los navíos había subido

---

[79] Bernal Díaz informa que: "Dejó (Cortés, cuando se embarcó para Trujillo) en aquella villa de Puerto de Caballos a un Diego de Godoy por su capitán, con hasta cuarenta vecinos, que eran todos los mas que solían ser de Gil González de Ávila" (BERN c. 182), ya que cuando la fundó «puso por su teniente a un Diego de Godoy» [BERN c. 181].
El mismo Bernal Díaz, quien de mala gana había soportado las últimas peripecias que precedieron la entrada en Honduras, y no veía la hora de volverse a México, dice: Y dejemos de decir de Cortés y sus entradas que hacía dende Puerto de Caballos, y de los muchos mosquitos que en ella le picaban, ansí de día como de noche; que a lo que después se oia decir, tenía con ellos tan malas noches, que estaba la cabeza sin sentido, de no dormir" [BERN c. 181].
Por ser malsano ese lugar fue desamparado poco después: mandó [Cortés] que el capitán Godoy, que quedaba en Puerto de Caballos poblado, se pasase a Naco con toda su gente [BERN c. 189]. No sabemos si esta orden fue cumplida inmediatamente, porque Saavedra parece que no le hizo llegar la carta. En todo caso, cuando en 1533 pasó de allí Alonso Dávila, en la ida a Trujillo y en su regreso a Yucatán, el puerto estaba desierto; le gustó y quiso conquistarlo, y puso este deseo en la mente de Francisco de Montejo diciéndole que caía en su gobernación; por lo que Cereceda prontamente se fue a Naco y Montejo pidió la Gobernación de Honduras, que estaba vacante [DOCUIN 14, 121].
Velasco, y naturalmente Herrera que lo ha copiado, lo llaman Villa de San Juan del Puerto de Caballos. Es posible que le haya dado este nombre Juan Pérez de Cabrera, que la Audiencia de Santo Domingo envió a Honduras, para el caso de que no hubiese otro gobernador provisto; quien posesionado de Trujillo y del Puerto de Caballos, no quiso recibir al Lic. Maldonado, que había sido nombrado por la Audiencia de México para Guatemala, Honduras v S. Salvador.

aquel gran río arriba[80], y que habían hallado en él dos golfos grandes, todos de agua dulce.[81]

Cortés llegó en víspera de Pascua a las caserías de Tencis. Le trujeron a un indio de Acalán "que dijo era mercader, y tenía su casa de asiento de mercadería en el pueblo donde residían los españoles, que yo iba a buscar, que se llamaba el pueblo Nito, donde había mucha contratación de mercaderes de todas partes, y que los mercaderes naturales de Acalán tenían en él un barrio por sí, y con ellos estaba un hermano de Apaspolón, señor de Acalán y que los cristianos los habían salteado de noche, y los habian tomado el pueblo y quitándoles las mercaderías que en él tenían, que eran en mucha cantidad, porque había mercaderes de muchas partes y que desde entonces que podía haber cerca de un año, todos se habían ido por otras provincias; y que él y ciertos mercaderes de Acalán habían pedido licencia a Acahuilguín, señor de Acuculin, para poblar en su tierra, y habían hecho en cierta parte que él les señaló, un pueblezuelo donde vivían y donde allí contrataban, aunque ya el trato estaba muy perdido, después que aquellos españoles allí habían venido, porque era por allí el paso y no osaban pasar por ellos, y que él me guiaría hasta donde estaban, pero que habíamos de pasar allá junto a ellos un gran brazo de mar, y antes de llegar allí, muchas sierras y malas, y que había

---

[80] El Río Polochic sale al Lago de Izabal o Golfo Dulce; sigue después el Golfete cuya agua sale a la mar por el Río Dulce.

San Gil de Buenavista, y la población cercana que después los españoles asaltaron y poblaron, en donde los encontró Cortés, quien la llama Niro (COR p. 133), y que Bernal no la quiso nombrar así (BERN e. 180), estaba situada en la punta de la desembocadura del Rió Dulce, en la orilla derecha, frente a la que llaman Punta Manabique o Cabo Tres Puntas, y no en la punta de Manabique, como dicen comúnmente los historiadores.

[81] Herrera (III, V, 12) cuenta que Gil González "llegó a Guaymura, que así se llamaba primero la Provincia de las Ybueras, y no pudiendo tomar a Puerto de Caballos…el tiempo le hizo decaer, hasta el Golfo Dulce: i por no tener reconocida la Tierra—Firme, navista". "Dejando alguna Gente en San Gil, a cargo de Francisco Riquelme, fue por la tierra adentro, pensando de hallar el Mar del Sur".

Pedraza dice que estaba situado en la isleta (acaso porque rodeada de ríos o canales. Bernal Díaz (c. 173) afirma que San Gil de Buena—Vista "estaba una legua del puerto que ahora llaman Golfo Dulce, porque el rio de Chipín en aquel tiempo era poblado de buenos pueblos". La razón que da Bernal no es bien clara.

desde allí diez jornadas". Después de varias peripecias, Cortés encontró que en Chianteca "se hallaría gente que les diese razón de aquellos españoles que buscábamos, porque había en el dicho pueblo muchos mercaderes y personas que trataban en muchas partes". Finalmente supo que los españoles estaban a dos jornadas de Taniha, "en el mismo pueblo que yo llevaba en mi memoria, que se llama Nito, que por ser pueblo de mucho trato de mercaderes, se tenía del mucha noticia en muchas partes, así me la dieron del en la provincia de Acalán, y aun trujéronme dos mujeres de las naturales del dicho pueblo Nito donde estaban los españoles; las cuales me dieron más entera noticia, porque dijeron que al tiempo que los cristianos tomaron aquel pueblo ellas estaban en él, y como lo saltearon de noche, las habían tomado entre otras muchas que aun tomaron y que habían servido a ciertos cristianos dellos los cuales nombraban por sus nombres".

De cuatro españoles que tomaron en una canoa, supo "que aquella gente que allí estaba eran de los de Gil González de Ávila y que estaban todos enfermos y casi muertos de hambre". Cortés pasó de la otra parte del Río. "La gente de españoles que yo allí allá fueron hasta sesenta hombres y veinte mujeres, que el capitán Gil González de Ávila allí había dejado; los cuales los hallé tales, que era la mayor compasión del mundo de los ver, y de ver las alegrías que con mi venida hicieron, porque en la verdad, si yo no llegara, fuera imposible escapar ninguno dellos; porque, demás de ser pocos y desarmados y sin caballos, estaban muy enfermos y llagados y muertos de hambre, porque se les acababan los bastimentos que habían traído de las islas y algunos que habían habido en aquel pueblo cuando lo tomaron a los naturales del; y acabados, no tenían remedio de donde haber otros, porque no estaban para irlos a buscar por la tierra, y ya que trujeron, estaban en tal parte asentados, que por ninguna tenían salida". (COR p. 133)

Cortés se metió en un bergantín, con toda la gente de Nito "y fuíme al puerto de la bahía de Sant Andrés".

Bernal Díaz (c. 178, 179, 180 y 181) completa las noticias dadas por Cortés. De los cuatro españoles que prendieron, supieron "cómo había pocos días que habían ahorcado en aquella villa al teniente y capitán que les dejó allí el Gil González de Ávila...que se decía

Armenta...y cómo tenían en aquella villa un navío que estaban calafateando en un puerto obra de media legua de allí, el cual tenían para embarcarse todos en él e irse a Cuba, y que porque no les había dejado embarcar el teniente Armenta le ahorcaron, y también porque mandaba dar garrote a un clérigo que revolvía la villa, y alzaron por teniente a un Antonio Nieto en lugar de Armenta que ahorcaron". Los vecinos, viendo que no regresaban los cuatro españoles, su mujer lloraba por él, y todos los vecinos, y también el clérigo, qué se llamaba Hulano (Fulano) Velázquez; y se juntaron en la iglesia, y rogaban a Dios que les ayudase y que no viniese más malo sobre ellos, y no hacia la mujer, sino rogara a Dios por el ánima del marido...(c. 179) Después que Cortés hubo pasado el gran río del Golfo Dulce...fue a la villa donde estaban poblados los españoles de Gil González de Ávila, que sería de allí a dos leguas, que estaban junto a la mar, y no adonde solían estar primero poblados, que llamaron San Gil de Buena—Vista".[82]

---

[82] Bernal Díaz (c. 180, aclara mejor el asunto de la fundación de esta villa, en el encabezamiento del capítulo 180, en donde dice: "Cómo otros días después de haber llegado a aquella villa, que yo no le sé otro nombre sino San Gil de Buena—Vista", y continuando el texto, dice: "Ya he dicho como llegamos a aquella villa que Gil González de Ávila tenía poblada, no tenían que comer, y eran hasta cuarenta hombres y cuatro mujeres de Castilla y las dos mulatas, y todos dolientes y las colores muy amarillas". Cortés dice que eran 60 hombres y 20 mujeres (COR p. 133).

El estado de las cosas se puede resumir así: Gil González pobló San Gil de Buena—Vista y lo dejó para ir a Olancho buscando el estrecho y comenzando a poblar.

Los hechos se desarrollaron rápidamente en todo sentido; los pobladores de San Gil, se sintieron con deseos de conquistar. Estando poblados muy cerca de uno de los centros de mercaderes que tenían su contratación con el interior, de una parte y con el Río Ulúa y el Caribe por el otro, con numerosas canoas y navegando a vela, los españoles los asaltaron y robaron aquella población y allí se trasladaron. Si lo hubiesen pensado mejor, se hubiesen hecho amigos de los mercaderes; porque desde aquel momento, la población quedó desierta, las poblaciones cercanas alejaron sus víveres, y ellos se encontraron sin indios y sin comida, hasta que Cortés los trasladó a Puerto de Caballos y con parte de ellos fundó la Villa de la Natividad.

Llegó a San Gil de Buenavista un Juan Ruano, que había sido el principal promotor de la traición de Olid, y el que prendió en Choloma a Gil González Dávila [v: nota n. 85]. Esto se sabe por la Información hecha por Cortés sobre los excesos cometidos por el Bachiller Moreno (DOCUIN, 2, 127), en la cual el testigo Alonso

28.—Triunfo de la Cruz (1524)

Fue fundada unos dos meses después de San Gil de Buena Vista, por Cristóbal de Olid, en un punto muy cercano a la moderna Tela.

Bernal Díaz (c. 165) cuenta "como Cortés, tuvo nueva que había ricas tierras y buenas minas en lo de Higueras e Honduras...acordó de enviar por capitán de aquella jornada a un Cristóbal de Olí, que fue maestre de campo en lo de Méjico... e tenía...buenos indios de repartimiento cerca de Méjico... le dio dió cinco navíos y un bergantín muy bien artillados, y con mucha pólvora y bien bastecidos, y dióle trescientos y setenta soldados, y en ellos cien ballesteros y escopeteros y veinte y dos caballos. Mandó que saliese del Puerto de la Vera Cruz y fuese a la Habana a comprar caballos. "Y le dió dos clérigos, que el uno dellos sabia la lengua mejicana, y le mandó que en todas partes pusiesen cruces, y le dio muchas imágenes de nuestra Señora para que pusiese en los pueblos...con buen tiempo llegó a la Habana, y halló les caballos comprados y todo lo demás de bastimiento, y cinco soldados, que eran personas de calidad, de los que había echado de Pánuco Diego de Ocampo, porque eran muy bandoleros y bulliciosos (el texto de la edición Vedia pone en singular); y estos soldados aconsejaron al Cristóbal de Olí... .que se alzase desde luego a Cortés... El Briones... se lo había dicho muchas veces secretamente al Cristóbal de Olí sobre el caso e al gobernador de aquella isla… Diego Velásquez, enemigo mortal de Cortés… y lo que se concertaron fue, que entre él y Cristóbal de Olí tuviesen aquella tierra de Higueras y Honduras por su Majestad... mandó alzar velas a toda su armada, fue a desembarcar con buen tiempo obra de quince leguas adelante, a puerto de Caballos, en una comba (curva), y allegó a 3 de mayo, a esta causa nombró a una villa Triunfo de la Cruz; e hizo nombramiento de alcaldes y regidores a los soldados que Cortés

---

de Pareja dice: el cual habia venido para ser vecino de la dicha villa, e porque estaba herido se fue a curar Avila. Habia tocado allí a la dicha carabela, en la cual el dicho Ruano se metió para venir al dicho puerto de Honduras...concertó con el dicho Juan Ruano, el dicho Bachiller, que les dixese a los dichos vecinos (de Trujillo), que se desistiesen...e que quedasen en nombre del Rey como habia dexado a la gente de Gil Gonzalez que halló en San Gil". Esto naturalmente, fue antes de que llegase Cortés, que despobló San Gil para llevar la gente a Puerto de Caballos.

le había mandado cuando estaba en Méjico, que honrase y diese cargos[83] y tomó la posesión de aquellas tierras por su Majestad, y de Hernando Cortés en su real nombre, e hizo otros votos que convenían; y todo esto que hacía era porque los amigos de Cortés no entendiesen que iba alzado, para ver si pudiese hacer dellos buenos amigos de que alcanzasen a saber las cosas, y también que no sabía si acudiría la tierra tan rica y de buenas minas como decían; y tiró a dos hi—tos, como dicho tengo; el uno, que si había buenas minas y la tierra muy poblada, alzarse con ella: y el otro, que si no acudiese tan buena, volver a Méjico a su mujer y repartimientos, y disculparse con Cortés con decirle que la compañía que hizo con Diego Velásquez fue porque le diese bastimentos y soldados, y no acudirle en cosa ninguna".

---

[83] Por otra fuente sabemos que estaba con él Aguilar, que fue encontrado por Cortés en Yucatán, y desde entonces era su intérprete. Aguilar conocía muy bien la lengua maya, y en Yucatán conservan la tradición que era diácono. Es posible que Bernal Díaz entienda hablar de este mismo. En la que hicieron los Oidores de Santo Domingo (DOCUIN 14, 27) —ARCHIN, Patr., 1º, 1º,) "el testigo Rodrigo Manzanas, capitán de la caravela....Sant Anton, ques del dicho Gil González Dávila....depuso....oyó decir a algunas personas, de los que fueron con el dicho Cristóbal Dolid, que un Aguilar, a quien llevaba por lengua, decía que había sabido de los indios de Yucatán que venían a con—tratar con los de las Higueras, que venía Pedro de Alvarado por tierra desde la Nueva España, con mucha gente de pie e de caballo...".

Que Gerónimo de Aguilar era diácono, lo dice Bernal Díaz al capítulo 29, cuando narra el encuentro de Cortés con este náufrago en Yucatán: "...y luego se vino el Tapia con el español donde estaba Cortés; e antes que llegasen donde Cortés estaba, ciertos españoles preguntaban al Tapia que es del español, aunque iba allí junto con él, porque le tenían por indio propio, porque de suyo era moreno e tresquilado a manera de indio esclavo, e traía un remo al hombro e una cotara vieja calzada y la otra en la cinta e una manta vieja muy ruin e un braguero peor, con que cubría sus vergüenzas, e traía atado en la manta un bulto, que eran, horas muy viejas, (el breviario). Pues desque Cortés lo vio de aquella manera...preguntó al Tapia que qué era del español y el español como lo entendió se puso en cuclillas como hacen los indios, e dijo: «yo soy». Y luego le mandó dar de vestir...le preguntó de su vida, Y él dijo, aunque no bien pronunciado, que se decía Jerónimo de Aguilar y que era natural de Ecija, y que tenía órdenes de Evangelio; que había ocho años que se había perdido..."

Triunfo de la Cruz tuvo vida efímera. En cuanto degollaron a Olid, la gente de esa villa fue empleada en la fundación de la villa de Trujillo.[84]

29.—NACO—Nuestra Señora de la Encarnación (Llegada de los españoles—1524)

Cuando Cortés en San Gil de Buena Vista, tuvo informe de indios mercaderes, "que para ir a Naco, donde degollaron a Cristóbal de Olí, era camino derecho, luego hice abrir el camino y envié un capitán con toda la gente y caballos…mandé…que trabajase apaciguar la gente de aquella provincia, porque quedó algo alborotada" (COR 134); y después de llegado a Puerto de Caballos supo que el pueblo de Naco estaba cerca, escribió al Gonzalo de Sandoval, que con sus soldados pacificasen aquellas tierras y poblasen una villa.[85]

---

[84] De una manera y de otra se despobló en seguida. El testigo Antonio de la Torre (DOCUIN 14, 245) dice: "e que después el dicho Francisco de las Casas dio orden e proveyó e nombró a este testigo e a Alonso de Pareja e Sancho Esturiano por regidores, e por teniente a Juan López de Aguirre, e por capitán e por alcalde a Lope de Mendoza e a Juan de Medina, e por escribano a Torquemada, que manda, y les mandó que viniesen a poblar en esta costa de las Higueras, donde mejor les paresciese; y el dicho Francisco de las casas y el dicho Gil González se partieron para México a la Nueva España por tierra, y este testigo y los otros oficiales, con fasta sesenta o setenta hombres, se partieron para poblar, y dejó mandado que la villa que poblasen se nombrase Trujillo; e que pensaron hacer más cuerpo de gente con los que habían quedado en el Triunfo de la Cruz e no los fallaron, porque se dixo después que un Valenzuela e otros habían despoblado al pueblo; e que se vinieron a un puerto que se dice Puerto de Caballos, está el florecimiento de los carabela de Alonso Rodríguez, de la isla de Cuba, e concertaron de servicio del catecismo de Honduras".

[85] Olid había obrado de tal manera que los pueblos lo habían recibido de paz y sin pedirles oro, se lo daban (DOCUIN 14, 259). Pero los señores, al ver Olid muerto, no quisieron obedecer a otros y se alteraron, de manera que a Cortés le costó volverlos a pacificar. He aquí lo que dice el testigo Dueñas (DOCUIN 14, 255): "….e que como los indios supieron que hera muerto [Olid], oyó este testigo decir a la lengua que los caciques decían que aquellos abian muerto a su Señor e capitán de todos, a quien ellos abian de obedecer, e que aquellos no los habían de obedecer; e este testigo vió que un día no querían traer bastimentos e andaban tras ellos a buscarlos, e decían que los harían esclavos, e así por fuerza tornaron a traer de comer; e donde a pocos días el dicho Francisco de las Casas ordenó de irse por tierra a México…".

Naco, dice Bernal Díaz (c. 181), "en aquella sazón era buen pueblo y hallámosle despoblado de aquel mismo día; y después de nos aposentar en unos patios muy grandes, adonde habían degollado al maestre de campo Cristóbal de Olí....que estaba el pueblo bien abastecido de maíz y de frisoles y ají, y también hallamos un poco de sal, que era la cosa que más deseábamos, y allí asentamos nuestro fardaje, como si hubiéramos de estar en él para siempre. Hay en este pueblo la mejor agua que habíamos visto en toda la Nueva España, y un árbol que en mitad de la siesta, por recio sol que hiciere, parecía que la sombra del árbol refrescaba el corazón, y caía del uno como rocío muy delgado que confortaba las cabezas; y aqueste pueblo en aquella sazón fue muy poblado y en buen asiento, y había fruta de los zapotes colorados y de los chicos, y estaba en comarca de otros pueblos chicos".

A Naco fue después Andrés de Cereceda para trabajar las minas que allí había y allí lo encontró Alvarado el 20 de mayo de 1536, para recibir de él la entrega de la Gobernación de Honduras.

Según narra Herrera (III, V, 12), apenas Cristóbal de Olid hubo fundado Triunfo de la Cruz, "Envió diversas Tropas a reconocer la Tierra, i el mismo fue algunas veces, con tanta templanza que nunca dio ocasión, para que los indios se quexasen. Halló el Valle de Naco, la mejor Tierra de aquella provincia, llano, fértil, espacioso, cercado de sierras, con anchos caminos, con muchas flores, frutas, i verduras mui deliciosas, casi semejantes a Valencia". Allí asentó su Real (DOCUIN 14, 238, 240, 243).

Cuando Cereceda, al cabo de tres años de luchas y de discordias aumentadas por los crímenes, pudo mandar una relación a la Corte, daba cuenta de la población de Naco, a la cual intitulaban NUESTRA SEÑORA DE LA ENCARNACIÓN, y según Cortés (ed. Vedia, pag. 139). tenía más de dos mil casas.

Cortés volvió a pacificarlos y quiso fundar allí una villa; pero la revuelta de México lo hizo desistir; la Audiencia de Santo Domingo mandó por Gobernador a López de Salcedo, y los sueños de Cortés terminaron, y también la visión rosea de Honduras. Influyeron también los soldados de Cortés, que cansados no quisieron asentar pueblo y más bien volverse a México.

En Naco fue degollado Cristóbal de Olid. Francisco de las Casas, después de haber desembarcado algunos soldados en el Puerto de la Sal y bombardeado al pueblo de Triunfo de la Cruz, náufrago, desnudo y perdido, fue recogido por Olid; quien, mientras lo llevaba a Naco donde tenía su Real, supo de Gil González, y en Choloma lo prendió; y así llevó a Naco a los dos capitanes con sus soldados, y comía con ellos en una misma mesa.

Según lo cuenta el testigo Diego de Dueñas (DOCUIN 14,254): "...un domingo en la noche, habiendo aquel día fecho mucho regocijo de placer, acabando de cenar el dicho Cristóbal Dolid[86] e el dicho Francisco de las Casas e el dicho Gil Gonzales, todos tres teniendo en medio al dicho Cristóbal De Olid, alzando la mesa, antes aquel dicho Cristóbal De Olid se levantase, estando todos hablando en cosas de placer, el dicho Francisco de las Casas dio en los pechos al dicho Cristóbal de Olid un empujón, e con un cuchillo que traía en un borzeguí le dió por la garganta una cuchillada e dixo así: "compadre, se pagan las cosas mal hechas"; e luego el dicho Gil Gonzales juntamente con el dicho Francisco de las Casas, echó mano del dicho Cristobal Dolid e le dió con una daga que traía e todos los que allí estaban de su parcialidad apercibidos para ello, que eran Bezerra e Hurtado e Gonzalo Lopes e Peña e Núñez e otros, echaron mano a las espadas de presto e dieron muchas cuchilladas e estocadas al dicho Cristóbal De Olid; e así herido, se les escapó de entre manos e se metió por el monte questava junto, queste testigo se halló presente, y como no obo allí jente de Cristóbal de Olid sino cuatro o cinco personas e descuidados, no pudieron más, cuando ellos acordaron, ya tenía las heridas, e después oyó decir este testigo al dicho Francisco de las Casas quél llevaba el cuchillo escondido en el borseguí, e todos aquellos que ha nombrado que allí se fallaron se alababan diciendo: "yo le di tal cuchillada"', e otro tal estocada, e decían algunos al dicho Francisco de las Casas "¿qué le parece a Vuestra Merced, como hemos fecho lo que prometimos?"; e que de esta manera le buscaron e le sacaron por el monte con pregones e temores que pusieron a quien del supiese, e le traxeron aquella noche a un camuco de los indios e allí lo curaron las heridas e después de curadas, le echaron unos

---

[86] Dolid en lugar de: de Olid. Así aparece en el original.

grillos, e aquella noche idos de allí, hordenaron por sentencia de lo degollar, que en esto no pasó poco más de una hora, e así lo sacaron con voz de pregonero diciendo que mandaban los capitanes Francisco de las Casas e Gil González degollar este ombre porque era tirano, e otras cosas que no tiene memoria, e así le cortaron la cabeza en la plaza del todo e la pusieron allí en un palo fasta el día; e que luego se pregonó por capitán el dicho Francisco de las Casas general por el dicho Hernando Cortés".

30.—Toreba (Llegada de los españoles, 1524)

Dice Herrera (III, V, 12) que Gil González Dávila después de haber fundado San Gil de Buenavista, "los indios deseosos de verle fuera de allí, le mostraban la Tierra de Honduras, rica y espaciosa, acordó de meterse en ella, pues era aquel su intento, por entre el Cabo del Camarón, i Trujillo, dexando alguna Gente en San Gil, a cargo de Francisco Riquelme. Fue por la tierra adentro, pensando de hallar el Mar del Sur, i en el valle de Olancho tuvo nueva de Francisco Hernández de Córdova, y que su gente andaba cerca. Ya Francisco Hernández, como tuvo noticia de la Gente Castellana, que andaba a la parte de Norte, envió al Capitán Soto, con algunos soldados, para que tomasen lengua: i estando aposentado en Toreba, dió Gil González sobre él, al quarto tercio de la noche, diciendo: San Gil, mueran los traidores. Salió el Capitán Soto, con su Gente, i pelearon, y murieron algunos. Estandopeleando, Gil Gonzalez, a grandes voces, dixo: A Señor Capitán, paz, paz,por el Emperador: i creiendo Soto, que esto se hacía sin malicia, retiró a los suyos, aunque le dixeron, que Gil Gonzalez era astuto, i que lo hacía por aguardar más gente: no los creió, i asi estuvieron los unos, i los otros, algunos dias, en los quales Soto dió aviso a Francisco Hernández de Córdoba, como era Gil González el Capitán, que andaba en aquella Tierra, i los pensamientos que llevaba. Llegó mas Gente a Gil González, con lo qual, sin respeto de la paz, dió sobre los soldados de Soto, y los desvalijó: i entre otras cosas, les tomó ciento, i treinta mil pesos de Oro bajo, que tenían. Francisco Hernández, sabido, que Gil González andaba en la Tierra, por no darle lugar a entrar en ella, se acercó más a él, i pobló en medio de la Provincia de Ymabite, la Ciudad de León, con Templo, i Fortaleza, así para la resistencia de Gil González, como para defensa de los indios, porque en sus arrabales havía quince mil vecinos".

Según he explicado en mis artículos VII y VIII titulados "Honduras Maya—Los Hicaques", (84) los TOREBA (Turrupán, Tu—lu—pán o Tu—lu—paa), estaban regados por todo el territorio actual de Olancho, y su centro principal era desde el Valle de Agalta hasta toda la provincia de Segovia, por lo menos. Aunque el estudio de estos Torebas requiere más detenimiento, se puede decir que su nombre mismo significa en maya «Señores de la tierra»; eran los antiguos señores, que a la llegada de los españoles fueron obligados a retirarse dentro de las selvas, desde las cuales salían a acosar a los españoles, que los llamaron salvajes, cuyo significado pasó al nombre de Hicaque, que desde principios del siglo XVII significó hombre bravo de la selva y peligroso

Los historiadores, sin conocimiento de la topografía histórica y por la confusión que ponen en sus escritos los antiguos cronistas, también sin noticias seguras de ella, no pudieron desenmarañar el tejido de esta intrincada historia de los primeros tiempos de Honduras.

Ahora bien: Gil González Dávila, descubridor del Lago Dulce, habiendo entendido que de uno a otro mar había un corto trecho de tierra, por el Desaguadero, anhelando la gloria de ser el descubridor del estrecho, habiéndolo ya concertado con el Soberano, y creyendo que el estrecho o Desaguadero de la Laguna estaba por Yucatán, se dirigió a la costa de Honduras, cerca de Yucatán, y después fue llevado por la corriente a la gran ensenada del Golfo Dulce; pero, conocido que por allí no había la estrecha faja de tierra que creía, buscó directamente el camino al Lago Dulce de Nicaragua, acertando a entrar por el Río Tinto, entre el Cabo Camarón y Trujillo directamente hacia la Segovia, en donde comenzó a poblar y a sacar oro, ya que desde Nicaragua debió haber sabido de dónde sacaban oro los indios nauales que se lo dieron en la primera entrada. Los españoles de Hernández de Córdova, especialmente el capitán Gabriel de Rojas, que debió tener el tino de las minas, porque él sólo descubrió varias y de las mejores, buscaron también la región de Segovia, y así tuvieron el primer encuentro y continuamente todos los demás, hasta que el Soberano, en Cédula a Albítez, de 18 de agosto de 1532, manda que esas minas que estaban en el confín entre

Honduras y Nicaragua, pudiesen irlas a explotar de una y otra parte: y que entretanto Albítez determinase los límites de una y otra tierra.

Que éste era el lugar de las peleas, se deduce también de los testigos en la información hecha por los Oidores de Santo Domingo, por los cuales se sabe que Gil González de Ávila estaba 50 leguas la tierra adentro, muy cerca de donde estaba Francisco Hernández, el cual, por poderlo vigilar más de cerca, fundó la ciudad de León.[87]

No podía ser el Valle de Xuticalpa, que según Herrera estaba distante de Trujillo 30 leguas, y en otra parte dice 12 leguas (IV, VII, 3), probablemente el Valle de Agalta, en donde había indios amigos y por diligencia de Cereceda se envió a poblar. Además, todas las medidas, aunque algo anchas, como las dan Cortés, Oviedo, Herrera y otros, conducen a que los hechos de entonces se desarrollaron alrededor de la Segovia y del círculo más meridional que forma el Guayape.

A esos sitios tuvo intención de ir también Cortés, quien había abierto el camino hasta la meseta de Olancho y ya estaba preparado; mandó para que fundasen por allí una villa y que de paso viesen esas tierras de Nicaragua para pedirlas.

31.—Villa de la Frontera de Cáceres (1526)

Cortés, apenas llegado a Trujillo, a fines de septiembre de 1525, o principios de octubre, nombró como capitán general a su primo Hernando d Saavedra. Este, poco después de haberse embarcado Cortés para volver a México, y siguiendo la voluntad que él había tenido de fundar villas en varias partes, especialmente al sur de Trujillo, en donde había oro, en la provincia de Olancho, mandó a Bartolomé de Celada, Contador y vecino de la villa de Trujillo, "que se haga y edifique otro pueblo e villa en la provincia de Huylancho, de cristianos españoles, para que en ella se celebre el culto divino e

---

[87] Todos los historiadores dicen Olancho; pero, en aquel primer tiempo, el territorio de Olancho tenía una extensión mucho mayor que la de ahora.
Entonces, a todos los indios serranos del zur, se les llamó CHONTALES, con significado de rústico o bozal, cuando a fines del siglo XVI comenzó a tomar cierta influencia la lengua mexicana, como lengua común y general, para facilitar el entendimiento de los indios en los tribunales y en las Audiencias, y para facilitar la enseñanza del catecismo entre los indios. Los mismos frailes habían extendido las escuelas de lengua mexicana y la enseñaban a los niños.

se haga algún servicio a Dios Nuestro Señor e a Su Majestad, e los naturales de la tierra vengan en verdadero conocimiento de nuestra santa fee católica, que esta es la principal cosa que me mueve a la facer e servir a Su Majestad, demás de la doctrina e buen exemplo que los señores e naturales de la dicha provincia tomarán de nuestra conversación...e váis a la dicha provincia de Huylancho e a las otras provincias comarcanas, e miráis e veáis todas las partes e sitios e asientos pertenecientes para los pueblos de españoles...do se pueda edificar casas de piedra, la qual intitulareis del nombre de la villa de la Frontera de Cáceres". Este documento, fechado en Trujillo a 29 de abril de 1526, tuvo inmediata ejecución, porque la gente que había enviado para fundar esta villa se encontraba en ESCAMILPA, "pueblo de indios; provincia de Huylancho, que es en esta Nueva España" a 12 de mayo siguiente, en donde tomó posesión de la provincia, en la forma solemne y acostumbrada, paseándose, cortando ramas, arrancando hierba, tirando piedras y desafiando a cualquiera. (ARCHIN Patr. 1, 1—DOCUIN 14, 57—RA).

Poco después, el 20 de mayo, en AGALTA, pueblo de indios, "'tomó e aprendió la tenencia, propiedad, posesión e señorío del dicho pueblo e tierra e sus provincias e comarcas, con más todo lo que Luis Marin, en nombre de Su Majestad e del muy magnífico señor Hernando Cortés en su Real nombre, a descubierto, con las provincias de Zulacomanany, Talaca, e Quesalpa (Sulaco, Maniani, Talanga, Quezailica), en la forma susodicha, paseándose por el dicho pueblo, cortando de los árboles e ramas e arrancando de las yerbas, cavando de la tierra con sus propias manos, e haciendo otros muchos actos de posesión, la qual tomó pacíficamente sin contradicción alguna, e lo pidió a mí el dicho escribano por fe e testimonio".

"E después de lo suso dicho, en la dicha provincia de Huylancho, en una sábana cerca de unos pueblos de indios que se dicen Telicachequita y Escamilpachequita (la edición dice Escamilpachecita), poco más de una legua de Escamilpa la Grande, el valle arriba, a dos días del mes de junio e del dicho año" el dicho señor Bartolomé de Celada, dijo que '"en todo lo que había visto no había hallado otro mejor sitio e asiento que era en la dicha sábana, cerca de los sobredichos pueblos donde estaba, porque tenía todas las cosas pertenecientes para pueblo, fundaba e fundó un pueblo de cristianos, españoles, al qual ponía e puso nombre LA VILLA DE LA FRONTERA DE CÁCERES".

32.—Villa de la Buena Esperanza (1533—1534)

Cuando, después de muerto Albítez, en los primeros días de noviembre de 1532, Andrés de Cereceda se encontró nuevamente como Gobernador interino de Honduras, quiso nuevamente fundar una villa en Olancho, y ya había enviado a poblar, cuando se lo interrumpió la llegada del contador de Yucatán, Alonso Dávila, que venía a pedir armas y comida... Cereceda lo trató bien; habiendo sabido que los que iban a Olancho, que eran de los que vinieron con Albítez, querían amotinarse, desistió de la fundación. Llegaron entretanto al puerto de Trujillo dos barcos pequeños de Cuba, y Alonso Dávila fletó uno con que se volvió a Yucatán, en donde escribió una relación de los hechos, también en nombre de los Regidores de Trujillo, que desde tres años no recibían nuevas ni había llegado navío para escribir a la corte, desde la muerte de Salcedo, acaecida el 3 de enero de 1530, y también porque por los motines que había habido, los unos y los otros impedían que escribiesen, y habían hecho prometer a Cereceda de no escribir, para que en la Corte no se supiese lo que sucedía. (OVIE).

Dirigiéndose a la Audiencia de México (hasta 17 de abril de 1535 no se nombró al Virrey don Antonio de Mendoza), Alonso Dávila, desde la Villa de Salamanca (Yucatán), en fecha de 23 de junio de 1533, dice: "yo....habría ido a México a besar los Reales pies y manos de Vuestra Majestad y suplicarle de lo suso contenido".[88]

También Cereceda aprovechó para escribir a la Audiencia de Santo Domingo, contando todas las peripecias pasadas desde tres años a esa parte. Oviedo, que tuvo en sus manos esa carta, reproduce los hechos narrados en el libro 31 de su Historia.

Partido Alonso Dávila, pudo Cereceda pensar en dirigirse a Naco, en donde, entre 1533 y 1534 (su carta a la Audiencia es de 14 de junio

---

[88] Es interesante este dato que nos da a conocer como muchas cédulas y escritos que aparecen como reales cédulas o cartas dirigidas al Rey, no son sino enviadas a las Audiencias. En ciertos casos se daban cartas con nombres y lugares en blanco; y se llenaban según la necesidad, como se hizo con la del nombramiento de López de Salcedo (HERR)

de 1533) fundó la villa de BUENA ESPERANZA, 3 leguas de Quimistán, 7 de Naco y 23de Puerto de Caballos, en un lugar de muchas y grandes poblaciones de indios y territorio de mucho oro.[89]

El testigo Rodrigo de Vargas, en la información que hizo el Bachiller Moreno (DOCUIN 14, 257), refiere que "habiendo Cristóbal de Olid fundado "Triunfo de la Cruz", entró la tierra adentro treinta o quarenta leguas, a do fue apaciguando e poniendo de paz a ciertos caciques que uno... Tipetuco, e Calimonga, e Calut, e Nacuar....manera que todos le venían a servir e le traían de bastimentos, e hicieron su solemnidad los caciques de estar e ser subjetos a Su Majestad con la lengua (intérprete) e por ante escribano, y estaba la tierra tan de paz, que uno o dos hombres andaban solos quando los embiavan en aquellas quarenta leguas, e los caziques venían a su mandado, y el dicho Cristóbal Dolid los tratava muy bien e no les pedía oro por mejor los tener en paz, más de bastimentos, e los mismos caziques se ofrecían que les pidiesen que les daría todo lo que les pidiesen, e que un cacique se le ofreció a dar oro, porque ciertas petacas que le avian traído dixo el dicho Cristóbal Dolid que aquello no hera oro, como hera verdad que hera cobre e le dixo que le traxiese de lo que sacaba de la tierra, porque aquello había menester un poquito para cierta melecina, por no les dar a entender que tenía dello codicia, e aquel cacique dixo que ¿si hera lo que pedia de uno muy menudo que sacaban de la tierra? e quel dicho Cristóbal Dolid dixo que de aquello avia menester, e que este oro pasó pocos dias antes que le matasen e no obo efecto".[90]

---

[89] Se podría pensar, que además de las causas de intranquilidad interna de los españoles en Trujillo, Cereceda se movió para Naco, por el interés del oro, y porque tuvo sospecha del pensamiento de Alonso Dávila, de apoderarse de Puerto de Caballos (véase documento al final de este trabajo). Efectivamente Alongo Dávila insinuó a Francisco de Montejo para que pusiese su mirada sobre este puerto, que, le decía, pertenecía a su gobernación, como efectivamente lo era, a pesar de que otros lo habían descubierto anteriormente.

[90] Es interesante recoger y anotar los nombres de los pueblos y caciques que había allí en aquel tiempo, y la variedad cómo los nombraban.

En la misma información, Antonio de la Torre dice que Olid invitó a Gil González a venir a un pueblo que se dice Tepeteapa; Franciseo de la Muñana dice que Olid "fizo de paz ciertos caciques que heran Naco, y Cerimoa y Aguachapán y Trimistan y Cali....y me partió la tierra adentro hacia Naca"; Diego de Dueñas dice

En la Villa de la Buena Esperanza, según refiere Montejo, se entregó Cereceda completamente al negocio y a las minas. En esta Villa, el 9 de febrero de 1535, fue Cereceda requerido por Cristóbal de la Cueva para que dejase la Gobernación, porque decía que la tierra pertenecía a Alvarado.

En esta Villa el 29 de abril de 1536 fue requerido, ante escribano, por los vecinos, que le acusaban de que "ni teniendo caridad ni empacho de que traiga él gente y cuadrillas en las minas, y que muchos hidalgos mueran de hambre y se adeuden, y otros rozen y siembren la tierra con sus propias manos, lo que jamás en Indias se ha visto; y que esto todo lo ha causado todo el dicho señor Gobernador.... por lo tanto, que luego, sin dilación alguna cabalgue y se vaya a la dicha ciudad de Trugillo, donde es Gobernador, llevando consigo los que con él se quisieren ir… para que los otros puedan desbandarse e ir a otras gobernaciones".

Entonces Cereceda se fue a Naco desde donde escribió a Alvarado que se acercaba, lo siguiente: ...."la tierra era despoblada quatro días avía, y todos amotinados ya echándome primero desta villa e de mi casa, no estando para levantarme de una cama en que lo más del tiempo estaba, días abia, de una postema que me nació entre las piernas sin poderme sentar sino en una silla de poco suelo y eso poco tiempo; y no embargante todo esto, me echaron de mi casa con la mayor siesta del mundo, solo y que me fuese azia la mar, que gente me darían que fuese conmigo a Trugillo, a fin de se llevar presos todos los indios que en esta comarca servían, como lo tenían hecho antes que me echasen del pueblo, y yo porque (no) me matasen saqué fuerzas de flaqueza, y dejé (quedé) perdido en mi casa y por los caminos a la pobreza que tengo, y boy asta Naco, donde me tornaron a llamar y he buelto con trabajo intolerable por lo que me sucedió de la caballería forzosa, y esto y tal que creo en tres meses no seré sano". (DOCUIN 14, 297).

---

que "fué faciendo de paz muchos pueblos e caciques, que fueron Corimoa, a treinta leguas del puerto, Encua e Quinitan e Cala....e se fueron a Nacara; Rodrigo de Vargas, dice: "fue apaciguando e ponendo de paz a ciertos caziques que uno.. Tipetuco, e Calimonga, e Calut, e Nacuar" Alonso de Pareja (p. 239) dice: "…en un pueblo de Naqua".

Con la venida de Alvarado, a quien Cereceda entregó el 20 de mayo de 1536, en Naco, la Gobernación de Honduras, la Villa de Buena Esperanza no volvió a poblarse más.

33.—Choluteca (1535)

La ciudad de Choluteca comenzó a vislumbrarse cuando los soldados de Cortés con el capitán Luis Marín, presente Bernal Díaz, se encontraron con Alvarado y sus soldados "que fue junto a un pueblo que se dice la Choluteca Malalaca".

Después, por orden de Pedro de Alvarado y mandado por Jorge de Alvarado, desde Guatemala, don Cristóbal de la Cueva, Capitán por el Magnifico Señor Jorge de Alvarado Capitán General y Teniente de Gobernador de la Provincia de Guatimala por su Majestad, en marzo del año 1535 fundó la villa con el título de VILLA DE JEREZ DE LA FRONTERA DE LA CHOLUTECA, siendo Don Cristóbal de la Cueva natural de Xerez de la Frontera de España.[91] Sin embargo, cuando Rodrigo de Contreras escribió al Soberano, el 25 de junio de 1537, para reclamar sus límites hasta el Río Lempa, nombra S. Miguel, pero no a Choluteca, que probablemente se había despoblado.

34.—San Pedro Sula (1536). —Gracias a Dios (1536). — Comayagua (1537)

De estas ciudades he hablado en el curso de este trabajo y no tengo que repetir aquí lo que ya está dicho.[92]

---

[91] Habiendo publicado un trabajo grande sobre esta fundación con motivo del centenario de la elevación a ciudad, me remito a ello, trabajo que se titula: CHOLUTECA;—ensayo histórico—etnográfico, por Monseñor Federico Lunardi—en Boletín de la Biblioteca y Archivo Nacionales, número extraordinario, octubre de 1945; por este motivo no creo necesario explanarme más aquí.

[92] Como se ha visto, cuando se ha tratado del Acta de la fundación de San Pedro Sula y del repartimiento, la Villa de San Pedro de Puerto de Caballos, fue fundada "en una sabana grande que está junto al asiento del pueblo de unos indios que se dizen choloma donde está un árbol que se llama madre de cacao".

No le pareció bien este lugar, a Francisco de Montejo, y lo cambió al asiento actual, resultando así una segunda fundación, o por lo menos una traslación de la

35.—San Jorge de Olancho (1540)

Me refiero a XUTICALPA, de cuyo valle dice Herrera (V, VII, 337): "por diligencia de Cereceda, se envió después a poblar, con sesenta castellanos, el Valle de Xuticalpa, adonde havia la mayor población de Yndios amigos, a doce leguas de Truxillo, a cargo del Capitán Alonso Ortiz, que hizo una casa fuerte, para su seguridad, porque pudiesen beneficiar las minas que allí había...Del Valle de Xuticalpa decía, que no havia arroyo, ni quebrada, adonde no hubiese oro".

Desde Gil González, Cortés, López de Salcedo y Cereceda, se tantearon varios lugares en donde se pudiese fundar en firme alguna villa, por causa del mucho oro que se había descubierto en la región. Cereceda mandó a poblar el Valle de Xuticalpa; más al oriente se estableció El Real, en donde ahora está Santa María del Real, y en donde en 1604 se encontraba Alonso de Cáceres Guzmán (nieto de Alonso de Cáceres) como Capitán General.

Alonso de Cáceres, el conquistador, había sido enviado a Olancho por Montejo, y en la Provanza de los méritos y servicios de Alonso de Funes (Bolet. Arch. Gener. Gob.—Guatemala, enero 1938, T. III, n. 2, pag. 176) se pregunta "si saben...que acabada la conquista desta Villa de Comayagua...después don Pedro de Alvarado al tiempo que se ordenó la guerra de Olancho le encomendó el pueblo de Guarabuquí el qual salvó de paz al tiempo que iba el dicho Alonso de Cáceres a la conquista de Olancho".

Pedraza dice claramente (Relac. 1544): "Ay desta dicha villa al valle de Ulancho que es agora nuevamente (recientemente) pacificado y fundado en el ... una ciudad dicha Sanct Jeorge 15 leguas...esta casi frontero de Trujillo. . .más a la parte de Nicaragua más que a la de

---

ciudad. He aquí lo que dice él mismo en su carta primera de primero de junio de 1539 [DOCUIN,24,263]:

"...e la Villa de San Pedro, aunque [el] asiento que agora tiene, no es tan sano, yo trabaxaré de mudallo a otro asiento tres leguas de allí, más hacia la villa de Comayagua e hacia el Valle de Naco, donde se apartan los caminos, que tiene muy hermoso asiento e muy sano; y hecho esto, nenguna gente que a ellos vengan adolecerá; y todo el trato de la mar del sur será por este pueblo, ansí por la seguridad del mar como por la sanidad de la tierra e brevedad e bondad del camino".

Guatemala de manera que habrá de la ciudad de truxillo a este valle casi 30 leguas antes menos que mas y deste valle a la ciudad de León que es en nicaragua casi 40 leguas de manera que de la cibdad de nicaragua al puerto de trugillo abra casi 70 leguas antes más que menos...este valle es muy deleitoso...está (la tierra) muy bien poblada de pueblos de indios y habrá en la dicha cibdad de sanct Jeorge casi 50 vecinos.. .y desque vieron, lo indios, huidos los cristianos, tornaronse apoderar de en toda la tierra y nunca desde entonces hasta el año 40 se han podido sojuzgar que fue un capitán Alonso de Cáceres, capitán vezino de la villa de Comayagua que es de la dicha provincia con ciertos vecinos de la dicha villa y otros que se allegaron a ellos de otras partes y ganaron el dicho valle de Ulancho y lo han pacíficado el dicho Alonso de Cáceres y pobló en ella la dicha ciudad que diximos llamarse Sanct Jeorge, de manera que desde el tiempo que mataron los indios a los dichos cristianos pasaron más de 20 años que no los han podido sojuzgar hasta agora.[93]

---

[93] Como hemos ya explicado en otros capítulos, la matanza de cristianos fue principalmente cuando mataron a Benito Hurtado y Juan de Grijalva, en Villahermosa y tierras vecinas, en la actual provincia de Segovia, en 1527 al tiempo que estaba en León Diego López de Salcedo. En ese mismo territorio, Gil González Dávila estaba poblando, como dice Oviedo, a 50 leguas de Trujillo; en donde también Cortés quiso poblar. Pedraza dice que "pobló allí Gil González una villa de cristianos". Pedraza en aquel tiempo, no conocía la topografía de Olancho y creyó que los hechos sucedieron en donde después se fundó San Jorge, error que han seguido todos los historiadores. He aquí lo que dice y lo que confunde:

"....aportaron a ella [Gil González a la tierra de Honduras] por detrás de Truxillo entre el puerto de Camaron y Truxillo y de ay se fueron la tierra a dentro el dicho capitán Gil González de Ávila con toda la gente que con él fue y fueron a dar al valle de Ulancho y a la sazón que fueron a él venia un capitán de Pedrarias desde nicaragua en demanda del dicho valle donde como supo Gil González de Ávila de la dicha gente determino de enviar a saber que gente era y desque supo quiénes eran se puso en defendérsela y aní se puso en armas contra ellos y llegando a donde estaban los prendieron y despojaron y presos pobló allí Gil González allí una villa de cristianos y fueron tan grandes los malos tratamientos que les hicieron a los indios que determinaron los indios matar a los cristianos y así lo pusieron por obra y viniendo con hazes de yervas para los caballos y con aces de cañas de maíz para cubrir las casas y de paja traían entre ellas sus machanas que son sus armas unos palos de una braza tostados gruesos como la muñeca y al cabo como cuchillos y así mismo los arcos con las flechas y estando durmiendo los cristianos casi a media

El Lic. Maldonado en 1545 dice que la tenía poblada Francisco del Vasco; pero no dice que la fundó.

Velasco, que seguramente lo tomó de Relaciones independientes de Pedraza da pocas noticias, diciendo que en 1571 tenía 40 vecinos y como 10.000 indios tributarios (pag 313). Herrera (I, c. 13) que copia de Velasco, da algunos datos más, casi todos errados, que fueron, por desgracia, copiados por todos los historiadores. Dice que tenía 16.000 vecinos y estaba 40 leguas de Comayagua, y el Río Guayape a doce leguas. Erróneamente dice: "...los gobernadores de Honduras y Nicaragua, tuvieron en otros tiempos grandes diferencias, porque cada uno le quería en su jurisdicción, y por esto fue aquí donde Gil González Dávila tomó ciento veinte pesos de oro a Hernando de Soto, y le desvalijó la gente que le había dado Pedrarias Dávila para la defensa, y aquí defendió Gabriel de Rojas la entrada a Gonzalo de Sandoval, que le envió don Hernado Cortés, de Trujillo, y aquí mataron los indios a Juan de Grijalva, capitán bien nombrado, y a otros". Ahora bien, los hechos se desarrollaron en el territorio de la Segovia, en Villahermosa murió Benito Hurtado, y Gabriel de Rojas fue hecho retirar por Gonzalo de Sandoval precisamente en tierras de la Segovia, según se desprende de lo que dice Bernal Díaz del Castillo.[94]

Antonio Vásquez de Espinoza, carmelita que visitó Honduras en 1613, estuvo en Tegucigalpa y pasó nuevamente en 1620, da algunos detalles más y más seguros. Dice (c. 21): La ciudad de S. Jorge de

---

noche dan en ellos y matan muchos cristianos dellos sus propios encomendados indios de los propios pueblos". [Confróntese con Herrera I, 93].

[94] Bernal Díaz díce [c. 189]: "...y no se pudo [Cortés] hacer luego a la vela, hasta que viniese el capitán Gonzalo de Sandovál, que le había enviado a uno8 pueblos que se dicen Olancho, que estaban de allí esta cincuenta y cinco leguas, porque había ido pocos días había a echar de aquella tierra un capitan de Pedro Arias de Avila, que se decía Rojas, el que habia enviado Pedro Arías a descubrir tierras y buscar minas dende Nicaragua, después que hubo degollado al Francisco Hernández...porque segun pareció, los indios de aquella provincia de Olancho se vinieron a quejar a Cortés cómo muchos soldados de los de Nicaragua les tomaban las hijas y sus mujeres, y les robaban sus gallinas y todo lo que tenían.. y el Sandoval...quiso prender al Rojas, y por ciertos caballeros...los hicieron amigos...llegó la carta de Cortés al Sandoval para que luego sin mas dilación se viniese con todos sus soldados...y vino en posta después de haber echado de allí al Rojas".

Olancho dista de Comayagua 40 leguas en el camino Real de la ciudad y puerto de Trujillo…todas las casas son de paja. Tiene la iglesia de esta ciudad una imagen milagrosa de la advocación de la purísima concepción de Nuestra Señora. Labrase en esta ciudad y en los pueblos de su distrito cantidad de pita muy fina y toda la comarca es riquísima de oro, que todos los Ríos lo llevan…Cuando lo descubrieron y conquistaron los españoles había en él y su comarca grandes poblaciones; al presente ay muy pocas, porque se consumieron y acabaron los indios con las guerras que uvo entre los españoles. En este valle quitó Gil Gonsales de Ávila al Capitán Hernando de Soto 120 mil pesos de oro; en él mataron al Capitán Joan de Grijalba y a otros, y defendió el Capitán Gabriel de Rojas la entrada a Gonzalo de Sandoval, Capitán del Márquez del Valle". Esta última noticia, es copiada de Herrera, aunque es un poco más cauto diciendo en este valle, porque en aquel tiempo el Valle de Olancho era más extenso; y aún ahora llega hasta cerca de la Segovia.

Vásquez Espinoza no tiene noticia de la destrucción de San Jorge, a pesar de haber estado en Honduras poco después. Lo refiere pero otro Francisco Vásquez, franciscano, en su Crónica publicada en 1716; y Durón dice que San Jorge de Olancho, que después llamaron Olancho Viejo, "se perdió por haber hecho erupción dos volcanes en cuyas faldas estaba la ciudad. La mayor parte de los habitantes, atravesando las montañas, se dirigieron al Occidente y fundaron Olanchito. Del resto, unos se establecieron en el sitio llamado Ciudad Vieja y otros se fueron a Nueva Segovia. Se refiere que los vecinos de Olancho eran tan ricos que ponían a sus caballos herraduras de oro" (Bosq. Hist., c. IV, pag. 48).

Yo visité las ruinas de San Jorge de Olancho el 29 de mayo de 1943, frente al Boquerón. Vilos cimientos de la pequeña iglesia; se encuentran todavía ladrillos gruesos cuadrados de los españoles. El padre del Sr. Agustín Figueroa, de Catacamas, encontró en las raíces de un árbol arrancado varias vasijas de plata vacías, con inscripción que decía: "soy de Bran".

Cuando el 25 de abril de 1944 estuve en Olanchito, y después el día 26 visité la CIUDAD VIEJA de Olanchito, que está situada a unos 4 kilómetros al SE., en la margen derecha del Río Aguán, supe que la tradición que se conserva allí, es que en aquel sitio fundaron la ciudad los españoles al venir del Boquerón, donde estaba la ciudad vieja de San Jorge de Olancho; pero que al ver que se morían mucho, la trasladaron al lugar actual, aún cuando el agua era escasa.

Como se ha visto, Vásquez Espinoza dice que la iglesia tenía una imagen de la Virgen de la Concepción. En Olanchito recogí la noticia de que es que imagen tenía una corona muy hermosa y artística, no de oro, sino de fino cuero entretejido, que era más preciosa. Hace pocos años se perdió la corona. Su traje también era de cuero muy bien dibujado.

Esta imagen es la misma que ahora tiene el nombre de Virgen del Rosario, cuyo nombre debe habérsele cambiado cuando vino otra imagen de bulto, nombrada de la Concepción, destinada para Comayagua, y quedó allí en Olanchito, y es la misma que se venera bajo este nombre.

De la Virgen del Rosario, cuyo nombre era de la Concepción, y solamente es tallada la cabeza, bellísima, las manos y los pies, y el cuerpo es vestido natural, se cuentan varias leyendas que yo recogí en Olanchito el Viejo o Ciudad Vieja, que está a 4 kilómetros al SE. de Olanchito.

Una de ellas dice así: "La Virgen del Boquerón (San Jorge de Olancho) la tenían vestida solamente de piel de ganado y la corona también. La Virgen le dijo al viejito sacristán que la sacara; cuando venía a una distancia de una legua, dijo al sacristán: Vuelve a mirar atrás, y el sacristán vio el pueblo incendiado y el volcán que echaba fuego". Fue esa la destrucción de Olancho acaecida en 1611.

La misma leyenda se encuentra ampliada así: "Cuando le habló la Virgen al Sacristán, se sorprendió mucho y salió huyendo para la casa. Le contó sorprendido a la esposa lo que pasaba; hicieron comentario con la esposa de cómo iba a poder llevar semejante imagen. Cuando iba a acostarse volvió a oír la misma voz: "Juan, sácame de aquí, que vas a poder bien conmigo, porque este pueblo se perderá". Entonces se la puso a cuestas y con toda su familia vino acá y bien pudo con ella". "Las tribus que se encontraban aquí era los Xicaques".[95]

---

[95] Otra versión me la dio el señor Félix Soto, según le contaba su tía: "Que el anciano había ido a la iglesia, y le habló la Virgen diciéndole que la sacara de allí; él se asustó y se fue para su casa, quedando con la voz en el oído. Lo contó a su esposa. Cuando se estaba acostando oyó la misma voz que le decía: "Sácame de aquí, que

36.—Villa de la Nueva Salamanca (¿1543?)

Cuando el Adelantado Francisco de Montejo obtuvo la Gobernación de Cozumel y Yucatán, fundó en ella la Villa de SALAMANCA, siendo él originario de la ciudad de Salamanca en España (Rel. de Alonso Dávila, junio de 1533, DOCUIN 14, 97).

Al hacerse cargo de la Gobernación de Honduras, en 1536, Montejo, después que hubo asentado segunda y tercera vez a Gracias a Dios y después segunda vez a Comayagua, pacificó y conquistó hasta el Valle de Olancho.

Dice él mismo, en su primera carta de 19 de junio de 1539 (DOCUIN 24,260;RA): "visto quel Valle de Olancho estaba quince leguas, donde yo estaba a la sazón, que era cosa tan rica; y que de estar poblado aquello se ganaba la ciudad de Trujillo, que está cuarenta leguas de allí, y se aseguraba la Villa de Comayagua, y se podrían gratificar los servicios de los españoles que quedaban sin repartimiento, y que no se podía hacer sin socorro de armas e puercos, escrebí a los oficiales, que yo me hallaba en aquella parte; y con aquel aparejo de poblar a Ulancho, que era menester algunas armas y bastimentos, que imbiasen luego por ellos y que yo los pagaría, e me fiziesen saber si lo fazian, porque luego mentraria en el Valle de Ulancho, y antes que volviese a esta cibdad, lo dexaria poblado e pacificado; e no lo quisieron fazer... Se dexó una obra que era remedio e sossiego de toda esta tierra o provincias....no se pudo hazer sin el socorro, porque en toda esta tierra no hay ni nunca se ha hallado oro

---

no quiero quemarme. Sí, vas a poder conmigo; y saca toda la familia también". Entonces el viejo fue a sacarla, y cuando venían, le dijo que no viera para atrás. Cuando llegaron a una altura le dijo que sí podía ver hacia atrás. Entonces vió, y estaba quemándose el pueblo". Olanchito no estuvo siempre en el lugar que ocupa actualmente: los prófugos de Olancho el Viejo se asentaron en un lugar que ahora se conoce con el nombre de CIUDAD VIEJA de OLANCHITO, cuyas ruinas visité el 26 de abril de 1944. Allí fundaron los españoles la ciudad al venir del Boquerón, donde estaba la ciudad de San Jorge de Olancho. El traslado de Olanchito tiene también sus leyendas, como también la actual imagen de la Virgen de Concepción, de bulto, que está en el altar mayor. La señora Juana Ponce dice que su madre le contaba que la Virgen de la Concepción iba de Trujillo a Tegucigalpa. No quiso pasar de allí, porque iba en un macho que se revolcaba y volvía a la Cruz del perdón. Venía de España e iba para Comayagua. Así decía la abuelita de don Félix Soto. La quebrada donde se revoleaba el macho la llamaron de la Concepción.

en poder de indios, ni ropa, ni xoya, ni cosa de que se puedan aprovechar los que andan pacificando; y demas de esto, no hay una gallina ni cosa de bastimento, si solo maiz e simienteras". – Volvió a Gracias y con la misma intención estaba preparando "la partida para ir a poblar a Ulancho, cuando llegó al Puerto de Caballos el Adelantado Pedro de Alvarado, por lo que tuvo que detenerse. En la segunda carta de la misma fecha (DOCUIN 24, 309; RA) vuelve a hablar de Olancho: "En biniendo la fecha, que será de aqui a tres meses, iré a poblar el Valle de Ulancho, questá a cuarenta leguas de la cibdad de Truxillo; y abrir el camino que se trate por li que sera muy gran bien para aquella cibdad, e para la Villa de Ulancho. a esto estobiera hecho, y por culpa de los oficiales se dexó de hacer..."[96]

---

[96] Es necesario concertar lo que dice Pedraza en 1544, desde España, que Alonso de Cáceres había poblado la ciudad de San Jorge, con lo que afirma el Licenciado Alonso Maldonado, desde Puerto de Caballos el 15 de enero de 1543 en DOCUIN, 24, 351, esta carta se pone fechada en 1545, pero es un error evidente), siendo entonces Gobernador de Guatemala por la muerte de Alvarado y rechazado como Gobernador en Puerto de Caballos, por la presencia del Gobernador Juan Pérez de Cabrera enviado por la Audiencia Real de Santo Domingo, de la cual dependía entonces Honduras hasta ciertos confines que como aparege quedaban entonces sin segura determinación, ya que Gracias a Dios pertenecía a México y Puerto de Caballos a Santo Domingo, Alonso Maldonado decía entonces: "Las minas de Ulancho han aflojado algo, pero, todavía se saca mucha cantidad de oro. Saca cada esclavo medio peso por día, y a ducado. Ay mucha cantidad de negros ya en ellas, que serán hasta mil e quinientos, con los que hay, y estan en este puerto [de Caballos] para ir. Es toda aquella tierra muy rica de oro, y aunque faltase aquel rio de Guayape, donde agora lo sacan, ay ya descobierto otros rios; y como entra cantidad de negros, cada día an de descobrir más. Por relacion que tengo de Francisco del Vasco, que es el que tiene poblada la Villa de San Jorge en aquel valle de Ulancho; aquella tierra es muy buena y muy rica de oro y muy apacibley muy sana: hay mucha caza en ella de venados, conexos en mucha cantidad".
Es necesario saber que cuando la Audiencia de México envió Maldonado a gobernar Guatemala, éste invió su Teniente a la ciudad de Gracias a Dios, "porque por mi Provisión se mandaba tobiese esto de Honduras con lo de Guatymala, y el Adelantado Montexo e Cabildo de aquella Cibdad, no le quisieron rescebir". Entonces la Audiencia de la Nueva España mandó que a pesar de todo, Maldonado tuviese las gobernaciones de San Salvador y de Honduras juntamente con la de Guatemala, "por ser toda una cosa". Entonces Maldonado fué recibido en Gracias, y dice: "imbié mis tenientes para las Villas, con Provisión; y en las Villas de Comayagua e San Jorge del Valle de Ulancho e minas de Guayape, fui recebido", Naturalmente, siendo Gobernador, debe haber mandado a Francisco del Vasco, a poblar la Villa de San Jorge, o mejor aprovecharla nuevamente, o para llevar más población, para tener derecho a decir que la había poblado y recibie los privilegios

En 1544, el 13 de mayo, se instaló la Audiencia de los Confines; en carta de 30 de diciembre del mismo año (y no 15 de Dic. 1545, como está en la colección de Documentos) DOCUIN 24, 421; (véase COLCENT, p. 30) el Presidente que era el Licenciado Alonso Maldonado escribe a Su Majestad; "Al tiempo que esta audiencia se sentó aquí, un Capitán proveydo por el adelantado Montejo andaba entendiendo en la conquista y pacificación de una tierra que es entre Ulancho y Trugillo y corre hasta el desaguadero de la laguna de León que va a la mar del Norte, a poblado una villa que se dize la nueva salamanca, tienese noticia que es tierra rica. Y al final de la carta decía: "En Honduras ay poblado de españoles, esta ciudad de Gracias a Dios, Comayagua y San Pedro y San Jorge y la ciudad de Trugillo, y ahora de nuevo se ha poblado la nueva salamanca". En esta última población no había regidores todavía.

A esto el Príncipe respondió el 9 de julio de 1546: "....quanto a lo que dezis que al tiempo que esa audiencia se asentó en esa ciudad (18 de mayo de 1544), un capitan proveydo por el adelantado montejo andava entendiendo en la conquista y pasificación de una tierra que es entre ulancho y truxillo que corre asta el desaguadero de la laguna del leon que va al mar del norte e que a poblado una villa que se dice la nueva salamanca que se tiene noticia que es tierra rica, no devierades consentir nuevas conquistas pues es contra las nuevas leys y ansi de aquy en adelante no consyntays que esto se contínue ny demas de lo hecho contra las nuevas leys se hagan conquistas algunas ni deys lugar a ello por ninguna via ni manera que sea". (COLCENT p. 46).

Por su parte, el Licenciado Pedro Ramírez daba también cuenta personalmente en carta de 25 de julio de 1545 (DOCUIN 24,394) diciendo que desde Gracias a Dios "al Valle de Ulancho donde está poblada otra Villa que se dize San Jorge" había setenta leguas; "veinte leguas adelante, se ha poblado, abrá dos años, la Nueva Salamanca. Poreste documento aparece que la Nueva Salamanca, la había

---

que se solían conceder, como el de llamarse Adelantado cuando se poblaba en tres lugares distintos.

fundado Alonso de Cáceres, cuando Alonso Maldonado fué mandado a Honduras".[97]

Cuando Alonso García (DOCUIN 24, 359) en 19 de febrero de 1546 escribió a S. M. acerca del escandaloso estado de la Gobernación de Guatemala, le hacía presente que "la visitación de Guayape dio a un pariente de vuestro Presidente, que se dice Hernán Nieto"; y que "el año de quarenta y quatro pasado se alzó mucha parte de los indios de la Villa de Comayagua y de la Villa de Ulancho (S. Jorge), y de otra Villa que se dice la Nueva Segovia".

No se habla de la Nueva Salamanca, de reciente fundación. Y después de 1546 no se sabe más de esta villa, de efímera existencia en el medio de la Taguzgalpa; que si hubiese continuado a existir y el Príncipe no hubiese exigido el no continuar con las conquistas y nuevas poblaciones, el Soberano no habría tenido necesidad, a fines del siglo XVI, de mandar a pedir informes sobre aquel inmenso y misterioso territorio, que después costó, y todavía cuesta, conocer los secretos que en ello se encierran.

---

[97] Esta villa, fundada 20 leguas más adelante de San Jorge de Olancho, en tierra que está entre Trujillo y Olancho (entiéndase aquí el principio de Olancho, o sea la Segovia) y corre hacia el Desaguadero y en vista del oro de Guayape, es posible que haya sido poblada sobre el Río Paulaya, en donde se encuentran las ruinas de EL DORADO, o sobre el Guayape o Patuca, en el encuentro con el Río Guampú, porque esa región fué la más conocida por los geógrafos de los primeros tiempos, especialmente el Río Guayape, por causa del oro.

136

TERCERA PARTE: ALBORADA DE HONDURAS

37.—Alvarado en España

Cuando Alvarado llegó a la Corte de España, llevando preciosas joyas y con la fama de haber conquistado nuevas dilatadas provincias, ricas de oro y pobladas por grandes señoríos; habiendo fundado recientemente otras dos importantes ciudades, conquistado el mejor puerto de toda la América Central y con la promesa de ir al descubrimiento inmediato de las Islas de la Especiería, para lo cual tenía ya preparada una gran armada y llevaba más de 700 soldados y marineros, adquiriendo en la misma España varios grandes navíos; deslumbró tanto e hizo tanta impresión entre los Señores de la Corte y a los mismos Reyes, que obtuvo entonces, con su palabra fascinadora, todo lo que quiso, ayudado aun por las interesadas relaciones y peticiones que hacían los que de Honduras lo habían acompañado.

Casó con Beatriz de la Cueva, perteneciente a una de las familias más influyentes de España; obtuvo ante todo un indulto general sobre todos los hechos anteriores, sobre las numerosas acusaciones y reclamaciones, y especialmente sobre el hecho de haber ido al Perú; se puso en contacto con el Protector nombrado, el Licenciado Pedraza, y obtuvo después que éste fuese nombrado juez en las reclamaciones que había hecho contra Montejo, valiéndose de manera especial del procurador Francisco de la Cava, que había presentado varias solicitudes en nombre del Cabildo de San Pedro de Puerto de Caballos, sobre todo, la petición de que fuesen respetados los repartimientos hechos por Alvarado y que el mismo Alvarado fuese nombrado Gobernador de Honduras.[98]

38.—Alvarado y Montejo

Desde 1533 Montejo, después de sus fracasos en Yucatán, había vislumbrado la posibilidad de entrar a Honduras, de la cual tenía noticias por su teniente Alonso Dávila. La Gobernación de Yucatán le

---

[98] Alvarado obtuvo la gracia de que fueran respetados los repartimientos, el 30 de junio de 1535. Pedraza fué nombrado Protector por Cédula fechada en Monsón a 19 de noviembre de 1537, y Alvarado le obtuvo poderes para hacer justicia: pero Pedraza la hizo a la manera que le convino a Alvarado.

estaba concedida desde los confines de Tabasco hasta el Río Ulúa, y aun algunos, en Trujillo, lo habían pedido al Rey como Gobernador de toda Honduras.

Como aquí las cosas andaban mal con Cereceda, Gobernador interino no provisto por el Rey, el Presidente de la Audiencia y después el Virrey Mendoza le instaron para hacerse cargo de esta Gobernación él titubeaba, y había puesto el ojo sobre Chiapas, que Alvarado tenía. Finalmente el Rey lo proveyó con la Gobernación de Honduras, juntándola con la de Yucatán y Tabasco, cuya Cédula de 1535 le llevó su hermano Juan de Montejo.[99]

---

[99] Esto consta también en la Cédula de la Reina de 16 de febrero de 1536, conscediendo a Alvarado poder conquistar el Puerto de Caballos, bajo Alertas condiciones porque a Montejo se le había beneficiado encomendándole la Gobernación de Honduras, con la de Tabasco y de Yucatán.

Para entender bien lo que sucedió entonces, es necesario recurrir a la primera carta de Montejo, de 19 de junio de 1539, en donde se cuenta que Alvarado amenazaba a Montejo con mandarlo preso a España, porque el Rey había "cometido al Visorrey e al Obispo de Guatimala que se conviniese entrar esta gobernacion en la de Guatimala, se la diese sin oirme, y amenazando a cuantos me han ayudado a pacificar la tierra que con migo vinieron, y a muchas otras personas. Y como el Protector lo supo, de los que de allá venían, le escribló su parecer, y respondióle que yo le havía hecho malas obras en ab3encia, e que peores me las avia de hacer él en presencia. Estas cosas no me las dice a mí, sino a Vuestra Majestad; pues yo soy criado vasallo e Gobernador, y estoy en su nombre. La hobras que el a mí me hizo, son estas: que imbié a Alonso de Cáceres con mi poder e con las Provisiones de Vuestra Majestad, para que en Guatymala hiziese alguna gente; y apregonaronse mis Provisiones; y como oyó el Adelantado que se allegaba gente, mandó de desbaratallo, y dió cargo a Alonso de Cáceres de su armada; ansímesmo por intercesion de Jorge de Alvarado, con parescer del Obispo de Santo Domingo,que hera Presidente a la sazon de Nueva España, a quien doy por testigo, le escrebí con el partido de Chiapa y nunca me rrespondió a ello;y después de haver recebído mi carta.escribióme una carta pidiéndome cierta artillería que yo tenía en Tabasćo, e no respondióe lo que le havia escrito; y de que llegó el Thesorero Diego García de Celis a Guatymala y le informó de las cosas de la tierra, escribióme acebtando el partido, y quando llegó la carta, habia recebido dos cartas de Vuestra Majestad, mandandome que viniese. Ya yo tenía empeñado e vendido lo que tenía en México para la xornada, e me estaba aderezando, e fuilo a comunicar con el Visorrey que tambien havia escrito sovre el concierto;e lo mesmo havia hecho a Vuestra Majestad, e respondile que ya no podia dexar de venir,y luego el Visorrey le escribió que no havia lugar; e yo lo mesmo;e Jorge Alvarado, lo mesmo; y a esta sazon, llegó la residencia y una carta al Virrey, mandandole que me mandase que viniese, e si no

Alvarado, que tenía el ojo sobre el Puerto de Caballos y quería entrar a Honduras, mientras preparaba una nueva expedición a las Molucas para salvarse de los graves cargos, estaba al mismo tiempo entreteniendo a Montejo, que le había escrito para trocar Honduras con Chiapas, y no le respondía.

Finalmente, cuando vió que el Visorey, de parte de la Corte urgía a Montejo, con amenazas de penas, a tomar posesión de la Gobernación, y Montejo dió sus poderes al capitán Alonso de Cáceres para hacer gente en Guatemala, Alvarado se lo impidió, y más bien le dió el mando de su flota; después que se entrevistó con Celis y supo que venían a residenciarlo, entró violentamente a Honduras y se embarcó para España.

A pesar de esto, Montejo vino a hacerse cargo de la Gobernación; y como Alvarado había hecho los repartimientos de una manera loca y absurda, repartiendo desde mucho antes de entrar a Honduras, dando el mismo repartimiento a varias personas sin conocer los lugares, repartiendo aun después, estando en Cuba en camino de España, dando diez repartimientos a gente que nunca había estado en Honduras; así Montejo se sintió con todo derecho para modificar los repartimientos, suprimirlos para los que ya se habían ido y no tenían derecho, quitarlos a Alvarado que no era Gobernador, repartir entre los que lo habían acompañado, y aun dejándose una buena parte para sí.[100]

---

que me lo requiriese; y ansi lo hizo y una carta que Vuestra Majestad me mandava, que luego que lo hiziese, porque ansi complia a su servicio; e luego tornó el Visorrey, e yo, a escrevírle lo mesmo al Adelantado, e que yo estava ya aderezado y me partía; e sabiendo esto, vino a la tierra como he dicho, e sin conquistalla ni pacificalla, repartió la tierra y dexóme sin un índio que me diese un xarro de agua".

Montejo en su testamento hecho en Valladolid el 16 de agosto de 1553, recuerda cómo el Rey lo obligó a conquistar a Honduras con gastos enormes de su hacienda, y manda que sus herederos pidan a Su Majestad los gastos que hizo de 30 mil castellanos.

[100] Todo esto consta en la primera y segunda carta de Montejo de 1° de junio de 1539.

Entre las encomiendas que se reservó Montejo, estaba la de YAMALA, que debía set importante; cuando los indios quisieron rebelarse y recogerse a un peñón, Montejo mandó un criado suyo, un negro llamado «Marquillo, [el nombre lo ha conservado Gómara), que sabía la lengua, a quemarles los depósitos de maíz que estaban preparando dentro de la fortaleza.

39.—El Licenciado Cristóbal de Pedraza

Pedraza había sido Chantre en la Nueva España y Protector de los Indios en la Nueva Galicia, en donde había implantado un nuevo método para proteger a los indios y también favorecerse a sí mismo, obteniendo un pueblo de indios, para tener una escuela de muchachos, instruirlos en la fe católica y alejarlos de las malas costumbres del paganismo. Como las Casas, había intentado un método de conquista pacífica. En el año de 1536 volvió a España; allí mientras estaba Alvarado, fue nombrado Protector de los Indios en Honduras, con Cédula fechada en Monzón a 19 de noviembre de 1537.[101] Llegó a Puerto de Caballos el 13 de septiembre de 1538 y en 7—10 de octubre ya estaba en Gracias.

Como se expresa en su Relación de 18 de mayo de 1539, al principio fue todo favorable a Montejo y lo recomendaba al Rey, en contraposición con Alvarado, diciendo que se había informado de todo y por todo, y hacía presentes todos los daños que Alvarado había hecho entre los indios, daños que debían ser reparados.

Pero, apenas recibió cartas de Alvarado, quien reclamaba sus indios y sus tierras en contra de Montejo, y el maíz que le había cogido en sus propiedades y el oro que habían sacado en Naco las numerosas cuadrillas que Alvarado había hecho venir de Guatemala y de San Salvador; y mucho más, cuando Alvarado arribó a Puerto de Caballos, con numeroso ejército, el Viernes Santo 4 de abril de 1539, e hizo saber que venía hasta para poner grillos y enviar a España a Montejo, y se vio con él que le trajo nuevos poderes, según dice el mismo Pedraza, y le hizo vislumbrar el obispado; entonces, de punto en blanco se volvió contra Montejo, lo molestó, lo juzgó inicuamente, lo

---

[101] Antes de salir de España, Pedraza dirigió al Rey un memorial [1537—1538] en el cual pide se le permita repetir en Honduras los buenos métodos pacíficos que había usado con los de Galicia, con los cuales había obtenido tan eficaces resultados.

Algunos de estos métodos entraron después en la práctica de las nuevas leyes de Barcelona, en favor de los Indios. [v. Robert S. Chamberlain, sobre Pedraza en Anales de la Sociedad de Geografía e Historia de Guatemala, marzo 1945].

condenó y le quitó la Gobernación, de la cual, con alguna mañana, se posesionó Alvarado, sin haber sido nombrado por el Rey ni autorizado para ello.[102]

Después de todo esto, hizo la parte de pacificador, fingió que Alvarado, con mucha clemencia, le condonaba la deuda y favoreciendo también a la hija doncella, dice que los volvió amigos.

He aquí lo que dice en su segunda Relación, llena de errores, de contradicciones y de mentiras, que escribió en España en 1544, antes de embarcarse para volver a Honduras.

"Sabido acá en castilla por el Adelantado Pedro de Alvarado.... lo quel dicho Montejo avia hecho...quejóse a su Majestad dello y su Majestad mando dar su provisión real dirigida a mi el dicho obispo para que cada y quando por el dicho don pedro de alvarado o por quien su poder oviese fuese requerido, con ella que hoviese justicia y luego como llegó a la tierra me hizo saver de su venida como traia la dicha provisión y juntamente con ella mucha gente puestas a punto de guerra para que si yo no le quisiesse hazer justicia...".

Con estos poderes el mismo Alvarado le hizo vislumbrar el nombramiento para Obispo, porque desde entonces no dejó que le llamaran Licenciado sino Obispo. Desde aquel momento Pedraza, de imparcial o neutral que se mostraba antes, se volvió todo en favor de Alvarado en daño de Montejo. Instruyó el proceso todo en daño de este Gobernador y lo condenó a pagar 27 mil ducados. Después de esto, para no quedar mal, entró en una componenda que él mismo describe:

"y después de sentenciado trabajé con el dicho adelantado le soltase la mitad dello... .y asi fueron muy buenos amigos... .y por tener

---

[102] Montejo dice que Pedraza, para hacer todo esto, fué pagado muy bien. He aquí cómo se expresa Montejo en su carta de 15 de agosto [DOCUIN 24, 329] y de 25 de agosto [DOCUIN 2, 264] de 1639: "Ha mañeado el Adelantado Don Pedro Dalvarado y el Obispo (de Guatemala) y los oficiales que todas las ciudades le den poder para que procure las cosas que convienen a la tierra y lleve el oro de V. M., para que sea más creido de las falsedades que dijere y lleva ordenadas; y a todos se ofrece que ha de negociar cosas particulares, para atraellos a hacer sus informaciones falsas, como V. M. allá verá. Y demás desto, lleva a cargo de los negocios del Adelantado D. Pedro Dalvarado sobre que se han fundado las cosas que ha hecho, porque se lo ha bien pagado el Adelantado, y ha hecho que le presten los oficiales dineros, y otras personas, para hacer su viaje".

como tenía una hija donzella ya para casar pareciome tornar a entender con el dicho adelantado sobre el resto que le devia y fuime a su mujer del dicho adelantado Alvarado.... pusole a dios delante y la gran pobreza del dicho Montejo y como no tenía para casar aquella hija que si el le pagava lo que le devia havia de quedar en el ospital....y le soltó todo el resto que le quedava deviendo y así el uno se fué....a Guatemala y desde a pocos dias se fué el montejo para ella para irse de ay a su governacion y yo partime para Castilla a ruego del dicho adelantado alvarado....a dar quenta a su Majestad".

Pedraza cuenta también que Montejo le rogó para que Alvarado se quedase con la Gobernación de Honduras, en cambio de la ciudad de Chiapa y del pueblo de Suchimilco junto a México, y obtuvo el cambio diciendo a Alvarado que era juez y tenía poderes para esto.

Ahora bien, lo que Montejo le mandó a decir al Soberano sobre el particular, es cosa muy distinta. Le dice que desde México le habían avisado que Pedraza le había de engañar y que Alvarado lo obligó a la fuerza y con engaño a hacer el cambio.[103]

---

[103] En cuanto al Licenciado Pedraza, al principiole llama: "El Licenciado Cristoval Pedraza, Protector...."; en la segunda carta también al principio lo dice "el Licenciado Cristóbal de Pedraza"; pero, después que vino Alvarado, y que habló con él, se expresa de diversa manera, diciendo: "de la llegada del Licenciado Cristóbal de Pedraza....me olgué con su venida, no sabiendo su vida e costumbre, aunque de México me escribieron muchos, que me guardarse del, porque me havia de engañar en todo lo que podiese; y confiando en mis obras, no creí lo que dél me escrebieron, ni aun lo que ví; publicando quando llegó a esta tierra, antes que conmigo se viese, que benia por Obispo, y ansi se ha llamado e se llama, y que benía por Juaez de agravio contra mí, y que una carta suya bastaba para quitarme esta Governacion que por Vuestra Majestad tengo...."; y en la carta del 15 de agosto dice: "Estando al cabo de la pacificación de la tierra, llegó Don Cristóbal de Pedraza, Obispo que dize que es...."

Ahora, que el Licenciado Pedraza, no solamente no era Obispo, sino que ni siquiera era presentado, lo revela él mismo en una petición que hizo para hacer una información sobre García de Celis, el 24 de octubre de 1539, en San Pedro, porque él mismo la encabeza así: "El Licenciado Pedraza, Protector de los Indios de su Gobernacion de Higueras e Honduras, por Su Majestad, paresco ante Vuestra Merced....," y en otras partes del mismo documento se repite: "paresció el muy reverendo e muy magnífico señor Don Cristoval de Pedraza, protetor en esta Gobernacion de Higueras e Honduras, por Su Majestad...."

Por estas palabras se desprende también, que al ausentarse Alvarado y Montejo, quedó como Gobernador el mismo Pedraza; y cuando se ausentó Pedraza, quedó el

40.—El Convenio traidor

Vuelto Alvarado de España, ya nuevamente favorecido por la Corte, acompañado de una gran fuerza armada, sintiéndose poderoso en hecho y en derecho, usando y abusando del voluble Licenciado Pedraza, fuerte con los débiles y débil con los fuertes y de cuantas mañas era él capaz, obligó a Francisco de Montejo a consentir en el convenio contra su voluntad y a cederle la Gobernación de Honduras, en cambio de la de Chiapas y del repartimiento de Xochimilco cerca de México.[104]

De los abusos cometidos en aquella ocasión, dan fe las cartas de Montejo, las dos de 19 de junio y la de 15 de agosto de 1539, y la misma carta de Alvarado de 4 de agosto del mismo año (DOCUIN 24).

Montejo mismo, en las cartas de 15 y de 25 de agosto (DOCUIN 24 y 2) ruega a Su Majestad que no apruebe el convenio y no le quite la gobernación, porque dió su consentimiento bajo fuerza. Dice así: "Yo fui avisado que si no me concertava, que corría riesgo mi persona; y a esta causa yo hice el concierto que Vuestra Majestad allá verá; yo escrebí juntamente con él, al (él) Adelantado, una carta a Vuestra Majestad sobre ello; y digo que si Vuestra Majestad fuere servido quel concierto pase, pues yo lo xuré y prometí y si comple al servicio de Vuestra Majestad que yo lo hé por bien. Y ansi lo suplico a Vuestra Majestad mande no sean hechas las Provisiones, porque mi deseo no es sino de servir muy a Vuestra Majestad, donde quiera que más sea servido; por lo que suplico a Vuestra Majestad que una cosa de tan

---

Gobernador Diego García de Celis, que cesó, al volver Montejo a Honduras, el 9 de abril de 1543, a quien quitaron la Gobernación las Oidores en el primer día de la Audiencia, el 13de mayo de 1544.

Alvarado dejó como su teniente a Alonso de Cáceres; Pedraza dice que lo dejó como Gobernador [v. Relac. de 1544].

[104] Que Alvarado se apoderó de la Gobernación por la fuerza, lo dice Montejo mejor todavía en la primera carta: "Llegó el Adelantado don Pedro de Alvarado al Puerto con trescíentos enpañoles que diz que trae para su armada, y a lo que parece y a mostrado, no los traxo sino para contra mí; luego en llegando sin amostrar provision nenguna, como (tomó)los indios que tenía encomendados y encomenzó a mandar como Governador ...diziendoles quél traya esta cibdad por suya, y que si no se la entregasen dentro de veinte y cuatro oras, que me habia de prender e imbiar con unos grillos a Vuestra Majestad; porque ansi se lo avia mandado".

gran desacato hecha a su Governador y persona puesta en su nombre, no quede sin gran castigo... Que sobre todo pido a Vuestra Majestad xusticia contra todos los que en esto han sido, y más deste Obispo; y ansí la quedo esperando de Dios y de Vuestra Majestad".

Y antes había dicho: "Llegado (Alvarado) al Puerto con el armada que dize que traía para la China, que según ha parecido no hera más de para contra mí, publicando que traía esta Governación, e que le avia mandado Vuestra Magestau que me imbiase con unos grillos a España; el llegado a esta Cibdad con toda su gente, echóme al Obispo que me dixese que tenía muchas provisiones contra mí, e que la boluntad de Vuestra Majestad, hera, de quitarme esta Governación e darsela a el Adelantado Alvarado; e que me aconsexase, que hiziesemos concierto, e ansi encomenzó a entender en ello; e porque no lo quise hazer como él quiso,...embióme con su procurador a notificar una Provisión que Vuestra Majestad le mandó dar....que se volviesen a las personas que yo havía quitado....metióse el Obíspo en ello, y hace sus procesos sin me oir, a mí, ni a parte nenguna que tobiese posecion, ni sin mostrar Provision…y mandó a pregonar que nenguno me tobiese por Gobernador, so grandes penas.... Y porque yo quise apregonar la Provision de Vuestra Majestad, de la Governacion, imbió por gente a el Adelantado Don Pedro Dalbarado, e imbióle cien arcabuceros...y los que conmigo estavan, como lo supieron, ubieron miedo, y el escribano y otros se fueron y me dexaron solo, sin apregonalla.... Los que en esto más han metido la mano, son el Thesorero Celis, y el Conthador Cerezeda, y el Vehedor Valdes, por amor dellos… fueron nombrados por Gobernadores por el Obispo, Thesorero y Conthador... y después acordaron de xuntarse, el Obispo y oficiales en Cabildo....todos juntos, reciben al Adelantado Don Pedro Dalvarado por Gobernador, y por tal lo apregonaron.... Es tanto el temor que todos tienen a este Obispo, de las crueldades que haze, que por cada palabra tienen a un hombre de cabeza en un cepo, dos e tres dias en sucasa, en su recamara..." "E crea Vuestra Majestad, quél no es hombre, sino enemigo, y el mas rudo hombre para indios e cristianos que ay en el mundo e que peor los trata…"

En la carta segunda de 1° de junio, en pocas palabras presenta cómo fue la situación del primer momento: "...llegó (Alvarado) a esta Cibdad con su muxer e casa e toda su1 armada... e antes que me presentasen las Provisiones que traía el Licenciado Cristóbal de Pedraza y otras personas, dandome a entendér que todo lo que hávia dicho será berdad, y que la intencion de Vuestra Majestad era dalle esta Gobernacion con la de Guatymala; ablaron en conciertos que dexase esta Governacion y lo que yo en ella tengo, y que me daría a un pueblo que tiene en México que se dice Suchimilco, y la Go.vernacion de Chiapa; y creyendo ser verdad lo que me decían, yo acebté el partido muy contra mi voluntad, y sabida la verdad, hera para me engañar,pensando que yo me desistiera luego de esta Governacion y de lo demás; y como no lo quise hazer, desconcertóse....por la mucha codicia que tenian los que en ello entendian y lo meneaban, porque pensaban de dar saco mano de la tierra, y ser todos rricos en un año, e que no hobiera indios para más....".

41.—Desesperación de Montejo

Por lo que se ha dicho poco antes, Montejo, al jurar el convenio con Alvarado, lo hizo por el engaño de Pedraza y por la fuerza de las armas de Alvarado. Se lo hicieron jurar; y aunque el contrato no valiera como contrato, porque faltaba la libertad necesaria, pero había por medio un juramento. Estando en esa dificultad, Montejo, en su carta, ruega al Soberano que no acepte lo pactado y no le dé su sanción. Pero el Virrey lo confirmó. (DOCUIN II, 266).

Entretanto Alvarado se apodera de la Gobernación, haciéndose elegir por el Consejo; al irse a Guatemala deja como Gobernador a Pedraza, quien al partir para España deja a García de Celis.

Montejo estaba todavía en Gracias a Dios el 15 de diciembre de 1539, cuando escribió otra carta al Rey (DOCUIN II, 266, Nota) en la cual le dice que hecho el concierto, Alvarado lo envió al Visorey, quien a pesar de haber sido avisado por el mismo Montejo, de la fuerza que se le había hecho y sin que se cumpliese con él cosa de lo prometido, mandó la confirmación.

En esta carta Montejo dice que se va desesperado, dejando su mujer y casa; "porque vale más un poco de favor que todos los servicios".[105]

42.—Vuelta de Montejo a Honduras

Dice Pedraza, en su Relación de 1544, que ya hecho el convenio, Alvarado se fue a Guatemala, Montejo a su gobernación y Pedraza se preparó para ir a Castilla a dar cuenta a Su Majestad.[106]

Murió repentinamente Alvarado, atropellado por un caballo, en una empresa que no era suya.

---

[105] Las cartas de Montejo fueron copiadas por D. J. B. Muñoz en el Archivo de Simancas. Son las que Torres de Mendoza puso en Bu Colección.

En una obra reciente, D. Juan F. Molina Solís, Hist y Desc. de Yucatán, México, 1943, a pág. 182, hace entender que Montejo estaba aprisionado. Pero, no se desprende esto de ningún documento; esto sí, estaba vigilado para que no escribiese al Soberano, y los suyos, por temor, no se acercaban a él.

De esta coacción física y moral, da cuenta al Rey en todas sus cartas de 1539; especialmente en la de 15 de agosto [DOCUIN24, 320] y 25 de agosto [DOCUIN 2, 258], dice que Alvarado le impedía cualquier correspondencia, por lo que se consideraba como prisionero, pero, intentaba todos los medios para hacer llegar sus cartas: "Por la via de México he hecho larga relación a Vuestra Majestad de las cosas desta tierra, con el Bachiller Joan Álvarez, porque en este Puerto no he podido; que me tienen aquí cabtivo, que por nenguna parte me dexan hacer mensaxero; e esta carta imbío al Puerto, secretamente, si hallase algún marinero que la ose llevar".

[106] Alvarado, en 15 de septiembre de 1539 fué recibido en Guatemala. [DOCUIN 24,334).

Montejo se fué desesperado a Chiapas, después de haber escrito al Rey el 15 de diciembre de 1539. [DOCUIN 2, 266, nota].

Pedraza se fué en enero de 1540 (y no en 1541 como afirma en su relación de 1544, por lo que véase una nota anterior de este trabajo) como lo asegura Oviedo, el cual dice también que Pedraza fué encargado para ir a la Corte a hacer confirmar el convenio. Que esto sea cosa de interés particular de Pedraza, se colige de la carta de Montejo de 15 de agosto, citada en la nota anterior, en donde se dice que procuraba que le diesen a tratar asuntos particulares, y hasta se hacía emprestar, para tener dinero para su viaje.

En Chiapas no le fue mal a Montejo[107], a pesar de que Alvarado no le quiso entregar la encomienda de Suchimilco.[108] Es por lo tanto posible que ésta fué una de las tantas razones que le hicieron sentir que estaba desligado del convenio que había hecho con aquel Adelantado, y vino nuevamente a Honduras.

Cuando Alonso Maldonado, enviado como Gobernador de Guatemala, quiso reunir a esta Gobernación la de Honduras, y según lo afirma en su carta fechada en Puerto de Caballos el 15 de enero de 1543[109], mandó su teniente a la ciudad de Gracias a Dios a tomar posesión, "el Adelantado Montexo y el Cabildo de aquella Cibdad, no

---

[107] En Chiapas estaba todavía Montejo el 18 de marzo de 1542, cuando firmó el documento en que confería amplios poderes a su sobrino Francisco de Montejo, para que con su hijo conquistase a Yucatán.

[108] Oviedo [32, 8] dice que la gente de Alvarado, visto el desastre de la empresa, "la gente de la mar se salió de la armada e se fueron todos a México. Estaba allí el Adelantado Montejo, que avia ido a que le entregassen a Suchimilco, conforme al assiento que se avia dado entre él y Alvarado, el qual no se la quiso dar ni entregar. E litigando los dos sobre ello, recogió el Montejo mucha parte de aquella gente, e los que más pudo de otras, e volvióse a poblar su gobernación en la tierra de Yucatán.

Montejo, en su testamento hecho en Valladolid el 16 de agosto de 1553 (Arch. de Protoc., Valladolid, Leg. 128, escribanía de Francisco Ceron, 2° Tomo—V. R. Chamberlain, Anales Soc. Geogs. Hist., Guatemala, junio 1945) manda que sus herederos reclamen el pueblo de Suchimílco, en la Nueva España:

"Yten digo que su magt por su provision real dio lica a mi y al adelantado don po de alvarado que nos concertasemos sobre ciertas governaciones el trueco dellas y nos concertamos que yo le diese la governacion de honduras y el dho adelantado a mi la governacion de chiapa y el pueblo de suchimileo y el dho concierto fue confirmado en favor del dho adelantado don po de alvarado por el visorrey de la nueva españa y conmygo no se complio de manera que yo me tave el dho pueblo de suchimilco sobre que fne el dho concierto mdo que se pida a su magt el dho pueblo de suchimileo y todo lo que en el a de aver y me pertenesce y todo lo que asta aqui arrentado y valido y podido rentar y valer".

109 Fuentes y Guzmán [RECFLOR II, 16] encuentra difícil recopilar actos y fechas de este tiempo, por la confusión y falta de documentos, a pesar de que tenía a su disposición el archivo de Guatemala. Se contenta con dar las fechas de 17 de mayo de 1542 cuando entró como gobernador Alonso Maldonado y la de 28 de julio, cuando el Cabildo lo requirió para que fuese en seguida a tomar posesión de Honduras. Remesal [VII, 2] dice que fué nombrado Gobernador el 2 de marzo del mismo año.

le quisieron rescebir, e a la Provision Real e poder que yo dí dieron cierta respuesta..."[110]

43.—La confusión en el Gobierno de Honduras

Alvarado quiso siempre el Puerto de Caballos para servicio de Guatemala; y cuando el Rey accedió a que pudiera ser Gobernador también de Honduras, tratando el asunto con Montejo, y poniendo por juez al Licenciado Pedraza, todo el asunto fue de unir Honduras a la Gobernación de Guatemala, como antes había tentado de unirle también la de Nicaragua, además de San Salvador que él había conquistado.[111] También Cortés había querido conquistar Honduras y Nicaragua para unirlos a la Nueva España.

En este estado de cosas, los vecinos de Guatemala, apenas fué de Gobernador Alonso Maldonado, Oidor de la Audiencia de México, le instaron inmediatamente para que fuese a tomar posesión de la

---

[110] Durón [Bosq. VI], dice que Diego García de Celis cesó en sus funciones por haber vuelto a la Gobernación D. Francisco de Montejo el 9 de abril de 1543. Al referirse al Gobernador Juan Pérez de Cabrera, enviado por la Audiencia de Santo Domingo para el caso de que no hubiese otro Gobernador provisto, dice que gobernó en el Norte en el intervalo entre la muerte de Alvarado y el regreso de Montejo, y cobró su salario del 18 de junio de 1542 al 9 de abril de 1543.

Sin embargo, la fecha de 1543 debe estar equivocada. Maldonado fué nombrado el 17 de mayo de 1542, y el 28 de julio llegó a Guatemala. Allí el Cabildo le instó que fuese a tomar posesión de Honduras, y efectivamente, el 15 de enero dé 1543 estaba en Puerto de Caballos desde donde escribía al Rey. La Colección de Documentos Inéditos de Torres de Mendoza pone esta carta en fecha de 15 de enero de 1545, pero esta fecha es imposible, porque Maldonado entonces residía ya en Gracias como Presidente de la Audiencia; ni puede ser de 1544, porque no menciona a la Audiencia que ya se había mandado instituir.

En esa carta cuenta al Rey que había mandado sus tenientes a Gracias a Dios, desde Guatemala y Montejo y el Cabildo no le quisieron recibir. Esto quiere decir, que en 1542 Montejo estaría en Gracias a Dios, y por lo tanto habría que corregirse la otra fecha dada por Durón, de que vino a Gracias el 9 de abril de 1548.

En todo caso, de la carta de Maldonado se desprende que Montejo se metió en Honduras, llamado o no por los cabildos, que no querían quedar bajo la jurisdicción de Guatemala, antes que se presentase el teniente de Maldonado a tomar posesión de Honduras. V. también Chamberlain.

[111] Esto se desprende de las cartas de Castañeda (PER).

Gobernación de Honduras cuanto antes, para aprovecharse de las ricas minas de Olancho.[112]

Pero Maldonado no fue recibido por Montejo ni por el Cabildo en Gracias a Dios, y en San Pedro de Puerto de Caballos fue rechazado por Juan Pérez de Cabrera, que la Audiencia de Santo Domingo había mandado a Trujillo para gobernar, con la intención (según un capítulo de la instrucción), de que no usase de su Provisión estando otro proveído e recibido en ella. (DO—CUIN 24, 346).

Maldonado entonces informó al Virrey y a la Audiencia de México, la cual "le mandaba que sin embargo de la respuesta que a mi Teniente se dió, tenga estas dos Gobernaciones (Honduras y San Salvador), xuntamente con la de Guatymala, por ser toda una cosa, como más largo por la Provision, e sobre—carta paresce. Recebí esta segunda Provision; me partí para Gracias a Dios, e luego fuí rescebido en el Cabildo de aquella Cibdad". (DOCUIN 24. 346).[113]

---

[112] Acaso de esta unión momentánea de Honduras con Guatemala, queda un recuerdo en los restos de población española, con cimientos de pequeña iglesia, que yo visité en 1940, en Guatemalita o Miralda, cerca de Guarabuquí, en medio de antiguos, y aún modernos lavaderos de oro.

113 La carta de Maldonado, entonces Gobernador de Guatemala, San Salvador y Honduras al mismo tiempo, es sintomática y en todo lo que cuenta, da una idea de la confusión que reinaba en aquel momento inmediato a la muerte de Alvarado.

En efecto, la jurisdicción de Honduras no era bien clara. Las conquistas tampoco habían sido bien claras, porque se habían efectuado por capitanes que dependían de una y otra Audiencia. De Santo Domingo había venido a conquistar a Honduras Gil González Dávila, añadiéndose que desde Panamá se había entrometido Pedrarias Dávila. Del otro lado había efectuado la conquista Cortés, desde la Nueva España, enviando a Cristóbal de Olid y las Casas, y viniendo el mismo a conquistar y fundar. Gil González había llegado hasta el Golfo Dulce, después de haber llegado a Puerto de Caballos, al que Cortés cambió nombre y pobló; lo mismo hizo Alvarado reponiéndole su primer nombre. La Audiencia de Santo Domingo sintió que era de su jurisdicción tomar informaciones sobre los acontecimientos en Honduras, y por orden del Soberano, mandando como Gobernador a Diego López de Salcedo, habiéndose nombrado después de su muerte, en 1530, a uno de los padres géronimos, como obispo y gobernador, Fray Alonso de Guzmán y por la renuncia de éste, nombrando a Diego de Albítez (HÉRR). La misma Reina se encontró entre dos corrientes. Efectuado el convenio entre el Rey y don Pedro de Alvarado, cuando éste fue a España la primera vez, como compensación a la armada que hacía para ir a descubrir la "especiería" se le había dado permiso de ir a conquistar el Puerto de Caballos y en Cédula de 20 de

44.—La Audiencia de los Confines en Gracias a Dios

Con la venida de Alonso Maldonado y de Pérez de Cabrera, y con la vuelta de Montejo para ocupar la Gobernación de Honduras, la desorganización y la confusión llegó a tal punto, que la Corte, hondamente impresionada y previendo inconvenientes gravísimos habiendo ya ordenado las nuevas leyes de Indias, las cuales el Obispo Bartolomé de las Casas había promovido e impulsado, emanadas en Barcelona el 20 de noviembre de 1542(REM I, IV, 12), entre las cuales había una por la cual se creaba la nueva Audiencia de los Confines de Honduras y Nicaragua.

Según cuenta Remesal, por carta despachada en Valladolid en 3 de septiembre de 1543, se manda al Presidente y a los Oidores que vayan a ejecutar su oficio con toda brevedad, por el peligro que podría resultar de su tardanza, y diez días después se manda que la Audiencia Real resida en la Villa de la Concepción del Valle de Comayagua, a la cual se le da el nombre de Villa de Valladolid.

En esta Villa, recientemente erigida, no podían hallar todas las comodidades que exigían los Oidores, y por lo tanto, el Presidente

---

julio de 1532 manda que este convenio observe la Audiencia de la Nueva España y jueces de otras partes. Señal ésta de que la jurisdicción no era bien clara. 'En 1532, la Reina desiste y le escribe que no debe entrometerse en la Gobernación de Honduras, porque se había dado ésta a Albítez.

La confusión aumentó cuando se nombró a Francisco de Montejo para que viniese a gobernar a Honduras, mientras tanto que la Corte proveía; Montejo trataba de demorar y el Virrey le compelía; y Alvarado, anhelando poseer el Puerto de Caballos, se había introducido anteriormente hasta Choluteca, por medio de Cristóbal de la Cueva, rechazado por Cereceda, quien había llegado hasta Naco y había fundado Santa Marta de la Buena Esperanza. En este estado de cosas, entró a la fuerza don Pedro de Alvarado en Honduras, fundó San Pedro de Puerto de Caballos; mandó que se fundase Gracias a Dios, en el camino de Guatemala y salió por Puerto de Caballos. Vino inmediatamente Francisco de Montejo desde México, habiéndose entonces frustrado su empresa en Yucatán; asentó la segunda y la tercera Gracias a Dios; fundó Comayagua; quiso poblar en Olancho y mandó efectuar esa conquista por Alonso de Cáceres, quien después, como Teniente de Alvarado, fundó en 1540 San Jorge de Olancho y posteriormente, como teniente de Montejo, en 1543, fundó en Guayape la villa de la Nueva Salamanca.

En este momento la confusión había llegado al colmo, cuando la Corte fundó en Honduras la Audiencia de los Confines.

Maldonado se fué a instalar la audiencia en la ciudad de Gracias a Dios. (REM id. c.18). [114]

La Audiencia, dicen los Oidores en su carta de 30 de diciembre de 1544, comenzó a funcionar el 18 de mayo de 1544; sin embargo, Remesal afirma que se abrió en viernes 16 de mayo, y lo mismo aseguran Joaquín Pardo (Efemérides de la Antigua Guatemala) y Durón (Bosq. VI). "Luego se asentó esta Audiencia, se pregonaron las Ordenanzas...que los indios esclavos se pongan en libertad...se les haga xustícia....no se pueden encomendar indios por título alguno, y los que vacasen se pongan en la Real Corona de Vuestra Majestad...."(Carta de la Aud, de 30 de dice. 1544; DOCUIN 24, 224).

45.—Maldonado y la familia Montejo

Apenas instalada la Audiencia de los Confines, quitó inmediatamente la Gobernación de Honduras a Montejo y la retuvo para sí. Montejo apeló a la Corte acerca del Río Ulúa y de la Villa de San Pedro, alegando, con razón, que por una capitulación con el Soberano, este Río, y por lo tanto la villa, estaban en la jurisdicción de su Gobernación de Yucatán.

La Audiencia también escribió al Rey, dando su parecer en contrario, por la gran importancia que tenía el Puerto de Caballos, para Honduras, ya que todas las mercaderías entraban por allí y por lo tanto era necesario que la Audiencia tuviese jurisdicción en aquella villa.

A pesar de todo, Montejo se conservó en el mando y en los repartimientos de Honduras y Maldonado, que se había casado con la hija de Montejo, recibía todos los beneficios, especialmente de repartimientos de indios que a la hija le habían venido en dote.[115]

---

[114] Maldonado cesó al llegar a residenciario el juez Lic. Alonso López Cerrato, que quedó como Presidente de la Audiencia; y como el Oidor Ramírez, desde su carta de 1545, había insinuado trasladar la Audiencia de los Confines, y López Cerrato hizo lo mismo apenas llegado, el Rey, con Real Cédula de diciembre de 1548 concedió la gracia, y así, la Audiencia fué trasladada a la ciudad de Guatemala, y el Soberano sancionó el traslado, por Cédula de 1º de julio de 1550.

[115] Entre las acusaciones de Alonso García se encuentra la siguiente: "Mandó Vuestra Majestad, por su Real Provisión, para que los pueblos que Don Pedro de Alvarado tenía en otra Provincia de Honduras, los posiesen en Vuestra Real Cabeza. Ni por Vuestra Provisiones, ni por requerimientos que por ellos se han hecho al

También la mujer de Montejo participaba del oficio, y aún mandaba más, y del trabajo y esclavitud de los indios de los varios repartimientos y abusaba más que su marido.

Este era el estado de las cosas en Honduras, cuando un hidalgo de la ciudad da Gracias, Alonso García, en privado informó al Rey, de Maldonado, Presidente de la Audiencia y de todos los Oidores. Se supo entonces, que Montejo con el apoyo del Obispo de Guatemala y de Maldonado, y valiéndose de todas sus mañas, había resultado inmune en la residencia que se le había tomado, porque el Juez de residencia Roxel no hizo nada contra él, pero sí mucho, contra algunos que le acusaron de agravios. (DOCUIN 24,352 y 446).[116]

Alonso García (19 de febrero 1546,) decía del Adelantado y su mujer: "dellos (de los indios) se tomaron para sí, de los que ansi quitó a los conquistadores, él los tiene y posee el día de hoy; y aunque no govierna en esta Provincia el día de hoy, todavia procura de meter disenciones en todos los vecinos. Por servicio de Dios Vuestra Majestad le mande al Adelantado y su muxer, que se vayan desta provincia de (a) México o a Yucatán que dicen que es su Governación..."[117]

Adelantado Don Francisco de Montejo, ni a los demás, nunca han querido cumplir lo que Vuestra Majestad les ha enviado: porque un pueblo que se dice Yamala que era del Adelantado Don Pedro de Alvarado, lo quitó Montexo quando vino de Chiápa, a quatro casados antiguos conquistadores, que algunos dellos no tenian otra cosa, y lo tomó para sí, y agora lo tiene y lo posee Vuestro Presidente Alonso Maldonado desque se casó con la hixa de Montexo; por estas cosas y por otras semexantes quesperamos ver".

[116] En la carta de Maldonado de 31 de diciembre de 1545 (DOOUIN 24, 446), se dice: "En la Provisión para tomar residencia al Adelantado Montexo, de lo de Chiapa y Ywucatan, que venia en blanco para que yo posiese el Oydor que mas paresciese, pose al Licenciado Roxel, como a Vuestra Majestad tengo escrito; y le dí las Provisiones para que luego lo efectuase en cinco de Marzo de este año, y él lo ha dilatado hasta agora, por temor de las aguas. Partiráse, a lo que dice, luego que pase Navidad; aunque yo quisiera, y ansi se lo he dicho muchas vezes que hubiera hecho la xornada muchos dias antes, pero no se ha atrevido, y está disculpado".

[117] La carta continúa llena de agravios contra Montejo, su mujer, su yerno Maldonado y contra todos los Oidores que los ayudaban; y dice además: "Y tambien tiene Vuestro Presidente al lado su suegro e su suegra, que le ayudan hacer estas cosas; porque ellos mientras governaban fueron siempre tiranos e desobedientes a todos los mandatos de Vuestra Majestad, haciendo siempre a su apetito; e como agora nunca a abido castigo, por ello se quieren seguir todavia por allí. Y esperamos

46.—Lucha por los confines occidentales de Honduras El Río Pichín y el Río Ulúa

Cuando después del 13 de mayo de 1544[118] la Audiencia de los Confines, puso en vigencia las nuevas leyes de Barcelona y acatando una Cédula de Su Majestad le quitó la Gobernación de Honduras a Francisco de Montejo, éste reclamó la Villa de San Pedro y el Río Ulúa.

Dice la Carta de los Oidores: Vra. "Majestad ha mandado que el adelantado Montejo no tenga la governacion de Higueras y Honduras, agraviose en esta audiencia diziendo que no se le abia de quitar la villa de san Pedro porque aquella no la tiene por la (hay una línea mal copiada que repongo por DOCUIN 42,430) Provision que Vuestra Majestad le mandó dar de Higueras y Honduras sino por la merced que Vuestra Majestad le hizo de la Governacion, desde el Río de Copilco—Zagualco (mal transcrito; es azacualco, o sea Coatzacoalco, en el istmo de Tehuantepec, en los confines de Tabasco) hasta el rio de Uloa, y dentro de ella está la villa de san Pedro y por virtud de esta merced fue rescivido en ella y presento una informacion por donde parescia que esta villa de San Pedro está dentro de los limites seña—

---

que Vuestra Majestad mandará tomar residencia otra vez a Montero, porque en la que le tomaron, pasado fué como entre compadres, porque aunque le pidieron, nunca quiso mandar bolber ni restituir al Licenciado Roxel el que se la tomó, cosa alguna... porque como el Licenciado Roxel dava tantas largas, e Montejo nunca pagaba a escribanos, e como poderoso, e los que le demandavan eran pobres, dexaron perder toda su xusticia en general... Y sobre todo esto, metió por compadres a Vuestro Presidente Alonso Maldonado e todos Vuestros Oydores, cuando bautizó a su hixa, por tenerlos más de su mano para cuando algo se le ofresciese".

[118] Contra lo que dice algún autor, seguido por Durón (I. c.), que la Audiencia de los Confines se instaló el 16 de mayo de 1544, está la carta de los Oidores, enviada al Soberano duplicada y con variaciones. La que se publicó en Managua, sacada por Pastella del Archivo de Indias, escrita de Gracias a Dios, el 30 de diciembre de 1544(errada la fecha 1545) dice: "En treze de mayo nos juntamos en esta ciudad". (COL—CENT 30).

En «Efemérides de la Antigua Guatemala», de J. Joaquín Pardo (Guatem., 1944), se encuentra lo siguiente: "14 de mayo de 1544.—En la ciudad de Gracias a Dios, es recibido el Real Sello. Este acto debe ser considerado como el que instituyó la Audiencia de los Confines". "16 de mayo de 1544.—La Audiencia de los Confines, inicia sus funciones"

lados en la dicha merced. No obstante esto por esta audiencia se le mando que no usase de la governacion en la villa de San Pedro porque entra en la governación de higueras y honduras donde V. M. le ha mandado que no use el oficio de gobernador apeló desto para Vuestra Majestad. a esta audiencia, parece que V. M. le deve mandar que no use el oficio de governador en aquella Villa porque ansí conbiene al servicio de V. M. por ser nuebe leguas de alli el Puerto de Caballos y venir alli todas las mercadurias y conbiene que se govierne por esta audiencia". (COLCENT).

Efectivamente, ya en 1539, en su carta de 1º de junio, recordaba al Soberano, la merced de 150.000 maravedis de ayuda de costo: "Ya Vuestra Majestad sabe que en años de quinientos y treinta (1530), fué Vuestra Majestad servido de mandar se me imbiase una Provision en que me fazia Merced desde el Río de Copilco—Cogualco que es al Poniente de Yucatan, fasta el Río de Veno, que es al Levante; en los quales terminos entran las provincias de Grixalba (Tabasco), adonde yo bine....estobe en ella tres años....Y el Rio de Olúa es este que está quatro leguas de la Villa de San Pedro hacia Levante, y en los dichos límites entra esta cibdad y la Villa de San Pedro...".

Esto decía Montejo, para salvar para sí una parte de Honduras, en vista de que Alvarado venía a quitarle la gobernación; y también para recordar los 150.000 maravedís de ayuda de costa, que finalmente la Audiencia le concedió, por intermedio de su yerno, el Licenciado Maldonado.[119]

La cuestión era apasionada. Se trataba que la Cédula real concedía la conquista de Yucatán desde Tabasco hasta Honduras y precisamente hasta el Río Olúa y Pechin. Este Río Pechín no era otro sino el Chamelecón, como se deduce de Bernal Díaz (c. 184), cuando

---

[119] Alonso García (1. c. DOCUIN 24, 431) en la información privada que mandó secretamente a la Corte, da a conocer que a Montejo le fueron pagados los mil pesos: Cereceda no se los quiso pagar, porque no estaban debidos en Honduras, sino en Yucatán en donde conquistó; porque en Honduras no había conquistado nada, dice García, arguyendo lo siguiente: "Dixo el Adelantado, que un rio que se dice PECHIN, y que por otro nombre se llama OLUA, el cual rio no a visto Montexo, ni ha estado en él, y a esta causa no se lo han querido pagar Vuestros oficiales, y agora como su yerno es Presidente, arguyó el Adelantado quel rio de Pechin como dixo, que era el qué está en una provanza el Cavildo de la Cibdad de San Pedro, y este rio de Pechin está quatro leguas de la Cibdad de San Pedro..."

cuenta cómo Sandoval prendió a Garro que venía de Nicaragua y lo llevó a Naco, y desde allí fueron enviados varios soldados a Trujillo, "e yendo por sus jornadas no pudieron pasar el río Pichin ni otro que se decía Balama (Olúa)". Por lo que se ve que García se equivoca al informar al Soberano, que el Río Pichin era el mismo Olúa.

Las razones porque de una parte y de otra defendían su punto de vista, eran claras. San Pedro, villa fundada por Alvarado estaba ligada con Puerto de Caballos, que comenzaba a ser un punto vital para Honduras. Si Montejo hubiese quedado como Gobernador de Honduras, también Yucatán hubiera sido territorio unido, hasta Tabasco, y las dificultades hubieran desaparecido. Y como el Río Pichín (Chamelecón) y el Río Olúa, estaban al oriente de San Pedro, los españoles no podían pensar en que esta faja de territorio perteneciera a la Gobernación de Yucatán, cuando estaba material y espiritualmente tan ligado al resto de Honduras.

Diverso era el otro punto de vista. Cuando Montejo pidió la conquista de Yucatán, había ya pasado Cortés para ir a Trujillo.

Mientras, con Gil González Dávila, el centro de actividades comenzó en el Golfo Dulce, con San Gil de Buenavista y se desarrolló por entre el Cabo Camarón y Trujillo, hasta la Segovia, y no sabemos el giro que habrían tomado las cosas si no hubiese sido estorbado; con Olid, el centro fué Tela y Naco, más en equilibrio con el territorio de Honduras. Este centro fue trasladado por Cortés a Naco y Trujillo, en donde estaban las minas, y con López de Salcedo, Trujillo se volvió el primer centro de Honduras, con el eje hacia Nicaragua, por causa de las ricas minas de la Segovia y de las de Olancho, que comenzaban a aparecer.

Montejo, en 1530, pidió un territorio aparentemente fuera de cuestión, porque entonces, la parte occidental del Río Ulúa había quedado casi sin interés, ya que abandonado San Gil de Buena Vista y Puerto de Caballos para poblar a Trujillo, y muerto el más interesado, Diego López de Salcedo, estaba Pedrarias demasiado fuera del centro, para poder satisfacer su apetito.

47.—Vías de comunicación entre los Mayas de Yucatán de Tabasco y de Honduras

Por otra parte, el mismo Cortés había observado cuan activo era el comercio entre la península de Yucatán y Honduras, cuan fáciles las comunicaciones y cómo era casi uno el espíritu de una gente y otra. Hablaban la misma lengua, y Aguilar entendía bien los de Yucatán y los de Trujillo, en donde actuaba como el mayor intérprete.

Era la lengua maya que dominaba; esa lengua que estaba viva en 1576, cuando el licenciado García del Palacio en su relación decía, que la lengua Apay (AH—PAY) corría por Yucatán y otras provincias mayas: "Dicen que antiguamente había venido allí y fecho aquellos edificios (de Copán), un gran señor de la provincia de Yucatán, e que al cabo de algunos años se volvió a su tierra solo, e lo dejó despoblado. Esto parece que, de las patrañas que cuentan es la más cierta, porque por la memoria dicha, parece que antiguamente, gente de Yucatán conquistó y subjetó las provincias de Ayajal, Lacandón, Verapaz y la tierra de Chiquimula y esta de Copán. Así la lengua apay que aquí habla, corre y extiendese en Yucatán y las provincias dichas y ansí mismo parece que el arte de los dichos edificios es como la que hallaron en otras partes los españoles, que primeramente descubrieron la de Yucatán y Tabasco, donde hubo figuras de obispos, hombres armados y cruces, y pues en ninguna parte se ha hallado tal sino es en los lugares dichos, parece se puede creer que fueron de una nación los que hicieron uno y otro".

A pesar de que García del Palacio ignoraba muchas cosas y hablaba de una manera no del todo lógica, sin embargo conocía que la lengua Apay era la misma que se hablaba en Yucatán y lo mismo se hablaba en Copán, y podemos decir, la misma que se hablaba en Honduras, con pequeñas diferencias dialectales de pronunciación.

Cortés no puede menos de describir lo que era Acalan. Dice (p. 127):"Esta provincia de Acalan es muy gran cosa, porque hay en ella muchos pueblos y de mucha gente, y muchos dellos vieron los españoles de mi compañía, y es muy abundosa de mantenimientos y de mucha miel; hay en ella muchos mercaderes y gentes que tratan en muchas partes, y son ricos de esclavos y de las cosas que se tratan en la tierra; está toda cercada de esteros, y todos ellos salen a la bahía o puerto que llaman de Términos, por donde en canoas tienen gran contratación en Xicalango y Tabasco, y aun créese, aunque no está sabida del todo la verdad, que atraviesan por allí a estotra mar; de manera que aquella tierra que llaman Yucatán queda hecha isla. Yo trataré de saber el secreto de esto, y haré dello a vuestra majestad verdadera relación. Según supe, no hay en ella otro señor principal sino el que es el mas caudaloso mercader y que tiene mas trato de sus navíos por la mar, que es este Apaspolon, de quien arriba he nombrado a vuestra majestad por señor principal. Y es la causa de ser muy rico y de mucho trato de mercadería, que hasta en el pueblo de Nito, de que adelante diré, donde hallé ciertos españoles de la compañía de Gil Gonzalez de Avila, tenían un barrio poblado de sus factores, y con ellos un hermano suyo, que trataban sus mercaderías, las que mas por aquellas partes se tratan, entre ellas el cacao, ropa de algodon, colores para teñir, otra cierta manera de tinta con que se tiñen ellos los cuerpos para se defender del calor y del frio, tea para alumbrarse, resina de pino para los sahumerios de sus ídolos, esclavos, otras cuentas coloradas de caracoles, que tienen en mucho para el ornato de sus personas. En sus fiestas y placeres tratan algun oro, aunque todo mezclado con cobre y otras mezclas..."

En camino a Mazatlán "hallaron dos indios naturales de la provincia de Acalan, que venian de Mazatcan, segun dijeron, de rescatar sal por ropa, y en algo paresció ser así verdad, porque venian cargados de ropa..."[120]

---

[120] Oviedo (XXXII, 3), sobre la palabra de Alonso de Luxán, que al fin del año de 1541 llegó a la ciudad de Santo Domingo, de regreso de Yucatán, le contó a él lo que había pasado desde el principio de la conquista, en la cual estuvo a la orden de Alonso de Dávila, principal capitán del Adelantado Francisco de Montejo, dice como llegaron a una población que se dice Cachi "en el qual camino de media a media legua.... les tenían otras ramadas, en que avia muchos cántaros de agua e bastimentos e muy abundantes, aunque fueran muchos mas los hospedados. En aqueste lugar avia una plaza bien grande, en medio de la qual estaba un mastél derecho como un árbol de una nao, liso e puntiagudo, el qual servia lo mesmo quel rollo donde se hace justicia entre christiano: aunque con grand diferencia en la forma de la execución della, porque decian los indios que hincaban o empalaban allí espetados vivos los malfechores, assí como ladrones, e los adúlteros, que tomaban las mujeres casadas e sin casar, sin licencia de cuyas eran, e por otros delictos".

"Avia mucho concierto en esta república, e tenian muy grand tiangüez o plaza, con muchos tractantes e mercaderías, assí de bastimentos e cosas de comer, como de todas las otras que entre los naturales allí se compran e venden e truecan. E avia sus almotazenes e juezes e una casa junto e a un canto de la plaza a manera de

En la provincia de Acuculin tomaron ciertos indios "y entre ellos venia uno natural de la provincia de Acalan, que dijo que era mercader, y tenía su casa de asiento de mercadería en el pueblo donde residían los españoles, que yo iba a buscar, que se llama el pueblo de Nito, donde había mucha contratación de mercaderes de todas partes, y que los mercaderes naturales de Acalan tenían en él un barrio por sí, y con ellos estaba un hermano de Apaspolon, señor de Acalan, y que los cristianos los habían salteado de noche, y los habían tomado el pueblo y quitándoles las mercaderías que en él tenían, que eran en mucha cantidad, porque había mercaderes de muchas partes y que desde entonces que podía haber cerca de un año, todos se habían ido por otras provincias, y que él y ciertos mercaderes de Acalan habían pedido licencia a Acahuilguin, señor de Acuculin, para poblar en su tierra, y habían hecho en cierta parte que él les señaló un poblezuelo donde vivían, y dende allí contrataban, aunque ya el trato estaba muy perdido después que aquellos españoles allí habían venido, porque era por allí el paso y no osaban pasar por ellos, y que él me guiaría hasta donde estaban, pero que habíamos de pasar allá junto a ellos un gran brazo de mar, y antes de llegar allí, muchas sierras y malas, y que había desde allí diez jornadas".

48.—El Comercio de Honduras Maya

---

concistorio, donde se determinavan todos sus letigios en pocas palabras, sin alzada ni apelacion, sino del pié a la mano, sin quel sol se passasse ni hora entera se cumpliese ni cosa se escribiese, ni derechos ni tuertos se llevasen a ninguna de las partes, dando a cada uno lo que era suyo justamente. Desde a dos dias passaron nuestros españoles a otro pueblo que está dos leguas adelante, e muy mayor, el qual se dize Cincimato. En este espaci, de dos leguas están todos aquellos llaños e campos llenos de árboles de enciensso, muy eurados e lim pios, porque desta mercaderia hay allí muy grand tracto e cargazon para otras partes, assi para perfumar sus qües ú oratorios e gastarlo ens s sacrificios e mórtuorios como en otras cosas, de que se sirven dello. Estos árboles son muy gentiles e frescos e grandes. y es para aquella gente grande e útil mercadería porque no hay enciensso en toda la proyincia sino allí: e pará lo sacar cortan en el árbol e hacen en él un vacuo tanto cuanto es un puño cerrado: evacuando aquello allí poco a poco se destila e corre allí aquel licor, y sé espesa e hace, quejándose el enciensso; e de allí lo toman y es como el mesmo enciensso o con el mesmo olor, y desto grandissima abundancia....".

Una cosa más unía a las poblaciones mayas de Honduras con Yucatán: el comercio.

Sabemos bien, que los indios de diferentes lenguas tenían difícil contacto entre sí; por lo tanto, al ver activado el comercio entre indios, se puede decir que se entendían por la misma lengua. Podía haber excepciones momentáneas. De ordinario, entre gente de lengua diversa había guerra cuando uno quería introducirse en territorio del otro.[121]

El comercio lo encontró activísimo Cortés, desde Tabasco hasta el Ulúa, y también hasta Trujillo, porque apenas llegado allí, mandó sus intérpretes a decir a los señores cómo debían haber sabido por medio de mercaderes, de cómo él había conquistado las tierras de Moctezuma.[122]

---

[121] Una justa observación se encuentra en el capítulo 9, libro 29 de Historia del descubrimiento, etc., de Yucatán, de J. F. Molina S., (México, 1943, T. I., p. 228). Dice: "El comercio no tenía obstáculo, sino en las continuas disenciones cuyos pretextos pululaban en todos los cacicazgos. La diversidad de lenguaje no era estorbo al tráfico mercantil. pues todos los habitantes hablaban un mismo idioma, que es el maya. El lenguaje de los habitantes de Tabasco y Ulúa, tenía afinidades con la lengua maya; los Chontales de Tabasco, los Choles del Usumacinta, los Chortís de Copán, los Pocomchíes de Ulúa, y los Ixiles y Tzutuhiles de Guatemala, hablaban lenguas de la misma familia que la maya.

"En algunas localidades de Yucatán se notaban algunas disidencias, y aún tendencias perceptibles a formar dialectos; pero a pesar de estas ligeras divergencias, la lengua maya se conservó con pureza en toda la península. Algunos pueblos se vanagloriaban, como siempre sucede, de hablar mejor el idioma patrio, pero todo no era cuestión sino de ligeros cambios e inflexiones: la lengua conservaba su unidad desde las riberas de Ekab, hasta los pantanos de Tixchel; y desde las orillas arenosas de Ziyancaan, hasta las pedregosas llanuras de Zipatán y de Cehpech".

[122] El oficio a que más inclinados estaban era el de mercaderes, llevando sal, ropa y esclavos a tierra de Ulúa y Tabasco, trocándolo todo por cacao y cuentas de piedra que eran su moneda, y con ésta solían comprar esclavos u otras cuentas más finas y buenas, las cuales traían sobre sí los señores como joyas en las fiestas; y tenían por moneda y joyas otras hechas de ciertas conchas coloradas, y las traían en sus bolsas de red que tenían, y en los mercados trataban todas cuantas cosas había en esa tierra. Fiaban, prestaban y pagaban cortésmente sin usura, y sobre todo eran los labradores y los que se ponen a coger el maíz y las demás semillas, las cuales guardan en muy lindos silos y trojes para vender a su tiempo. Sus mulas y bueyes son la gente". (Landa, c. XXIII),

Cuando Cortés llegó a Nito, que estaba en la orilla derecha del Río Dulce, se informó de indios mercaderes que entonces se habían prendido en el Río del Golfo Dulce, que para ir a Naco, donde degollaron a Cristóbal de Olí, era camino derecho por donde estábamos. Señal que desde Nito había comercio activo con Naco, que era una gran población, a diez días de camino. (BERN c, 180,c. 178).

Nito también era gran población de mercaderes, que comerciaban con el Río Ulúa. De manera que desde Tabasco y Xicalango, teniendo por medio Acalán, había una continua cadena de comercio hasta Honduras.

En México habló Cortés con personas de Tabasco y Xicalango: "me dijeron que en la costa de la mar, de la otra parte de la tierra que llaman Yucatán, hacia la Bahía que llaman de la Ascensión,[123] estaban ciertos españoles, y que los hacían mucho daño, porque, demás de quemarles muchos pueblos y matarles alguna gente, por donde muchos se habían despoblado, y huido la gente dellos a los montes, recibían este mayor daño los mercaderes y tratantes; porque a su causa se había perdido toda la contratación de aquella costa, que era mucha, y como testigos de vista, me dieron razón de casi todos los pueblos de la costa hasta llegar donde está Pedrarias de Ávila, gobernador de vuestra Majestad, y me hicieron una figura en un paño de toda ella, por la cual me pareció que yo podía andar mucha parte della, en especial hasta allí donde me señalaron que estaban los españoles..." (COR V, p,118). [124]

---

[123] En la visita que el Padre Ponce hizo a Yucatán en 1586, cuenta (t. II, pag.407) que "Veinticinco leguas de Ichmul cae la bahía de la Ascensión, en el mar del Norte, puerto muy bueno y grande para los navíos que van y vienen de Honduras a Yucatán y a la Habana, y aun para los que vienen de España... Hay junto a esta bahía muchas islas, y en algunas dellas indios idólatras: y aún dicen que hay entre ellos algunos apóstatas y renegados, y aun en una dicen que hay negros de unos navíos de Guinea, que por allí se perdieron. En la tierra firme, junto a esta bahía y puerto, hay algunos edificios de cantería, de tiempos antiguos, y dicen los indios que eran templos de los dioses e ídolos de los señores de Chicheniza, y quando querian pasar a Honduras por cacao y plumas, y otras cosas, ibun y venian por allí a ofrecerles sacrificios, y allí se embarcaban y desembarcaban."

[124] Bernal Díaz (c. 185) dice que llegados a Iztapa "se informó Cortés de los caciques y mercaderes de los naturales del mismo pueblo, el camino que habíamos de llevar; y aun les mostró Cortés un paño de nequen que traia de Guacaualeo, donde

Cuando Cortés llegó a Acalán, el señor Apaspolon[125] le mandó a decir que "había muchos días que había noticia de mí por parte de

venian señalados todos los pueblos del camino por donde habíamos de ir hasta Huyacala, que en su lengua se dice la gran Acala, porque había otro pueblo que se decía Acala la Chica".

Oviedo (32, 6) dice que Acalán era una población de "nuevecientas o mil casas muy buenas de piedra e blancas encaladas, cubiertas de paja, las mas dellas de hombres principales".

Bernal Díaz (e 177) dice: "Desque Cortés hubo llegado a Gueyacala (Huyacula o gran Acala) que así se llamaba...luego mandó llamar todos los caciques, y se informó dellos del camino que debíamos de llevar, y les preguntó que si sabían de otros hombres como nosotros con barbas y caballos, y si habian visto navíos ir por la mar: y dijeron que ocho jornadas de allí había muchos hombres con barbas y mujeres de Castilla y caballos, y tres acales (que en su lengua acales llaman a los navíos)... preguntando por los pueblos y camino por donde habíamos de ir, todo se lo trujeron figurado en unas mantas, y aun los rios y ciénegas y atolladeros; y les rogó que en lo, ríos pusiesen puentes y llevasen canoas, pues tenían mucha gente y eran grandes poblaciones...Fuimos hasta ochenta soldados en canoas que nos diéron los caciques...y trajimos sobre cien canoas de maiz e bastimento y gallinas y miel y sal, y diez indias que tenían por esclavas, y vinieron los caciques a ver a Cortés".

Después de esto sucedió la muerte de Guatemuz, el gran cacique de México.

[125] Champotón no estaba muy lejos de Acalán. Acerca de ello Oviedo [XXXII c. V] informa lo siguiente: "Aqueste pueblo de Champoton es donde comienza la gobernación de Yucatán por la parte que confina al Poniente con la Nueva España. Los deste pueblo tienen contractación con los de otra población, que se dice Xicalango, ques toda de mercaderes, en la costa del río de Grijalva, a nueve leguas en un pueblo del otro; e tienen mucha conversación e tracto e saben servir a los chripstianos, e tenían por señor al adelantado don Francisco de Montejo, con el qeual ya avian avido inteli gencia por sus mensajeros. Hay en Champoton hasta ocho mill casas de piedra e cubierta de pajas, e otras algunas con azoteas, y es pueblo cercado de un muro de piedra seca e con buenas cavas. E quando supieron que yban estos españoles, aquella cibdad les hizo en un solo dia e una noche un pueblo, o mejor diciendo barrio, dentro de la dicha cerca, e apartado de las casas de los vecinos: en elqual avia su plaza e casas, y en cada casa su cavalleriza, y en aquella plaza puesto mucho maiz e muchas aves e otros bastimentos, que bastáran para dar de comer un mes a mil hombres e más. Allí los apossentaron con mucha fiesta e regocijo y cantando muchos areytos e contrapases en coros: e sin la provisión ya dicha, cada dia daban a eada español [o mejor diciendo] una pava de la tierra e mucho maiz, e para la noche mueho pescado e muy bueno de diversos géneros. Y es cosa mucho de ver que cada dia ordinariamente salen de aquella cibdad más de dos mil canoas a pescar a la mar por su costa, e vuelven cada noche. Dentro en la mar tres tiros de ballesta o un quarto de legua, está un isleo hecho a mano, en que hay diez o doce gradas en alto sobre la superficie del agua, e sobre ellas, una torre bien alta de piedra muy bien labrada, y estaba llena de ydolos, e allí

mercaderes de Tabasco y Xicalango, y que holgaba de conocerme, y envióme un poco de oro", (COR p. 125).

La Relación de Cortés nos dice que en Chianteca había muchos mercaderes y personas que trataban en muchas partes; y en Taniha le dijeron que a dos jornadas de allí encontraría a los españoles que buscaba, en un pueblo que se llamaba NITO, "que por ser pueblo de mucho trato de mercaderes, se tenía del mucha noticia en muchas partes... trujeronme dos mujeres de las naturales del dicho pueblo de Nito, donde estaban los españoles; las cuales me dieron mas entera noticia, porque dijeron que al tiempo que los cristianos tomaron aquel pueblo ellas estaban en él, y como los saltearon de noche, las habían tomado entre otras muchas que allí tomaron, y que habían servido a ciertos cristianos dellos, los cuales nombraban por sus nombres". (COR p. 133).

Cortés encontró los españoles en Nito en una situación desesperante: todos los indios de los pueblos vecinos se habían ido; en esa gran población, tan próspera y activa, reinaba entonces la soledad, la miseria y el hambre. Esto habían hecho esos inconsiderados, al asaltar el gran mercado de Nito.

Todo el resto del territorio lo sabemos. Cortés supo que desde Nito había camino derecho a Naco y en diez jornadas se llegaría: mandó todo el ejército por aquella dirección, para embarcarse sólo él con los enfermos de Nito. De Naco debían ir a encontrarlo a Puerto de Caballos.

Los españoles hallaron entonces en Honduras los caminos abiertos. Iban y venían de una parte a otra sin necesidad de gastadores de caminos. Con la mayor facilidad iban de Naco a Trujillo, de Trujillo a Olancho y a la Segovia; de Nicaragua llegaron hasta Naco soldados de Pedrarias Dávila para buscar el Puerto de Caballos, y los soldados de Cortés no encontraron embarazo en ir hasta Sulaco,

---

honravan e celebraban a su dios de la pesqueria; e por aquella torre tenian muchas cabezas de grandes pescádos secas, colgadas. Mas, cómo a los chripstianos no les placen aquellas ydolatrías, echaron todos aquellos ydolos a la mar, e pusieron una cruz encima de la torre: e luego el cacique dixo que queria ser cripstiano, e fué baptizado, e pidió que le llamassen Alonso Dávila, como al teniente, y él fué su padrino. Fecha relación al adelantado [Montejo] que estaba en Chicalango...luego se puso en camino e vino a verlos en canoas con toda su gente..."

Olancho, Manianí, Agalteca y llegar hasta Choluteca Malalaca, tomando después el camino de la costa para regresar a México, adonde un año antes había regresado Gil González Dávila y Francisco de las Casas, por Chaparrastique, pasando por Ocotepeque, que en aquella ocasión llamaron el Asistente, por causa de un incidente que cuenta Montejo en su primera carta de 1º de junio de 1539.

Los caminos abiertos son vías de comunicación activa, es decir, vía de comercio; y todo lo que hemos dicho demuestra el comercio activo que había entonces entre Honduras y Yucatán, desde Trujillo a Tabasco, por vía de mercaderes, estando por medio los grandes emporios de Nito y de Acalán.

Efectivamente, cuando Cortés les mandó a hablar a los señores cercanos de Trujillo, entre otras consideraciones les decía que debían haber sabido por vía de mercaderes, las conquistas que había hecho en México.

Yucatán estaba ligado íntimamente con la región bañada por el Río Ulúa y Chamelecón. Cuando la familia de los COCOMES fué destruída por los TUTUL XIÚ, solamente un hijo se salvó, por estar entonces en el Río Ulúa en sus tratos de mercadería.[126]

49.—Odisea del Capitán Alonso Dávila Teniente de Montejo en Yucatán

Vale la pena referir aquí lo que cuenta Oviedo (32,7—8) acerca de lo que sucedió al Capitán Alonso Dávila porque nos da una idea de

---

[126] Aunque los españoles echaron a perder en gran parte todo el comercio bien organizado de los Mayas desde Tabasco hasta el Ulúa y, a continuación, hasta todo el interior de Honduras, sin embargo, este comercio continuó por los mismos caminos que han sido tomados como base de las carreteras modernas; y continúa todavía, especialmente el que viene de El Salvador, siguiendo el camino de Gracias, hasta San Pedro Sula; ya que todos los días se ven indios cargados ellos mismos a la manera antigua, o con sus bestias, que llevan rápidamente sus mercaderías a larguísimas distancias.

En la carta que el Licenciado Pedraza escribió al Monarca en 18 de mayo de 1539 [p. 145] le decía: "los caminos se le abren para que se anden y vayan por ellos a todas partes...sepa Vuestra Majestad que yo he visto venir de la cibdad de Leon y de Guatymala a embarcarse en este Puerto de Cavallos, todo por tierra, y de Tava8co, que es alla cerca de Yucatan, casi frontero de la Veracruz, que seran casi trescientas leguas vienen cada dia aqui por tierra..."

las comunicaciones comerciales entre Tabasco, Yucatán y Honduras, en una cadena continua por mar y por tierra.

Cuando el Capitán Alonso Dávila, después que Montejo fundó la villa de Salamanca, fué mandado "a la provincia e pueblos de Chitemal (Chetumal), donde estaba aquel mal chripstiano Gonzalo, marinero hecho indio...una laguna...atravesaron en canoas, que los indios les dieron, e passaron los caballos en la manera nuevamente usada (cada dos caballos en dos canoas unidas)...las quales dieron los indios de Bacalal, ques a la orilla de aquella laguna. E aqueste pueblo provee de canoas a todos los indios de aquella comarca por sus fletes de que viven; pero a los españoles sirviéronlos con el pasaje franco e de gracia. Eassí entraron en Chitemal e halláronlo despoblado e sin hallar que comer: el qual es pueblo de dos mil casas, a dos leguas de la costa de la mar e quassi cercado de agua, porque la costa está de la una parte e la laguna de la otra, e tiene una entrada por tierra de dos tiros de ballesta. Allí hallaron muy buena miel e colmenares grandes de a mill e dos mill colmenas en troncos de árboles bien fechos, con sus cebaderos y entradas; y es grande esta grangería e contractacion allí de la miel....hay allí muy grandes e gentiles heredamientos de mameyes e de cacao, ques una frueta como almendras, e que corre por moneda.... Mandó el capitan, dando principio al castigo de aquel infiel marinero e a la rebelión e alzamiento de los indios...Allí se fundó un pueblo e llamóse Cibdad Real, porque este capitán Alonso Dávila fué natural de Cibdad Real en España...acordó el capitán Alonso Dávila de yr la costa arriba, porque tuvo información que tres leguas de allí estava alzado el señor de Chitemal con toda su gente. Y embarcóse con veinte y cuatro hombres bien aderezados e diestros e seys caballos (a la usanza suya de las canoas duplicadas); e otro día al cuarto de la alba, cuando esclarecía, dieron sobre los indios, sin ser sentidos, e mataron muchos de dellos, e prendieron más de sesenta personas, é perdieron un caballo que les mataron de una lanzada. Preguntando a los presos por aquel bellaco mal chripstiano Gonzalo, marinero, dixerón que erá muerto, e assí era verdad.Halláronse allí en este salteamiento hasta mill pesos de oro labrado, en diver—sas piezas e joyas que aquella gente usan; e aqueste fué el primero oro que hasta entonces estos chripstianos en toda la tierra avian tomnado; e tambien se ovieron algunas plasmas de esmeraldas e turquesas e máscaras labradas de oro, e de tales piedras. E con esta pressa se tornaron a Chitamal...".

Estuvieron un año y se encontraron muy mal, por el hambre y las guerras que les daban los indios "...tomaron treynta e dos canoas, e pareáronlas de dos en dos....para poder llevar los caballos....e quitaron las cruces, e deshicieron la iglesia, e despoblaron aquel pueblo, y embarcáronse para yr como fueron, la via de la gobernación de Honduras....llevaban sus velas en árboles o mástel....llevaba indios presos e con cormas (prendidos por los pies), que bogaban quando era menester, e sabían la costa; e a hora de vísperas, e algunas veces cerca de la noche, llegaban a la tierra.... Allí comían del mahiz que llevaban...e pescaban con redes que tenían, las quales entre dia navegando hacían de cabuya y henequen...e desta manera fueron por la mar más de doscientas leguas que hay hasta Honduras...".

Muchas veces para buscar maíz y otros víveres, soltaban canoas y subiendo algún río hacían correrías.

"Como en aquella costa es grande la contractacion de aquella fructa cacao, que corre por moneda entre los indios, e les muy útil e preciosa e la más rica y estimada mercaderia que tienen, van las canoas de Yucatan cargadas de ropa e otras mercaderias a Ulua, e de allí las vuelven cargadas de cacao; e desta topaban muchas dellas, e los indios atendian, por no perder su mercadería, y estotros chripstianos tomábanles sus canoas, que eran mejores e mas sanas, e dábanles las quellos traian, e passaban adelante. Con esta trabaxada navegacion, llegaron a un emboscamiento que llaman Golpho Dulce, el qual es la boca de un poderoso rio; y era tanta la corriente, que los metió tanto adentro en la mar, que perdieron quassi de vista la tierra...e volvieron a una punta, e allí hallaron buena la costa e ancha, e un rio de dos leguas ancho, que se dice el rio de la Ula: e atravesaron a la otra parte, e hallaron muy buena e graciosa la tierra, e saltaron allí a descansar. E sobrevínoles tan grande viento del norte que les llevó las canoas todas e las perdieron....Otro día por la costa caminó esta compañía con sus tres caballos e una yegua, en que llevaban los mas enfermos, e llegaron a puerto de Caballos....Tardaron desde Chitemal hasta puerto de Caballos siete meses, poco mas o menos tiempo, con la manera de vida que la historia ha dicho....Allí supieron e conocieron adonde estaban, lo qual nunca avian entendido en todo su viaje. Passados del puerto de Caballos quatro leguas, llegaron al rio de Ulua que de una parte e otra treinta leguas ambas sus costas va poblado todo de huertas de cacao (ques riquísima cosa) e de inumerables indios avecindados a barrios cercanos unos de otros en la boca deste rio. En la costa de la mar hallaron una canoa grande empalagada, llena de arena, que la mar debiera haver allí traydo, e limpiáronla e hicieron remos e subieron en ella veynte e quatro hombres por el rio arriba, dexando a la costa los enfermos e los caballos: e andadas tres leguas, queriendo saltar en tierra, les fué resistido por muchos indios flecheros; e como los chripstianos yban flacos e no tenían ya armas de las suyas que se les avian acabado e gastado, tenían assimesmo arcos e pocas flechas, e retiráronse por la mucha moltitud de los indios contrarios, e volvieron atrás. E viniendo el rio abaxo; cerca ya del real, hallaron un pueblo viejo con muchos mameyes e cargaron la canoa dellos e de cuescos dellos...para hacer mazamorras....e también la canoa por la costa para passar los rios que topassen, e la gente yba por tierra costa a costa: e assí llegaron hasta Honduras, que está treinta leguas de aquel río. E con esta comida e cangrejos que no faltan por aquella costa, llégaron a Honduras, la qual governacion en essa sazon administraba el contador Andrés de Cereceda, por muerte del gobernador Diego Albitez... Allí en Honduras descansaron quince o veinte dias, seyendo bien tractados....en el cual tiempo llegó una carabela de la Habana, en que se metió Alonso Davila con los que le quisieron seguir, e algunos se quedaron allí, y él se fué a Campeche, donde estava el Adelantado Montejo; e quando se vieron, quedaron todos espantados, porque tenían por muerto a Alonso Davila e quantos con él havían ydo... dende a pocos dias....toda o la mayor parte de la gente, quel adelantado Montejo tenía, se le fué allá (al Perú): e por no quedar solo e perderse allí, le fué forzado volverse a México como lo hizo, donde desde á poco tiempo (cuando Oviedo escribía esto—1541—y no entonces) murió el capitán Alonso Dávila, del qual sin ofensa de nadie, se puede tener o loar por uno de los valientes hidalgos e de los más expertos e hábiles capitanes que en estas partes e indias han militado". (OVIE XXXII, c.8).

50.—Cómo se despertaron en Montejo los deseos sobre Honduras

Oviedo (32, 8) que tuvo informaciones directas, tanto de Cereceda, de Alvarado, de Pedraza, de García de Celis y de Alonso de Luxan, en varios capítulos da noticias breves de cómo Montejo tuvo contacto con Honduras y de cómo acabó su carrera en ella y en Yucatán.

Dice: "Después de lo ques dicho, informados Sus Majestades por parte de Montejo assí de las cosas que la historia en suma ha referido, como de otras, e del estado en que estaba aquella gobernación de Yucatán, mandáronla juntar con la de Honduras: e proveyeronle de lo uno e de lo otro, e él volvió a la tierra e subcedió adelante el concierto e truecos....Y el adelantado Alvarado se fué con su armada por la mar del sur... e como los tiempos e navegaciones no subsedieron a su propósito, la gente de la mar se salió de la armada e se fueron todos a México. Estava allí el Adelantado Montejo, que avia ido a que le entregassen a Suchimilco, conforme al asiento que se avía dado entre él e Alvarado, el qual no se la quiso dar ni entregar. E litigando los dos sobre ellos, recogió el Montejo mucha parte de aquella gente, e los que más pudo de otras, e volvióse a poblar su governacion en la tierra de Yucatán ques muy buena e fertil e provechosa, donde al presente reside, que estamos ya en el año de mil e quinientos e quarenta y dos años de la Natividad de Jhesu Chripsto, Nuestro Redemptor". [127]

Montejo tuvo noticias de la riqueza de Honduras por lo que le dijo su capitán Alonso Dávila, que después de siete meses de peripecias había llegado al Puerto de Caballos, y había estado con deseos de poblar allí.

En la relación que a su vuelta de aquel desastroso viaje, escribió al Rey desde la villa de Salamanca (Yucatán), en 23 de junio de 1533, dice (DOCUIN 24, 97):

"estando todos juntos en la villa (Villareal o Chetumal), e visto el mal aderezo que había para poder nosotros pasar a saber de nuestro Gobernador, acordamos de procurar de prender algun señor, e fué así

---

[127] Parece que a Oviedo no había llegado todavía la noticia de la muerte de Alvarado, que sucedió el 4 de julio de 1541. (Muerte de Alvarado, según el cronista Mota Padilla—V. Bibliot. Guatem, vol. XII, p. 383).

que yo envié a Martin de Villarrubia a tomar unas canoas de que tuve noticia que estaban en el rio para pasar a Ulúa, y en ellas se prendieron ciertos hombres muy principales, entre los cuales uno un hijo de un señor de Tapaen venido a mi poder… yo junté a todos estos señores alcaldes y regidores... les dixe que ....ellos me aconsejasen...lo que debíamos hazer....respondieron....que era mejor salirnos de aquel pueblo e venirnos por la costa hásta do hallasemos un asiento, que fuese razonable, en la gobernacion del dicho Adelantado (Montejo) e que haziendo esto, era llegarnos más a esta gobernacion de Honduras, y que de do asentásemos se despachasen mensajeros por la mar o por tierra....y que con ellos enviásemos a pedir y suplicar....al Gobernador ....en la dicha gobernacion de Honduras....plugo a Nuestro Señor, en veinte y cinco dias que allí estuve, vineron dos barcos pequeños de Cuba...y en el uno dellos me concerté con el maestre y membarqué con la gente que llevaba, esceto deziseis hombres que no cupieron en él, y con esto vine a esta villa de Salamanca, casi que se cerraba el término de dos años que hacia quera partido: hallé al Adelantado que había de sojuzgar la gente desta tierra y le había dado muy recia guerra, y tenía otra villa asentada la tierra dentro, al qual hablé y dixe todo lo sucedido de mi viaje y lo que de la tierra conoscí, y cómo me parescia que, aunque se recibiese much0 más trabajo de lo pasado, que se debería de procurar cómo se poblase aquel Puerto de Caballos y golfo dulce, pues cae en su gobernación, y que su Majestad sería dello muy servido, porque más era su servicio que estuviese en poder de españoles aquella tierra que no de infieles, como está, y también porque en toda la costa allí no ay otro puerto tan seguro como aquel, y que sobre todo desde allí hasta acá por arriba de las sierras, como dicho tengo, se cree ser tierra rica de oro y que en ella ay partes donde Vuestra Majestad nos puede mandar hacer merced....también me rogaron, de parte del dicho cabildo y aun el Contador (de Trujillo) que informase a Vuestra Majestad que, pues había de ser servido de proveer alla gobernador e a Dios habia placido llevar a Diego Alvites, que suplicaban a Vuestra Majestad que les hiciese merced fuese hombre que de las indias tuviese mucha experiencia e que fuese hombre que tuviese posibilidad para poder meter en aquella tierra doscientos hombres españoles....algunos me dixeron que, si Vuestra Majestad hiciese merced de aquella gobernación al adelantado don

Francisco de Montejo, por el aparejo que aquel tiene de meter gente española en aquella tierra y por lo que de su persona conocen, que rescibirán muy crecidas mercedes, y sin duda los de aquí y los de allá gran servicio harian a Vuestra Majestad".

Este fué el principio por el cual se despertaron en Montejo los deseos de venir a Honduras. Cortés, al verlo tan desesperado, en México, le indicó Acalán, en Yucatán. El comercio de Acalán con Tabasco y Honduras, y la odisea de Alonso Dávila lo pusieron en contacto con el Ulúa. El Pichin y el Ulúa, fueron por Montejo, como un sueño que luego se desvaneció. (Pichin Chamelecón y Ulúa—v. DOCUIN 24, 374).

51.—Fin de Montejo

Me parece que no hay Conquistador de América que haya terminado en toda paz sus años de vida. Todos, entre cosas buenas mezclaron actuaciones menos dignas de hombres grandes. Montejo fue uno de tantos.

La información de Alonso García, y de los contrarios de los Montejos en Yucatán movieron al Rey a mandar otra vez a residenciar al Adelantado Montejo, y esta vez con el Oydor Herrera en 1549, en Yucatán y no le fue muy bien, según se desprende de la relación del nuevo Presidente de la Audiencia, el Licenciado Cerrato, fechada en Guatemala el 26 de enero de 1550(DOCUIN 24, 500). En la misma carta se decía: "Montexo pretende que lo de la Vera—Paz es suyo, e hasta San Pedro, e que entra con Yucatan, quierelo tornar a poblar, paresciendole que ya yo no tengo xurisdiccion para impedírselo". Así, todavía en 1550, estando Montejo en Yucatán, adonde había vuelto a mediados de 1546, reclamaba la jurisdicción sobre San Pedro y sobre el Río Ulúa.

Montejo, en su testamento, ya citado, se refiere a esta residencia y manda continúen el pleyto: "Ytem digo que el Licdo, Herrera Juez de residencia de la dha provincia de Yucatan me condeno en un yngenio de azua car y en los ganados que tenía de vacas y yeguas y ovejas y otros ganados mando que mis herederos la defiendan y prosigan cualquier pleyto que sobre ello moviere porque en aquella tierra no se entienden el capítulo de corregidor de que se aprovecha antes mandan que los puedan traer y los pueblen de ganados y otras granjerías".

En una de las nuevas leyes se mandaba que los Gobernadores no tuviesen indios en encomienda. Montejo los tenía para sí, para su mujer sus varios hijos y hasta para sus nietos, o sea la hija del Licenciado Maldonado. Llegado el Presidente Cerrato, se los quitó, en virtud de la Cédula real que menciona en su carta de 16 de julio de 1549; porque debió ejecutarlo el Presidente Maldonado, pero éste, en su carta al Rey de 20 de septiembre de 1547 (DOCUIN 24, 453) le decía: "Executaráse en todos conforme a lo que Vuestra Majestad manda", y no lo había ejecutado, sino que a continuación le decía al Soberano que mirasé cómo Montejo quedaba tan pobre, que no se podía sustentar.

Entretanto Yucatán había pasado nuevamente a la Audiencia de México. Oídos los agravios contra Montejo, y lo poco que había aprovechado el Oidor Herrera y cómo lo habían insultado y también a la misma Audiencia, con cédula de 17 de junio de 1549 fué nombrado el Licenciado Don Diego de Santillán, que iba como Oidor de México, quien desembarcó en Campeche en 1550 (v. J.F. Molina Solís, Hist. Yucat., México, 1943).

Montejo y toda su familia fué desposeída de todas sus encomiendas y el Adelantado remitido al Consejo de Indias.

En todo caso Montejo era querido en Yucatán y la sentencia causó honda impresión.

El Adelantado quedaba pobre, aunque la Audiencia de México concedió una justa pensión a doña Beatriz de Herrera su esposa.

En la Corte procuró defenderse; apeló ante el Consejo de Indias; no sufrió la vergüenza de una condena: pero, no vió el fin.

Amargado y lleno de desilusión murió por agosto de 1553.

Vale la pena describir aquí, aunque brevemente, el retrato de este hombre, que fué quien más entrevió la maciza figura de la nacionalidad de Honduras, la cual, si no lo hubiesen obstaculizado las nuevas leyes de Barcelona y la Audiencia de los Confines, hubiera salido de las manos de Montejo, más poderosa y más grande.

Traza el retrato el señor Juan Francisco Molina Solís, con las siguientes palabras:

"Francisco de Montejo había nacido en Salamanca casi en las malvas, pues sus padres, si no estaban en el indigencia, eran bastante pobres...Debió nacer Don Francisco a fines del siglo XV, dotado por la naturaleza de genio inquieto y aventurero, pues en 1514 se alistó en la expedición de Pedrarias Dávila, y figuró en ella como soldado...adquirió el prestigio dé excelente guerrero y capitán insigne. Con este carácter le hemos visto en la expedición de Gijalva, y luego tomar parte principal en la armada de Cortés".

"Al aportar Montejo a las playas españolas, en 1519, tendría como 35 años. Era de mediana talla, de fuerte y robusta musculatura, de corazón atrevido, de alma intrépida y constante, y al mismo tiempo de sereno juicio, de carácter alegre y festivo. Jovial y franco con sus amigos, adivinaba las intenciones de sus enemigos, y se ponía en guardia contra ellas, sin mucho escrúpulo en la elección de los medios. De fácil elocución, avezado al trato social, versadísimo en los negocios, y conocedor de los resortes que mueven la humanidad, preparaba diestramente sus caminos, combinaba perfectamente una intriga, y no era remiso en el trabajo. Sobre las cualidades del guerrero sobresalían en él las aptitudes del diplomático y del hombre de negocios. Sabía tratar a toda clase de gentes, y, penetrante y sagaz, a la par que ponía los medios para hacer triunfar los asuntos que tomaba bajo su patrocinio, deshacía diestramente las tramas de los adversarios". (o. c., cap. 111).

Casi a los setenta años de edad, después de tantas batallas materiales y morales, su fibra de acero había cedido, como el acero de su espada.

Su cabeza senil y blanca, lejos de la familia, se inclinó para siempre ante el veredicto de las recompensas humanas.

52.—CONCLUSIONES

Después de haber examinado, criticado y discutido todo lo que resulta de los documentos que se han expuesto, se llega a las siguientes conclusiones:

1º—Que al tiempo del descubrimiento y conquista de Honduras, se sentía la necesidad de una comunicación fácil entre los dos mares y de una ciudad intermedia, indicada por los descubridores y conquistadores y recomendada instantemente por la Corte de España.

2º—Que don Pedro de Alvarado, al ser solicitado para venir en ayuda de Cereceda, aprovechó la ocasión para embarcarse en Puerto de Caballos después de haber fundado la villa de San Pedro y haber dado repetida orden de fundar la ciudad de Gracias a Dios.

3º—Que Juan de Chávez, recibió la orden de fundar a Gracias a Dios y pacificar al país. Pero sin haber hecho nada, ni haber estado de vuelta, en el lugar en donde fué fundada después la ciudad, salió de Honduras para volver a Guatemala con todo el ejército y antes de que Alvarado se embarcase para ir a España.

4º—Que Alvarado envió una comisión a Gonzalo de Alvarado, dejándolo por Capitán y su Teniente, nombrándolo Alcalde por Su Majestad y mandándole ir a buscar inmediatamente a Juan de Chávez y junto con él fundar la ciudad de Gracias a Dios.

5º—Que Gonzalo de Alvarado, no habiendo encontrado a Juan de Chávez, y sin haber recibido comisión directa de fundar la ciudad, la fundó por su propia iniciativa en nombre de Su Majestad, en Opoa, por octubre de 1536.

6º—Que don Francisco de Montejo, llegado poco después, la trasladó a la llanura de Mongual, en frente de Chululán (Las Flores), por marzo de 1537.

7º—Que llegado en octubre de 1538, el Protector don Cristóbal de Pedraza, Montejo hizo trasladar la ciudad de Gracias a Dios al sitio actual, en donde fué asentada sobre el nombre de Jesús, el día 14 de enero de 1539.

8º—Que Alvarado, y los que le acompañaron a la Corte, dieron en el Consejo de Indias por seguro, que la ciudad de Gracias había sido ya fundada por Juan de Chávez.

9º—Que Pedraza refirió esto en su segunda Relación de 1544, contradiciendo la Relación que había hecho en 1539, y narró que se habían pronunciado las palabras: "Gracias a Dios que hallamos ya tierra llana".

10.—Que el historiador Herrera copió la relación del Obispo Pedraza; y a su vez fue copiada su narración con el mismo error que repitieron todos los historiadores que vivieron después.

11.—Que la ciudad de San Pedro de Puerto de Caballos fue fundada el 27 de junio de 1536 por don Pedro de Alvarado, antes de hacer los repartimientos y embarcarse para España el 12 de agosto.

12.—Que la fundación de las otras ciudades fue la consecuencia de la necesidad de una comunicación breve entre los dos mares, de la excelente posición del Puerto de Caballos, hoy Puerto Cortés, y de la conveniencia de una ciudad intermedia en el suelo de Honduras, cuya situación entre los dos mares, fuese como el corazón de la América Central y sirviese de nexo entre los dos extremos del viejo mundo, al oriente y occidente de América: EUROPA y LA ESPECIERÍA.

Tegucigalpa, D. C., Fiesta de la Ascensión de 1946.

Monseñor FEDERICO LUNARDI,
Miembro de más de 18 institutos científicos.

PLUS ULTRA:
A Gracias a Dios

¡GRACIAS A DIOS! ¡Ciudad noble, hidalga y sublime!

Tu nombre significa la belleza del alma agradecida por las riquezas con las cuales fuiste largamente dotada.

El CEELAC y el PUCA te miran con orgullo y te velan con cariño, vertiendo en ti sus aguas vivificadoras.

El cielo apacible, los pinares de tus montañas y el verdor de tus campiñas te revisten con vestido de gala.

¡Gracias a Dios! ¡Ciudad noble e hidalga!

Ciudad sufrida; excelsa y humilde, opulenta y modesta; ciudad de los Fundadores y de los Próceres; ciudad de los más antiguos Señores mayas y de los Españoles que te legaron el señorial orgullo de la raza; ciudad de las Audiencias y de los Leones de Castilla; ciudad de España y ciudad de América.

¡Ciudad fundada sobre el más sublime nombre que existe en la tierra! el dulcísimo nombre de Jesús, que, al fundarte, invocó Don Cristóbal Pedraza, futuro Obispo, que por primer edificio te dio su deseada catedral y primer palacio episcopal de Honduras.

Que, en todo tiempo, se verifiquen en ti sus bellos votos y sus proféticas palabras.

"FUNDADA SOBRE TAN EXCELSO NOMBRE, NO PUEDE SER SINO QUE DE TÍ MANEN GRANDES BIENES Y VIRTUDES".

A la Ciudad de San Pedro

¡Noble Villa de los Caballeros de Honduras! Cuando don Pedro de Alvarado te fundó a la sombra sagrada del moreno árbol Madre de Cacao, enhiesto allí en Choloma, en donde antes fue aprehendido Gil González Dávila, más que en glorificar su propio nombre, pensó en aquel gran Apóstol San Pedro que tiene en sus manos las llaves del mundo. Puerto de Caballos, para él, era en aquel entonces la llave de la América Central. Y lo es todavía.

Y Tú eres la puerta de oro por la cual se entra a Honduras, punto central de la Central América.

¡Ciudad de San Pedro! ¡Engrandécete, prospera, hazte aún más digna de Honduras, de América y del mundo!

A las Ciudades de Honduras

Ciudades de viejas y legendarias glorias, que nacisteis en el suelo de Honduras como castillos encantados, al lado de los indios, que os apremiaban y os servían.

Ciudades testigos del precioso mestizaje que sirvió, en vínculo sagrado con la hidalga sangre, para forjar en nuevo yunque la Patria nueva.

Gente antigua y gente nueva; Señores de autóctona alcurnia y caballeros del ideal hispánico; luchadores intrépidos del suelo de los Alcázares y del terruño maya.

De la mezcla de siglos y de gentes resultasteis las limpias Sultanas que reináis sobre tronos dorados, bañados de lágrimas y refulgentes de gloria.

¡Ciudades de Honduras! Seáis benditas, seáis felices, seáis la gloria, la fortaleza, la prosperidad y la dicha de esta bella Honduras.

Monseñor FEDERICO LUNARDI

Tegucigalpa, D. C., Fiesta de Corpus Christi, 1946.

CUARTE PARTE: DOCUMENTOS QUE SE REFIEREN A LA FUNDACION DE LAS VILLAS Y CIUDADES DE HONDURAS EN EL PRIMER TIEMPO DE LA CONQUISTA Y AL DESARROLLO DE LA NACIONALIDAD

Fuentes para la historia de la fundación de la ciudad de Gracias a Dios

Para dar mayor autoridad a lo que se ha escrito en el trabajo anterior, sobre la fundación de la ciudad de Gracias a Dios, se ha creído conveniente colocar al final los documentos correspondientes, distinguiendo con números especiales las varias partes de cada documento, para que sea más rápida la consulta; ya que en el texto se ha colocado, en cada caso, el número propio para buscar en el documento el asunto tratado. Los números se han puesto en negrito, para distinguirlos de los demás.

Los DOCUMENTOS que han servido para este trabajo se han señalado con letras especiales, para facilitar el conocimiento de su valor verídico.

De los dichos Documentos, algunos se pueden considerar como independientes, y se distinguen con letra I, y otros, según la corriente de Montejo, MON, o la de Alvarado, ALV.

Los mismos documentos son principales, o de primera mano, 1a, o Secundarios, 2^a, o sea de segunda, tercera o cuarta mano.

Entre los de primera mano, los hay interesados por Montejo o por Alvarado; en general, tanto Pedraza, como Montejo y Alvarado, son algo apasionados e interesados.

Bernal Díaz y Oviedo, son independientes, exceptuado cuando se encuentra en lucha con su interés personal.

Los documentos de primera mano pueden clasificarse, en nuestro caso, como de testigos oculares, auriculares y actores en los acontecimientos; casi todos vieron, oyeron y fueron actores, al mismo tiempo, según los diversos hechos.

Se debe tomar en cuenta en cada caso si hay el interés de decir la verdad; pero debe considerarse también que puede uno tener este interés de decir la verdad pero engañarse y engañar.

En lo que atañe a los Documentos secundarios, Herrera está en primera línea como primer divulgador de los errores en que cayeron los que trataron de la historia que he escrito. Por lo tanto al consultarlo y aprovecharlo debe tenerse el cuidado de someterlo a una crítica severa, antes de admitirlo. Sin embargo, contiene muchas noticias que no se encuentran en ningún otro autor.

AL ESCRIBIR ESTE TRABAJO, ME HE FIJADO PRINCIPALMENTE EN LA SERIEDAD E IMPARCIALIDAD DE LOS DOCUMENTOS Y NARRACIONES Y NO EN LA FAMA Y RENOMBRE DE LOS AUTORES.

DOCUMENTO I
Centenario

CENTENARIO. —Revista del Archivo, tomo XV, n. 2, agosto de 1936.

Cuando en 1936 se acordó celebrar el centenario de la fundación de la ciudad de Gracias a Dios, se dieron cuenta de que todo estaba incierto y que los historiadores no se encontraban de acuerdo. Esto dependía también del hecho de que casi todos habían bebido en la fuente de Herrera, el historiógrafo de la corte de España y tomaban como oro colado todas sus palabras, sin darse cuenta de que Herrera está muchas veces en pugna consigo mismo, y cuando se refiere a Honduras en muy inseguro y en los casos más importantes, no se le puede tomar en cuenta.

En esa ocasión salieron a la lid muy ilustres escritores de historia, que en El Heraldo, de San Pedro Sula, y en El Cronista, de Tegucigalpa, desde saber, a pesar de que, por falta de documentos, y sin poder entender rectamente los que tenían, no pudieron enfocar exactamente la importante cuestión.

Culminó con un editorial del eminente señor Presidente de la Sociedad de Geografía e Historia de Honduras, que en el Tomo XV, de la «Revista del Archivo y Biblioteca Nacionales, número II, agosto 1936, comenzó su erudito escrito así:

LA CIUDAD DE GRACIAS A DIOS. Cuarto Centenario de su fundación. Las extensas narraciones de los historiadores de Indias están plagadas de errores y adolecen de deficiencias y de contradicciones, unas veces aparentes y otras reales. Han contribuido a ello los documentos que les han servido de base, entre los que se encuentran los informes y oficios de los conquistadores y colonizadores que muchas veces, por rivalidades y ambiciones mezquinas, han alterado la verdad de lo ocurrido. Los historiadores hispanoamericanos, con raras excepciones, no han hecho más que copiar sin discreción alguna lo que aquéllos han dicho y las opiniones que han sustentado, sin tratar de depurar los hechos, rectificar los errores y llenar los vacíos, ni siquiera los relativos a las fechas en que se han verificado los acontecimientos.

"Tal ha sucedido con la ciudad de Gracias a Dios que aseguran algunos, como Alcedo y Vásquez de Espinosa que fue fundada en el año de 1530 por el Capitán Gabriel de Rojas y otros en 1536 por el Capitán Juan de Chávez de orden del Adelantado Don Pedro de Alvarado y Massia. Esta última afirmación está respaldada por el testimonio del repartimiento de los pueblos de la jurisdicción de la ciudad de Gracias a Dios, hecho en San Pedro de Puerto Caballos, el 20 de julio de 1536. En ese documento dice el adelantado, ante el escribano Gerónimo de San Martín, que NUEVAMENTE HA FUNDADO Y POBLADO EN NOMBRE DE SU MAJESTAD LA CIUDAD DE GRACIAS A DIOS. El adverbio NUEVAMENTE indica en nuestro concepto que Alvarado admitía que la ciudad de referencia había sido fundada años antes; pero que se había despoblado y extinguido. Por supuesto que esto no está de acuerdo con aquello de que, fatigada la gente de Chávez de la larga caminata que tuvo que hacer para encontrar un sitio a propósito para una nueva población, exclamó satisfecho: "Gracias a Dios que hemos hallado tierra llana", a no ser que se diga que la primera fundación de la ciudad se hizo con otro nombre.

"En el mismo repartimiento se consigna que a Juan Chávez vecino de dicha ciudad (Gracias a Dios) y Alcalde Mayor y Capitán, en nombre de su Majestad, dio y señaló su señoría, de repartimiento los pueblos de Opoa y Mabotena, con todos los pueblos sujetos, y estancias y barrios y señores principales de dichos pueblos; de que llevó cédula". Lo que parece dar a entender que este personaje era empleado de Gracias a Dios al tiempo en que se hizo el repartimiento.

"Sobre estos puntos es que ha surgido una interesante polémica de la que quizá llegue a conocer, en último término, la Academia de la Historia de Madrid, que es la llamada a estudiar con buen éxito y a resolver definitivamente la cuestión debatida, por encontrarse en los archivos de Sevilla los documentos que pueden hacer luz sobre dicha controversia.

"Aumentan la confusión y desacuerdo de las narraciones, los nombres duplicados, tanto de personas como de lugares, pues hay probablemente de por medio en este caso, dos Juanes de Chávez, uno Capitán y otro Veedor, y seguramente dos lugares con el nombre de "Gracias a Dios". Los homónimos no son raros.

"En cuanto a la fecha de la nueva fundación de «Gracias a Dios» por Alvarado, no conociéndose hasta ahora, se ha tomado la del repartimiento porque él revela que ya se encontraba establecida la ciudad que, en el orden de las fundaciones, había seguido a San Pedro Sula cuyo establecimiento data del 27 de junio de 1536. Entre esta fecha y el 20 de julio, fue que surgió aquella ciudad que, según creencia de algunos, se estableció primero en el lugar en donde hoy existe la aldea de Las Flores a juzgar por los vestigios que allí se presentan.

"Tomando en cuenta tales consideraciones, es que los habitantes de Gracias han celebrado con jubiloso entusiasmo el Cuarto Centenario de la fundación de aquella importante ciudad...".

Este editorial del Director de la Revista, lleva al pie, la siguiente NOTA: "Las ideas contenidas en este artículo son personalísimas del Director de esta Revista, a excepción de lo que se refiere a la Sociedad de Geografía e Historia de Honduras".

Todo lo arriba expuesto demuestra a las claras que cuando, el 20 de julio de 1936 se celebró el Centenario de la fundación de dicha ciudad, no conocía este centro todavía, a ciencia cierta, por quién, cómo, dónde y cuándo fue fundada la ciudad de «Gracias a Dios» y expresaba el deseo, como lo tiene todavía, de apelar a la Academia de la Historia de Madrid,

Acaso, si hubiera conocido o tenido en cuenta la carta de Pedraza de 18 de mayo de 1539 que yo uso ahora ampliamente, se hubiese ahorrado tantos trabajos y muchos sinsabores. Sería muy provechoso para la historia de Honduras la publicación de todos los documentos, como las relaciones, descripciones y cartas aun privadas que existan desde la llegada de Cortés hasta después que funcionó la Audiencia en "Gracias a Dios".

DOCUMENTO II
Cristóbal de Pedraza—1ª MON

Relación de sucesos ocurridos en Honduras y del estado en que se hallaba esta Provincia, enviada a Su Majestad por el Obispo, Licenciado Cristóbal Pedraza, el 18 de mayo de 1539, poco después de haber llegado a la ciudad de Gracias a Dios—Este documento fue casi del todo ignorado en Honduras, hasta que yo lo hice conocer en mi libro LEMPIRA. Existente en el Archivo de Indias, est. 63, caj. 6, leg. 9; fue publicado por la "Sociedad de bibliótilos españoles", en Madrid, 1916, junto con otros documentos, en un volumen titulado: «RELACIONES HISTÓRICAS DE AMÉRICA del siglo XVI».

(De los Documentos se transcribe la parte que pertenece al presente estudio

1— "Gracias a Dios, 18 de mayo de 1539.

"Sacra Católica Cesárea Majestad:

"Porque desde Santo Domingo de la Española escribí a Vuestra Majestad de como avia llegadlo allí...en esta no diré mas de que en treze días del mes de Setiembre yo llegué al puerto de Caballos, desta governacion de Ygueras y Honduras, a salvamento; el Señor sea loado, y su bendita madre; y luego, desde a tres o quatro dias me partí para la villa de San Pedro, qués siete leguas del puerto, en la qual estuve quinze dias, y de ay me parti para la cibdad de Gracias a Dios, que ay desta villa alla veynte y dos leguas, adonde estava el governador don Francisco de Montejo, del qual fuy muy bien rrecyvido, y de los otros cavalleros y hidalgos de la dicha cibdad.

"Sabra Vuestra Majestad que luego que fuy llegado a esta cibdad y me vi con el governador, desde a tres dias le presente las rreales provisiones de Vuestra Majestad....e despues desto me rrogo que nos juntasemos en un cierto lugar para darme parte como a Ministro de Vuestra Majestad de las cosas della y delos travajos que le avian sucedido despues que a ella vino, en la conquista e pacificación della, y del punto y estado en que la halló, y del que en el presente estava....

2—"......y dado horden en esto, desde casi dos meses adelante el Governador se partio de la cibdad, porque avia necesidad de su partida para yr acabar de pacificar ciertas provincias de la villa de Comayagua, porque andava por la una parte della un capitan suyo que se dize Alonso Caceres, el qual ha hecho mucho fruto en la tierra, porque es muy gentil capitan e animoso, y hombre que sabe bien las cosas de la guerra, e fue muy necesario que el dicho Governador fuese por otra parte con gente para que se acabase de pacificar, e ansi mismo para hazer el repartimiento de aquella tierra en los vezinos que estaban señalados en la dicha villa de Comayagua quel dicho Governador pobló y edificó. La cosa más importante y que mas conviene al servicio de Vuestra Majestad en todas estas partes...por estar como está en medio de la una mar y de la otra, de la Mar del Sur y de la del Norte....

3—"Y con la yda del dicho Governador se acabo de pacificar y conquistar todo lo que estaba por conquistar y pacificar, y se rrepartió a los dichos españoles vezinos de la dicha villa de Comayagua, y al tiempo que se partio desta cibdad me rogo que me quedase yo en ella en compañia de su hermano Juan de Montejo, que dexaba en su lugar en ella por su teniente, y con los demas españoles que dexaba en la dicha cibdad para guarda y conservación della, y para dar horden de como la dicha cibdad se pasase a otro mejor asiento quel dicho Governador avia hallado dos leguas de alli, mas allegado a todos los pueblos de los yndios de toda la comarca, porque el asiento que a la sason estava, no hera tal qual convenia, porque hera mal sano y no tenia salidas para ningun cabo, y estava metido en una hoya, e a mucho peligro de los yndios y desviado del meollo dellos; y estotro lugar a do agora se pasó y esta poblada, está en muy gentil asiento y muy sano e ayroso, e tiene muy gentiles salidas, y está casi en medio de todos los yndios, y muy mas allegado y al proposito de todos los pueblos, como tengo dicho, para el descanso de los dichos naturales, lo qual todo comunicó el dicho Gobernador conmigo ante que la dicha cibdad se pasase; y yo, por mejor dar mi parecer en ello, le rrogue que fuesemos a ver el dicho asiento, y como lo vi, y mi fin y deseo era que estos naturales no sean tanto trabajados, segun el cargo e oficio que tengo, y porque sé que este es el principal yntento de Vuestra Majestad, demas de su salvacion, y porque vi que en acercarse de la cibdad y llegadose mas a todos los pueblos, ellos rrecebian buena obra, di mi voto y parecer en la pasada de la dicha cibdad, juntamente con la justicia y regidores y procurador de la dicha cibdad y otros muchos cavalleros e hidalgos que para ello fueron llamados por el dicho Governador para ver el dicho asiento, y a esto principalmente quedamos el dicho Juan de Montejo su hermano, y yo; y ansi, ydo el la poblamos por su mandado en nombre de Vuestra Majestad, y en el lugar donde se señaló y constituyo la yglesia, con el himno de Vexilla regis prodeunt, etc.; yo y cuantos alli nos hallamos la traximos en los hombros, y al tiempo que la metimos en el hoyo, todos hincados de rodillas, yo reze el evangelio de San Juan, In principio erat Verbum, ansi en la misma ora se puso al pie de la cruz un altar, y se colgó todo alrededor della con paños de la tierra, y me vesti y dixe misa, la cual fue del dulcisimo nombre de Jesús, la cual dicha misa está en los misales sevillanos que comiensan así; In nomine Jesu omne genu flectatur; porque fundada sobre tan excelente nombre, no puede ser sino que della manen muy grandes bienes y virtudes Majestad, como yo lo espero en su divina clemencia; lo qual todo ansi se tomo por testimonio, y luego todos los vezinos comenzaron a hazer sus casas, y yo la mia, y estube en la dicha cibdad hasta que vino el dicho Governador de la entrada a do era ydo, y benido dio muchas gracias y lores a Dios en ver pasada la cibdad, y en saber que se avia fundado en tan buen nombre, e ansi mismo por el grand fruto que avia hecho en su yda....en verdad a hecho el dicho Gobernador muy grande servicio a Vuestra Majestad, porque una de las cosas que yo traya por memoria para dezille que hiziese en nombre de Vuestra Majestad, hera que poblase en medio deste camino un villa, y ansi lo platicamos un dia el muy reverendo y magnifico obispo de Santo Domingo y yo, hablando en las cosas desta tierra, como persona que esta muy asperto e rresoluto en todas ellas; y ansi, si bien me acuerdo, lo dio por memoria en el Real Consejo de Vuestra Majestad el thesorero desta governacion Diego Garcia de Celis, e por cosa muy ymportante me dijo a mi en España que aca trabajase luego como llegase en estas partes, en ello, y echase las entrañas sobre ello, porque hera muy grand cosa para aumentación de la rreal corona de Vuestra Majestad, por estar tan cerca estas dos mares la una de la otra,e porque aviendo aqui una villa, se trataria el camino e andaria, e todo lo del Peru podia venir por el mas brevemente e mas sin peligro que por do agora viene; y esta tierra floreceria mucho, e a plasido a Nuestro Señor que antes que yo llegase, alumbrase al Governador para que lo tuviese hecho, la qual villa esta poblada e asentada en lo mas conveniente de toda la tierra y en el mejor asiento della, cercada de oro y de plata, porque tiene las mejores minas por la una parte y por la otra, de oro y plata, que ay en toda esta tierra, casi dentro en casa, y es lo de la plata en muy mucha cantidad,y el asiento della esta en el mas hermoso valle y mas fructifero de toda esta tierra y donde se dan todas las cosas de toda ella y se daran todas las de Castilla, pan y vino y ganados, especialmente ovejas por estremo, y cercada de tres rios, que es una gloria ver, y creo verdaderamente que haya de ser la cibdad principal y todo lo principal de toda esta tierra, aunque ay muy pocos yndios en ella, y todo el ser y bien de ella, por el trato de la una mar y de la otra, y ansi se lo he dado por parecer al dicho Governador.

4—...."e porque Vuestra Majestad me mando que le avisase de las cosas de aca tocantes a su Real servicio, e porque se que Vuestra Majestad y los de su Real Consejo estaran muy confusos en aver alla oydo las cosas quel Adelantado don Pedro de Alvarado dixo desta governacion, y los que con el fueron, ansi en lo que tocava a la conquista della, como a la pacificacion e poblacion, e ansi mismo lo quel Adelantado don Francisco de Montejo a escrito della sobre lo mismo, estando yo en ella en esa corthe quise, por servir a Vuestra Majestad, saber enteramente la verdad de todo ello, de personas de fe, dinas e sin sospecha, que me parecieron mostrar tener zelo al Real servicio de Vuestra Majestad, para que Vuestra Majestad supiese rrealmente y por entero la verdad, porque la gloria de uno no la llevase otro, ni el otro la del otro; para lo qual sabra Vuestra Majestad que EN TODO QUANTO HE PODIDO ALCANZAR E AVERIGUAR CERCA DEL CASO ENTRE LAS DICHAS PERSONAS DE QUE ME HE QUISIDO YNFORMAR, PASA A LA LETRA LO SIGUIENTE.

5—"Sabra Vuestra Majestad que estando esta governacion para perderse y depoblarse, siendo governador Andres Cerezeda, por descontentos que todos los españoles, tenian del... determinaron, ansi el dicho Cerezeda como todos los españoles, de enviar al thesorero Diego Garcia de Celis a Guatimala a ayuda, favor y socorro al Adelantado don Pedro de Alvarado…vinieron nuevas de Mexico al dicho Adelantado, por letras que le enviaron, como le venian a tomar rresidencia, e que venia el licenciado Maldonado, del Audiencia rreal de Vuestra Majestad de Mexico, a tomarsela, e que segun se sonaba, que venian a prendello; y el, como vio estas nuevas, determinó de no esperallo, sigund me dixeron, e hizo apercibir sus amigos y allegados y otras muchas personas, e ansí mismo casi dos o tres mill yndios achies… y mas belicosos, y determino de venirse por esta governacion a ver si podia hallar manera para embarcarse en este puerto de Cavallos, o en el de Trujillo, para yrse a Castilla ante Vuestra Majestad e ante los de su Real Consejo, y de la dicha su venida hazer una via e dos mandados, socorrer en la presente necesidad al dicho Cerezeda e a los que con el estavan, y trabajar si pudiera hazer algun servicio a Vuestra Majestad en ella, pues tan al cabo estaba de perderse toda, para merecer delante de Vuestra Majestad, e para que por virtud del servicio que en ella hiciese, se le descargase algo de la culpa que en la dicha rresidencia que le venian a tomar le hallasen; al tiempo que entro en esta governacion de la manera que dicho tengo, comenzó por el camino que venia a fazer guerra para abrir el camino e pasar en paz siguro y sin peligro por el para conseguir su viaje, y segund a todos parecio, no para otro fin, segund muchos me an dicho; y desta manera vino de paso hasta llegar cerca do estava el dicho Cerezeda con los dichos españoles que estavan en esta governacion, los quales, como avia muchos dias que el dicho Diego Garcia de Celis hera ydo y no avian sabido del, muerto ni vivo...determinaron de desmamparar la tierra y dexar al dicho Cerezeda…y todos juntos en sus cavallos y armas tomaron cada uno lo que tenia, y comenzaron a salir de la tierra y dexar al dicho Andres Cerezeda…y desta manera lo dejaron y se comenzavan a yr, unos para Guatimala, e otros para Leon, sigund e sido ynformado, y en llegando el dicho Adelantado don Pedro de Alvarado a un pueblo que se dize Trencoa, que es desta dicha gobernacion, que es doze leguas donde el dicho Cerezeda y los dichos españoles estavan, supo como todos los dichos cristianos se yvan y hizoles un mensajero haziendole saber al dicho Cerezeda y a los dichos cristianos como venia el en persona a socorrelles de la manera susodicha, y el dicho Cerezeda y los cristianos, como lo supieron, determinaron de esperallo, y unos se fueron con el dicho Andres de Cerezeda, y otros se fueron para el dicho don Pedro de Alvarado, el qual llego al lugar donde el dicho Cerezeda estava, y llegado, rrecibieron todos muy gran consuelo y alegria y favor con su venyda, y el dicho Cerezeda, viendo el poder que traya y las pocas fuerzas quel tenia, determino dexalle la dicha governacion y ponersela en las manos, y ansi le hizo dexacion de ella, y todos los que con el estavan y el se juntaron con el dicho don Pedro de Alvarado, y de ally determino de yr a conquistar y a pacificar el rio de Ulua, que es junto al puerto de Cavallos, e a donde es agora la villa de San Pedro, porque le dixeron que estava de guerra.

6—"Al tiempo que el dicho Adelantado don Pedro de Alvarado llego al dicho pueblo de Tencoa con todo su exercito, e supo lo que pasava cerca del dicho despoblamiento de esta tierra, y como todos los cristianos la dexaban desmamparada y se yvan, determino desde dicho pueblo de enviar a un cavallero que traya consigo, que se dize Juan de Chaves, por capitan con cierta gente de la qual consigo traya, y con algunos de los que en esta tierra hallo, a conquistar y pacificar los terminos de esta cibdad, que a la sazon no estavan pacificos, sino de guerra, y todo lo que más pudiese, y mandole que en lo mas necesario della y que mas viese que convenia, poblase una cibdad, y que le pusiese por nombre e yntitulase la cibdad de Gracias a Dios, desta governacion de Ygueras y Honduras, en nombre de Su Majestad, y que le enviaria, de adonde estuviese, señalados los que avian de ser alcalde y rrexidores, y rrepartiese los pueblos e yndios que le pareciese que podian servir en ella, quel pacificase, los quales rrepartiese a el y a los que con el venian, mientras el se yba a ver con el dicho Cerezeda y con los demas españoles que con el estavan, ea conquistar todo lo mas abajo hazia el puerto de Cavallos y rrio de Ulua; y ansi, el dicho Juan de Chaves se partio con la dicha jente, y entro por la dicha tierra por los terminos desta cibdad, y llego a un peñol muy fuerte qu'estava en la provincia de Carquin, donde estava mucha jente de los naturales yndios allegados y rrecogidos en el, de temor de la entrada del dicho don Pedro de Alvarado, porque les venia dando guerra por todos los pueblos por do vino, y los cristianos e yndios amigos que con el venian les acian mucho daño, como se suele hazer en las tales guerras, en el qual dicho peñol estava recogida mucha parte de la gente de toda la tierra, y como llego a él el dicho Juan de Chaves con la gente que llevaba, ansi de cristianos como de yndios amigos, los dichos naturales que estavan en el dicho peñol le rresistieron la fuerza y pelearon con el muy valientemente y se defendieron todo lo posible, de manera que nunca los cristianos le pudieron entrar, ni aun llegaron al pie del dicho peñol, y como los cristianos que yvan con el dicho Juan de Chaves vieron lo que pasava, e ansi mismo como el peñol hera muy fuerte, y los dichos yndios que con el estavan heran muchos, y ellos tan poca gente y sin mantenimiento a causa de no hallar gente ninguna por los pueblos, que estava toda rrecogida en el dicho peñol, dixeron al dicho Juan de Chaves que diese al diablo el dicho peñol y la dicha tierra, que no hera tierra para ellos, y que no querian estar en ella, ni dar mas paso ni puntada en cosa della, que les dexase yr con Dios a sus casas, pues eran de Guatimala, e ansi se lo rrequirieron muchas veces al dicho Juan de Chaves; y el dicho Juan de Chaves, como vio la voluntad de los dichos españoles que con el estavan, y la grand necesidad que todos pasavan de hambre, y la gran fuerza del dicho peñol, determyno de yrse con todos ellos y dexar el dicho peñol sin mas hazer cosa ninguna en él e ansi se salio desta dicha governacion con todos ellos, sin hazer cosa ninguna en ella de quanto le fue mandado por el dicho don Pedro de Alvarado, sin conquistar, ni pacificar, ni traer ningun pueblo de paz, por ninguna parte de quantas paso, y ansi se fue a Guatimala, a donde agora a la sazon está, y esto sin aver salido el dicho don Pedro de Alvarado desta tierra, ni sin averse embarcado para España, sino estando el presente en ella.

7—"Despues de aver despachado el dicho don Pedro de Alvarado al dicho capitan Juan de Chaves con la dicha jente, del dicho pueblo de Tencoa a hazer lo susodicho, el dicho don Pedro se partio para donde estava el dicho Cerezeda con los demas cristianos que estavan en esta governacion con el, y el dicho Andres de Cerezeda y el dicho don Pedro de Alvarado se vieron, como esta dicho, y dexó en sus manos la dicha governacion y se la dio, y el se desposeyo della diziendo que no la podia sustentar, y el dicho Adelantado y el dicho Andrés de Cerezeda con todo el exercito, ansi con lo que traxo, como con los demas quel alló en la tierra, se fueron a pacificar el dicho rrio de Ulua, en el qual hallaron mucha gente rrecogida en una albarrada muy fuerte, y en ella un principal señor, casi el mas poderoso de toda la tierra, que se dezia Cocunba, con mucha gente de guerra, ansi de los pueblos del dicho rrio, como de otros pueblos cercanos del, que estavan rrecogidos en la dicha albarrada con el dicho Cocunba, el qual dicho rrio el dicho don Pedro de Alvarado con todo el exercito conquistó e pacificó y ganó, y les tomó la dicha fuerza de la dicha albarrada sin hazer casi daño ninguno a los dichos yndios, ni consintio que ninguna persona se lo hiziese, sobre lo qual se desvelo mucho e puso muy grand recado, y hizo a los dichos yndios que estuviesen seguros sin temor ninguno y se poblasen en sus casas bien y pacíficamente, y que no obiesen miedo de ninguna persona, ni que nadie les haria mal, ni los enojaria, e rrepartio los dichos pueblos que estavan en el dicho rrio, a los españoles que les parecio que se hallaron en la dicha conquista, y fecho esto determino de poblar la dicha villa de San Pedro, la qual poblo de los dichos españoles, a quien rrepartio los dichos pueblos del dicho rrio, e aun a las vueltas rrepartio otros muchos pueblos que a la sazon estaban de guerra, sin avellos conquistado ni pacificado, porque estavan lexos del dicho rrio, en las sierras que avia en aquella comarca, y desde entonces se poblo la dicha villa de San Pedro con la dicha gente, como tengo dicho la qual esta siete o ocho leguas del puerto de Cavallos, como atras esta dicho.

8.—"Y fecho esto, determino enviar a un deudo suyo que se dize Gonzalo de Alvarado, muy honrrado cavallero, hermano de Luys de Chaves, el de Trugillo, con las mas gentes que sobro del dicho rrepartimieno que hizo en la dicha villa de San Pedro, que hera la gente que hallo con el dicho Andres de Cerezeda, para que buscasen al dicho capitan Juan de Chaves, quel antes avia enviado a conquistar desde dicho pueblo de Tencoa, y se juntasen con el, para que todos juntos hiziesen lo que por el dicho Adelantado le fue mandado al dicho capitan Juan de Chaves, ansi en la dicha conquista e pacificacion de la tierra, como en la dicha fundacion de la dicha cibdad de Gracias a Dios que le mando que fundase, y el dicho Adelantado don Pedro de Alvarado le, envio, de donde quedó, señalados los alcaldes y rregidores que avian de ser en la dicha cibdad de Gracias a Dios quel dicho capitan Juan de Chaves, toviese fundada y poblada, o fundase o poblase, el qual dicho Gonzalo de Alvarado se partio con los dichos españoles a hazer lo sobredicho, y vinieron en busca del dicho capitan Juan de Chaves, y llegados a un pueblo que se dize la Paera, qu'es seys leguas desta dicha cibdad, viendo que no hallavan rrastro ni nueva del dicho Juan de Chaves, determinó el y los dichos españoles que con el estavan de enviar a un cavallero que se dize Gaspar Juarez de Avila, muy honrrado cavallero, el qual en estas partes a servido muy bien a Vuestra Majestad, segund he sido ynformado, en busca del dicho capitan Juan de Chaves, con ciertos cristianos con el, el qual fue, y andando en su busca hallo por nueva todo lo susodicho del dicho Juan de Chaves, de como se avia ydo a su casa el y todos los españoles que con el avian venido, sin hazer cosa ninguna de las que el dicho Adelantado le avia mandado, y que avia dejado desanparada la dicha tierra sin hazer ninguno fruto en ella, como esta antes dicho; y como supo lo susodicho, determinó de volverse a do avia dejado al dicho Gonzalo de Alvarado con los demas cristianos que con el avian quedado, a dalles quenta de la yda del dicho Juan de Chaves y de los dichos cristianos que con el avian ydo, el qual hallo al dicho Gonzalo de Alvarado e a los dichos cristianos en un pueblo que se dize Opoa, mas hazia aca desta dicha cibdad, casi dos leguas, el qual les dixo todo lo que pasaba del dicho Juan de Chaves y de los que con el fueron, e como supieron la certidumbre de lo que pasaba, determinaron todos los unos y los otros de fundar en el dicho pueblo de Opoa la dicha cibdad de Gracias a Dios, por esta governacion, en nombre de Vuestra Majestad, e hizieron los alcaldes y rregidores quel dicho Adelantado Alvarado enbio nombrados, y esto hasta tanto que hallasen otro mejor asiento donde se poblase, porque les avian dicho que en otra parte mas avaxo avia otro mejor asiento, que es a do yo la halle poblada al tiempo que vine a estas partes; sino porque hera en tiempo de aguas y tenian pocos yndios, y por no dalles trabajo en fazer las casas, determinaron de poblar en el dicho pueblo de Opoa hasta tanto que pasase el ynvierno y las aguas, y luego pasalla en el dicho lugar do yo la halle poblada, en el qual dicho.

9—Pueblo de Opoa. Estuvieron casi seis meses, y en este medio, estando los dichos Gonzalo de Alvarado con los dichos españoles poblados de la manera susodicha, vino el dicho capitan Alonso de Caceres en nombre del dicho Adelantado don Francisco de Montejo, governador que a la sazon es, con los traslados de las provisiones rreales de Vuestra Majestad, autorizados autenticamente, para que le recibiesen en nombre del dicho governador y le tuviesen por tal governador desta dicha governacion, e a el por su theniente y capitan en su nombre, myentras el venia, porque ya venia de camino para rresidir en el dicho cargo, el qual presento las dichas provisiones ante la justicia e rregidores de la dicha cibdad que a la sazon heran, y ellos, como vieron quel dicho capitan no traya los originales de las rreales provisiones de Vuestra Majestad, sino los traslados, cerca del dicho caso, no las quisieron obedecer, porque dezia la dicha provision rreal que le obedeciesen y tuviesen por tal governador, presentandose el dicho don Francisco de Montejo personalmente con la dicha provision original, y viendo quel no venya personalmente, y que en la dicha provision no dezia que lo rrecibiesen a el o a quien su poder obiere, en su nombre, con la dicha provision o con su traslado autorizado, no le quisieron recibir al dicho capitan Alonso de Caceres, sino rres— pondieronle que viniendo el dicho Adelantado don Francisco de Montejo en persona, y trayendo la provision rreal de Su Majestad, ellos lo recibirian el pecho por tierra, y ternyan por su governador y capitan general, y para lo hazer y cumplir estavan prestos e aparejados.

"Y como el dicho capitan vio esto, dixo quel se queria estar alli con ellos, pues el dicho governador don Francisco de Montejo no podia tardar, y en estos terminos, como vio el dicho Alonso de Caceres que entre ciertos cria—dos e aficionados del dicho Adelantado don Pedro de Alvarado que estavan en la dicha cibdad, e otras personas, avia cierta division, unos que dezian que no rrecibirian a don Francisco de Montejo, e otros que dezian quel Ade—lantado don Pedro de Alvarado los avia enviado alli, e que a el avian de obe— decer, y no a otro, en lo qual avia muy gran discordia y alboroto, e por evitar el dicho Alonso de Caceres el daño que via muy a punto aparejado, de lo qual rredundara despoblarse la dicha cibdad y acabarse de perder la dicha tierra, tuvo manera, como buen capitan, que granjeo con los mas que pudo como lo tuviesen por teniente e capitan en nombre del dicho Francisco de Montejo, por virtud de los dichos traslados, y hizose apregonar por tal e apregonar las dichas provisiones en nombre del dicho governador, y luego desde a pocos dias que paso esto, como vio la cosa que estava algo mas asen—tada y pacifica, determinó de dexar en la dicha cibdad en su lugar al dicho Gaspar Xuarez de Avila con cierta gente, y el tomó los mas que pudo y fuese a entrar por la tierra adentro que estava en los terminos desta cibdad hazia la provincia de los Cares, para conquistar y pacificar la dicha tierra, que es—tava toda de guerra, e hazelle que vyniesen todos los pueblos y naturales

10—Della a dar la obidiencia a Vuestra Majestad, y a el en su nombre y de su capitan general; y desde a pocos dias quel se partio, llego el dicho Adelantado don Francisco de Montejo a la dicha cibdad, el qual fue muy bien rrecibido de todos quantos estavamos en ella, y de ay adelante le tuvieron e obedecieron por su governador en nombre de Vuestra Majestad, como oy en dia lo tienen; y despues de ser llegado a la dicha cibdad, envio toda la mas gente que traya consigo de Mexico y de Guatimala, al dicho capitan Alonso de Caceres, y el se partio a la dicha villa de San Pedro con cierta gente que le quedo, a pacificar todo lo que estava de guerra junto al rrio de Ulua, ansi lo de las sierras, como lo demás, casi en termino de veynte leguas de la dicha villa, que dexo rrepartida el dicho Adelantado don Pedro de Al—varado a los dichos vezinos de la villa de San Pedro, estando como estava de guerra, sin conquistar ni pacificar, y ansi lo dexo al tiempo que se partio, segund he sido ynformado; y ansi como llego el dicho don Francisco de Mon—tejo a la dicha villa de San Pedro e rrio de Ulua, y supo que todo lo que dicho tengo estava de guerra, envió un capitan suyo, que se dize Alonso Rey—noso, a las dichas sierras, a lo conquistar y pacificar, y ansi lo hizo; y ansi mismo le mando que buscase por todas vias si hallase por alguna manera para descubrir minas de oro, y las descubriese, el qual de aquella jornada lo descubrio, e hecho esto, el dicho Adelantado se volbio a la dicha cibdad de Gracias a Dios, y llegado a ella vino el dicho capitan Alonso de Caceres de la entrada do hera ydo, a verse con el dicho Adelantado y governador don Francisco de Montejo, para dalle quenta de lo que avia hecho en la dicha en—trada, y de los pueblos que avia hecho venyr de paz y dexava pacificos, e por alguna mas gente para yr a conquistar los que quedavan, para poblar la dicha villa de Comayagua, de la qual buelta la poblo e pacifico con toda aquella tierra y las provincias della, que son quatro o cinco hasta el valle de Ulancho, en lo qual a trabajado mucho e servido en muy grande manera a Vuestra Majestad, de la qual jornada e yda que fue, nunca mas a vuelto a esta cibdad, sino siempre a andado en la dicha conquista ganando y pacificando las dichas provincias con muchas fuerzas grandes que tenian en que estavan metidos y hechos fuertes los dichos naturales de la dicha tierra, especial—mente el dicho peñol de la provincia de Carquin, donde fue el dicho Juan de Chaves que no pudo ganar.

ll—..."Y esto es todo lo que pasa cerca deste caso, a la letra, segnud mejor he podido averiguar de entre personas de fe, dinas e sin pasion, como tengo dicho atras, ansi cerca de lo tocante a la venida a esta tierra del dicho Adelantado don Pedro de Alvarado, como del Adelantado y governador don Francisco de Montejo, y de lo que el uno y el otro an hecho en ella, y de aqui puede Vuestra Majestad mandar ver las relaciones que ambos alla an dado ante Vuestra Majestad en su Real Consejo, cerca de la venida a ella;el uno y el otro, y de lo que cada uno dellos dize que hizo, y despues de vistas vea esta mia, que es todo lo que pasa en toda rrealidad de verdad a la letra, y visto lo uno y lo otro podra Vuestra Majestad juzgar quien dixo alla verdad,o no, y quien es dino de premio o galardon, o quien no; que en verdad a mi me va muy poco en ello, mas de dezir verdad a Vuestra Majestad como a mi rrey i señor, para que en lo que Vuestra Majestad mandare proveer en esta tierra. venga como deve de venir, y de Vuestra Majestad y de los de su Real Consejo se espera para el bien y perpetuidad della y para el rremedio destos naturales, porque mediante el vengan en verdadero conocimiento de Dios, y para que se eviten disensiones y alborotos, vando y cismas, que en verdad algo dello he hallado despues que vine, como mas largamente dire en otra a Vuestra Majestad, porque por tan amigo y hermano tengo al uno como al btro; ansi Dios me salve y me de gracias para alcanzar su gloria.

12—"Y la verdad es quel dicho Adelantado don Pedro de Alvarado hizo muy grand servicio a Vuestra Majestad en ella, porque si el no viniera todo se despoblara, porque ya la dexaban los españoles todos quantos en ella estavan, antes quel dicho Adelantado viniese, y se yvan, a tardarse ocho dias que no viniera, ninguno quedara en ella, y si los dichos españoles se fueran y el no viniera, tarde o nunca se tornara a poblar, y ya que se poblara fuera con muy grand travajo y gasto y muerte de españoles, por ser como es la tierra muy agra y aspera, que creo en toda ella no ay quatro ni tres leguas juntas de llano, y la gente de los yndios muy belicosos e instrutos en las cosas de la guerra, y que conocian ya a los cristianos y saben que son mortales como ellos, y que los cavallos y los cristianos no es toda una cosa, como de antes pensaban al tiempo que vinieron a estas partes; y con la grand ayuda que traxo de los españoles e yndios amigos, fue a esta parte para que los yndios naturales desta governacion viniesen mas ayna de paz, porque como pasó abriendo el camino por do pasó para yr al dicho puerto de Cavallos, fue dandoles guerra, y como los dichos yndios que traxo consigo es la mas cruel jente de quantos yndios ay en todas las Yndias......fueron muertos y llevados mas de seis mill personas entre hombres y mugeres, chicos y grandes, entre los quales fueron los tres mill hechos esclavos, y que del pueblo que avia quatrocientas o quinientas casas al tiempo quel dicho Adelantado don Pedro de Alvarado vino a la dicha governacion, avia quando vino el dicho Adelantado don Francisco de Montejo solas trescientas, y que de solo un pueblo que se dize Taloa, qu'esta a dos leguas desta dicha cibdad, me dixeron todos los principales del dicho pueblo que solas mugeres y niños, comidos y llevados, pasaron de doscientas animas, y como los naturales desta tierra no comen carne humana, ni jamas oyeron dezir que tales los hombres comian, quedaron tan espantados y castigados que ansi como el Adelantado don Francisco de Montejo y sus capitanes fueron sobre ellos y les comenza.ban a dar guerra, luego le venian de paz, e ansi mismo viendo el buen traa tamiento quel dicho Adelantado don Francisco de Montejo les hazia........

13—como Vuestra Majestad lo puede juzgar por esta mí rrelazion, y esto es lo que yo e podido alcanzar y averiguar, como tengo dicho, con mi flaco juicio. Vuestra Majestad y esos señores de su Real Consejo lo podran mijor ver, averiguar y juzgar con sus esclarecidos juicios y dottas y sabias letras, que yo, ny vi lo uno ny lo otro, ni estuve presente a ello, como Vuestra Majestad mejor sabe, porque al tiempo que todo ello pasó yo estava en esa rreal corte".

DOCUMENTO III
Pedraza—1ª ALV

OBISPO CRISTÓBAL PEDRAZA (1544)—Relación de la Provincia de Honduras e Higueras. —Relación y como cathalogo de los governadores que a auydo en esta gouernacion de honduras desde el principio que se conoscio de christianos.—Publicado en la Revista del Archivo y Biblioteca Nacionales de Honduras —Tomo IV, Núm. 9—10, agosto de 1906.

14—"Primeramente el marques del Valle don hernando cortes despues que uvo ganado a mexico y pacificado las mas provincias de toda la tierra touo noticia de que auya una provincia muy rica hazia estas partes, que fue esta provincia de honduras en la qual auia gente politica como al principio dixe y quisieron dezir algunos indios desta tierra que della auia salido la gente mexicana y lo qual se supo por indios antiguos de mexico y que era muy rica de oro y de otras muchas cosas y muy fructifera y abundante de las cosas de aquellas partes, y oydas estas nuevas por el dicho marques determino de embiar a un capitan suyo llamado chistoual de Olit, persona muy esforzada y valerosa con mucha gente para que fuesse a ver que tierra era esta y la conquistasse y ganase y poblasse en ella los pueblos de christianos que le pareciesse con grandes instrucciones para ello y el Christoual de Olit siguiendo su viaje vino á ella y viendola tan repoblada de gente y abundosa de todo lo sobredicho llamo a un escriuano que lleuaua consigo y dixo que le diesse por fee y testimonio como tomaba posession de aquella tierra en nombre de su Majestad y quel se constituia y elegia en su nombre por su gouernador della, y por tal se mando apregonar diziendo manda christoual de Olit gouernador de la dicha tierra por su Majestad.

15— ...el dicho adelantado dixo que aceptaba la dicha gouernacion en nombre de su Majestad y que estaua presto y aparejado de hazer todo lo quel pudiese y en el fuese en seruicio de su Majestad y en aumentacion de su real corona y asi tomo la gouernación en si y comenzo a poner justicias de su mano y con la gente quel traxo de los christianos y con los que alli hallo, poblo la villa de San Pedro y vino a descubrir el puelo de cauallos y dexo alli otros 10 o 12 vezinos y supo como en truxillo estaua vna carauela pequeña y embio alla por tierra a muchos indios y en canoas por la mar costa a costa aque traxesen la carabela al dicho puerto de cauallos y embarcose en ella y

16—vino a dar cuenta de todo a su Majestad y con la demas gente que le sobro de estas dichas dos poblaziones embio a un cauallero llamado Juan de chaues natural de la cibdad de truxillo de Castilla a que buscassen un sitio bueno casi en comarca dentro de guatemala y honduras en lo medio de la tierra de honduras para que se comunicasen ambas a dos las gouernaciones y andando el dicho chaues con su gente a buscar el sitio anduvieron mucho tiempo perdidos por sierras y montanas hasta que allegaron a la tierra do agora es gracias a dios, como hallaron aquella tierra llana junto a un rio o gracias a dios que hallamos ya tierra llana y ansi se puso nombre la ciudad[128] y poblaron alli hasta 50 vezinos y mando el dicho adelantado que como poblasen traxes.

17—sen todas las cuadrillas de esclavos que tenian en guatimala y la traxessen al assiento de Zura lo cwal el tomaua para estancia en que sem brasse y criasse ganados y para que los esclauos sacassen oro en las minas de oro que estan alli a 4 y a 5 y a 6 leguas de alli, y como eran muchos los indios destas quadrillas sacaron mucho oro y como sono por la tierra y por la provincia de guatimala el mucho oro se sacauan de honduras, volo la nueua hasta mexico do a la sazon estaba el adelantado montejo que auia tres años.

---

[128] No se puede comprender cómo Pedraza haya podido narrar esto despues que escribió la relación anterior que es la verdadera. Herrera lo copió y los historiadores posteriores perpetuaron esto como si fuese verdad la historia.

18—que le avia venido provision de su Majestad que fuesse a gouernar a honduras entretanto quel prouera de gouernador en ella y por tenella por tierra perdida a causa de los destruimientos que en ella se hauian hecho por los gouernadores no hauia querido venir a ella, pero como oyo las nuevas del mucho oro que se sacaua y de como el adelantado pedro de alvarado la habia pacificado y poblado una cibdad y dos villa determino de embiar un cavallero.

19—que se dize ALONSO DE CACERES natural de alcantara con ciertos amigos que conuoco para ello y diole la dicha provision quel tenia y su poder para que viniese a tomar posesion de la dicha gouernacion y se apoderasse en ella en su nombre el qual vino a la cibdad de gracias a dios y no lo quisieron recibir y tuvo tal forma y manera con algunos de la dicha cibdad que se juntassen con el y la gente que traia entro en ella e prendio a los alcaldes y rexidores y tomo posesion de la dicha gouernacion y puso otros de su mano y en estos medios embio a llamar al dicha adelantado montejo y vino, y lo que hizo fue quitar todos los puebolos que el adelantado alvarado se hauia encomendado en si de los que havia pacificado y ganado y tomoselos para si y otros muchos de particulares de los que avia encomendado y dado a los que le auian ayudado a conquistar y pacificar la tierra y los demas que quedavan de los quel dicho adelantado alvarado repartio y dio a particulares de los que conel vinieron y hallo en la tierra ansi de los vezinos de gracias a dios como de Sanco pedro y puerto de cauallos se los quito tiranicamente sin ser oidos ni haver hecho cosa porque mereciessen ser despojados dellos y diolos a todos aquellos que con el vinieron sin aver sido en la conquista ni pacificacion de la tierra y sabido aca en castilla por el adelantado pedro de alvarado que a la sazon estaua aca lo quel dicho montejo auia hecho despues de ser partido quejose a su Majestad dello y su Majestad mando dar su provision real dirigida a mi el dicho obispo para que cada y quando por el dicho don pedro de alvarado o por quien su poder ouisiese fuese requerido con ella que hiziese justicia cerca del sobredicho espolio...".

Segunda Relación de la Provincia de Honduras e Higueras, por D. Cristóbal de Pedraza, Obispo de Honduras (1544)

PARTE ÚLTIMA DE LA MISMA RELACIÓN

...y estuvieron alli hasta tanto que no dejaron casi indio en toda la comarca asi por el estilo de los otros como por huirse de los malos tractamientos y el dicho andres de Cerezeda saco mucho ganado de truxillo y yeguas y vacas y puercos con los quales destruia todas las sementeras que sembraban los indios que fue tambien harta parte para oxearlos, y viendo los chistianos que con el fueron á poblar este lugar que ya todo estava destruido y que no auia pueblo que les sirviese así desde el valle de zura como del valle de naco siendo e dicho valle de naco la cosa mas rica y poblada que en toda la tierra auia determinaron de dexar al dicho Cerezeda e irse para nicaragua a embarcarse para el peru oyendo las nuevas que avian de alla venido y estando en esta determinacion, el thesorero de la provincia diego garcia de celis rogoles mucho que no lo hiziessen y quel iria al adelantado don pedro de alvarado que estaba de aquel lugar casi 50 leguas en la provincia de guatimala y que el le iria a rogar que viniesse a socorrer la tierra y apaziguar los indios alzados por las sierras por los malos tratamientos que les avian hecho, y esto de otros muchos pueblos de indios aver oido los malos tractamientos y crueldades que con los indios hazian se avian alzado y puesto en armas contra los christianos para defenderse dellos no queriendolos servir ni ayudar con cosa alguna, y el dicho cerezeda y los christianos otros holgaron que fuesse el celis y aquellos le esperarian por espacio de dos meses sin hazer mudanza alguna hasta ver que recabdo traia, y el diego garcia celis fue y tardo alla mas de 4 meses rogando y persuadiendo al dicho adelantado que viniese a socorrer la tierra y jamas lo pudo acabar con el hasta tanto que le escribieron de mexico al dicho adelantado alvarado que mirasse lo que le cumplia y supiesse como por virtud de una provission de su Majestad le embiauan a tomar residencia y a prendello para que ansi preso lo embiassen a castilla, como vio el adelantado esta letra determino de venir con el diego garcia de celis mas por disimular su venida casi huyendo que no por socorrer la dicha tierra y junto mucha gente de indios amigos y otros muchos christianos con el y vinieron a la provincia de honduras conquistando y pacificando por todas partes que vino todos los pueblos de indios que hallo questavan de guerra, y como los christianos que quedaron con andres de cerezeda vieron la tardanza del dicho celis determinaron de poner en obra su proposito de irse y comenzaron a liar sus haziendas y de los indios que tenian en sus casas que les servian que se llaman naborias, esto es servidores y maniataron al dicho cerezeda y ataronlo a un arbol y dexabanselo alli con otros veinte y tres porque les estoruaua que no llevassen los indios sobredichos ni los sacassen de la governacion que me parecio esto hurtar los puercos y dar los pies por dios y comenzados a ir los christianos después de hecho esto casi a una legua que iban camino…[129]

vinieron vnos indios de hazia guatimala diziendo que venian muchos chris—tianos y un gran tetuan, que quiere dezir vn gran cauallero, conellos que se dezia el tenatio que quiere dezir el sol porque el adelantado alvarado era ruuio y colorado el rostro y connesto boluieron cesando su viage a do dexavan al dicho cerezeda y desataronle y reconciliaronse conel y en estos medios allega el adelantado con mucha gente y fue dellos muy bien rescibido, y andres de cerezeda le dixo señor adelantado yo no puedo sustentar esta governación porque ni tengo gente para ello ni hazienda ni menos soy abedecido por tanto yo os pido por merced y requiero de parte de su Majestad como a su capitan general que sois que vos la teneis en voz y la gouerneis y hagais en ella todo lo que os pareciere en nombre de su Majestad como la tierra se perpetue y si no lo quisierades hazer protesta contra vos todos los males y daños que en la tierra sucedieren y que no corran sobre mi y asi lo pido por fee y testimonio a un escrivano que presente estaba que se dezia Bernaldo de Zambrano secretario del dicho contador Andres de Cerezeda y uno de los disipadores de la dicha governacion y distribuidor de los dichos indios, el dicho adelantado dixo que aceptaba la dicha gouernacion en nombre de su Majestad y que estaua presto y aparejado de hazer todo lo quel pudiese y en el fuese en servicio de su Majestad y en aumentacion de su real corona y asi tomo la governacion en si y comenzo a poner justicias de su mano y con la gente quel traxo de los christianos y con los que alli hallo, poblo la villa de San Pedro y vino

---

[129] Falta en el original.

a descubrir el pueblo de cauallos y dexo alli otros 10 ó 12 vezinos y supo como en truxillo estaua una caravela pequena y embio alla por tierra a muchos indios y en canoas por la mar costa a costa aque traxesen la carabela al dicho puerto de cavallos y embarcose en ella y vino a dar quenta de todo a su Majestad y con la demas gente que le sobro destas dichas dos poblaziones embio a un cauallero llamado Juan de chaves natural de la cibdad de truxillo de Castilla a que vuscassen un sitio bueno casi en comarca dentro de guatemala y honduras en 1 medio de la tierra de honduras para que se comunicasen ambas a dos las governaciones y andando el dicho chaves con su gente a buscar el sitio anduvieron mucho tiempo perdidos por sierras y montañas hasta que allegaron a la tierra do agora es gracias a dios, como hallaron aquella tierra llana junto a un rio o gracias a dios que hallamos ya tierra llana y ansi se puso nombre la cibdad y poblaron alli hasta 50 vezinos y mando el dicho adelantado que como poblasen truxessen al assiento de Zura lo qual el tomava para estancia en que sembrasse y criasse ganados y para que los exclavos sacassen oro en las minas de oro que estan alli a 4 y a 5 a 6 leguas de alli, y como eran muchos los indios destas quadrillas sacaron mucho oro y como sono por la tierra y por la provincia de guatemala el mucho oro que se sacavan de honduras, volo la nueva hasta mexico do a la sazon estaba el adelantado montejo que auia tres años que le auia venido provision de su Majestad que fuesse agouernar a honduras entretanto quel prouera de gouernador en ella y por tenella por tierra perdida a causa de los destruimientos que en ella se havian hecho por los gouernadores no havia querido venir a ella, pero como oyo las Montejo gouernador nueuas del mucho oro que se sacaua y de como el adelantado pedro de alvarado la habia pacificado y poblado una cibdad y dos villa determino de embiar un cavallero que se dize Alonso de Caceres natural de alcantara con ciertos amigos que conuoco para ello y diole la dicha peuision quel tenia y su poder para que viniese a tomar posesion de la dicha gouernacion y se apoderasse en ella en su nombre el qual vino a la cibdad de gracias adios y no lo quisieron rezibir y tuvo tal forma y manera con algunos de la dicha cibdad que se juntassen con el y la gente que traia entro enella e prendio a los alcaldes y rexidores y tomo posesion de la dicha gouernacion y puso otros de su mano y enestos medios embio a llamar al dicho adelantado montejo y vino y lo que hizo fue quitar todos los pueblos que el adelantado alvarado se auia encomendado en si de los que auia pacificado y ganado y tomeselos para si y otros muchos de particulares de los que el auia encomendado y dado a los que le auian ayudado a conquistar y pacificar la tierra y los demas que quedaban de los quel dicho adelantado alvarado repartio y dio a particulares de los que con el vinieron y hallo en la tierra asi de los vezinos de gracias adios como de Sanco pedro y puerto de caballos se los quito tiranicamente sin ser oidos ni auer hecho cosa porque mereciessen ser despojados dellos y diolos a todos aquellos que con el vinieron sin auer sido en la conquista ni pacificacion de la tierra y sabido aca en castilla por el adelantado pedro de alvarado que a la sazon estava aca lo que dicho montejo auia hecho despues sel ser partido quejose a su Majestad dello y su Majestad mando dar su provision real dirigida a mi el dicho obispo para que cada y quando por el dicho don pedro de alvarado o por quien su poder ouiese fuese requerido con ella que hiziese justicia cerca del sobredicho espolio quel dicho montejo auia hecho desta manera que si el dicho don pedro de alvarado auia o qualquiera de los despojados pidiendo la dicha justicia me mostrasse como fueron proveido por el dicho pedro de Alvarado de los dichos pueblos que fueron despojados como tales conquistadores dellos y de la dicha tierra y de como poseyeron y llevaron los tributos dellos y como fueron despojados hasta el dia que se los hiziesse boluer la qual dicha provision venia con grandes fuerzas y firmezas y un poder vastante de su Majestad para que les pudiesse compeller por todo rigor de justicia asi al dicho adelantado montejo como los demas que tuuiessen los dichos pueblos hasta hazerlos restituir a cuyos eran de antes de la manera suso dicha, con la qual dicha provision vino el mesmo adelantado alvarado en persona a la dicha provincia de honduras con mucha gente consigo que lleuo destas partes de castilla. Y luego como llego a la tierra me hizo sauer de su venida como traia la dicha provision y juntamente conella mucha gente puesta a punto de guerra para que si yo no le quissiesse hazer justicia por virtud della entrase el en sus propios pueblos que el dicho montejo le auia quitado y desque yo supe de su venida y de la manera que venia y el proposito que traia junte ciertos cavalleros de los principales de la cibdad de gracias a dios do a la sazon yo estava juntamente con el dicho governador montejo y fuime para do venia el dicho adelantado alvarado al qual tome 15 leguas antes que llegasse a la cibdad en vn lugar que se dize la pagua y alli tracte con el lo mejor que pude amistades entre el y el montejo y que despues que fuessen amigos se entenderia en todo lo que le tocava acerca de sus pueblos y de los demas rogandole mucho que pues era vasallo de su Majestad y su governador y capitan y justicia que no quisiesse alborotar aquella tierra y que se perdiesse pues con tanto trabajo la avia conquistado y pacificado y otras razones que le dixe sobrel dicho caso, y el viendo mi intencion ser sancta y buena tan provechosa para el y para todos los christianos de la tierra y asi mismo para los naturales y bien de toda la tierra holgo de venirse conmigo pacificamente con toda la gente que con el venia y su muger y casa la señora doña beatriz de la cueva que murio en guatimala, y asi nos fuimos todos juntos y me fui adelante con los dichos caualleros que traxe conmigo a hablar al dicho montejo y a atraerle a la dicha amistad a alvarado despues de muchas razones que pase con el poniendole a dios delante y a su amistad y vien de la tierra y el holgo de hazer lo que yo le rogaua y ansi le hize que saliesse a recibir al dicho adelantado don pedro de alvarado con todos los vecinos de la dicha cibdad de gracias adios casi una legua y alli los hize habrazar y el dicho montejo y yo metimos a la señora doña beatris el vno de un cabo y el otro del otro hasta meterla en la dicha cibdad de gracias adios donde les hize a los vnos y a los otros comer juntos jugar cañas y regocijarse mucho y desde casi ocho dias vino a mi el adelantado montejo vna noche a mi posada y dixome señor yo e bisto la gran potencia deste hombre y lo mucho que puede como hombre que tiene dineros y buenos pueblos y renta para poder sustentar esta gouernacion y yo veo que no la puedo sustentar y antes creo se perdera en mi poder por la poca possibilidad que tengo y el adelantado como tiene aqui tan junto a guatimala ayudara mucho a laugmentacion desta tierra y perpetuidad della pidos por merced le hableis y si quiere darme a la cibdad de chiapa ques de la gouernacion de guatimala para que yo la gouierne juntamente con yucatan de donde soy gouernador perpetuo y el pueblo que tiene de suchimilco junto a mexico yo le dexare esta gouernacion libre y desembargada para que el sea governador della y le dare todos los pueblos que le quite libres y desembargados y me saldre de la dicha governacion cada y quando que mandase, con lo qual yo fui al dixho adelantado alvarado y despues de passar muchas cosas que passamos sobre el dicho caso mas de 4 dias creo que no hize sino martillar en ello para el bien de la paz le hize venir en ello excepto que le pagasse todo lo que le era en cargo de lo que se auia aprouechado de las quadrillas de indios que el metio en la governacion antes que se viniesse a castilla y de los tributos de los indios despues que se los quite para lo qual no embargante que su Majestad me hauia hecho juez para lo uno y para lo otro por su real provision quel asi mismo me hazia juez para ello y me daua su poder cumplido para que pudiesse entender enello y en todo lo que yo en ello hiziesse el lo daua todo por hecho como si su persona propia lo hiziesse con lo qual bolui al montejo y hizele que lo toviesse por bien y que yo haria todo lo que pudiesse por el en ello vsando mas de clemencia que de rigor en el tomar de la dicha quenta por estar pobre como estaua, y que al tiempo del centenciar lo ternia mas respecto a misericordia a que a justicia, y asi vino en ello el dicho montejo y acabadas de tomar las dichas quentas ante el escriuano publico de la dicha cibdad halle por ella y por 20 y tantos testigos que le era en cargo de XXVII mil dicados en los quales le sentencie y despues de sentenciado trabaje con el dicho adelantado le soltase la mitad dello el qual fue contento de hazerlo y asi fueron muy buenos amigos y en casi dos meses que alli estuuieron juntos muy conformes asi los dos adelantados como sus mugeres y viendo la gran conuersacion de los unos con los otros y la gran pobreza del dicho montejo y por tener como tenia una hija doncella ya para casar pareciome tornar a entender con el dicho adelantado sobre el resto que le devia y fuime a su mujer del dicho adelantado alvarado y supliquele me ayudase con su marido a cierta cosa que le queria rogar que era obra de caridad y dixo que se haria y entonces tome al adelantado delante la dicha mujer y pusele a dios delante y la gran pobreza del dicho montejo, y como no tenia para casar aquella hija que si el le pagaua lo que le deuia hauia de quedar en el ospital especialmente no teniendolo y que la hija se perderia de manera que fueron tales las palabras que le dixe que les hize mouer a piedad y le solto todo el resto que le quedaua deuiendo y asi el vno se fue con su muger y casa el adlelantado alvarado a guatimala, y desde a pocos dias se fue el montejo para ella para irse de ay a su gouernacion y yo partime para castilla a ruego del dicho adelantado alvarado y de toda la justicia y regidores de las cibdades y villas y lugares de la dicha gouernacion a dar quenta a su Majestad del estado en que halle la tierra al tiempo que a ella llegue y del suceso de lo demas hasta el dia que me parti para aca para que su Majestad remidiase algunas cosas que convenia para perpetuidad della para que dios fuesse alauado en ella y su sancta fe augmentada y asi mesmo su real corona que abra tres años que vine por el mes de enero año de 41 y despues aca no se nada de que a sucedido en la dicha tierra porque no he estado en ella pero segun lo que entendido y sentido desta tierra digo que plugiera a nuestro señor y a su bendita madre que nunca el marques del valle don hernando cortes saliera della ni la dexara y sayauedra su teniente que por el dexo en ello porque si hasta agora la gobernara el o el dicho su teniente la cibdad de trujillo fuera una de las preminentes cibdades de todas las indias por el gran aparejo que tenia para ello y no se uvieran hecho las grandes tiranias robos y destruimientos quen la dicha ciudad se hizieron y en toda la tierra a causa de los grandes tiranos y malos governadores que despues governaron de la manera que dicho tengo.

DOCUMENTO IV
Francisco de Montejo—1ª MON

CARTA DEL ADELANTADO FRANCISCO DE MONTEJO al Emperador Carlos V, de 1º de junio de 1539.—Del Tomo XXIV de la Colección de Documentos Inéditos relativos al descubrimiento, conquista y organización de las antiguas posesiones españolas etc., por Torres de Mendoza y otros. Madrid 1875. Reproducida en la Revista del Archivo y Biblioteca Nacionales de Honduras, Tomo IV, Nums 5, 6, 7, 8, año de 1908. La misma carta, un poco menos estropeada, tomada de la copia inserta en el Tomo LXXXI de la Colección de D. J. B. Muñoz, y reproducida en la Revista del Archivo y Biblioteca Nacionales, Tomo VI, n. X y sgs. 1928. A esta copia, más que a la primera me atengo, por parecerme más fiel, aunque ninguna de las dos son muy fieles. La presente está copiada en ortografía moderna, la que conservo para mayor comprensión, comparada con la primera cuando ha sido necesario. Se encuentra también en el tomo 2 de la misma colección.

20—"S. C. C. M.—Por el mes de mayo del año treinta y siete pasado, hice relación a V. M. de lo sucedido en esta tierra y del estado en que la hallé y estaba al tiempo que a ella vine... Lo que después acá ha sucedido, lo haré en ésta lo mejor y más verdadera que pudiere hasta el estado de agora.

"Antes que saliese de la villa de San Pedro, envié a pacificar todas las sierras de los términos de aquella villa, que es los más indios que los vecinos tienen.... torné luego a enviar un Capitán a que lo visitase y los hiciese poblar en sus pueblos, y descubriese oro en aquellas sierras, y así lo hizo. E dejado la tierra en sosiego, me vine a esta cibdad de GRACIAS A DIOS para acabar de pacificar las provincias que no estaban en servicio de V. M.

21—"Y llegado a esta cibdad, halléla en muy grande necesidad de bastimentos, así en los españoles como en los indios... Y acabado de hacer, envié el más socorro que pude a Alonso de Cáceres, capitán que había enviado a un valle, que se dice de Comayagua a paciguar y sosegar aquellas provincias; y con el socorro que le envié, plugo a Nuestro Señor que en breve tiempo se nombre SANTA MARIA DE COMAYAGUA. Y el Capitán me vino a dar cuenta de todo lo sucedido... cuando a esta tierra vine, todo estaba de guerra, porque así lo dejó el Adelantado e su Capitán Joan de Chaves, que dejo en su nombre, el cual se fué a Guatemala y dejó desamparada la tierra; por requerimiento que le hicieron los vecinos de Guatemala y San Salvador.

"Y un Señor... juntó toda la provincia, y entraronse en un peñol....y la causa de hacerse fuertes en él fué que cuando pasó el Adelantado Alvarado por aquella provincia, se metieron allí, y no les acometieron, llevando dos mil amigos e más; e cuando volvió Joan de Chavez, le puso cerco con todo poder que llevaba, y no les pudo entrar, y de aquí se fué el dicho Joan de Chavez a Guatimala...

A este punto, Montejo cuenta la toma de Cerquin, la destrucción de la primera Comayagua y cómo Cáceres y Montejo corrieron, uno por un lado y el otro por otro, a sofocar la revuelta de los indios, cuyo último reducto fue Tenampúa, que abandonaron un día antes de que llegase Montejo. Después sigue contando.

22—"Acabado esto que he dicho, me vine a la villa de Comayagua, y la fundé de nuevo, e hice alcaldes e regidores, y el repartimiento hiciéronse treinta y cinco vecinos, los más dellos de muy pocos indios. Y de alli me vine a esta cibdad de Gracias a Dios, para la pasar a otro asiento, que ya tenía visto más en comedio de los indios e más sano e vistoso y abundoso de las otras cosas, y ha hacer sembrar a los indios y a los españoles que había harta necesidad dello "Demás desto yo yegué a vista de la mar del sur y del puerto de Fonseca, y desde una sierra descubrí el camino y envié gente a vello

23—"supe quel adelantado D. Pedro Dalvarado y el tesorero Diego Garcia de Celis y Francisco Cava y otras personas, que con el dicho adelantado fueron, había hecho relación a V. M. quel adelantado alvarado habia conquistado esta tierra, y dejádola esta Cibdad poblada e pacífica. Y después de venido el Tesorero, yo le dije: ¿qué cómo había hecho tal relación, pues que no era así?; respondióme quél no había dicho allá tal, sino que algunos indios habían venido a hablar al Adelantado, como suelen hacer a otros capitanes, y que en el Consejo de V. M. se había dado por de paz la tierra por que así se hizo en el Reino de Granada y que así se había determinado; quel no había dicho

24—otra cosa. E por que V. M. sepa la verdad como fué y pasó, llegando a un pueblo que dicen el Asistente, que el primero desta Gobernación por donde Gil Gonzalez, Gobernador que fué destas provincias, y Francisco de las Casas pasó y le pusieron este nombre de Asistente, que se llama Ocotepeque (Cocotepete, en el primer documento), salieron dos indios al Adelantado, a ver quién era y habláronle y fuéronse, y luego les entró dando guerra. Y después de haberle dado mucha guerra, y hechos muchos esclavos en él y en otro pueblo questá a una legua del, que se dice Teculucelo, de verse un señor muy destruído, vino a hablalle, y díjole que se fuese, que le darían témemes, y así lo hizo; y tres leguas de allí déjanle las cargas, y vánse el señor y la gente, y todo se quedó de guerra, y nunca más llegó a un pueblo, que le esperasen. Y así lo dejó todo, haciendo en ello muchos esclavos y destruyendo la tierra, hasta que llegó cerca del valle de Zura, que envió a Juan de Chávez a pacificallos; y el Juan de Chávez fué haciendo lo mismo quél hasta Cerquin, como ya he dicho, y allí quiso entrar en el peñol, porque todos estaban de guerra en él, y no pudo; y los vecinos de Guatimala, y S. Salvador lo requirieron que se fuese, pues aquella tierra no era de Guatimala, ni era para poblar; y así lo hicieron. ESTO ES LA VERDAD.

25—"el adelantado Don Pedro Dalvarado, como no había visto ni pacificado la tierra cuando la repartió ni los que recibieron los repartimientos lo sabían, dejó hecho en esta cibdad ciento e diez repartimientos que fueron desta manera, daba a uno una provincia; y repartía todos los pueblos y estancias dellos a otros; y a otro daba un pueblo por tres o cuatro nombres a tres y a cuatro personas; e a otros daba peñas y sierras y ríos por repartimientos; y a otros asientos de pueblos viejos despoblados. Que despues de abello visto, y dado a ocho el repartimiento de uno, no se pudieron hacer en esta cibdad más de treinta e cinco vecinos.... Y en esta cibdad partió hasta el valle de Ulancho, y en la villa de San Pedro lo mismo. Y desta manera al tiempo de repartir, como fueron muchos en el conquistar.... fué forzado quitalles algo para complir con otros…llegó el Adelantado Don Pedro Dalvarado al puerto, con trescientos españoles el Protector…le escribió sobrello su parecer; y respondiole que yo le había hecho malas obras en ausencia, e que peores me las había él de hacer en presencia…las obras quél a mí me hizo son estas: que envié a Alonso de Cáceres con mi poder e con las provisiones de V. M., pa. qe. en Guatimala hiciese alguna gente, y apregonáronse mis provisiones; y como oyó el Adelantado que se allegaba gente, mandó de desbaratallo, y dió cargo a Alonso de Cáceres de su armada…

26—"A lo que informó de la Cibdad de Gracias a Dios, que dice que trae para Guatiamala, él no pacificó ni conquistó nada della, ni capitan suyo en esta Gobernación; no hay otra cosa sino esta Cibdad, porque en ella se metió todo lo que servía de cozula (el otro texto dice a Zula); y todo lo que se a conquistado e pacificado por mí e por mis capitanes e gente que a ella traxe, que son mas de ciento, y dellos son muertos muchos en la guerra, e todos los demás empeñados o perdidos. Vea Vuestra Majestad si lo que estos tristes an sudado e padecido e yo con ellos, es bien que los que se fueron a holgar y descansar a Guatymala y San Salvador a sus casas, que tienen muy buenos repartimientos; y los que fueron a Castilla y dexaron toda la tierra de guerra; que gocen de lo que los que acá an estado y estamos tres años há, pacificando e trabaxando, y entre ellos muchos muertos y heridos, y empeñados con tantos trabaxos y desabenturas; y esta Cibdad es toda esta Governacion, y sin ella no hay nada. Vuestra Majestad lo mande ver y proveer como sea mas servido, porque todo quanto he dicho es verdad sin falta nenguna..........

27—"Hize relación en la carta primera y segunda, de la destrucción que se hizo en esta tierra y los muchos esclavos que de ella sacaron, y no tanto como despues he visto; porque los pueblos por donde pasó y estaban comarcanos, que diré aquí algunos dellos es lastimar los que los vieron y agora pasan por ellos. Talva tenía cuatrocientas casas, que todos dicen que las contaron cuando el Adelantado pasó y Juan de Chávez; y cuande vine a ella, hallé treinta y cinco hombres, y con habellos reformado cuanto he podido, no Araxaguai doscienta e cincuenta; e tiene cuarenta. Y Opoa doscientas setenta; e tiene treinta. Lepaera cuatrocientas; e tiene agora setenta u ochenta.

Y estos, que se han recogido todo cuanto ha sido posible, y todos los más pueblos comarcano a esta cibdad quedaron desta manera, digo por los que pasó el Adelantado e Juan de Chavez. Y esto es al pié de la letra, y no hay otra cosa; y con cuantos yo he conquistado e pacificado, no se hallará un pueblo destruído, sino todos los destruidos, reformados.

28—"En la tierra he cogido trigo, e se cojerá de aquí adelante mucho. He probado a poner viñas, y han probado tan bien que se han cogido un fruto, y agora están las parras llenas de uvas las más hermosas que se han visto en estas partes.

"He descubierto minas de plata en la villa de Comayagua, a lo que ha parescido muy ricas, tres tiros de ballesta de la villa, en medio de mucha leña, y agua en mucha cantidad; y las minas tienen infinito metal, y hay tantas, que sobran para toda la Nueva España.

..."la Villa de San Miguel, y ansí me lo rogaban los mismos vecinos....para ser socorridos de sus necesidades... que ellos no tienen oro ni plata en todos sus terminos, y que siendo todo uno, los unos tendrían compañía con los otros y todos gozarían del oro e plata que acá obiese....y si fuese todo uno, ellos tienen muchos esclavos e muchos indios e muy cerca de las minas de acá y todos sacarían oro…"Suplico a Vuestra Majestad sea servido de mandar se me haga merced de dos mil ducados, como se dá a Guatymala, pues que la tierra es mas esteril y mas trabaxosa, e sin ningun probecho en ella; no haber oro entre los indios, ni ropa ni cosa de que puedan haver provecho los que andan pacificando, como lo avido en todas las otras partes, sino que todo se ha de comprar a dinero..

29—"Ansi mesmo el Conthador, hizo relacion a Vuestra Majestad, que había poblado el Valle de Zura, y en ello había gastado quatro mil castellanos, y por ello le mandó Vuestra Majestad dar la mitad del salario de Governador, y su salario de Conthador, e lo uno sin lo otro no parece ansi, porque él nunca gastó nada en la Banda y Zura, nunca la pobló ni hizo en ella Alcaldes ni Regidores, hasta quel Thesorero Diego García de Celis se partió a pedir socorro a Guatymala; e quatro e cinco meses antes que lo obiese, a rruego de toda la gente, hizo Alcaldes e Regidores, que asta entonces nunca los havia hecho ni todo el tiempo que estovo en Zura; ni nunca salió dos leguas del asiento donde estava; y todo aquel Valle que havia veinte e seis o veinte e ocho pueblos, no dexaron uno, que todos los destruyeron con sus vacas e yeguas, e con las muchas piezas que traxeron de Guasmuca, al tiempo que vinieron, que todos los mas pueblos despoblaron y traxeron en cadenas y atados, y el pueblo no dexaron una sola ánima; de manera que despoblaron aquello que era lo mejor que había en toda esta gobernación, para venir a destruir estos valles, que era lo mejor destas provincias.

30—"El Tesorero Diego García de Celis, entre las relaciones que hizo a V. M. paresce que hizo relación que había gastado ochocientos castellanos en ir a Guatymala, en caballos y gastos y en abrir el camino. Las bestias él las llevaba allá para vender, como hizo, las demás que le quedaron, y el camino, cincuenta castellanos se dió a uno que fué con él y lo abrió; el gasto, aún quél quisiera gastar por el camino, no hubo en qué, y allá en la posada del Tesorero de V. M.

posó, donde no gastó blanca. DIGO ESTO POR LAS RELACIONES QUE ALLÁ HACEN…

31—"De todo lo que a V. M. he hecho relación, están hechas probanzas; que es la fundación desta cibdad, por do verá V. M. que fué fundada por esta Gobernación, y que el Capitán Juan de Chávez había desamparado la tierra y la gente quel Adelantado trajo antes quel dicho Adelantado saliese de la tierra; y los que en su busca vinieron, que eran todos de los que estaban en esta tierra antes quel viniese, sino eran cuatro parientes y criados suyos, no lo hallaron; y ellos, sin poder ninguno, la poblaron en nombre de V. M. Y va una probanza que estaba sacada sobre una Cédula que fué presentada, de un Juan García de Lemos, que pedía un pueblo por do V. M. verá como toda la tierra estaba de guerra cuando yo vine, y que no le informaron de lo que había pasado, ni del estado en que dejaron; y verá V. M. la Cédula, y de qué manera se daban los repartimientos. Y así se dieron los desta gobernación, como ya he dicho. Y cuando llegó a la Habana, de la Isla de Cuba, dió otros diez o doce repartimientos a vecinos y personas de aquella isla, dejándolo todo de guerra, como lo dejó. Y si él trae lo que dice, yo e todos los conquistadores quedamos sin indios, y él sobre los muchos que tiene en México y los muchos en Guatymala, con los más desta tierra.

32— "Así mismo me dicen, que hicieron allá relación a V. M. que cuandoel Adelantado llegase, hallaría cien mill castellanos de quinto; y así lo escribió el Adelantado al Protector, que V. M. le había mandado que se los enviase. Yo no sé como tal dijeron, pués que dejaron la tierra de guerra, y aún no había venido ninguna cuadrilla a sacar oro, sino el Padre Avela y el Contador Cereceda, que tenia cada quince piezas de las minas, y el Tesorero de Guatymala; y después de yo venido, vinieron todas las cuadrillas de Guatymala y de San Salvador, y estuvieron un año y tres meses sacando oro de que vinieron a V. M. doce mill castellanos de quinto. Después sacaron las cuadrillas sin dejar ninguna, porque se les morieron muchos esclavos y muchos indios de los pueblos que venian a proveer las cuadrillas, y a esta causa el Licenciado Maldonado, Gobernador que a la sazón era, las mandó sacar; y por esto no sé cómo informaron a V. M. el contrario de la verdad.

Desta cibdad de Gracias a Dios, primero de Junio de 539…

El Adelantado. —DON FRANCISCO DE MONTEJO".

DOGUMENTO V
Hernán Cortés—1ª

33— CUARTA CARTA DE RELACIÓN DE HERNÁN CORTÉS al Emperador Carlos V, en la cual se demuestra su afán por la conquista de Honduras y el motivo que había para hacerla.—(Tomo XXII, hibl. de aut. esp. de Enrique de Vedía, tomo I.—Madrid, 1931):

"...ASI PORQUE TENGO MUCHA INFORMACION QUE AQUELLA TIERRA ES MUY RICA, COMO PORQUE HAY OPINION DE MUCHOS PILOTOS QUE POR AQUELLA BAHIA SALE ESTRECHO A LA OTRA MAR".

DOCUMENTO VI

Bernal Díaz del Castillo—1ª

34— BERNAL DÍAZ DEL CASTILLO—Conquista de la Nueva España. —(Cap.165, Tomo XXVI, Bibl. aut. esp, de Enrique de Vedia, T. II.—Madrid, 1928). Este autor concuerda con lo que dice Cortés y en su relato añade los datos siguientes muy valiosos.

"Como Cortés tuvo nueva que habia ricas tierras y buenas minas en lo de Higueras e Honduras e aun le hicieron creer unos pilotos que habian estado en aquel paraje o bien cerca del, que habian hallado unos indios pescando en la mar y que les tomaron las redes, e que las plomadas que en ellas traían que habia por aquel paraje estrecho, y que pasaban por el de la banda del norte a la del sur; y tambien, segun entendimos, su Majestad le encargó y mandó a Cortés por cartas, que en todo lo que descubriese mirase e inquiriese con grande diligencia y solicitud de buscar el estrecho o puerto o paraje para la especería, agora sea por lo del oro o por buscar el estrecho; Cortés acordó enviar por capitan de aquella jornada a un Cristóbal de Olí".

35—En el Capitulo 184, Bernal Diaz del Castillo refiere que mientras el Capitán Sandoval estaba en Naco, prendió a cuarenta soldados españoles que venían de Nicaragua, enviados por Francisco Hernández a buscar un puerto para embarcarse. —Cap. 184:

"Estando Sandoval en el pueblo de Naco atrayendo de paz todos los mas pueblos de aquella comarca, vinieron ante él cuatro caciques de dos pueblos que se decian Quecuspan y Tanchinalchapa, y dijeron que estaban en sus pueblos muchos españoles de la manera de los que con él estábamos, con armas y caballos, y que les tomaban sus haciendas e hijas y mujeres, y que les echaban en cadenas de hierro, de lo cual hubo gran enojo el Sandoval; y preguntando que qué tanto de allí donde estaban, dijeron que en un día llegaríamos; y luego nos mandó apercibir a los que habíamos de ir con él, lo mejor que podíamos, con nuestras armas y caballos y balletas y escopetas, y fuimos con él setenta hombres; y llegados a los pueblos donde estaban los soldados, les hallamos muy de reposo, sin pensamiento que los habíamos de prender; y como nos vieron ir de aquella manera, se alborotaron y echaron mano a las armas, y de presto prendimos al capitan y a otros muchos dellos, sin que hubiese sangre ni de una parte ni de otra; y Sandoval les dijo con palabras algo desabridas, si les parecia bien andar robando a los vasallos de su Majestad, y si seria buena conquista y pacificacion aquella; y unos indios e indias que traian en collares se los hizo sacar dellos y se los dió a los caciques de aquel pueblo, y a los demás mandó que se fuesen a sus tierras, que era cerca de allí. Pues como aquello fué, mandó el capitan que allí iría, que se decia Pedro de Garro, que él y sus soldados fuesen presos y se fuesen con nosotros al pueblo de Naco, y caminamos con ellos: y traian los soldados muchas indias de Nicaragua, y algunas dellas hermosas, e indias naborias que tenian en su servicio, y todos los mas dellos traian caballos; y como nosotros estábamos trillados y deshechos de los caminos pasados, y no teniamos indias que nos hiciesen pan, eran ellos unos condes en el servirse, segun nuestra pobreza. Pues como llegamos con ellos a Naco, Sandoval les dio posadas en partes convenibles, porque venian entre ellos ciertos hidalgos y personas de calidad; y cuando hubieron reposado un dia, y su capitan Garro vió que éramos de los de Cortés, hízose muy amigo de Sandoval y de nosotros y se holgaban con nuestra compañía; y quiero decir cómo y de qué manera e por qué causa venia aquel capitan con aquellos soldados, y es desta manera que díré: pareció ser que Pedro Arias de Avila, gobernador que fué en aquella sazon de Tierra—Firme, envió un su capitan que se decia Francisco Hernandez, persona muy principal entre ellos, a conquistar y pacíficar las tierras de Nicaragua y lo más que descubriese, y diole copia de soldados, ansi á caballo como ballesteros, y llegó á las provincias de Nicaragua y Leon, que ansi las llaman, las cuales pacificó y pobló; y como se vió con muchos soldados y próspero, y apartado del Pedro Árias de Avila, y por consejeros que tuvo para ello, y tambien, segun entendí, un bachiller Moreno, por mí ya nombrado, que el audiencia real de Santo Domingo y los frailes jerónimos que gobernaban en las islas le habian enviado a Tierra—Firme á cierto pleito, que tengo en mi pensamiento que era sobre la muerte de Balboa, yerno de Pedro Arias, al cual degolló sin justicia cuando le hubo casado con su hija doña Isabel Arias de Peñalosa, que asi se llamaba; y el Bachiller Moreno dijo al capitan Francisco Hernandez que como conquistase cualquiera tierra, acudiese a nuestro rey y señor para que le hiciese gobernador della, que no hacia traición; y que el Balboa que degolló Pedro Arias, siendo su yerno, que fué contra toda justicia, pues que el Balboa primero envió sus procuradores a su Majestad para ser adelantado; y so color destas palabras que tomó del bachiller Moreno, envió el Francisco Hernandez á su capitan Pedro ed Garro para que por banda del Norte le buscase puerto para jacer sabidor á su Majestad de las provincias que había pacificado y poblado, para que le hiciese merced que el fuese Arias. E viendo que venia el Pedro de Garro para aquel efecto, le prendimos, como dicho tengo".

para ser adelantado; y so color destas palabras que tomó del bachiller Moreno, del Norte le buscase puerto para hacer sabidor á su Majestad de las provincias que habia pacificado y poblado, para que le hiciese merced que el fuese gobernador dellas, pues estaban tan apartadas de la gobernacion de Pedro Arias. E viendo que venia el Pedro de Garro para aquel efecto, le prendimos, como dicho tengo".

36—Cap. 189. —En este capitulo, Bernal Diaz cuenta cómo Sandoyal fue mandado por Cortés a Olancho a echar de la tierra a Rojas, capitán de Pedro Arias de Avila.

"...y no se pudo hacer luego á la vela, hasta que viniese el capitan Gonzalo de Sandoval, que le habia enviado á unos pueblos que se dicen Olancho, que estaban de allí hasta cincuenta y cinco leguas, porque habia ido pocos dias habia á echar de aquela tierra un capitan de Pedro Arias de Avila, que se decia Rójas, el que habia enviado Pedro Arias á descubrir tierras y buscar minas dende Nicaragua, despues que hubo degollado al Francisco Hernandez, como dicho tengo; porque, segun pareció, los indios de aquella provincia de Olancho se vinieron á quejar á Cortés cómo muchos soldados de los de Nicaragua les tomaban sus hijas y sus mujeres, y les robaban sus gallinas y todo lo que tenian; y el Sandoval fué con brevedad, y llevó sesenta hombres. y quiso prender al Rójas, y por ciertos caballeros que se metieron de por medio de la una parte y de la otra, los hicieron amigos, y aun le dió el Rójas al Sandoval un indio paje para que le sirviese; y luego en aquella sazon llegó la carta de Cortés al Sandoval para que luego sin mas dilacion se viniese con todos los soldados, y le dió relacion de cómo vino el fraile, y todo lo acaecido en Méjico; y como le entendió, hubo mucho placer y via la hora que dar vuelta, y vino en posta después de haber echado de allí al Rójas".

DOGUMENTO VII
Gobernador de Honduras

37 NOTICIA SOBRE UNA LAGUNA DE DONDE SE SACABA ORO PARA MOCTEZUMA

"En 1584 el Gobernador de Honduras, desde el puerto de Trujillo escribió al Rey "sobre el convenio que hizo para poblar el rincon llamado Taguzgalpa ...donde dize hay una laguna por donde se sacaba el oro para México en tiempo de Montezuma cuyo descubrimiento se ha de hacer por mar y por tierra y que hacia 22 años dió esta empresa a Ortiz Delgueta el que nada hizo.

(El arbitraje de Honduras y Nicaragua, New York 1938, Docum. núm. 26). Esta referencia es demasiado vaga, para poderle dar el peso que requiere. Pero algún fundamento debe tener, cuando se piense que el oro de las costas de México le venía generalmente de Chiriquí, y que el único oro encontrado en las ruinas de Copán, que es una pequeña pierna de oro, de unos tres centímetros, se dijo ser ORO DE COLOMBIA o de Panamá. Además, Colón no encontró oro hasta Chíriquí.

Véase nota 7 y de este trabajo en donde se descubre que el cuento fué inventado probablemente por el Gobernador Rodrigo de Contreras para que la Corte le diese permiso de descubrir el Desaguadero, o por los de Panamá que apetecían aquellas costas.

Documento acerca de la laguna donde decían que sacaban oro para Moctezuma

"LA REINA.—Nuestro governador que es o fuere de la probincia de Nycaragua: yo soy ynformado que júnto a la ciudad de Granada, que es en esta tierra, ay una laguna de agua dulce que boxa ciento y treinta leguas y sale della un Desaguadero que va a la mar del Norte que es un rio muy grande, como el de Guadalquivir que pasa por Sevilla, y que desde el dicho Desaguadero a la mar del Norte ay noticia de mucha gente y muy rica de oro, y desde alli se llevó a Yucatan el oro que tenia Montezuma, y porque a nuestro servicio conviene saber el secreto de dicho rio, yo vos mando que luego hagais aderezar los vergantines que os paresciere de gente y bastimentos, y otras cosas necesarias y enbieys con ellas una persona de recabdo y de confianza que descubra la dicha tierra y sepa los secretos della, al qual dareys la ynstruccion que os pareciere, y enbiareys al nuestro Consejo un traslado de la relacion que truxiere de la dicha tierra, firmado de vuestro nombre y del suyo, para que yo la mande ver, y proveer sobre ello lo que mas a nuestro servicio convenga, y no fagades ende al. Fecha en la villa de Valladolid a nueve dias del mes de setiembre de mill quinientos y treynta y seys años. —Yo LA REYNA. Por mandato de su Majestad. —JUAN DE SAMANO'".

Con respecto a este documento vease la nota n. 7 de este mismo trabajo y mi capítulo n. XV de mis artículos y trabajo HONDURAS MAYA, publicados en LA EPOCA.

DOCUMENTO VIII
Don Pedro de Alvarado—1ª ALV

38 CARTA DEL ADELANTADO DON PEDRO DE ALVARADO AL REAL CONSEJO DE INDIAS, de fecha de 2o de noviembre de 1535 (No es de 1536). —Para la corrección de esta fecha véase Adrián Recinos, "dos expediciones del Gobernador de Guatemala don Pedro de Alvarado", en Anales de la Sociedad de Geografía e Historia de Guatemala, T. XIX, n. 1, sept. 1943, pag. 68). —Libro Viejo de Guatemala.

"....xuntose con esto que en llegando yo a esta Governacion vino a ella un oydor de los de la Abdiencia rreal que reside en México, despachado por el Presidente e oydores della a me tomar residencia a mí e a mis oficiales, y a desagraviar a los que yo tobiese agraviados; y con la nueva de su venida, todos aquellos a quien yo debia dineros por obligaciones y escrituras de las debdas que hize para el despacho del armada, me amenazaban de arte sobre la cobranza, que viendo que no podia benir a tiempo la cédula; que a Su Majestad imbie a pedir de suspensión de mis debidas; y por no pagallos con costas, pague a todos antes de tiempo; para que el oydor tobiese menos que hacer".

39—..."Yo tengo Capitulado acerca del descubrimiento de la Mar del Sur; pues tambien para este efecto yo la despacho; pues estos viaxes son inciertos y yo e gastado quanto tengo, e tengo de gastar en esta empresa, Vuestra Señoría Reverendísima e Mercedes, favorescan para sostenerme en esta governacion desta Provincia, pues yo he dado siempre buena quenta della, con Su Majestad e Vuestras Señorias e Mercedes serán informados, porque tengo con que reacerme para tornar a servir, que según el deseo tengo, y lo que hé servido y espero servir, bien merecí que se me haga toda merced.

"Y a Vuestras Señorias y Mercedes suplico, que no permitan que a ella hasta questos navios sean acabados y hayan sálido; pues qualquier estorbo que para esto se posiese, seria dar conmigo e con ellos al traves, e yo quedarme con lo gastado, y Su Majestad sin ningún servicio ni provecho que yo espero deste viaxe; irá tan bien enderezado, y se descobrirá cosa por donde Su Majestad sera Señor de toda esta Mar, que con ser los navios de rremos, se podrá saber los secretos della.

"Ya digo a Vuestras Señorias Reverendisimas, e vido como vino aquí un óydor del Abdiencia Real de México que se llama el Licenciado Maldonado, a me tomar residencia con relacion que havia muchos agraviados por mi e por mis oficiales, y que al tiempo que yo parti con el armada pasada, avia hecho muchos daños a los naturales y vecinos desta Governacion.

"El se pregonó su rresidencia en forma, con termino de cincuenta dias; los quales yo recedí en esta Cibdad, sin salir della, e no hubo persona que me posiese demanda cevil ni creminalmente, ni que dixese que tenia quexa de mi, como constan por el testimonio del mesmo escribano que truxo que imbio a ese Real Consexo; ni tampoco halló cosa nenguna de que hacer ynformacion contra mni. Y ansi él se volvió a la Cibdad de México, sin hacer cosa nenguna. La intención de venida, deviera ser pensando hacerme mala obra, ansi como mi deseo siempre ha sido bueno se servir a Su Majestad y de procurar hacer lo que devo. Me ha salido bien, porque bien se que a Vuestra Majestad y a Vuestras Señorias e Mercedes se hizo relacion, que al tiempo de mi partida con el armada, yo saqué mucha gente de los vecinos e naturales desta Governacion, y que quedó despoblada, y que havia hecho otros agravios a Su Majestad; y Vuestras Señorias e Mercedes veran, como si la obieran hecho verdadera rrelacion, ubiera quien lo pidiera y me siguiera viniendo a hacer xusticia un oydor tan primenente".

40—..."A mi se me imbio una Provision de Su Majestad para que yo fuese en persona a buscar algun Puerto a la Mar del Norte, cerca esta Governacion y poblase en él una villa adonde podiesen venir los navios que desos Reinos vinieren a la Provincia.

"La Emperatriz Nuestra Señora, me mandó por una carta, que no me entremeties en lo que le toca a cosa ninguna de la tierra de Honduras, por quanto habia proveido de aquella Governacion a Diego Albitel; y por otra parte el Adelantado Montexo viene a poblar la tierra de Cozumel; y en estas dos Governaciones se encierra toda la Costa de la Mar del Norte que confina con esta Governación; por manera que yo no puedo entender en lo que Su Majestad manda, sin entrar en los límites de estas dos Governaciones; aunque bien veo que nenguno destos Governadores tienen posibilidad ni manera de calá toda la dicha costa, para buscar puerto ni poblalla; pero si todavia Su Majestad fuese servido y Vuestras Señorias e Mercedes les pareciere que yo haga, y me lo quisieren cometer, mandenme imbiar las Provisiones necesarias para ello, y especialmente para que yo pueda sacar yndios de guerra, de los naturales desta Governacion e Provincia para la conquista de aquella costa. Yo buscará si obiese puerto, y siendo de tal dispusicion que convenga poblar y que se puedan sostener vecinos españoles, yo poblaré una villa, haciendose, se hará una de las cosas mas provechosas que en estas partes se haya hecho, por la breve navegacion que hay desde las Islas Española e Fernandina, e otras Islas de esta Costa del Norte, y della a la de la Mar del Sur, a donde se ha descobierto un muy buen puerto hondable y seguro en la boca del rrio Lempa, donde se ha poblado una Villa que se llama de San Miguel, donde se podrán proveer todos los navios que allí aportaren e se puede dar carena e cargar; y desta manera se comunicará con poco trabaxo la Mar del Norte con la del Sur, y será gran provecho para sí se descobriere algo por ella.

"Ya que su Majestad no se a servido ni a Vuestras Señorias e Mercedes les pareciere de mandar que yo entre los límites de nenguna destas Governaciones, para ver si hay puerto seguro a la Mar del Norte, pues como digo, nenguno de los otros Gobernadores tienen ni manera para andar la Costa y buscar puerto en ella; y pues en la Costa de la Mar del Sur que participa a esta Governacion, se an descobierto puertos e ay gran aparexo en ella, de hacer navios con que placiendo a Dios se descobria por ella muy gran cosa, para cuya conquista e poblazon se a de llevar de aqui el socorro, y es muy gran gasto e trabaxo traer a esta Governacion lo necesario desde el Puerto de San Joan de Olúa, que hay trece leguas, y el pueblo de Guazagualco,donde ay puerto al Norte está quarenta leguas desta Governacion; suplico a Vuestras Señorias e Mercedes provean de que Su Majestad me haga Merced de aquel Puerto e Poblacion. para que esté de baxo desta Governacion; porque desde alli se puede proveer aquí de todo lo necesario para las armadas que de aquí saliesen para la Mar del Sur; pues dello se espera tan gran provecho, y para toda esta Governacion muy gran bien e Mercedes".

DOCUMENTO IX
Testigos del expediente—1ª I

41— En la Revista SEMBREMOS, órgano del Instituto Martínez—Fuentes, Tomo I, nn. 2 y 3, dic. 1938, enero 1939, el Licenciado Ernesto Alvarado Garcia, escribió un magnífico trabajo, titulado: ¿FUNDÓ JUAN DE CHÁVEZ LA CIUDAD DE GRACIAS?, en el cual publicó algunos documentos inéditos, sacados del Archivo de Indias, que contienen algunos expedientes dirigidos a obtener ciertos favores. En ellos los testigos que actuaron en la fundación de la ciudad de Gracias a Dios, responden a interrogatorios, por cuyas respuestas se descubre que Juan de Chávez no fundó Gracias a Dios, y más bien fué fundada primeramente por Gonzalo de Alvarado.

He aquí los documentos presentados por el Lic. Ernesto Alvarado García:

En la ciudad de Gracias a Dios, el 5 de julio de 1548, ante el Lic. don Alonso López de Cerrato, Presidente de la Audiencia y el Escribano de Cámara Diego de Robledo, Gonzalo de Alvarado presentó una petición diciendo está muy pobre a causa de los muchos gastos, que hizo "en conquistar y pacificar esta provincia de Higueras e Honduras donde a su Majestad serví e he servido mas de doce años E POBLE LA CIBDAD DE GRACIAS A DIOS do reside su Real Audiencia".

El interrogatorio que presentó el 5 de julio de 1548, contiene los siguientes puntos:

1º —....

2º—Si saben que fué uno de los primeros españoles que pasaron a las provincias de Guatemala, Higueras y Honduras en compañía del Adelantado Pedro de Alvarado.

3º—Si saben que anduvo en las referidas provincias muchos años, con don Pedro de Alvarado conquistándolas y pacificándolas, pues los indios estaban en guerra, sin querer dar la obediencia a su Majestad.

4º—Que Gonzalo de Alvarado fué con don Pedro de Alvarado a pacificar la provincia de Sula, el valle de Naco y el Río Ulúa que estaban en guerra contra los españoles que vivían y residían en la Villa de Buena Esperanza.

5º....

6º—Si saben que conquistada por Pedro de Alvarado la provincia de Sula y los valles de Naco y del Río Ulúa, don Pedro mandó a Don Gonzalo a la tierra que estaba de guerra, con 12 de a caballo y 14 o 15 peones, a buscar provisiones de maíz, frijoles y demás cosas necesarias para sustentar la villa de San Pedro pues sus vecinos padecían grandes necesidades y hambre.

7º....

42—8º—Si saben que estando buscando y recogiendo dichos bastimentos en el valle de Oloma, Cataguana y Siguatepeque llegaron ciertos españoles con mandado de don Pedro de Alvarado para que partiese luego con los españoles que tenía y fuese tierra adentro, en busca de un Capitán que don Pedro había dejado con 60 españoles y más de dos mil indios amigos, para poblar una ciudad

9º—Si saben, que en cumplimiento de dicho mandato don Gonzalo partió con toda la gente que tenía y fué por muchos despoblados y desiertos donde no habían caminos "pasando muchos ríos y ciénegas", haciendo puentes por do pase la gente que llevaba, soportando muchos trabajos por ser el tiempo lluvioso, enmedio del invierno, y no llevar bastimentos con que sustentar a la gente y con estos excesivos trabajos llegó a donde había de hablar al dicho Capitán (Chávez)

10º— Si saben que no halló al Capitán (Chávez) ni a la gente que con él había quedado para poblar la ciudad, porque ya se había regresado a la ciudad de Santiago de Guatemala con todos los españoles e indios que consigo tenía por no poderse sostener debido a la falta de bastimentos que en la tierra había.

11º —Que halló toda la tierra de guerra y que conquistó y pacificó la mayor parte de ella con los pocos españoles que tenía que eran 16 de a caballo y 14 peones, sin esperar otro socorro ni ayuda que le pudiese venir, PORQUE DON PEDRO DE ALVARADO YA SE HABIA FMBARCADO PARA ESPAÑA, EN EL PUERTO DE CABALLOS.

43—12º— Si saben que con todos estos trabajos e necesidades que padecía la gente que a mi cargo tenía me dispuse por servir a Dios e a su Majestad A POBLAR LA CIBDAD DE GRACIAS A DIO8 la cual poblé en nombre de su Majestad como su capitán que era, DONDE HOY PERMANECE en vuestro real servicio donde se celebra el culto divino y nuestro Señor Dios es loado y está sentada vuestra Real Audiencia, digan lo que suben".

44—Todos los testigos declararon afirmando en las preguntas sobredichas; y en los puntos más salientes dijeron que efectivamente Juan de Chaves se había ido, y Gonzalo de Alvarado pobló Gracias a Dios. He aquí las respuestas principales:

45—El testigo FRANCISCO CABEZAS vecino de la ciudad de San Salvador, dijo lo siguiente:

A la quinta pregunta declaró: "que este testigo en el tiempo que pasó lo en la pregunta contenido HIABIA QUEDADO EN TENCOA CON JUAN DE CHAVEZ e con otros muchos españoles que allí quedaron donde oyó decir y era público y notorio que si el dicho Adelantado e Gonzalo de Alvarado e los demás españoles que con ellos fueron no fueran a la dicha villa de Buena Esperanza se despoblara porque había poca gente e mucha necesidad de todas las cosas"…

A la décima pregunta dijo: "que este testigo era uno de los que se fueron con el otro Capitán (Chávez) e por esta causa no los halló porque antes que el dicho Gonzalo de Alvarado llegase a donde ellos estaban ellos se habían ido de allí PORQUE NO SE PODÍAN SUSTENTAR EN LA DICHA TIERRA",

46—El testigo FRANCISCO DE TREXO, vecino de la ciudad de Gracias a Dios, declaró:

A la sexta pregunta declaró: "que sabe ser verdad lo en ella contenido e como en ella dice e se contiene PORQUE ESTE TESTIGO SE FUÉ EN COMPANÍA DEL DICHO GONZALO DE ALVARADO en el tiempo que la pregunta dice:

A la octava pregunta..... "este testigo estaba en la compañía del dicho Gonzalo de Alvarado cuando vino el mandado del dicho Adelantado (Pedro de Alvarado) para que fuesen en busca del dicho capitán, el cual se llamaba Chávez".

A las otras preguntas contestó que sabe ser verdad porque fue presente a todo ello.

A la doce pregunta, expresó: "que sabe ser verdad lo en ella contenido e como en ella se contiene porque este testigo fué presente a ello como uno de los conquistadores e pobladores della la cual está poblada e celebra en ella el culto divino e reside en ella la Audiencia Real aunque entonces estaba poblada en otra parte y el Adelantado Montejo la pasó a donde agora está".

47—El testigo ALONSO POLO, Alcalde Ordinario de la ciudad de Gracias, declaró:

A la octava pregunta, dijo: este testigo vido venir ciertos españoles del río Ulúa, donde estaba el dicho Adelantado don Pedro de Alvarado, los cuales llegados, el dicho Gonzalo de Alvarado con todo el real de españoles y amigos que tenía en su compañía se metió tierra adentro en busca de "JOAN DE CHAVES", Capitán que Don Pedro de Alvarado había dejado con ciertos españoles y amigos en la tierra adentro para poblar una ciudad, y esto sabe este testigo que se halló presente y era uno de ellos.

A la novena pregunta, expresó: que es verdad, que era en el invierno....

A la décima pregunta, expresó: que lo que de ella sabe es que llegado Gonzalo de Alvarado con las demás gentes que consigo traía a donde pensaba hallar al dicho "Joan de Chávez", CAPITÁN GENERAL, no lo halló a él ni a otra persona alguna, pues se había ido y desamparado la tierra.

A la once pregunta, respondió: "que es verdad que halló toda la tierra de guerra y ansi estuvo con toda la gente en los pueblos de Lepaera y Opoa "hasta que vino el Capitán Alonso de Cáceres con poderes del Adelantado don Francisco de Montejo, con socorro de españoles y bastimentos y de allí se comenzó a pacificar la tierra, y esto sabe de la pregunta.

A la doce pregunta, dijo: que es verdad que estando en el pueblo de Opoa el dicho Gonzalo de Alvarado por capitán, POBLÓ ESTA CIUDAD POR LA PRIMERA VEZ, por parecer del Cabildo según este testigo oyó y vió poblar la dicha ciudad y pregonar públicamente como se poblaba en nombre de su Majestad y esto sabe de esta pregunta.

48—En la ciudad de Santiago de Guatemala el 16 de junio de 1556 Luis Sánchez, en nombre de Gonzalo de Alvarado presentó una petición y se hizo el siguiente interrogatorio:

6°—Si saben que estando haciendo guerra y recogiendo bastimentos en el Valle de Oloma, Cataguana, Siguatepeque y Rio Tinto, llegaron ciertos españoles con mandado del Adelantado Don Pedro de Alvarado para que partiese con toda la gente que tenía y fuese, tierra adentro, en busca de "Joan de Chaves", capitán que el Adelantado había dejado con 60 españoles y dos mil indios amigos para poblar una ciudad.

7°—Si saben que en cumplimiento del dicho mandado, estando con gran necesidad "ansí de herraje como de ropas de vestir" me partí con toda la gente que tenga y fui por muchos despoblados y desiertos sin caminos, "pasando muchos ríos, sierras, ciénegas", haciendo puentes por do pasase la gente y caballos que llevaba, en los cuales días pasé muchos trabajos y fatigas por ser el tiempo fortunoso de aguas y en medio del invierno Y NO PODER LLEVAR BASTIMENTOS PARA SUSTENTAR LA GENTE Y LOS CABALLOS Y CON ESTOS EXCESIVOS TRABAJOS LLEGUÉ AL CABO DE TRES O CUATROS MESES a donde había de hallar al dicho "Joan de Chávez".

8°—"Si saben que no hallé al dicho capitán ni la gente que con él había quedado a poblar la dicha ciudad por haberse vuelto con toda la gente a la provincia de Guatemala por no poderse sostener en la tierra por la mucha necesidad de bastimentos que en ella había".

9º—Si saben que hallé toda la tierra de guerra "y con la poca gente que tenía que no eran 40 hombres conquisté y pacifiqué, con la ayuda de nuestro Señor, la mayor parte de la tierra y traje muchos pueblos de paz al servicio de Dios y de su Majestad" y sin esperar otro socorro ni ayuda que pudiese venirme poblé la ciudad de Gracias a Dios, porque don Pedro de Alvarado, que era el que me había de enviar socorro, se había embarcado para Espana, en Puerto de Caballos.

10.—Si saben que con todos estos trabajos y necesidades que padecí y padecía la gente que a mi cargo tenía, dispuse, por servir a Dios y a su Majestad poblar la ciudad de Gracias a Dios, la cual poblé en nombre de su Majestad, como su Capitán que era, donde permanece hoy en vuestro real servicio.

49—En la ciudad de Santiago de Guatemala, el 5 de julio de 1555, GERONIMO SANMARTIN, Tesorero de la Provincia de Honduras (el cual siendo "escribano de Su Majestad e su notario público en su corte e en todos los sus reynos e señorios, hizo de escribano y notario en la fundación de la villa de San Pedro y en el Repartimiento de la misma villa y de la ciudad de Gracias a Dios, y, según el mismo se expresa, hízo los despachos de los nombramientos que el Adelantado mandó para la ciudad de Gracias a Dios), dió plena declaración de ser verdad a todas las preguntas antedichas.

A la sexta pregunta, declaró; que después que don Pedro pacificó el Río Ulúa mandó a "Joan de Cabrera" y a otros españoles que fuesen a donde estaba Gonzalo de Alvarado y que todos juntos fueran donde estaba "Joan de Chaves, que era en la serranía donde agora llaman la cibdad de Gracias a Dios e nombramiento de justicias e regidores" y que Gonzalo de Alvarado iba por Alcalde de la dicha ciudad y este testigo hizo los despachos de todo ello y fueron a la dicha serranía y hallaron que Joan de Chaves se había despoblado y venido a esta ciudad de Guatemala y que Gonzalo de Alvarado con los demás españoles que con él fueron asentaron en la dicha serranía e HICIERON FUNDACIÓN DE LA CIUDAD DE GRACIAS A DIOS, por la comisión que llevaban del Adelantado (Alvarado).

A la octava pregunta, declaró: Que como dicho tiene "Joan de Chaves", que había quedado en la serranía en cuya busca iba Gonzalo de Alvarado, se había despoblado y venido a la ciudad de Guatemala, según lo dice la pregunta, porque "ansí este testigo lo tuvo por más e nuevas ciertas" y este testigo fué a la ciudad de Gracias a Dios y vió que pasaba así como lo dice la pregunta y esto es público y notorio.

A la novena pregunta, contestó: que sabe que Gonzalo de Alvarado y demás españoles que fueron en su compañía, visto que "Joan de Chaves", a quien iba cometido la población de la dicha ciudad de Gracias a Dios, era ido y despoblado, Gonzalo de Alvarado y gente que en su compañía fué, "asentaron e poblaron la dicha cibdad", en la cual padecieron muchos trabajos por estar la tierra de guerra hasta que empezaron a venir algunos pueblos de paz y a dar la la dicha población este testigo fué allá y vió hecho el asiento de la dicha ciudad y en hacerlo no pudieron dejar de pasar muchos trabajos por estar la tierra de guerra y esto sabe de la pregunta.

50—El testigo BERNARDO DE CABRANES, vecino de la ciudad de San Pedro de Puerto Caballos (San Pedro Sula), declaró:

A la segunda pregunta, que este testigo vió a Gonzalo de Alvarado con el Adelantado (Don Pedro), y con otros españoles e indios amigos que llegaban de Guatemala a conquistar y pacificar las provincias de Zula, Valle de Naco y Río Ulúa; que esto lo vio porque estaba con el Gobernador "Andrés de Cerezeda", Contador de Su Majestad; que habian venido de la ciudad de Trujillo (Honduras) a poblar el dicho valle de Naco y Puerto de Caballos y que lo susodicho lo vio este testigó en el pueblo de Naco donde halló Alvarado al Gobernador Cereceda que se habían alzado contra él y lo echaban de la tierra; que desde allí fué el Adelantado Alvarado a conquistar el río de Ulúa, y que Alvarado fué porque Cereceda le escribió, suplicándole que lo fuera a socorrer.

A la tercera pregunta, dijo: que si el Adelantado no fuera en socorro y llevara consigo a los que llevó se hubiera despoblado la tierra, porque los españoles se habían alzado y echado de la tierra al dicho Gobernador "Cerezeda" y ellos se venían a embarcar a la mar del sur para el Perú, y que esto sabe porque a todo ello estuvo este testigo presente con el Gobernador "Cerezeda" y "este testigo es uno de los que echaban de la tierra al Gobernador Cerezeda", y con la llegada del Adelantado y su gente cesó la despoblación de la tierra porque se pobló con la dicha gente en lo cual se halló Gonzalo de Alvarado.

A la octava pregunta, dijo: que dice lo que dicho tiene en las preguntas anteriores y "este testigo sabe que Joan de Chaves se vino a esta cibdad de Santiago de Guatemala con ciertos españoles de la dicha conquista".

A la novena pregunta, declaró: que este testigo vio cómo el Adelantado Don Pedro de Alvarado se fué a la Habana en una carabela, para desde allí ir a los reinos de Castilla, en un navío, a dar noticia a su Majestad de las cosas de la tierra y a otras cosas y "dejó por su capitan y Teniente al dicho Gonzalo de Alvarado con ciertos españoles para que poblasen la ciudad de Gracias a Dios y la pobló y ha estado poblada hasta agora y siempre ha visto servir muy bien a su Majestad en la provincia de Honduras".

51—FRANCISCO DE MEJÍA (v. Ernesto Alvarado. n. 3, pag. 9), es también uno se los muchos testigos, que da una preciosa información a la 8ª pregunta, diciendo: "que este testigo sabe e vido que no hallaron a Juan de Chaves en la jornada dicha y tuvieron noticia que era vuelto a la ciudad de Guatemala con toda la gente y poblaron el dicho Gonzalo de Alvarado y este testigo y la gente que con él iba en el pueblo de OPOA y esto sabe e vido della".

52—Otro testigo, MARTÍN DE LORA, en la ciudad de San Salvador, el 17 de agosto de 1555, declaró:

A la 6ª pregunta: que la sabe, es y pasó como en ella se contiene y lo sabe porque fué uno de los que vinieron con la dicha gente a donde habia quedado "Joan de Chaves"

A la 7ª, que la sabe... y que cuando llegaron no hallaron al dicho Juan de Chaves".

A la 9ª pregunta: "que éste testigo vio que Gonzalo de Alvarado halló la tierra de guerra y que con la gente que consigo traía pobló la ciudad de Gracias a Dios y que Pedro de Alyarado se había embarcado en Puerto de Caballos y pasó como en ella se contiene".

El testigo ANDRÉS DUBÓN, vecino y regidor de la ciudad de Gracias, dijo:

"A la 5: que este testigo vino con mucha parte de los bastimentos que el dicho Gonzalo de Alvarado y los que con él iban recogieron en la tierra y "lo truxo a la villa de San Pedro" y que fué gran parte para el sustento de los españoles, hasta tanto que hicieron sus sementeras..."

A la 7: "que vido partir al dicho Gonzalo de Alvarado al dicho viaje con la dicha gente y a este testigo le mandó volviese con los bastimentos a la villa de San Pedro y ansi lo hizo"...

ALONSO DE POLO, dijo:

A la décima pregunta, expresó: que lo que de ella sabe es que llegado Gonzalo de Alvarado con la demás gente que consigo traía a donde pensaba hallar al dicho "Joan de Chaves", Capitán General, no lo halló a él ni a otra persona alguna, pues se habian ido y desamparado la tierra".

A la once pregunta, respondió: "que es verdad que halló toda la tierra de guerra e ansi estuvo con toda la gente en los pueblos de Lepaera y Opoa" hasta que vino el Capitán Alonso de Cáceres con poderes del Adelantado don Francisco de Montejo, con socorro de españoles y bastimentos y de allí se comenzó a pacificar la tierra, y esto sabe de la pregunta".

A la doce pregunta, dijo: que es verdad que estando en el pueblo de Opoa el dicho Gonzalo de Alvarado por capitán, pobló esta ciudad por la primera vez, por parecer del Cabildo según este testigo oyó y vió poblar la dicha ciudad y pregonar públicamente como se poblaba en nombre de su Majestad y esto sabe de esta pregunta".

DOCUMENTO X
Obispo Marroquín—1ª I

53 CARTA DEL OBISPO DE GUATEMALA, FRENCISCO MARROQUIN, AL EMPERADO DON CARLOS. MÉXICO 10 de mayo de 1537. "Cartas de Indias", Madrid, 1877, pag. 413. (Libro Viejo de la Fundación Guatemala—Bibl. "Guatemala, vol. XII; Guatemala, 1934, pag. 318)

"...Sucedio que en ese tiempo, vino a Guatemala el licenciado Alonso Maldonado por juez de agrauios, y en la ynstruccion del Audiencia traia un capítulo para que tasase los indios, y creiendo que bastaua, para más abundancia, se lo requerí como protector que lo hiziese o me diese fauor y ayuda; y él lo quiso poner por obra, y no pudo ni alló aparejo, y quedosse suspenso hasta que V. M. fuese informado y commo se acabó el tiempo de la residencia, bolvió para Mexico con cargo de lo hazer saber a VJ. M. para que prouiese lo que fuese seruido; y en llegando a México halló nueva provision en que se le mandaua que bolviese á Guatemala por juez de residencia".

54—... "Ansimismo, hasta agora se ha probeido la cibddad de Guatimala de cosas nescessarias, para su mantenimiento y vestido, por la Vera Cruz, que ay trezientas leguas, la mitad por mar y la mitad por tierra, y el camino por tierra muy fragoso y peligrosso, por los muchos rios y aguas, donde peresce mucha gente, porque no es camino para harrias; todo viene en indios. Deve cargen indios en él, porque certifico a V. M. que estoy ynformado, que de toda aquella tierra que cahen en el camino falta la mitad, esto es, donde está la villa de San Christoual asentada. Para lo que toca a la prouisyon de la ciudad, esta el Puerto de Cauallos, muy buen puerto y ochenta leguas de la cibdad de Guatimala, y el camino muy bueno, y se puede adobar para que bengan carretas y harrias; y cerrando este otro, andarse a este, y acudiran navios a él, y muy sano para la gente que viene de Castilla: cosa muy ymportante. Suplico a V. M. que mande mirar todo esto, que es muy nescessario, y todo y cada cossa lo manda cumplidamente proveher, porque ansi cumple al descargo de la conciencia Real de V. M.

55—"De la partida del adelantado don Pedro de Alvarado y del sucesso que huvo en la conquista de Naco, y como dexo poblada la cibdad de Gracias a Dios en la Sierra, y la villa de San Pedro en el puerto ya lo tengo escripto a V. M.; y si mis cartas no han llegado, él lo avrá dicho y los que con él van. Luego commo él se embarcó, llegaron cartas de Pizarro para el adelantado y para mi haziendo saber el alzamiento de la tierra, la muerte y pérdida de los españoles, y que no sabía ninguna cosa de Almagro, antes le tenía por muerto, y como su hermano estaba cercado en el Cuzco, y del mucho trabajo en que todos estaban: rogando mucho al adelantado le favoresciese y a mí se lo rogase. Esta carta la di al licenciado Maldonado, y él la embió al visorrei para que la enbiase a V. M.; la mia yo la enbio agora. De todo esto V. M. ya estará ynformado, ansy por cartas de Pizarro como del visorrey, y por traslados desta carta que se ynbiaron. Plugiera a Dios que se ouiera dilatado la resydencia, que Naco y la sierra que es muy buena tierra, quedara más asentado, y el Perú, ques lo de más ynportancia, tuviera capitan que los socorriera. Prometo a V. M. que se a perdido mas en la resydencia, que se pueda ganar en quitarle cien gouernaciones commo la de Guatimala...."

"En lo que toca boluer la gouernacion al adelantado, no quiero dar parerecer: mas de que si V. M. fuere seruido de se la boluer, digo que sea con aditamento que benga casado que no pueda tomar mas de lo que tiene y con algunas mas adiciones que V. M. le pondrá, paresceme que haría buen gouer—nador; porque siendo casado, tendria respeto a que tenia de bibir y morir en ella y ansi siempre procuraria aumentarla".

En este documento no se dice que la ciudad de Gracias fué fundada por Chávez.

DOCUMENTO XI
Marroquín—1ª I

56 CARTA DEL OBISPO DE GUATEMALA, FRANCISCO MARROQUÍN, al Emperador Don Carlos, recomendando a Juan de Chávez para la gobernación de Honduras. —Ciudad Real de Chiapas, 10 de agosto de 1541.—(Libro Viejo de la Fundación de Guatemala, p. 386).

"Ansimismo reside en la cibdad de Santiago de Guatemala Juan de Chaves; es hijo—dalgo y cavallero, y el mas hombre de bien que ay en toda la provincia, y para mucho. Conocenle los naturales porque siempre ha sido capitan y lugarteniente del adelantado en las conquistas que ha hecho, y a su partida, el adelantado le dexo su poder, en absencia o muerte de don Francisco de la Cueva; meritos ay en su persona para mas questo, y lo mejor que tiene es ser buen christiano y casado. Sobre mi alma, hiziese V. M.; la segunda, siendo muy provechosa para la tierra, porque no es razon que dexe de dezir la verdad como convyene; y ambos podría V. M. emplear al uno en Guatemala, al otro en Honduras".

En este documento el Obispo recuerda los méritos de Juan de Chávez, pero no dice que haya fundado Gracias a Dios.

DOCUMENTO XII
Fernández de Oviedo—1a I

57— GONZALO FERNANDEZ DE OVIEDO Y VALDES— "Sumario de la Natural Historia de las India" publicado en 1526 (ed. Vedia, Madrid, 1931)—Historia General y Natural de las Indias— Madrid 1853. Publicada por primera vez en 1535 y por tercera vez en 1557 con grandes adiciones y enmiendas—Edición de la Real Academia de la Historia, Madrid 1851.

"Tornando al propossito de la Epecieria, digo, que quando a Nuestro Señor le plega que por aquella via de Panamá se trayga (ques muy posible) e desde allí después en carro e por tierra hasta el rio de Chagre, e después por él se ponga en estotra mar del Norte, donde he dicho, e desde allí en España, mas de siete mill leguas de navegacion se ganarán, e con mucho menos peligros de que al presente se navega por los portugqueses que vx a la Especieria. Y de tres partes del tiempo se abreviarán las dos por este otro camino, segund la razon de la cosmographia; porque segund la noticia de las cartas modernas e correctas, desde Panamá hasta Jilolo e Gatigara mill e seys scientas leguas se ponen, pocas mas o menos, e Gilolo confina y es muy cerca de las islas e provincias de Maluco".

"Assi, pues, desta manera, o a mi propossito trayendo el viage que los portuagueses hacen al pressente para la Especieria, en la yda e vuelta hasta tornar a España, es mas luengo que toda la circunferencia del universo; y el que yo digo, por la via de Panamá, mucho más o la mitad o dos partes menos...." (Hist. Gen., lib. 29, cap. 30, que copia lo que dijo en el Sumario de la Nat. H., cap. 85—86, publicado en 1526).

58—"Gil Gonzalez... se partió de aquesta cibdad (Santo Domingo, donde residía Fern. de Oviedo) e tomó puerto en la gobernacion del Cabo de Honduras, quarenta leguas mas al Ocidente, en un puerto, a quien él nombró puerto de Caballos, porque despues quél ovo desembarcado los que llevaba, se murió uno dellos, e hizolo enterrar con mucho secreto, porque los indios no lo supiessen, ni viessen que los caballos eran mortales". (Hist. Gen., Lib. 31, cap. I).

En el Lib. 29, cap. 21 de la Hist. Gen., narra la misma cosa, y lo que le pasó en Olancho con Gabriel de Roxas y los otros capitanes de Francisco Hernández.

59—"XL. El capitan Gabriel de Roxas, conquistador e buen soldado, veterano en la Tierra—Firme, hombre de honrra y de expiriencia, e que ha dado buena quenta de sí (el qual, si no se hallara en ciertn entrada que hizo Astete desde Leon de Nicaragua, no escapara chripstiano de quantos allá fueron, e por el esfuerzo desde capitan Roxas se detuvieron los enemigos e se salvaron los españoles), fué teniente de Pedrarias en Acla, e de Diego Lopez de Salcedo en Granada de Salteva, e del adelantado don Diego de Almagro en la cibdad del Cuzco. El qual vive y es hombre para confiar del todo lo que de buen capitan se debe fiar". (Hist. Gen., Lib. 29, cap. 33).

"...los chripstianos....andaban por yrse de la tierra. Y todo esto confessaba el mesmo Cereceda en sus letras: e tambien dezia que era grand causa de su daño no aver otro pueblo la tierra adentro, despues que los de Nicaragua echaron del valle de Vlancho los que desde Truxillo tenian alli pobladi una villa, e despues los indios los mataron e hizieron dexar la tierra,e los indios se entraron la tierra adentro ..." (Hist. Gen,, Lib, 31, cap. 6).

OVIEDO, Lib. XLII, Cap. XIII.—Distancias y situación de varios lugares históricos y de las Minas de la Segovia que llamaban de Gracias a Dios, y la villa tenía por nombre "Santa María de Buena Esperanza".

"Las minas del oro están treynta e cinco leguas de la cibdad de Leon, e son buenas e de buen oro de más de veynte quilates, en el ro que se dice Sanct Andrés y en un pueblo, que se llamó Santa María de Buena Esperanza.E cómo esta grangeria no les agradaba a los indios, porque avia de redundar en más trabaxo suyo, dieron sobre los chripstianos que allí se hallaron, e quemaron el pueblo e hirieron algunos españoles, e los indios quedaron con la victoria e las minas despobladas o quassi. Esto fué año de mill e quinientos e veynte y nueve; pero no obstante esso se tornaron a poblar, e hay buenas minas allí y en otras partes de aquella gobernacion. E quince leguas de aquel pueblo avia primero otra población de chripstianos, que se llamó Villahermosa (en Valhermoso), a par de un rio rico de oro; e dos años antes los indios dieron sobre el capitan Hurtado e los chripstianos que alli estaban, e le mataron a él e a los más dellos, que no escaparon sino muy pocos: e quemaron aquel pueblo, que como es dicho le avia hecho nombrar el gobernador Pedrarias Villahermosa, nombre bien impropio a lo que le subcedió (e aun a lo demás). La desventura destos fué veynte e uno de enero de mill e quinientos e veynte y siete años, e sobre seguro e viniendo los indios de paces a servir a los chripstianos, que estaban en Villahermosa con el capitan Benito Hurtado, al qual mataron e diez e nueve chripstianos e veynte e cinco caballos. Y en los caciques de la comarca mataron diez e seys chripstianos, ce alli murió el capitan Johan de Grijalva, de quien se hico mension en el libro XVII, que descubrió parte de Yucatan e de la Nueva España: e los indios que lo hicieron eran del valle de Olancho. Assi que, el nombre de Villahermosa fué alli muy impropio. Como he dicho en otras partes, harto mejor seria guardar los nombres antiguos que las mesmas provincias se tienen.

Hay desde la cibdad de Leon nueve leguas a Olocoton, e seys adelante están los primeros guaxenicos, ques cierta generacion assi llamada; e otras tres leguas adelante están otros guanexicos, desde los quales hay tres leguas hasta Palangagalpa; e desde allí hay ocho hasta Anaguaca, e otras seys hasta hasta Chalan, o otras seys adelante hasta Guayape, e quatro a Telpanega, do mataron un hidalgo muy honrado que havia seydo juez desta nuestra Isla, llamado Alonso de Solis. E quatro leguas más hacia la parte de Leon, en españoles en la dicha Villahermosa. E desde allí hasta la villa de Trugillo, que está en estotra costa del Norte, en la gobernacion de Honduras, hay treynta e siete leguas. Desde Leon a la costa de la mar hay cinco o seys leguas. De manera que de la mar a la otra son ochenta e ocho o noventa leguas por el camino que está dicho. Yendo de Leon a Anaguaca, e está la sierra que llaman de Sanct Johan, e antes de la dicha Anaguaca, en las vertientes, hacia el Norte, está Anaguaca; e alli, en el fin de la sierra e vertientes, están los árboles del liquidámbar, eturan por la dicha sierra más de diez e seys leguas".

60—"Desde la dicha bahia de Fonseca hasta el golphete de Chorotega hay algo más de veynte leguas. Háse de dezir CHOROTEGA MALALACO". (Hist. Gen., Lib. 39, cap. 3).

En el Lib. 41, cap. I, Oviedo narra el regreso de Alvarado a Honduras y el cambio que hicieron con Montejo. Sigue diciendo:

"Para confirmación de aquestos truecos e dar cuenta al Emperador...a ruego de los adelantados e de los españoles, fué a Castilla el electo de lizenciado Pedraza... el qual me escribió todo lo ques dicho desde la villa de la Habana... La carta es fecha a los nueve de hebrero de mill e quinientos e quarenta años, despues de lo qual rescibí otra letra del adelantado don Pedro de Alvarado, fecha en la cibdad de Gracias a Dios a quatro dias de agosto de mill e quinientos e treynta y nueve, e llegó aqui más tarde que la del electo, aunque se escribió antes quasi seys meses. Aquella cibdad de Gracias a Dios es la cabeza e principal poblacion de los chripstianos en la gobernación de Honduras; e por su carta me hizo saber que llegó al puerto de Caballos despues que de aqui partió, e se desembarcó....E salió de aquel toda la tierra; y estuvo en ella quarenta e tres dias en tanto que le llevaban sus municiones e hacienda por tierra en ciertas acemilas que de allí llevó e por un rio arriba en barcas e bateles...."

La Historia General de Oviedo se imprimió integra por primera vez, en Madrid, en 1851—55, por la Real Academia de la Historia, que por fortuna, tuvo a la mano el original. El Autor imprimió los primeros 19 libros en 1535y en 1547, aumentando y corrigiendo la obra desde entonces hasta 1548, cuando cesó de escribir. En la edición de 1557, apenas publicado el libro 20, fue sorprendido por la muerte. Los capítulos que más aumentaron, fueron los referentes a Honduras, pues recibía noticias directas por los mismos personajes que debían pasar por Santo Domingo, donde residía, y por las cartas que le escribían. Los principales fueron Cereceda, García de Celis, el Obispo

Pedraza y el mismo Alvarado. No se maraville el lector que no encuentre mayores noticias sobre Gracias a Dios, porque los informantes acababan solamente de actuar en medio de la confusión reinante; y no habla de quién la fundó, porque Alvarado que le escribió, y Pedraza que le habló y le escribió, no tenían interés de exaltar a Montejo, a quien, aparentemente, se debía la ciudad realmente existente: y no convenía decir a un historiador, que Alvarado habia dado por fundada, y hecho repartimiento de una ciudad, que no había sido tal.

61—Daré aqui una simple muestra de la manera como se informaba Oviedo:

"E fecha relacion desso por el Cereceda al Emperador, en Burgos, año de mill e quinientos e veynte y quatro...." (Lib. 31, cap. I).

"Y todo esto confessaba el mesmo Cereceda en sus letras: e tambien decia que era grand causa de su daño no aver otro pueblo la tierra adentro. En aquella sazon sobrevino grand pestilencie en los indios, de sarampion e otras enfermedades, e murieron mas de la mitad dellos, assi de los que servian a los chripstianos en sus haziendas, como de las naborias de casa; e viendo esto, tornaban a platicar algunos en dexar la tierra. A causa de lo qual el gobernador Cereceda y el cabildo e regimiento, e offiziales de sus Majestades, e otros vezinos, porque latierra de Honduras e Naco es tierra rica de minas de oro, y en lo del puerto de Caballos, donde mataron a Chripstóbal de Olit, hay tierra para poblar e cantidad de indios, parescióles que quedando en Truxillo la gente que bastasse, era bien que Cereceda fuessa a poblar a Naco..........pero no sin muchas enfermedades, hasta la fecha de la carta de Cereceda, escrita a esta Real Audiencia (de Santo Domingo),en que da noticia de lo ques dicho, que fué a los catorce de junio de mill e quinientos e treynta y tres". (L. 31, c. 6).

"E assi fueron los ques dicho el año de mill e quinientos e treynta y tres (se equivoca Oviedo: fué en 1536) con hasta veynte hombres, desde el valle de Naco hasta la cibdad de Guatimala, abriendo e rompiendo el camino con mucha yndustria e trabaxo (Cfr. carta de Montejo de 1° de junio de 1539, donde corrige por exagerado a Diego

García de Celis, que dió esta noticia a Oviedo, y relación en la Corte: 21), e suplicaron al adelantado don Pedro de Alvarado, que por servir a Dios e Sus Majestades, quisiesse socorrer a los pobladores chripstianos, que estavan en Honduras, en pacificar la tierra. El qual fué con gente de guerra e con muchos INDIOS MANSOS (esta noticia de los más feroces, se debe a Celis que habló con Oviedo, y a Alvarado, que habló con él y le escribió) e quadrillas de mineros diestros, e conquistó e pacificó la tierra, e repartió los indios, e lo dexó todo muy llano y en paz, y exercitando las minas ricas con las quadrillas e su gente, e con parte de la gente de los viejos o primeros pobladores, sacando oro en mucha cantidad. En tanto....se dió aquella gobernacion de Honduras al Adelantado don Francisco de Montejo....Esta provision se dió el año de mill e quinientos e treynta y cinco, e se la llevó un hermano suyo al dicho Montejo el año siguiente de mill e quinientos e treynta y seys....E segund el mesmo Cereceda escribió, despues de haber poblado e descubierto ricas minas de oro e topado con los indicios de las de la plata....e se fundó la villa de Sanct Pedro, cerca del Puerto de Caballos: el qual adelantado se fué despues a España…Y el se despachó para volver a su gobernacion de Guatimala, con su muger segunda, doña Beatriz de la Cueva, e passó por esta cibdad de Santo Domingo de la Isla Española, el año de mill e quinientos e treynta y nueve años, muy bien acompañado, con tres naos de armada, muy bien en orden e con hasta quatrocientos hombres. E despues que aque se rehizo de algun refresco e cosas que le convinieron, se partió a los doce dias de marzo de aquel año; y en diez e siete dias que aqui estuvo, yo le comuniqué e supe dél que tenia hechos siete ú ocho navios en su governacion, en la costa e mar del Sur, para yr a la China e por aquellas partes hazia la Especieria e islas de los Malucos".

"Algunos meses antes...avian passado assimesmo por esta cibdad el nuevo electo del obispado de Honduras, el licenciado Pedraza, clerigo, muy reverenda persona e assimesmo el thessorero Diego Garcia de Celis. que avia ido a Castilla con el Adelantado don Pedro de Alvarado; E LOS COMUNIQUÉ MUCHO, Y EL UNO Y EL OTRO ME HAN ESCRITO despues que llegaron a aquella gobernacion de Honduras, y entre otras cosas Diego Garcia, el thessorero, dise en su carta qual adelantado don Francisco de

Montejo, gobernador de aquella provincia de Honduras e la de Yucatán, está en aquella tierra en la conquista e nueva población de Comoaxagoa (Comayagua), que está enmedio del camino que hay desta mar del Norte a la del Sur, a veynte y cinco leguas de la una e de la otra; e que en la demora passada se avian fundido sessenta mill pessos de oro muy bueno e rico que se avia sacado con las quadrillas, que allí fueron de Guatimala: y porque entonces estava el oro a pagar el quinto a paga a Su Majestad, se cree que se hurtó mucho oro en polvo (o como se halla) en mas cantidad de otros quarenta mill pessos (esta noticia la refuta Montejo en su carta al Monarca)....Esto se ha sabido de aquella tierra por cartas fechas en la villa de Sanct Pedro de Puerto de Caballos a cinco de octubre de mill e quinientos e treynta y ocho años". (L. 31, c. 7).

Oviedo repite la misma noticia en el L.3, c. 10: después, en el cap. II, anade:

"En el año passado de mill e quinientos quarenta, en el mes de noviembre, llegaron a esta cibdad cinco o seys hombres que merecieron credito en lo que se dirá, y entrellos un clérigo (Pedraza)....Y dice él, e los demás en conformidad... e segund estos dizen…" (y aquí narra de las riquezas de Honduras).

DOCUMENTO XIII
Ayón—3ª

62 TOMAS AYON—"Historia de Nicaragua", Granada, 1882 Lib. III, c. 3 y 4 —El documento de Gonzalo Fernandez de Oviedo (60, 61) Lib. 29, c. 33 y Lib. 31, c. 6, además de lo que dice en el mismo capítulo, de que el capitán Compañón, Hernando de Soto, Hernán Ponce, Martín Estete, iban casi siempre juntos, y juntos vinieron a Honduras, especialmente en Olancho, Ayón, que ha tomado de la Década IV, Lib. III, cap. II, de la Historia de los Hechos, etc , de Herrera, en lo que atañe a la ciudad del Cabo de Gracias a Dios.

He aquí lo que narra Ayón:

Hurtado se introdujo en Honduras, cargó sobre las fuerzas que tenía Saavedra en Olancho, y pasó en seguida con Gabriel de Rojas a ocupar el puerto de Navidad en la costa del Norte". Saavedra envió tropas...."Hurtado y Rojas determinaron regresar a sus casas". Hurtado fué derrotado en Olancho; Rojas volvió a la costa del norte.

Los indios se sublevaron. Dieron muerte a varios de Navidad; en Olancho mataron a diez y seis españoles, entre los cuales Hurtado y Juan Grijalva.

".....Informó también Solís que los naturales de Comayagua estaban descontentos y se resistían a buscar víveres para los castellanos".

"pueblo leonés...escribieron al Rey, suplicándole además que mandase poblar el valle de Olancho, porque habiendo setenta leguas desde el Cabo de Honduras hasta la ciudad de León, y un camino bastante seguro, se podrian comunicar los dos mares".

"Creyendo Lopez de Salcedo que ya poseía tranquilamente esta provincia, se propuso reconocerla..." Siguiendo una instrucción real se ocupó en alistar fuerzas suficientes, que al mando del Capitán Gabriel de Rojas, fuesen a descubrir el desaguadero del Lago de Nicaragua y fundasen allí una población...."

Entretanto Pedrarias Dávila, hecho gobernador de Nicaragua, prendió a López de Salcedo y finalmente lo soltó,

63—"Determinó Pedrarias Dávila en cumplimiento de las órdenes del Rey, enviar a Martín Estete, con ciento cincuenta hombres a descubrir el desaguadero del Gran Lago, y dispuso que le acompañase Gabriel de Rojas, persona de experiencia, que como se ha dicho, había obtenido antes igual comisión del Gobernador López de Salcedo. Resolvieron tomar el camino del Cabo de Gracias a Dios, con el objeto de recorrer más tierra. Lo que principalmente movió a Pedrarias a ordenar que se hiciese este descubrimiento, fué la noticia de que en el Cabo había muy ricas minas....Emprendieron los expedicionarios su marcha hacia el Cabo de Gracias a Dios....Tranquilizado el lugar, Rojas y Estete se dedicaron al descubrimiento de minas y las hallaron muy buenas. Establecieron una población, a la que denominaron Nueva Jaen, en donde Rojas determinó quedarse; y Estete regresó. Esta población fué mal vista por los indios, quienes deseando destruirla, enbistieron dos veces en gran número contra los castellanos; pero Rojas en ambas hízoles la resistencia con feliz éxito y dió muerte a muchos de ellos. Para mayor seguridad, el capitán español determinó fortificarse en una estacada, y esta infundió tal timor a los indios, que no juzgándose suficientes para hacerse dueños del lugar, resolvieron pasar personalmente algunos a reconocer la fortificación; pero como consideraron que Rojas no habría de dejarlos acercarse ,le hicieron Los indios la atacaron nuevamente; una india amiga de Rojas le reveló los planes, y la comarca fué pacificada.

"En 1530 la provincia de Nicaragua no estava en paz todavía. Gabriel de Rojas, en la población de las minas del Cabo de Gracias a Dios, era constantemente atacado por los indios, sin poder recibir auxilios del Gobernador, por hallarse a larga distancia. Los naturales determinan acometer, pero se desalientan, y desde entonces comenzaron los españoles consiguieron "alguna quietud a fuerza de vibir arma al brazo".

Estas noticias proceden de la Historia de Herrera, Década IV. El mayor error consiste en que se confundieron las minas de Gracias a Dios, que estaban situadas en la Segovia, con Olancho septentrional y con el Cabo de Gracias a Dios.

DOCUMENTO XIV
Antonio de Herrera—2ª

ANTONIO DE HERRERA. —Historia General de los hechos de los Castellanos en las Islas y Tierra firme del Mar Océano. Comenzó a escribirla, como parece, en 1583. El primer tomo contiene la Descripción de las Indias Occidentales. El Capítulo XIII de dicho Tomo, trata de Honduras, Nicaragua y Costa Rica, en el cual se encuentra el origen de varios gravísimos errores históricos que han contaminado a todos los historiadores que han escrito de Honduras, hasta el presente.

He aquí lo que dice:
64—"La provincia y gobernación de Honduras tendrá de largo Leste Oeste, por la costa de la Mar del Norte, más de ciento cincuenta leguas y de ancho, desde la Mar hasta los términos de Costa Rica y Guatemala, por parte ochenta. Tiene muchas sierras y es fértil de maíz, trigo y toda suerte de ganado, y algunas minas de oro y plata; hay en ella seis pueblos de castellanos y un obispado, y fué el primer

obispo Fray Juan de Talavera, Prior de Prado, de la Orden de San Gerónimo de España.

"La ciudad de Valladolid, en lengua de indios Comayagua...reside en ella el gobernador y la catedral, desde el año de 1558, que se salió de Trujillo, adonde al principio estuvo, y un monasterio de la Merced. Pacificó esta tierra el capitán Alonso de Cáceres, por orden de don Pedro de Alvarado; está en medio de los dos mares y hay del uno al otro cincuenta y tres leguas, desde Puerto de Caballos, en el del Norte, hasta la bahía de Fonseca, en el Sur, y este camino visitó el ingeniero Bautista Antonelli, por orden del Rey, porque muchos porfiaban, que por él era más fácil la contratación del mar del Norte al del Sur y halló que tenía muchos inconvenientes.

65—"La ciudad de Gracias a Dios, treinta leguas de Valladolid, casi al poniente, pobló el año de 1530 el capitán Gabriel de Rojas, para beneficiar las minas de oro que por alli había, y tuvo grandes reencuentros con los indios y muchas veces le acometieron dentro de un fuerte que tenía, pero como los gobernadores de Honduras y Nicaragua no le socorrían, por las pasiones que entre ellos había, lo hubo de desamparar, y el año de 1536 el Capitán Gonzalo de Alvarado volvió a poblar esta ciudad".....

La villa de San Jorge de Olancho....Este valle de Olancho es muy ameno y provechoso y en él se sacó mucho oro, y los gobernadores de Honduras y Nicaragua, tuvieron en otros tiempos grandes diferencias, porque cada uno le quería en su jurisdicción, y por esto fué aquí donde Gil González Dávila tomó ciento veinte pesos de oro a Hernando de Soto, y le desvalijó la gente que le había dado Pedrarias Dávila para la defensa, y aquí defendió Gabriel de Rojas la entrada a Gonzalo de Sandoval, que le envió don Hernando Cortés de Trujillo, y aquí mataron los indios a Juan de Grijalva, capitán bien nombrado, y a otros,

ANTONIO DE HERRERA —Historia, etc. Década VI, Lib. I, Cap. VIII:

66—"Mientras Alvarado se dirigía a Naco, llamado por Diego García de Celis, tesorero del Rey, Francisco de Montejo fué prevenido por Gobernador de Honduras por el Rey.... Alvarado mandó a Juan de

Chávez, con la mayor parte de la gente, para que entre aquellas sierras, buscase algún buen sitio adonde hacer una buena población, por medio de la cual se pudiesen comunicar las provincias de Guatemala y Honduras, y habiendo muchos días trabajado Juan de Chávez, buscando el sitio, andando perdido por las sierras y montañas, halló una buena tierra llana, junto a un río,y porque todos cansados, y afligidos de caminar, dijeron: "Gracias a Dios, que avemos hallado tierra llana" haviendo resuelto de poblar alli, llamaron el lugar "Gracias a Dios", y el Adelantado, repartida la tierra en las personas más beneméritas en una caravela, que estaba en Trujillo, se fué al Havana".

Este trozo evidentemente está copiado de la segunda Relación de Pedraza de 1544.16.

Otros capítulos de Herrera

ANTONIO DE HERRERA. —Historia, etc. Década III, Lib. IX, Cap 10 y otros capítulos.

Acerca de los acontecimientos que pasaron en los confines entre Honduras y Nicaragua, al tiempo que vino Gil González a Honduras, ofrece detalles variados el Cronista Oficial Antonio de Herrera, sacándolos de las varias relaciones, especialmente de la de la Audiencia de Santo Domingo, y de los Cronistas. Voy a reunir aquí lo interesante que tiene desparramado en varios capítulos.

(Dec. III, L. 9, c. 10, p. 76): "Las riquezas, que Gil Gonzalez, i el Piloto Andrés Niño publicaron, que havia en las Provincias, que descubrieron por la Mar del Sur, levantó el ánimo a muchos, para codiciarlas; i porque Pedrarias pretendia, que caían en su Governacion, enbió a Francisco Hernandez de Cordova; i D. Hernando Cortés, a Cristoval de Olid, para que viese de hallar Estrecho para pasar al Mar del Sur, i ocupar las provincias de Ybueras, i las demás al Sur, de que tenia noticia, de los Indios de Mexico...Como no havia Minas en lo de Nicaragua, estendianse los Castellanos de aquella Provincia todo lo que podian, ácia la Mar del Norte; i sin respeto de lo concertado entre Pedrarias y Hernando de Saavedra, salió el Capitan Benito Hurtado con algunos Soldados, i dos Piezas de artilleria i dió sobre la Gente, que Hernando de Saavedra tenía en el Valle de Ulancho, i dexando su vagage atrás, los de Benito Hurtado se lo tomaron: i este Capitan, i Gabriel de Roxas pasaron a ocupar el Puerto de la Natividad en la Mar del Norte: cosa, que mucho deseaban, para comunicarse con los Navios de Castilla, sin necesidad de tratar en Panamá, que estaba lexos. Entendido por Hernando de Saavedra el viage de Benito Hurtado, i de Gabriel de Roxas, embió Gente a impedirselo; i haviendose visto los unos, i los otros, acordaron, que cada uno se bolviese a su Casa. Y poniendolo por obra, los de Nicaragua sospecharon, que Gente de Truxillo, iba a Ulancho, por lo qual Benito Hurtado fué a socorrer a los del Valle, i Gabriel de Roxas bolvió a la Mar del Norte: los de Truxillo, temiendo lo que era, fueron tras Benito Hurtado: llegaron a las manos, murieron dos Hombres de ellos, aunque los de Hurtado quedaron desbaratados... Destas descordias de los Castellanos, se seguía dar animo a los indios, que estaban pacíficos... Adonde pareciendo a los Indios comarcanos que eran pocos los Castellanos de aquel lugar del Puerto de Natividad, fueron sobre ellos, i los desbarataron i mataron algunos: los que quedaron se recogieron a un sitio fuerte.., y como se tenia noticia de que iba nuevo Governador, no quiso (Saavedra) salir de Truxillo... En el mismo tiempo que los Indlios dieron sobre este pueblo de la Natividad, se supo, que estando de acuerdo ciento i cincuenta Caciques, trataron de matar a los Castellanos de Vlancho, para librarse de servidumbre; i para esto se aprovecharon de la ocasion de haverles mandado que llevasen haces de Cañas, y de Maiz para cubrir las Casas escondieron sus Arcos, Flechas, i Macanas, que son sus espadas, de durisima madera, rollizas, i agudas en las puntas, como cuchillos, i a media Noche, quando los Christianos dormían, dieron en ellos, asistidos de otra multitud de Indios e para ello estaban apercibidos: mataron veinte Caballos, i al Capitan Hurtado, con quinze Castellanos, i entre ellos acabó sus desdichas el Capitan Juan de Grijalva: pusieron fuego a las casas: los demás se salvaron con el Cacique Guatucanola, y por las muchas diferencias entre los Christianos, no se pudo luego acudir al castigo de este caso con que los Indios se ensobervecieron, i en muchos Años no se pudieron sujetar. Quexabase Hernando de Saavedra de Pedrarias. i sobre esto huvo de ambas partes requerimientos... y Gabriel de Roxas, en dexando gente en la Natividad, se bolvió a Ulancho, para remediar en parte el caso sucedido".

Estos casos sucedieron principalmente en la Segovia, como se colige de las diversas narraciones, y antes de que llegáse Diego López de Salcedo como Gobernador.

Herrera da otros pormenores que vamos a redactar aquí.

"El Audiencia de la Española dió cuenta al Rei, de las causas que havia tenido de embiar al Golfo de las Ybueras, al Bachiller Pedro Moreno, i la comision que le dió, i hizo relacion de lo que havia hecho, aunque de poco fruto, i del estado en que se hallaban las cosas de aquellas Tierra: como Francisco de las Casas, i Gil Gonzalez, mataron a Christoval de Olid, i que Gil Gonzalez tomó aquellos ciento i treinta mil pesos de Oro al Capitan Soto; i que Francisco Hernandez defendió a Gil Gonzalez a Nicaragua, i la tenia ocupada con las Poblaciones que havia hecho: i que pues Pedrarias no tenia Titulo Real para tener a Nicaragua, se havia ordenado a Francisco Hernandez, que tuviese aquellas Provincias a orden de la Real Audiencia, hasta que el Rei otra cosa mandase…

…Tuvo asimismo su Majestad aviso, que la tierra de Castilla del Oro estaba destruida, i despoblada, i que convenia por otras muchas causas proveer de nuevo Governador….Para lo de Ybueras ordenó el Rei a la Audiencia de Santo Domingo que proveiese de una persona de prudencia, i experiencia, que la governase i se enbiaron los Despachos en blanco para que se pusiese el nombre. Para Castilla del Oro, proveió por Governador a Pedro de los Rios, Cavallero de Cordova, i por alcalde Maior al Licenciado Salmeron, para que tomase residencia a Pedrarias, y se le pidiese cuenta de los que se havia ganado en las entradas, y salidas. Acordose assimismo, que tomase Residencia a Don Hernando Cortés; mas porque su autoridad era mucha, i su nombre tenido en gran consideracion, se fue buscando Persona de Letras i de calidad….se havia proveido el Licenciado Luis Ponce de León, por Juez de Residencia….en el fin de este año (1525) se le dieron las provisiones, que en substancia contenian: Que….Que averiguase lo que pasaba sobre los ciento i treinta mil Pesos de Oro, que Gil Gonzalez de Avila tomó al Capitan Soto, en Nicaragua….Dióse asimesmo al Licenciado Luis Ponce, para que averiguase….i que se sacase en limpio si era verdad, que aviendo

Christoval de Olid escapado herido de las manos de Francisco de las Casas i de Gil Gonzalez Davila, i idose a esconder, pensando morir de las heridas, se descubrió a un Clerigo que le confesase; i por un pregon, que los dichos Francisco de las Casas i Gil Gonzalez dieron, asegurando a Christoval de Olid, le descubrió, i con todo eso le degollaron, sin darle lugar a que se confesase, y se hicieron en la Tierra de Ybueras otros muchos delitos....Ordenóse a Don Hernando Cortés, i Pedrarias, que no fuesen, ni embiasen persona suia, a la Provincia de las Ybueras, porque su Majestad enbiaba Governador en su nombre". (Dec. III, L. 8, c. 14, p. 41).

Entre Hernando Cortés y los Castellanos de Nicaragua, cuenta Herrera que sucedió lo siguiente:

"En esta ocasion llegaron a Truxillo voi te castellanos, de la gente que tenía Gonzalo de Sandoval en Naco, i dixeron, como había llegado allí un Capitan con quarenta Compañeros, de parte de Francisco Hrnández de Cordova, Teniente de Pedrarias Davila en Nicaragua, i que iba al Puerto, o Baia de San Andrés, adonde estava la Villa de la Natividad de Nuestra Señora, en busca del Bachiller Moreno, que havia escrito a Francisco Hernandez que tuviese la Gente, Tierra, i Govierno por el Audiencia de Santo Domingo i no Gente que tenia consigo Francisco Hernandez; i pretendian, que el Fiscal Moreno fuese a sosegarlos i mostrar las ordenes, que tenia para haver hecho tal mandamiento; i esto fue porque los Oidores de la Audiencia de la Española, que sabian que Gil Gonzalez havia descubierto a Nicaragua, no tomaban bien, que Pedrarias la quisiese ocupar; y por esto les pareció, que i á que Francisco Hernandez de Cordova se hallaba en ella, era mejor que la tuviese en nombre del Audiencia; i como a Francisco Hernandez, que se hallaba obedecido en muchas Tierras, i diversas Provincias, con mucha Gente Castellana, parecia que estaba mejor no depender sino del Audiencia, porque siempre fue deseo general en las Indias de todos los capitanes ser absolutos, sin reconocimiento de otro capitan, hizo juntar a los Principales de los Pueblos, i lo trató con ellos; i aunque algunos siguieron su opinion, los Capitanes Francisco Compañón, i Hernando de Soto le contradixeron, i por ello prendió a Soto, i le puso en la Fortaleza de Granada: i Francisco Compañón, con doce de a caballo, le sacó de ella, i todos bien armados se salieron al campo sin que a

Francisco Hernandez pareciese, de acometerles; porque sabian que estaban mui determinados de morir o matarle; i los dos Capitanes con sus Compañeros, se fueron a Panamá, adonde llegaron con peligro, i trabajo, dexando sus Caballos; porque haviendo de caminar en canoas algunos pasos de Mar, no los pudieron llevar. Entendido el caso por Pedraria, determinóde ir a Nicaragua, así para castigar a Francisco Hernandez, como por temer que estando Hernando Cortés en las Ybueras, no se le antojase de meterse en Nicaragua".

"Llegaron a HIernando Cortés ciertos Indios de la Provincia de Huyetlato, sesenta i cinco Leguas de Truxillo, a pedir que les favoreciese contra ciertos Castellanos, que estaban en su Tierra, cuio Capitan era Gabriel de Roxas, uno de los que Pedrarias havia embiado con Francisco Hernandez de Cordova. Escribióle Hernando Cortés que dexase aquella Tierra en paz; y que si havia tomado algunas personas, las diese libertas. Gabriel de Roxas lo hizo así; i se pasó al Valle de Ulancho, adonde también Hernando Cortés, como adelante se dirá, le embió a decir, que dexase la tierra: el qual considerando las diferencias, i desasosiegos, que havia entre la gente Castellana, i que la Provincia de Nicaragua era rica, i que estava cerca; i porque era Hombre de animo, que no sabia estar ocioso, se comenzó a aderezar para la Jornada: mandó adobar el camino por una Tierra mui espera (áspera). Llegó esta nueva a noticia de Pedrarias, con que también apresuró su partida de Panamá, temiendo, que Don Hernando Cortés, cuio nombre i autoridad era mui grande, no le ocupase lo que le parecia que le pertenecia; pero Cortés siempre decia que no le movia para hacer esta jornada, sino sosegar los animos de la gente castellana, porque sus alteraciones no diesen causa para que se perdiese lo ganado". (Dec. III, L. 8, c. 6, p. 20).

Herrera llama esta provincia Huyetlato, pero Cortés (p. 146) la llama Huilacho y Bernal Díaz (c. 184) la dice "unos pueblos que se dicen Olancho, que estaban de allí hasta cinquenta y cinco leguas" y él fué casi testigo de vista, y lo supo por la carta que el capitán Sandoval, que echó al capitán Roxas, escribió para que los soldados se fueran camino de Guatemala. Cortés, como Herrera que lo copió, ponen 65 leguas. Corresponde con la región de Segovia y más abajo todavía, en donde había las minas tan apetecidas y disputadas por Gil González Dávila, Cortés y Pedrarias Dávila. Herrera, no que sucedió

243

fué que Francisco Hernandez i o mandó a llamar porque dos de la Segovia, descubrió todavia más al norte, otras minas que llamó del Espíritu Santo, cerca del Río de San Andrés.

"Estando Hernando Cortés aparecibiendo su partida para Nicaragua, llegó a Truxilo Fr. Diego Altamirano, de la Orden de San Francisco, su Primo, Hombre de valor, i le dixo, que iba para llevarle a Mexico, para remediar el fuego que havia....Propuso luego de partirse i dexar lo de Nicaragua, i mandó, que los que trabajaban en aquel Camino, se pasasen a aderezar el de Guatemala: i embió Mensageros por todas las ciudades del Camino, avisando de como iba, rogando a todos que tuviesen abiertos los pasos, i provision de Vitualla; lo qual hacian de mui buena voluntad; porque holgaban que D. Hernando Cortés pase por su tierra. Estando los Caminos aderezados, hasta el Valle de Ulancho, para que las cosas de este VValle quedasen bien asentadas, embió a Gonzalo de Sandoval, con alguna Gente, contra el Capitan Gabriel de Roxas, que tuvo aviso que se Havia entrado en él, para que le echase de allí, pretendiendo, que aquel Valle no era de la Governacion de Nicaragua: Gonzalo de Sandoval se bolvió sin hacer nada porque halló gran resistencia en Gabriel de Roxas: de esto pesó mucho a Don Hernando Cortés, i dió una gran reprehension a Gonzalo de Sandoval, que se escusaba, con que no llevaba fuerzas iguales a las que tenía Gabriel de Roxas...."

"Estando tratando de la partida para Mexico, llegó a D. Hernando Cortés una carta de Francisco Hernandez de Cordova, el Qual visto que el Fiscal Moreno era partido, i temiendo mucho de Pedrarias Davila, le ofreció obediencia, rogandole, que les admitiese en ella, porque por hallarse mui lexos de donde estaba Pedrarias, la Gente Castellana que tenia consigo no podia ser proveida de muchas cosas de que padecia mucha necesidad, i que por los Puertos de Honduras que estaban en su Governacion, serian facilmente proveidos, pues estaban tan cerca: pediale con instancia, que le reciviese en su proteccion: todo porque imaginaba lo que despues le aconteció. D. Hernando Cortés, hallandose iá tan de camino para Mexico, le respondió, que obedeciese a Pedrarias como era obligado, i que dexaria mandado en todos aquellos Pueblos, que se le diese todo quanto huviese menester, i con su Gente se tuviese contratación, i buena amistad; i porque la cosa de que mas necesidad tenia,era

Herrage para Caballos, i Minas, le embió dos cargas de ello, i otras dos mandó que le embiase Gonzalo de Sandoval, de Naco". (Dec. III, L. 8, c. 7).

"Pedro de los Rios, Governador de Castilla del Oro, i el Lic. Salmerón, entendieron luego en la Residencia de Pedrarias, que se hallaba ausente:quitaronle los Indios, que tenia encomendados, i las Vecindades, i Solares, que poseía en diversos Pueblos, i asimismo la Isla de las Perlas, la qual aplicópara sí el nuevo Governador. Siendo Pedrarias avisado de sus Amigos, que sus cosas requerian su presencia, dexando el mejor recado que pudo en Nicaragua, a cargo de los Capitanes Gabriel de Roxas, Garabito, i Diego Alvarez,haviendo sabido, que Pedro de Alvarado, que con Gente de Guerra iba caminando, de Guatemala a Nicaragua, se havia retirado, por haver sabido, que se havia ido Cortés a Mexico, no le pareciendo que havia que temer, se fué a Panamá. Diego Lopez de Salcedo, de las Hibueras embió presos a la Isla Española a Hernando de Saavedra, Gaspar de Garnica, Pedro Laso de la Vega, Regidores: Martin Cortés, i Christoval de Morales, Vecinos de la Villa, por alborotadores, para que el Audiencia los castigase, a quien pedia un Alcalde Maior, que se ocupase en las cosas de justicia.

...Pocos dias despues de llegado Diego Lopez de Salcedo, estando entendiendo en estas cosas, parecieron en Truxillo, el Capitan Diego de Albitez, i Sebastian de Benalcazar, Rejidores de la Ciudad de Leon, i Juan de Espinosa, Escrivano, con nuevos Poderes de Pedrarias, para requerir a Hernando de Saavedra; i al Regimiento de la Villa de Truxillo, que se pusiesen en su obediencia, pues eran de su Governacion; porque no lo haciendo, iria a castigar los delitos, que havian cometido, i que los que quisiesen quedar con ellos, haria mercedes; i hallando Diego de Albitez, i Sebastian de Benalcazar, que Saavedra havia ido preso, i que Diego Lopez de Salcedo era Governador por el Rei, qüisieron bolverse: pero Diego Lopez no los dexó, porque teniendo intencion de pasar luego a Nicaragua, de donde algunos vecinos le llamaban, por redimir la vejación de ir con cada Pleito trecientas Leguas, a Panamá, i para hechar de alli a Pedrarias, pues no tenia Titulo Real para tener aquellas

Ciudades en Govierno, especialmente despues de llegado Pedro de los Rios a Panamá. Dixoles Diego Lopez, que si no pensara aprovecharse de ellos, en aquel viage, los embiára presos al Rei, que los castigará, por haver venido con tan mala demanda. Y Pedrarias iá en este tiempo estaba en Panamá, adonde persuadió al Governador Pedro de los Rios, que fuese a Nicaragua, i que procurase de llevar muchas cosas de rescate, porque las venderia mui bien, i ocuparia aquel Govierno, que le tocaba. Este consejo puso luego por obra Pedro de los Rios, con deseo de enriquecerse, i se embarcó para él: no faltó quien dixo, que Pedrarias se lo havia industriosamente persuadido, por apartarle de su Residencia, i porque se travasen tales diferencias, entre el dicho Pedro de los Rios, i Diego Lopez de Salcedo, que no bolviese tan presto; pero la verdad es, que siempre tuvo Pedrarias entendido, que aquellas Poblaciones de Nicaragua, pues se habian hecho por Capitanes suios, competian al Govierno de Castilla del Oro: i por esto aconsejó a Pedro de los Rios, que las visitase, a quien llevó mas a ellas la codicia, que el buen Gobierno".(Dec.IV, L.I. c.6)

"Estando Diego Lopez de Salcedo, determinado de pasar a Nicaragua,que llamó el Nuevo Reino de Leon, teniendo a punto ciento i veinte Castellanos de a caballo, dexando poca gente en Truxillo, i por su Teniente con ella a Francisco de Cisneros, Hombre de buena intencion, embió adelante al Capitan Alonso de Solis, con un Religioso; i a dos jornadas de Truxillo avisó, que Gente de Nicaragua estaba repartida en diversos puestos del Valle de Ulancho, i que havian muerto algunos Castellanos: i por las platicas, que se havian tenido con el Capitan Diego de Albitez, i por la mala gana con que iba acompañandole, juzgó, que se hacia aquella resistencia con su inteligencia; i recibida informacion de la demanda con que havia ido, i de lo demás que pasaba, le embió preso a la Española, con Sebastian de Benalcazar, i el Escrivano, adonde el Audiencia les dió luego libertad; i apretando la partida el Tesorero Rodrigo del Castillo, persuadia a Diego Lopez, que se estuviese en las Hibueras, i porque aquellas Provincias tenian necesidad de su presencia, i el Rei no le havia embiado para ir a Nicaragua; pero la codicia no dió lugar al consejo: i asi llamaba Caciques, para que le diesen Gente de carga, i castigaba a los Indios, que le parecian culpados en el desvarate de la Gente de la Natividad: a unos con la horca, a otros con hacerlos Esclavos, enbiandolos a vender fuera de la Tierra, con notable sentimiento de Padres, i Hermanos, que por desesperacion se iban a los montes, adonde se consumian de hambre: i los indios de Comayagua, tambien avisó Alonso de Solís que andaban alborotados, i que no aguardaban en sus Casas, como solian: de donde se inferia, que aquella Gente no era mas buena, de quanto podia salir con su proposito: i que no buscaban de comer, por no tener que dár a los Christianos, i que si hallasen aparejo, harian novedad". "Detuvose en el Valle un Mes, prendiendo, í ahorcando muchos, con motivo de castigar las muertes de los Castellanos, que alli hicieron: i embió a llamar a los Pueblos pacificos. En saliendo de Hibueras, se rebelaron los mejores Pueblos de la Comarca de Truxillo, i amanecieron quemados los Bohios, i los Indios idos a los Montes, porque Diego Lopez llevó mas de trescientos cargados, i entre ellos algunos Principales apricionados, como por rehenes: i tenian que los havian de vender por Ésclavos. Llegó a Leon, adonde fue bien recibido, porque los Indios de aquella Provincia apretaban a los Castellanos con nuevas fuerzas...La rabia de los Îndios era tan grande, que con haver llegado Diego Lopez, intentaban acometimientos soberbios, primero que llegase Diego Lopez, desafiando a Martin Estete, Teniente de Pedrarias, para que saliese al Campo a pelear con ellos, no lo hizo, aunque el Capitan Compañon le quitó de trabajo, porque sabiendo que estaban sobre él, partió de las minas con Gente que tenia, i peleó dos veces con ellos, i los rompió, con muerte de muchos, sin que le matasen mas de un caballo...: i desde entonces los Pueblos de Nicaragua suplicaron, con mucha instancia al Rei, que les diese propio Governador, i se mandase poblar el Valle de Ulancho, porque havia setenta Leguas, desde el Cabo de Honduras, hasta la ciudad de Leon, Norte Sur, porque el camino estaba seguro, i se podrian comunicar los dos mares: aliende, que las Minas del Valle se mostraban tan ricas, que si hubieran tenido herramienta, afirmaban los Oficiales Reales, que en dos Meses huvieran sacado docientos mil Pesos de Oro, de veinte i dos quilates: i que con no tener sino las que havian hecho de estribos de Sillas de Caballos, havian sacado en dos Meses diez i seis mil Pesos; i suplicaban que las Minas se dexasen en la Governacion de Nicaragua, i la Montaña, que llamaban de Liquidambar adonde habia pasados de setecientos mil Arboles, que todo el zumo era de perfecto Liquidambar.

"Mandó Diego Lopez de Salcedo a Pedro de los Rios, que dentro del tercero dia, saliese de la Provincia: i aunque estaba enfermo de una pierna, lo huvo de hacer...... No pareciendo, que contra Gente tan indomita, por entonces se podia hacer mas, acordó de descubrir el desaguadero de la Laguna de Nicaragua: i para fundar un Pueblo en él, nombró al Capitan Gabriel de Roxas, i comenzó a prevenir la Gente, i ordenar las instrucciones". (Dec.IV, L. I, c. 7).

"Esta misma Instruccion, con otras cosas, que no son de tanta substancia se dio a Diego Mendez, quando fue por Teniente Diego Lopez, para gobernar en Truxillo, encargandole, demás de ello, la mudanza de la Villa, a un sitio, que se havia escogido, i el cuidado de no permitir, que fuese tomado por esclavo, ninguno que no lo fuese, i que sobre esto hiciese particular examen, encargandole mucho la conciencia.......pero los de Truxillo no le dieron lugar de usar de su Instruccion, porque luego le prendieron, como se ha dicho. Dabase priesa Gabriel de Roxas en aparejarse, pero tenia poca Gente, i asi no salia a la Jornada". (Dec. IV, L. I, c. 8).

"Yá era buelto de Nicaragua Pedro de los Rios, a quien mandó de nuevo el Rei, que pues en sus Titulos iban declarados los limites de su Governacion, no saliese de ellos. Y porque se havia sabido, que traía poca conformidad con el Lic. Salmerón, Alcalde Maior de su Govierno, se llevase bien con él, dandole a entender, que perniciosa era la mala inteligencia de los Ministros, i quan vil para el Principe, i para ellos, la vnion, i conformidad. Y porque havia Pedrarias Davila avisado al Rei, de las causas que tuvo para ir a Nicaragua, para degollar a Francisco Hernandez de Cordova, i embió una larga relacion de las cosas de aquella Provincia, prometiendo grandes riquezas, como i á era muerto Gil Gonzalez Davila, a quien por haverlo descubierto, parecia que tocaba, se le embió al Titulo de Governador, ordenando a Diego Lopez de Salcedo, que no entrometiese en cosa que no le perteneciese: i a él, i a Pedro de los Rios, que no hiciese mal tratamiento a ninguno de los que pasasen a Nicaragua, con que nadie pudiese llevar su Hacienda de una parte a otra"......(Dec. IV, L. I, c. 9).

ANTONIO DE HERRERA. —Hist.Gen.,Dec.IV, L.7,Cap.4.—De los Sucesos de Honduras, Nicaragua y Yucatán.

...Los caciques de la Tierra, con la muerte de Diego alterarse; i este miedo los tenia venidos, i disimulando los vnos con los otros. Los Indios del Valle de Xuticalpa, en viendo Castellanos, levantaban la comida, i se iban al monte, porque se fuesen de la Tierra, i tenian escondido mucho Oro: mas en viendolos poblados, luego bolvieron á sus casas, visto que no tenian remedio, porque el Capitan Alonso Ortiz los trataba bien; i de esta manera pasaban los Castellanos de Honduras, en esta sacon.

En Nicaragua no se vivia con mas justicia, ni quietud, porque Pedrarias embiaba Gente a las Provincias sujetas, i á Guatemala, i el Capitan Gabriel de Roxas, en la Poblacion de las Minas de Cabo de Gracias a Dios, se defendia de las invasiones de los Indios, i estaba con peligro, por tener lexos el Bocorro, i todavia procuraban de hecharle de la Tierra. Concertaronse todos, i fueron en gran numero vna noche a dar en él, con muchas Macanas, i Armas, para matar los cabalos; i embiando, al quarto del Alva, á reconocer el Pueblo, para acometerle, acertaron a llegar al tiempo que se mudaban las rondas de á Caballo, y las Centinelas: i como sintieron el ruido, pensaron que eran descubiertos, i se huieron, dexando las Armas, i aparejos que traian que todo quedó en poder de los Christianos; i visto que no podian conseguir su intento, muchos se pacificaron, con que pudo Gabriel de Roxas hacer algunas éntradas, para quietar a los que mas resistian. El Alcalde Maior Francisco de Castañeda, que residia en Granada, hacia su Oficio, y juzgaba sus pleitos..:

67—El historiador oficial ANTONIO DE HERRERA, cuenta lo siguiente (Dec. V—IX, c. VIII—IX):

"Los españoles de Trujillo quejáronse al Rey porque Cereceda los habia desamparado llevándose gran cantidad de indios, para ir a trabajar las minas de Naco, contra las reales órdenes y pedian un buen gobernador. Al mismo tiempo, Alvarado que habia vuelto del Perú, supo que el Lic. Alonso de Maldonado, enviado por la Audiencia de México, venia a residenciarlo; y el enviado Diego Garcia de Celis, tesorero del Rey, le rogaba venir en auxilio de Honduras, mientras que "los Castellanos, llevando sus naborías, dejaron atado a un árbol a Cereceda'. 'Asi las cosas, Alvarado hizo que Cereceda renunciase la Gobernación en su favor, vino a Honduras, fundó la ciudad de San

Pedro, hizo reparticiones a la loca, mandó que se fundara una ciudad a medio camino y que se la llamara Gracias a Dios y se fue a Puerto de Caballos llevando diez o doce vecinos y con un documento de Ayuntamiento de San Pedro fechado el doce de agosto de 1536, se embarcó para Cuba y de allí para España". (Herrera, Dec. VI, Lib. I, c. VIII, y Durón, Bosquejo Hist., p. 11).

"Y casi en este tiempo, acordandose el Rey de la necesidad grande que que havia en Honduras de Governador de autoridad.... considerando las pérdidas grandes, que el Adelantado don Francisco de Montejo havia hecho en Yucatán, de donde ya absolutamente estaba excluído, le dió este gobierno de Honduras, y mandó embiar el título, y despacho, a D. Antonio de Mendoza, Visorrey de Nueva España, para que se encaminase, porque esta provincia era de su distrito". (Herrera, l, c.)

"Voló la fama de la fundación de las dos villas de Puerto de Caballos y de San Pedro, adonde el Adelantado Alvarado mandó llevar ganado.... era grande la riqueza del oro...el Adelantado D. Francisco de Montejo, que estaba a la sazón en México muy pobre, y afligido, aunque había dicho a D. Antonio de Mendoza, Visorrey de Nueva España, que no tenía fuerzas para sustentar la Governación de Honduras, porque la via muy perdida, y que de buena gana la trocaría con la Gobernación de Chiapa, a que el Rey no havía querido dar oídos, enbió con sus poderes, y algunos amigos, al Capitán Alonso de Caceres, caballero, natural de Alcántara, para que se apoderase de la governación; y aunque no le quisieron recibir, tuvo forma para entrar en Gracias a Dios, porque el Cap. de Chavez se habia vuelto a Guatemala, y prendió a los Alcaldes y regidores, y los quitó los oficios, y puso otros de su mano, y y embió a llamar al Adelantado D. Francisco de Montejo, el cual fué luego, y quitó los repartimientos a las personas a quien D. Pedro de Alvarado los havia encomendado, y aunque en la pacificación y descubrimiento de la tierra havia trabajado; y como su necesidad no era poca, tomó la mejor parte para sí, y lo demás dió a sus amigos. .. (Herrera, Dec. VI, Lib. I, c. IX).

Evidentemente 19 este relato está copiado de la Relación de Pedraza escrita en 1544 en España. En esta relación es de notar el ERROR DE HERRERA, en que han caído todo8 los historiadores que de él han tomado noticias, de atribuir la fundación de Gracias a Juan de Chávez y de decir que Cáceres y Montejo llegaron a la actual Gracias, mientras encontraron los españoles en la primera provisoria, es decir, EN OPOA.

DOCUMENTO XV
Herrera—2ª

68— Para apreciar lo que valen los capítulos de Herrera, al citarlos en este trabajo, es bueno conocer cómo escribió su Historia o Décadas, los documentos que utilizó y el valor que daba a cada autor; que bien conocía, la pasión con que, en favor o en contra, trataba a los varios autores; sin decir de la crítica qué le hicieron, v que efectivamente merece, con respecto a Honduras, por haber cometido errores históricos de importancia en casi todos sus capítulos. Sin embargo, en lo que toca a Don Andrés de Cereceda en Naco y al traspaso de la Gobernación en manos de Don Pedro de Alvarado, se debe tener en cuenta que la información procede principalmente de la relación dada en la Corte por los testigos oculares y actor en los hechos, Tesorero don Diego García de Celis y Francisco Cava, que a 12 de agosto de 1536 se embarcó en Puerto de Caballos y fué a España acompañando al Adelantado don Pedro de Alvarado. Además, el Adelantado don Pedro llevó su relación y debe haber llevado también todos los papeles referentes a los últimos hechos, como la carta de Cereceda y su renuncia, las varias fundaciones y el repartimiento. Se debe anotar que la carta de Alvarado, que en la colección de Torres de Mendoza (colección de documentos inéditos, Tomo XXIV), figura con fecha de 20 de noviembre del año de 1536, enviada al Presidente del Consejo de Indias, fué mal transcrita, porque en el documento original está la fecha de 1535. (Cfr. Adrián Recinos—"Dos expediciones del Gobernador de Guatemala don Pedro de Alvarado", en Anales de la Sociedad de Geografía e Historia de Guatemala, Tomo XÍX, n. I, septiembre de 1943). He aquí lo que dice en la Década VI, Libro III, Capítulo XIX:

69—"Cuando el Rey nuestro Señor D. Felipe II, de gloriosa memoria, me mandó escribir esta General Historia, ordenó que se me diesen los papeles que habia en su Real Cámara y en la Guardajoyas y todos los que tenía su Secretario Pedro Ledesma, a donde estaban los que enviaron a S. M. el Obispo Gobernador de la Nueva España D. Sebastián Ramírez y los Visorreyes D. Antonio de Mendoza y D. Francisco de Toledo, a fin de hacer Historia: entre los cuales se hallaron las Relaciones del Obispo Zumárraga y los memoriales de Diego Muñoz de Camargo, de Fr. Toribio Motolinea y otros muchos; y tambien me dió los que para este efecto enviaron los Presidentes de las Audiencias Reales, Gobernadores y Ministros de todas las partes de las Indias, a instancia del Lic. Juan de Ovando, Presidente del Real Consejo Supremo de las Indias, que contiene la noticia del tiempo de la gentilidad de los indios con lo sucedido en las pacificaciones y fundaciones de los pueblos de castellanos con todo lo demás perteneciente a la composición de la República Espiritual y temporal que tambien estaba en poder de Pedro de Ledesma. Ví tambien treinta y dos fragmentos manuscritos e impresos de diversos autores, con lo que dijeron Fr. Bartolomé de las Casas de la Orden de Predicadores, Santo Obispo de Chiapa y el Doctísimo Jusepe de Acosta, de la Compañia de Jesús, y las Memorias de el Doctor Cervantes, Dean de la Santa Iglesia de México, varón diligente y erudito, los cuales sé de cierto que no vió el autor que ha sacado una Monarquíx Indiana; y además de anteponerse a todos los dichos de los Padres Olmos, Sahagún y Mendieta, que no tienen autoridad, entiende que no se puede hacer Historia sin haber estado en las Indias, como si Tácito, para hacer la suya, hubiera tenido necesidad de ver a Levante, Africa y al Setentrión. Por lo cual y por la poca cuenta que los escritores de nuestros tiempos tienen de conservar la memoria de los primeros descubridores, siendo merecedores de mucha gloria, me ha parecido decir aquí lo referido, y que no sabria juzgar cuál es más en este autor, la ambición o el descuido en guardar las reglas de la Historia".

Este trozo está reproducido, también, por el Dr. don Rómulo E. Durón, en su "Bosquejo Histórico", cap. VI, pág. 51,

Las últimas palabras se dirigen contra Torquemada, autor de la obra titulada "Monarquía Indiana", y contra otros, los cuales por no haber guardado la seriedad debida en escribir Historia, han hecho caer en gravisimos defectos a un gran número de historiadores posteriores que han escrito sobre orígenes de México y de Centro América; errores que se han refutado sobre los orígenes de las gentes mayas, y que solamente ahora, por medio de la arqueología y de los modernos métodos de historia, se pueden remediar. Sin embargo, estos autores nos han conservado noticias preciosas sobre los indios y sus costumbres, de lo que no abunda Herrera.

La más castigada y perjudicada en este sentido, ha sido la historia de los orígenes de Honduras, cuyo territorio se ha imaginado invadido por mexicanos, lo que nunca ha sucedido.

En ulteriores capítulos, Herrera describe también otras fuentes de que se ha servido y otros autores que ha copiado, especialmente López de Velasco y Cieza de León, que ha puesto íntegros en su Historia.

DOCUMENTO XVI
López de Velasco—2ª

JUAN LÓPEZ DE VELASCO. —"Geografía y Discripción Universal de las Indias", desde el año de 1571 al de 1574.— Madrid,1894.

70—"GRACIAS A DIOS. —La ciudad de Gracias á Dios, desta gobernación, en 14 y 1/2 de altura, treinta leguas de Valladolid al sueste, y otros treinta de San Salvador, habrá en él como cincuenta españoles, los treinta y cinco encomenderos; es del distrito de Guatimala y del Obispado de Honduras, y hay en él un monasterio de la Merced, y en su jurisdición hay sesenta y un pueblos de indios, y en ellos como tres mil tributarios.

"Pobló este pueblo, á lo que se entiende, Don Francisco Montejo, que despues fué adelantado de Yucatan; hay teniente de gobernador y alcaldes ordinarios en la ciudad: la comarca della es de tierra más fria que caliente, y no muy sana, y cógese en ella mucho trigo; y la principal grangeria es crianza de mulas y ganados y trigo que se lleva para San Salvador, de que hazen vizcocho para puerto de Caballos: su asiento es en una ladera pedregosa; tiene agua dentro de la ciudad, y por bajo della corre un rio razonable en que hay huertas y molinos; no hay oro ni plata en su comarca; los caminos son fragosos y muy malos".

El manuscrito de Velasco, existente en la Biblioteca Nacional de Madrid, Codice J. 15, fué copiado casí integro por Herrera, para escribir la primera parte de las DÉCADAS, titulada: "Descripción de las Indias Occidentales", obra muy anterior y de noticias contradictorias a las que se dan en la obra principal, las DÉCADAS.

DOCUMENTO XVII—2ª 3ª

71 ANTONIO VÁSQUEZ DE ESPINOSA, Carmelita—1629—30— Compendio y descripción de las Indias Occidentales— Hay una edición en inglés hecha por la Smithsonian Instition, de Washington. Otra edición de la parte de Guatemala, editada por el Lic. Adrian Recinos: "Vásquez de Espinoza, Antonio", La Audiencia de Guatemala", Primera Parte, Libro Quinto del Compendio y Descripción de las Indias Occidentales, Año de 1629. Guatemala, 1943.

CAPÍTULO XXI... "La Provincia, y Obispado de Honduras, dista 100 leguas a Lesnordeste de la ciudad de Guatemala conquistola el Capitan Alonso de Caceres por orden del Adelantado Don Pedro de Alvarado el año de 1536 y en su famoso valle de Comayagua, que está en 16 grados largos fundó el mismo año la ciudad de Valladolid en el citio llano de alegre cielo, y sanos ayres, donde asiste el Gobernador, y Obispo de aquellas Provincias: tiene la ciudad mas de 200 vezinos Españoles sin los mestizos, que son hijos de Españoles, y de Indias, y sin muchos Negros, Mulatos, y Indios gente de seruicio: tiene iglesia Cathedral, que es sus principios estuvo en la ciudad y puerto de Trujillo, hasta el año de 558 que se pasó a esta ciudad, ay en ella dos Conuentos de San Francisco y de nuestra Señora de la Merced hospital, y otras iglesias, y hermitas.....GRACIAS A DIOS está casi al Oeste de Valladolid, o Comayagua 30 leguas en medio del camino de Guatemala, fundola el Capitan Gabriel de Rojas el año de 530 sobre un serro en citio fuerte, por las guerras de los Naturales, y por el beneficio de las ricas minas de plata, y oro que ay en aquel distrito, que al presente no se labran por falta de gente la tierra es muy doblada, y de soberuias serranias: voluiose a despoblar esta ciudad, dentro de pocos dias por las guerras de los Indios, y poco socorro que tenian los Españoles; y despues el año de 536 la voluio a poblar de nuevo el Capitan Gonzalo de Alvarado, la qual permanece con hasta 60 vezinos Españoles. El trato principal de esta ciudad son crias de mulas, trigo, y otros frutos de la tierra, que sacan a otras Provincias comarcanas, estuvo en esta ciudad al principio la Audiencia que está en Guatemala".

CAPÍTULO XXII.. "Al Norte de Comayagua obra de 14 leguas, está la ciudad de San Pedro cerca del puerto de Cavallos, donde solian desembarcar las mercaderias, que iban de España para Guatemala, y todas aquellas Provincias, que hizo despoblar el Doctor Alonso Criado de Castilla Presidente de la Audiencia de Guatemala, y gran Gouernador el año de 604 y lo pasó al de Amatique, que intituló Santo Tomas de Castilla, donde estan los naos, hasta que se despachan las mercaderias, y cargan los frutos de la tierra, allí está la compañia de presidio, que llevan las dichas naos, hasta que salen (las dichas naos) acargar los demas, que ay en el puerto de Trujillo.

La ciudad de San Jorge de Olancho, dista de Comayagua a Lesnordeste 40 leguas en el camino Real de la ciudad, y puerto de Trujillo, fundada en un grande, y hermoso valle, que tiene de largo mas de 10 leguas, y de ancho dos: tiene la ciudad pocos mas de 40 vezinos Españoles, todas las casas son de paja, tiene la iglesia de esta ciudad una imagen milagrosa de la aduocacion de la Purissima Concepcion de nuestra Señora. Labrase en esta ciudad, y en los pueblos de su distrito cantidad de pita muy fina, y toda la comarca es riquissima de oro, que todos los Rios lo llevan, aunque no se saca por la falta, que ay de gente, por este valle corre vn Rio algo caudaloso, que vaña sus vegas, en las quales ay fundadas algunas estancias de ganado mayor, su temple es caliente; quando lo descubrieron, y conquistaron los Españoles, avia en el, y en su comarca grandes poblaziones, al presente ay muy pocas, porque se consumieron, y acabaron los Indios con las guerras que uvo entre los Españoles: en este valle quitó Gil Gonzales de Avila al Capitan Hernando de Soto 120 mill pezos de oro; en el mataron al Capitan Joan de Grijalba, y a otros, y defendido el Capitan Gabriel de Rojas la entrada a Gonzalo de Sandoval Capitan del Marquez del Valle".

Este curioso documento en parte independiente y en parte no, porque algunos grupos de palabras lo descubren, como por ejemplo: que Comayagua fué conquistada por Alonso de Cáceres por orden del Adelantado don Pedro de Alvarado, y otras palabras que usa el autor en otras partes de su documento. Estos revelan que se sirvió de la

Historia de Herrera, o por lo menos de documentos comunes a los dos. Aun en lo que dice de San Jorge de Olancho, se debe notar que esta población que llama ciudad fué destruída en 1511,antes que él escribiera; y no parece que se refiera a Olanchito, que se fundó después. Por lo tanto no se dió cuenta de su destrucción. No se puede tener en cuenta este documento, como de peso en la cuestión de la Ciudad de Gracias a Dios.

Fray Antonio de Espinosa se encontraba en México en 1512, y en Guatemala en 1516; atravesó la Bahía de Fonseca y visitó las Ruinas de León el Viejo en Nicaragua. Llegó hasta el Perú y Chile en 1519, y en 1520 de nuevo en Guatemala. Estuvo en Tegucigalpa en 1521, como parece, cuando era Alcalde Mayor de las Minas el Capitán don Joan Espinosa Pedruja "como todo me consta por vista de ojos, hallandome presente en aquella tierra'". Entonces se descubrió en frente del cerro Santa Lucía, a 5 leguas, otro riquísimo cerro 'que le pusieron por nombre S. Joan, el qual tiene de subida, desde el pie hasta la cumbre dos leguas, lleno de minerales y vetas de plata de toda ley... el dicho don Joan Espinosa lo asistió y pobló junto a él tres ingenios para moler y beneficiar los metales'.

En 1522 regresó a España en donde escribió varias obras; este Compendio parece fué la última, y estaba terminado en 1529; comenzó a imprimirlo, pero no se terminó, porque el autor murió en Sevilla en 1530.

Este autor conocía la historia de Jómara y de Herrera, y de los dos tomólos errores que pone en la parte histórica, como él que dice que Gracias a Dios fué fundada por Gabriel de Roxas en 1530.

DOCUMENTO XVIII
Juarros—3ª

72   DOMINGO JUARROS.—"Compendio de la Historia de la Ciudad de Guatemala", Tomo II, Trat. V, Cap. X —Edición Tipografía Nacional, Guatemala,1936.

"Fundados los dos referidos lugares, envió D. Pedro de Alvarado al Capitan Juan Chaves con la mayor parte de la gente, a que buscase sitio acomodado y á proposito para hacer una buena poblacion, que mediando entre la Provincia de Honduras y la de Guatemala, sirviese para facilitar el comercio y comunicacion de una y otra: partió Chaves con los suyos a poner en practica la orden del Adelantado: y habiendo andado muchos dias en solicitud de un sitio de las circunstancias, que se pedian, sin encontrarlo: quando le hallaron, todos exclamaron: Gracias a Dios que hemos encontrado tierra llana: y por este motivo llamaron al lugar que se fundó Gracias a Dios".

Este trozo está evidentemente copiado de la Dec. VI, L. I, c. VIII de Herrera.

La siguiente NOTA fue añadida por el Editor, a la Tercera Edición de la Obra de Juarros, al editarse en Guatemala en 1936:

73—"Semejantes circunstancias hicieron se diese el mismo nombre al Cabo de Gracias a Dios. Arribó el Almirante D. Cristoval Colon, como diximos al principio de este capítulo, a la punta de Casinas por Agosto de 1502, y de allí navegó hácia Levante, con muy grandes trabajos, contra viento y contra las corrientes, hasta que doblando cierto Cabo de Tierra, que entra mucho en la mar, y de ai se encoge la tierra ácia el sur, ya pudo caminar con facilidad, por lo que dieron gracias a Dios. Esta identidad de nombre de dichos dos lugares, fue ocasión de que el Cronista Herrera, confundiendo la Ciudad de Gracias á Dios, con la población que se hizo inmediata al Cabo de Gracias á Dios, diga en la Descripción de las Indias folio 27 que la Ciudad de Gracias á Dios fue fundada por el Capitán Gabriel de Roxas el año de 1530, y que habiéndola desamparado, la volvió a poblar Gonzalo de Alvarado el de 1536: lo que no se puede concordar con lo que acabamos de referir, tomado del mismo Herrera, Década 6, folio 13; ¿por qué si el año de 1536 dió orden D. Pedro de Alvarado para que se busque sitio, donde fundar la expresada Ciudad i como se supone erigida desde el año de 30? Y asi quando afirma que Gabriel de Roxas fundó a Gracias á Dios el año de 5301 esto se debe entender de la poblacion, que se hizo junto al Cabo de Gracias á Dios, como lo asegura el mismo Herrera, Década 4 fol. 41, el referido año de 30, por Gabriel de Roxas, la que poco después se vió precisado a abandonar; y lo que dice este Cronista, Década 6, fol, 13, que el Capitán Juan Chaves buscó sitio y fundó á Gracias á Dios en el año de 536 se debe entender de la Ciudad de Gracias Dios".

Como se ve, Juarros se ha servido de Herrera para escribir su noticia acerca de Gracias a Dios, y Herrera se sirvió de la segunda relación de Pedraza.

Es preciosa la Nota del Editor, porque nos confirma que Herrera aplico Dios.

DOCUMENTO XIX
Alcedo—3ª

74— ALCEDO ANTONIO. —"Diccionario Geográfico—Histórico de las Indias Occidentales o América", Madrid, 1786. —Dedicado al Rey Carlos IV.

COMAYAGUA ó Valladolid, Ciudad Capital de la Provincia de Honduras, en el Reyno de Guatemala, fundada por el capitan Alonso de Cáceres de órden de Pedro de Alvarado: llamóse al principio Nuestra Señora de la Concepcion, de cuyo título tiene un Hospital muy bien dotado y asistido, Conventos de Religiosos de S. Francisco y de la Merced, y muy buena Iglesia erigida en Obispado el año de 1539: está 110 leguas de la Capital Guatemala.

GRACIAS A DIOS, Ciudad de la Provincia y Gobierno de Honduras en el Reyno de Guatemala, fundada por el capitan Gabriel de Roxas el año de 1530, aumentada despues mucho por Gonzalo de Alvarado el de 1536, es de muy corto vecindario, tiene dos Conventos uno de Religiosos del Orden de S. Francisco, y otro del de la Merced, dista 30 leguas de la Ciudad de Valladolid ó Comayagua.

Tiene el mismo nombre un cabo ó punta de tierra de la Provincia y Govierno de Costarrica en el mismo Reyno de Guatemala y Costa de la Mar del N.

Alcedo se sirvió de Herrera para escribir estas noticias, y por tanto vale cuanto vale Herrera, y no se puede tener en cuenta.

DOCUMENTO XX
Peralta—3ª

75 PERALTA.—(Manuel M. de Costa Rica, Nicaragua y Panamá, en el Siglo XVI—Su historia y sus límites).—Edic. 1883.

"Los primeros exploradores del Desaguadero o Rio de S. Juan que salieron al mar fueron los capitanes Alonso Calero y Diego Machuca de Suazo, comisionados al efecto por Rodrigo de Contreras, gobernador de Nicaragua en virtud de Real cedula de la Reina dada en Valladolid, a 9 sept. de 1536. El poder que Calero obtuvo de Contreras para explorar y conquistar el Desaguadero es dado en Leon de Nicaragua, a 3 de octubre de 1538….alistose sin perdida de tiempo, y en 6 de abril de 1539 emprendió el viaje, los más preciosos y menos conocidos tesoros del archivo de Indias. Diego Lopez de Salcedo encargó a Gabriel de Rojas el descubrimiento del Desaguadero; pero esa expedición no llegó a realizarse. Incurre en un error el distinguido Mr. Bancroft en su notabilísima historia de Centro América, cuando dice que Martín Estete y Gabriel de Rojas salieron al mar por el Rio de San Juan y siguieron la costa hacia el norte hasta el Cabo de Gracias a Dios, fundando en este sitio una colonia. Esta aserción carece de fundamento y solo se apoya en la confusión de nombres, pues Rojas fundó en efecto la villa de Gracias a Dios, no en la costa, sino en el interior de Honduras, en la tierra de las minas hacia los confines de Guatemala".

La nueva Jaén no fué fundada en esta vez, como dice Mr. Bancroft, sino unos años más tarde por el capitán Diego de Castañeda. (Véase Bancroft, Hubert Howe) "History of Central América", vol. I, c. 22, pag. 607.London 1883, y obra pag. 943—397).

Este documento, por faltar aquí la obra de Peralta citada arriba, ha sido transcrito de una cita inserta en un notable artículo del señor Alfredo Trejo Castillo, publicado en el diario EL CRONISTA, de Tegucigalpa, n. 6476, día 11 de febrero de 1936.

También Peralta, para su noticia, parece se haya servido de Herrera. —

DOCUMENTO XXI
El Rey al Lic. Maldonado

76   Real Cédula de 22 de octubre de 1538, nombrando al adelantado don Pedro de Alvarado Gobernador y Capitán General de Guatemala. (Libro Viejo de la Fundación de Guatemala).

"EL REY. —Licenciado Maldonado, Nuestro Juez de residencia de la Provincia de Guatemala, e a todos los consejos, Regidores, etc. sabed: que Nos hemos preveido de la Gobernacion de esa dicha provincia al Adelantado D. Pedro de Alvarado, por termino de siete años e mas cuanto fuere nuestra voluntad, segun mas largo se contiene en la provision que de ello le habemos mandado dar. E agora por parte del dicho Adelantado me ha sido hecha relacion que, a causa de decirse en ella que se le hace la dicha merced no pareciendo de la redisencia que vos el Licenciado Maldonado le tomais e habeis tomado, culpas por do merezca ser privado della, se teme e recela que no le querreis recibir al dicho oficio, ni dar la posesion del, poniendole en ello algun impedimento, a fin de le hacer daño, en lo cual él recibiria mucho agravio y daño, a causa de la mucha gente que lleva para la conquista de las islas e provincias del poniente, cuya conquista e gobernacion asi mismo le habemos encomendado, e me fue suplicado vos mandase que libremente le recibiésedes a la dicha gobernacion, conforme a su provisión, sin le poner en ello impedimento alguno, e como la mi merced fuese e Yo hubelo por bien; por ende Yo os mando que luego que con esta mi cédula fueredes requeridos, sinembargo de cualesquira cláusulas que vayan en la dicha provisión que asi mandamos dar al dicho Adelantado de la gobernacion de esa provincia, le recibais al dicho oficio e al uso y ejercicio del, e se lo dejeis e consintais usar y ejercer libremente por si e por su lugarteniente, por el tiempo en la dicha nuestra provision contenido, hasta tanto que Nos otra cosa se le envie a mandar, sin que en ello le ponga, ni consintais poner embargo ni impedimento alguno; e los unos e los otros fagais ni fagan ende al, por ninguna manera, pena de la nuestra merced e de cien mil maravedis para la nuestra Cámara. Fecha en la villa de Valladolid, a 22 del mes de Octubre de 1538 años, Yo el Rey. Por mandado de S. M.—JUAN SÁMANO,

DOCUMENTO XXII

77 Documentos que se retieren a la expedición de Don Pedro de Alvarado a las Islas de la Especiería por capitulación hecha con el Soberano.—Alvarado no cumplió y con engaño se fué al Perú. Los Reyes mandaron contra él un enviado para desbaratar esa empresa con amenazas de penas y de muerte. Alvarado entonces buscó

nuevamente formar una expedición para ira la Especiería; entretanto pensó siempre en la conquista del Puerto de Caballos y entreteniendo a Montejo, al venirle la noticia de una segunda residencia, entró repentinamente a Honduras y se embarcó en Puerto de Caballos.

Carta a S. M. del Adelantado don Pedro de Alvarado, sobre relación enviada por éste, con Grabiel de Cabrera, procurador de Nicaragua, acerca del estado de esta provincia,

"Enero 8 de 1534.—(ARCIN—DOCUIN 24, 204)

"Sácra Cesárea Cathólica Majestad.

"Con Grabiel de Cabrera Procurador desta Provincia y Joan Galvarro, imbié a Vuestra Majestad larga relacion del estado della, y de las naos e armada que en Vuestro Real Servicio ha hecho, para el descobrimiento y conquista de las Islas y TIERRA—FIRME del Mar del Sur, pidiendo favor a Vuestra Majestad, a lo que por mi parte se le suplicase, y con brevedad; porque yo hé gastado quanto tenia en la hazer, hasta quedar debdor de muchas sumas. Y pues mi prencipal yntento ha sido, acusar a Vuestra Majestad los gastos desta jornada y descobrimiento de la ESPECIERÍA, pues demas de ser costosos han sido de muchos rriesgos e trabajo ofrecerme al complimiento dello con lo hacer lo imposible; y como lo encaminó Dios para servicio suyo y vuestro; ánme sucedido las cosas, tan venturosamente, que nenguna a faltado que para esta xornada se requiriese, ansi tocante a la flota, como a la gente que en mi compañia llevé, y aderezos e bastimentos necesarios; solamente tobe por siniestro, ver que teniendo concluida el armada e para me poder partir muchos dias antes, no saber la orden que Vuestra Majestad, hera servido tobiese en este descobrimiento y derrota, para mejor satisfacer Vuestro Real Deseo, y mi voluntad, porque mis trabaxos se conformacen con ella para rescebir el premio e merced que merece. Y como tanto tiempo se dilatase el Mandato de Vuestra Majestad, fueme forzado para sostener la gente y naos, otro tanto gasto como lo prencipal de la flota. Y por esta razón, si en los primeros gasté, me convino adebdar para esto, en quarenta mil pesos de oro; porque pasan de CXXX los que hasta oy he gastado; lo qual constará por las ynformaciones que con esta imabío, e téngolo por bien gastado, considerada la cantidad del hecho y la esperanza del fruto.

"En este tiempo, estando en el Puerto de la Posesion de la Provincia de NICARAGUA con el armada, llegó Grabiel de Cabrera con la Provicion y Capitulacion de Vuestra Majestad; vino a oportunidad que puso remedio a todo, porque con tanta tardanza, los españoles desconfiaban el viaje, y las naos, de mala condicion: y los bastimentos se menoscabavan, e los sueldos e gastos crecian; de do resultava quiebra de mis pasados trabaxos; y vista la Provicion e Capitulacion, hallé que Vuestra Majestad me obligaba, a que en el descobrimiento y conquista presente, sacára partido; y puesto que como cosa imposible se pudiera encarecer que el dicho capitulo se compliese por estar en tierra, nuevamente, y tan aptado, do pudiere proveerse, tóbelo por favor alzado, pues en mi se esperimentó lo que nadie podiera en estas partes. Y como mi deseo es qual debe cumplir con lo que Vuestra Majestad manda en los dichos capitulos, antes creciendo en la conclusion que falleciendo en lo preferido, porque Su Majestad, yo me parto, mediante Dios, el dia desta fecha con doze velas de ccc toneladas hasta xl, en que las ocho dellas no vaxan de ciento, proveidas en municiones y bastimentos, no menos cumplidamente que en SEVILLA; otros quatrocientos e cinquenta españoles, los doscientos e sesenta de cavallo y los ciento ballesteros y escopeteros, y el resto de espada y rodela, que llevó de la Mar con que van amainadas las naos, y otros cc. negros esclavos de los españoles.

"Tenga Vuestra Majestad por cierto, que nunca hasta oy se ha visto en estas partes, ansi gente qual la demanda requería, porque van muchos fixos—dalgos gente noble, usados a la tierra, y trabaxos de la guerra; lo qual en estas partes se estima mucho, por la espiriencia que hay del menoscabo que se hace.

"De la gente venida nuevamente a España, llevé ansi mesmo muy buenos pilotos, espertos en la Navegacion, sabios en su arte, a quien doy salarios muy crecidos.

"Como el principal celo de Vuestra Majestad, es, que primero se tenga rrespeto al servicio de Dios, y que lo demás se aventure, conformandose con el capitulo de instruccion que en el caso dispone, avisé con toda solicitud por todas partes para aver religiosos, y ansi llevo en mi compañia de la orden de San Francisco, aprovados, personas de toda religion, buena vida y exemplo,tales, con que la conciencia, Real de Vuestra Majestad descargue, que llevo otras dos de la redencion de no menos estima; y por complir con todo, el servicio de Dios y Vuestro, teniendo noticia del Bachiller Pero (sic) Bravo y de sus letras y vuena vida, trabajé quanto pudo para le llevar, y por servir a Vuestra Majestad, por puesta su casa y reposo, azetó la xornada de verdad. Es tan quisto de todos, que ha puesto a los españoles contentamiento, y pues en él concuren virtudes que merece, y servicios que obligan, sepa Vuestra Majestad, le provéa de la dignidad Obispal en las partes de mi Gobernacion, que esta será muy gran Merced para mi, y beneficio para toda la tierra. Llevo ansi mesmo, otros cinco sacerdotes, buenas personas, porque el culto no se celebrase en muchas partes, y nuestras conciencias se reformen con tales religiosos y eclesiasticos.

"Mi derrota será conforme a Vuestra Majestad, y dende los xiii hasta xx, grados de la citada parte de la luna, descobrir todos los secretos deste ollar, y las Islas de TIERRA FIRME; y donde mas convenga conquistar y poblar, espero en Dios que en los bienaventurados dias de Vuestra Majestad serétan venturoso, que haga a Vuestra corona Real los mas señalados servicios que en estas tierras se le han hecho; que demas de lo preferido, imbiaré dos naos para este efecto, hechar a navegar e calar el estrecho, para por este derrotero; pues las cosas destas partes, y de acá, tengan ordinarias relaciones con ellas con las mas importantes destos Reynos.

"Quando me quise partir de la Governacion de GUATEMALA, como tengo prencipalmente cuidado, ansi a conservar lo conquistado como de adquirir lo no sabido, e sea una de las prencipales e rricas destas partes, parescióme, para que siempre esté en el estado que la dexo rrica, pacifica, contentos los pobladores, deberia dexar en mi lugar, persona que la sustentase, y para esto imbié a MEXICO por Jorge de Alvarado, mi hermano, sacandole de su casa y reposo, el qual dexo en nombre de Vuestra Majestad, porque en la conquista desta tierra, fué la principal persona, que en mi absencia en esos Reynos, la conquistó y pazificó; a cuya cabsa he tenido de los naturales e amado de los españoles, voy cierto que en lo que tocase al servicio de Vuestra Majestad y bien de la tierra, nenguna otra persona ansi convenia; y pues que ya dél y de sus servicios, Vuestra Majestad tiene noticias que han sido muchos. Suplico a Vuestra Majestad, que pues ha padecido los trabaxos y peligros notorios, ansi la NUEVA ESPAÑA como en estas provincias, sea remunerado, haciendo la merced de la Governacion della; y si nuevos servicios son necesarios por parte, pido e suplico los mios se compensen, para que ellas reciba, y esto, porque osó decir que conviene a Vuestro Real Servicio e seguridad e conservacion de la Tierra, y que ansi mesmo yo y él deseamos, amparados en los indios y pueblos que en nombre de Vuestra Majestad por nuestros servicios nos estan en depósito, ansi en la NUEVA ESPAÑA como en la Provincia de GUATYMALA; pues de la presente quedamos tan adebdados, que para salir de obligaciones es necesario esta merced.

Por no ser buenos los puestos que caen en la Governacion de GUATYMALA y haber perdido en ellos dos naos, truxe mi armada a este de la Posesion de la Provincia de NICARAGUA, de do sigo la derrota, y conmigo los pobladores an rescebido buena obra en vender sus navios y bastimentos de que tienen abundancia; y ansi por aprobacion de Governador y oficiales que en ella residen, e a su contento y voluntad, estóbe en él algunos dias hasta me hazer a la vela por las mercedes que de vuestra liberalidad rreal he rrecebido.

Besa los sagrados pies e manos de Vuestra Majestad, conosciendo que ya que conmigo se usó, segun el estilo de su rreal condicion, me obliga a hacer servicios de nuevo, dignos de tan C. César. Dios Nuestro Señor ensalce e prospere la Imperial Persona de Vuestra Majestad, con aumento de muy mas Reynos e Señorios, luengos tiempos, en servicio deste Puerto de la Reales Manos besa. —El Adelantado PEDRO DE ALVARADO.

Los documentos siguientes se refieren al hecho de que don Pedro de Alvarado antes de efectuar su entrada a Honduras, habiendo hecho una capitulación con los Soberanos, para ir a las islas de la Especiería, no cumplió, y con engaño se fué al Perú. Los Soberanos mandaron contra él un enviado para desbaratar esa empresa, con amenazas de penas y de muerte. En Guatemala encontró al juez de residencia, el cual, después de vuelto a México, recibió otra orden para residenciar a Alvarado una segunda vez. Alvarado entró entonces a Honduras.

Pertenecen a la Colección de Documentos Inéditos para la Historia del Perú. —I.—"Cedulario del Perú".—Siglos XVI, XVII y XVIII. Publicado por RAÚL PORRAS RARRENECHEA. —Tomo I, (1529—1534). Edición del Departamento de Relaciones Culturales del Ministerio de Relaciones Exteriores del Perú. —Lima,1944.

para que don pedro de Alvarado gobernador de guatimala e gente que con el fuere a la mar del sur no entre en la gobernación de francisco Pizarro…

"Don Carlos, vos don Pedro de albarado nuestro governador de la provincia de guatimala salud e gracia sepades que por la capitulación que mandamos tomar y se tomo con Francisco Pizarro le concedimos dozientas leguas de gobernación en la provincia del peru que es en la mar del sur que comienzan desde el pueblo que en lengua de yndios se dize tenepulla (sic) y agora se llama Santiago hasta llegar al pueblo de chinche (sic) que puede aver las dichas dozientas leguas de costa y por que por el asyento e capitulacion que con vos hemos mandado tomar vos hemos dado licencia para que por nos y en nuestro nombre y de la Corona Real de Castilla podays descubrir conquistar e poblar qualesquier yslas que oviere en la mar del sur de la nueba españa que estan en su paraje e todas las qque hallaredes hacia el poniente Della no siendo en el paraje de las tierras en que proveydos governadores e ansy dymos licencia para que pudiesedes descubrir qualquiera parte de tierra firme que hallasedes por la dicha costa del sur hazia el poniente que no se oviese hasta agora descubierto ni entrase en los limites y paraje norte sur de la tierra que esta dada en gobernación. A otras personas e por que a nuestro servicio conviene que ninguno entre a conquistar e poblar en la governacion del otro visto e platicado en el nuestro Consejo de las yndias fue acordado que debiamos mandar dar esta nuestra carta para vos en la dicha Razon e nos tuvimoslo por bien por la cual vos proveemos y mandamos que vos ni la gente de vuestra armada que con vos fuere a la dicha vuestra conquista no entreys niconsintays que entre en las dichas dozientas veynte e cinco leguas que agora de nuebo hemos señalado en la dicha costa para terminos e aprovechamiento del primero pueblo de cristianos que se hiziese en el dicho pueblo de chinche ni Rescaten ni contraten con los yndios dellas direte ni indiretamente so las penas en que caen e yncuren los que entran en tierras e yslas que no tienen jurisdiccion e mas so pena de la nuestra merced e de dos mill castellanos para la nuestra Camara pero es nuestra merced y mandamos que si vos e la gente que con vos fuere a la dicha vuestra conquista tuvieredes nescesidad de mantenimientos los podays aver de los dichos yndios syn los hazer fuerza ni mal tratamiento alguno de lo qual mandamos dar esta nuestra carta sellada con nuestro sello dada en zaragoza. A ocho dias del mes de marzo de mill e quinientos e treynta e tres años—yo la Reyna—Refrendada de Samano firmada de beltran carvajal vernal y mercado. ..."

"El despacho para Bario nuevo sobre el echar A Alvarado de las provincias del peru... (pág.212) comision a barrionuevo...

Don carlos etca. a vos francisco de baRio nuevo nuestro governador de la tierra firme salud e gracia. sepades que nos mandamos tomar cierto asyento e capitulacion con el Adelantado don pedro de alvarado nuestro governador de la provincia de guatimala por una nuestra carta firmada de la enperatriz e Reyna mi muy cara e muy amada muger por la qual dimos licencia e facultad que pudiese descubrir las yslas e tierras que obiere en el paraje de la dicha su gobernacion e hazya el poniente della como vereys por el traslado de la dicha capitulacion que con la preste vos mandamos enbiar firmado de juan de samano agora nos somos ynformados que el dicho Adelantado don pedro de Alvarado haderezo su Armada para hazer el dicho descubrimiento e vino con ella a la provincia de nicaragua a Rehacerse de bastimentos e navios e otras cosas necesarias con determinación e publicando de pasar a poblar e conquistar en las provincias del peru e en las otras que ay en la costa de la mar del sur desde la costa de tierra firme llamada castilla del oro hasta el estrecho que descubrio hernando de magallanes que es todo al levante de la dicha governacion de guatimala lo qual no crehemos que el dicho Adelantado haya fecho por que allende de ser contra lo con el Asentado e capitulado como vereys seria en grand desseruicio nuestro e desasosiego e escandalo de nuestras tierras e provincias especialmente havriendo como abemos proveydo nuestros governadores e capitanes generales en toda la dicha costa Repartiendoles e señalandoles los limytes que cada uno ha de tener de governacion e queriendo proveer en ello de Remedio con justicia visto e platicado en el nuestro Consejo de las yndias e conmigo el Rey consultado confiando de vuestra persona e fidelidad fue Acordadlo que vos lo deviamos encomendar e cometer como por la presente vos lo encomendamos e cometemos e que sobre ello deviamos mandar dar esta nuestra carta en la dicha rrazon que vos mandamos que luego que la beays vos en persona syn lo encomendar a otro negocio vayays con vara de nuestra justicia a la dicha provincia del peru e provincia de toledo e a las otras partes que ay en toda la dicha costa donde supieres que el dicho Adelantado don pedro de Alvarado o su Armada esta e luego como llegaredes le notificad de nuestra parte que luego salga de las dichas tierras donde estuvieren en toda la dicha costa e de las yslas que en su parage e comarca oviere e se buelua a entender en el dicho descubrimiento suyo conforme a la dicha su capitulacion no ecediendo della so pena de muerte e de perdimiento de todos sus bienes e de aleve e traicion e caher en mal caso e lo mismo hazed notificar e pregonar a los capitanes e gente que en la dicha Armada vinyeren sin poner en ello escusa ni dilacion color ni cavsa alguna e sy fecho el dicho Requerimiento e pregon no lo cumpliere y escusa o dilacion en ello pusieren el dicho capitan o sus lugar thenientes o capitanes o qualesquier oficiales o gente de la dicha armada por esta nuestra carta vos mandamos que procedays contra el dicho Adelantado don pedro de Alvarado e sus capitanes e oficiales e gentes e contra su persona e bienes por todo el Rigor de derecho por vuestra sentencia o sentencias asy interlocutorias como definitivas la qual o las quales o el mandamiento o mandamientos que en la dicha cavsa dieredes o pronunciaredes llevedes e hagades llevar a pura e divida execución e efeto sin embargo de qualquier apelacion e suplicacion que por los dichos don pedro de alvarado e sus thenientes e capitanes e gente de su Armada fueren ynterpuestas por que nuestra merced e voluntad es que lo contenido en esta nuestra carta e provision se cumpla y execute syn enbargo dello e ssi por caso quando vos llegaredes el dlicho Adelantado o su gente ovieren entrado en algunas de las dichas provincias del peru e costas hasta el dicho estrecho o oviere algund oro o plata de poder de los españoles que los an conquistado e de los yndios naturales dellas hazerselo heys tornar e Restituyr conforme a la ynstrucion que sobre ello se os enbia firmada de mi el Rey e mandamos a los susodichos e A otras qualesquier personas de quien entendieredes ser informado que vengan e parezcan Ante vos e digan sus dichos e depusiciones e cumplan vuestros mandamientos e Requerimientos e pregones so las penas que les pusieredes o mandaredes poner las quales nos por la presente les ponemos e abemos por puestas e por condenados en ellas lo contrario haziendo e vos damos poder para que la podays executar e executeys en las dichas sus personas e bienes syn enbargo de qualquier apelacion o suplicacion que por ellos se ynterpusiere que si para el cumplimiento y execucion de lo qontenido en esta nuestra carta fabor e Ayuda obieredes menester por esta nuestra carta mandamos Al capitan francisco pizarro e mariscal don diego de almagro e simon de alcazaba nuestros governadores de las dichas provincias del peru hasta el estrecho de magallanes e otros nuestros governadores e capitanes generales de las nuestras yndias yslas e tierra firme del mar oceano e a los consejos justicias Regidores cavalleros escuderos oficiales e omes buenos de todas las cibdades villas e lugares que en las dichas provincias ay al presente pobladas e se poblaren e a los alcaydes de las nuestras fortalezas dellas que todos se junten con vos a punto de guerra e os den e hagan dar todo el favor e ayuda que les pidieredes e ovieredes menester para el cumplimiento e execucion de lo contenido en esta nuestra carta e de lo que por vos fuere mandado e sentenciado cerca de lo susodicho so pena o penas que vos de nuestra parte les pusieredes e mandaredes poner las quales nos por la presente los ponemos e abemos por puestas e por condenados en ellas lo contrario haziendo e Ansy mismo vos damos poder para las executar en ellos y en sus bienes sin enbargo de qualquier Apelacion o suplicacion que dellas se ynterpusiese e queremos e mandamos que si la gente que estuviere con el dicho don pedro de alvarado se quiere quedar en cualquiera de las dichas provincias del peru fasta el dicho estrecho de magallanes donde asy hemos proueydo de nuestros governadores en ellas que lo puedan hazer e prouereys como los dichos governadores lo Reciban e traten como basallos nuestros segund e de la manera que lo hiziere a las gentes que ellos han lleuado e lleuaren a las dichas provincias e mandamos que Ayays e lleveys de salario para vuestra costa e mantenimientos cada un dia que en lo susodicho vos ocuparedes tress pesos de oro desde el dia que vos hizieredes a la vela en el puerto de panama para siguir vuestro viaje a las dichas provincias del peru hasta que boluays al dicho puerto de panama e a juan de turegano alguazil de nuestra casa y corte a quien avemos nombrado para que vaya con vos estando presente al tiempo que vos os enbarcaredes en el dicho puerto un peso de oro y en caso que no lo este en el dicho podays nombrar e nombreys otro en su lugar el qual Aya e lleue de salario en cada un dia de los que en lo susodicho con vos se ocupare otro pesso de oro los quales dichos salario vuestro e del dicho vuestro alguazil Ayays e cobreys e vos sean dados e pagados de las personas e bienes que en lo susodicho hallaredes culpados e no aviendo los dichos culpados por esta nuestra carta mandamos a los nuestros officiales de la dicha provincia del peru que los paguen de nuestra hazienda e que tomen vuestra carta de pago e del dicho alguazil con la qual e con el traslado desta nuestra carta mandamos que le sean recebidos e pasados en cuenta los pesos de oro que en ello se montaren dada en Valladolid a diez y nueve dias del mes de julio de mill e quinientos e treynta e cuatro años—yo el Rey— yo francisco de los couos comendador mayor de leon secretario de sus cesarea e catholicas Majestades la fise escribir por su mandado firmada del cardenal de ziguenza el doctor beltran licenciatus suarez de carvajal licenciatus mercado de peñalosa....

—la orden que vos (hay un claro en el original) aveys de tener en el negocio e comision que vos mando enbiar zerca del Armada que lleua el Adelantado don pedro de alvarado nuestro governador de la provincia de guatimala A las provincias del peru es la siguiente......

—primeramente sabed que la emperatriz e Reyna my muy cara e muy amada muger en mi nombre mando tomar cierto asiento e capitulacion con el dicho Adelantado don pedro de alvarado la qual vos mando enbiar sacada de los nuestros libros firmada de Juan de samano como por ella vereys se le da licencia e facultad para descubrir las yslas e provincia que Ay en el paraje de la dicha su governacion e hazia el poniente della agora he sydo ynformado que e cediendo en la dicha capitulacion ha dicho e publicado que con su Armada ha de yr a la provincia del peru en donde como sabeys esta por nuestro governador el comendador don francisco pizarro e a las otras que ay desde alli hasta el estrecho de magallanes en que asy mismo thenemos proueydo nuestros governadores e capitanes generales e como quiera que esto se a afirmado Aca por muchas personas y por que he tenido e tengo al dicho Adelantado por fiel seruidor mio no es de creer que aya fecho ni haga tan grand eceso pero sy acaso ello fuere asy dello Redundaria gran daño A las dichas provincias por lo qual y por ser en quebrantamiento de nuestros mandamientos yo me ternya dello por muy deseruido por la buena ynformacion que de vuestra persona me ha sydo hecha he Acordado de vos lo cometer como vereys por la comision que con esta se os enbia por mi servicio que luego que Recibays este despacho dexado proueydas las cosas de esa vuestra governacion lo mejor que pudieredes os partays donde quiera que supieredes que esta el dicho Adelantado e Ante todas cosas le hazed notificar vna cedula mia que se vos enbia en que le mando que luego salga de todas las dichas provincias e sy como yo confio lo hiziere asy liberalmente e con efecto bolueros heys a vuestra gobernacion sin proceder mas en el negocio cobrando Ante todo en las dichas tierras en esta manera que todo lo que oviere valido por Rescate justo e contratacion en la dicha provincia del peru dentro de los limites de la governacion del dicho francisco pizarro e los yndios naturales della de su voluntad e de poder de los españoles e pobladores de la dicha provincia sin les aver fecho fuerza hareys le tomar todo e poner en cecresto en poder de los nuestros officiales en el Arca de las tres llaves de la dicha provincia para que Alli este hasta en tanto que nos vista la ynformacion e culpa que tuviere mandemos proueer lo que de justicia se deba hazer pero si algunas de las personas que en la Armada oviere con el dicho Adelantado don pedro de alvarado se quisiesen quedar por vezinos e moradores en la dicha prouincia del peru debaxo de la jurisdicion del nuestro governador della hazerles heys boluer e Restituyr lo que Asy ynjustamente oviere adquirido sacando dello ante todas cosas nuestro quinto e Al dicho Adelantado don pedro de alvarado cumpliendo e obedeciendo lo que de nuestra parte le mandaremos e a los nuestros officiales de hazienda que en la dicha armada oviere ydo hazerles heys dar del prouecho que ovieren avido e asy los tomareys la quinta parte para Ayuda a las costas que ovieren fecho e todo lo demas se ponga en secreto en la dicha Arca de tres llaves como dicho es e la misma horden guardareys e lo que obieren abido en la provincia de toledo cuya governacion abemos encomendado al mariscal don diego de almagro Asy en lo que toca al dicho Adelantado e nuestros officiales como de las dichas personas que de la dicha Armada en las dichas provincias se quisieren quedar nos dellas pero en caso que el dicho Adelantado no cumpla luego enteramente (sic) lo que de nuestra parte le mandaredes e vieredes que anda poniendo algunas dilaciones hazerle hays prender el cuerpo e procedereys conforme a la dicha vuestra comision contra el e contra sus thenientes e contra todas las otras personas que en ello hallaredes haziendo Rebeldes haziendo sobre ello justicia conforme a la dicha vuestra comisión y por que yo he mandado poner e se pone en las capitulaciones e Asyentos que mandamos tomar con las personas que van a nuevos descubrimientos un capítulo su thenor del qual es este que se sigue otro si como quiera que segund derecho e leyes de nuestros Reynos quando nuestras gentes o capitanes de nuestras Armadas toman preso algund principe o señor en la tierra donde por nuestro mandado hazen guerra el rrescate del tal señor o cacique (sic)[130] a nos con todas las otras cosas muebles que fuesen halladas que pertenecieren al mismo pero considerando los grandes peligros e trabajos que nuestros subditos passan en las conquistas de las yslas en alguna enmienda dellos e por les hazer merced declaramos e mandamos que si en la dicha vuestra conquista e governacion se prendiere o cabtivare algund cacique o señor que de todos los dichos thesoros oro e plata piedras e perlas que se oviere del por via de Rescate o en otra qualquier manera se nos de la sesta parte dellos e lo demas se Reparta entre los conquistadores sacando primeramente nuestro quinto y en caso que el dicho cacique o señor principal mataren en batalla e despues por via de justicia o en otra qualquiera manera que en tal caso de los thesoros e bienes suso dichos que de el se ovieren justamente Ayamos la mitad la qual Ante todas cosas cobren nuestros officiales e la otra mitad se reparta sacando primeramente nuestro quinto....

—el qual dicho capitulo se ha de platicar e entender con el dicho Adelantado don pedro de alvarado e con la gente de su Armada por ende yo vos mando que Allende de los susodicho hagays cobrar e que se cobre lo que de la dicha Armada conforme Al dicho capitulo nos perteneciere....

---

[130] Pertenece.

—si queriendose boluer el dicho Adelantado en cumplimiento de lo que se le mando Alguna gente de la dicha Armada se quisiese quedar en las dichas provincias proueereys que lo puedan hazer quedando debaxo de la governacion de los nuestros governadores cada uno en su jurisdicion....

—y por que soy ynformado que el dicho Adelantado don pedro de alvarado saco de la dicha provincia de guatimala mas de quatro mill yndios e los lleua en la dicha Armada con mucho peligro de sus vidas lo qual ha sydo y es en grand dapño e despoblacion de la dicha provincia y en agravio notorio de los yndios de lo qual nos abemos sido desseruidos por ende yo vos mando que luego Apremyeys Al dicho Adelantado e que a su costa y en los mismos navios de la dicha su Armada buelua todos los dichos yndios o los que dellos se quisieren boluer de su voluntad a la dicha provincia donde los saco e ponga cada vno en su tierra....

—y despues que ayays hecho lo susodicho y en el tiempo que en ello entendieredes ynformaros hays muy particularmente de las cosas de la dicha provincia del peru e de las otras donde anduvieredes especialmente como son tratados yndustriados los yndios naturales dellas....

—Ansy mismo os ynformad que capacidad tiene e que Ritos e manera de bibir e que costumbres tienen en su policia e governacion....

—otro si vos ynformad que Recabdo a abido en la edificacion de las yglesias e casas eclesiasticas....

—otro si vos ynformad de lo que An valido e Rentado nuestros quintos en la provincia del peru despues que comenzo a aver prouecho en ella e que Recabdo a abido en nuestra hazienda y esto todo de que vos aveys de ynformar fuera del negocio principal que se os comete a de ser syn tomar testigos ni hazer pesquisa ni exercicio de jurisdicion alguna saluo avisarnos por vuestras cartas de lo que vos asy entendieredes e supieredes de las cosas de la tierra....

—e ynformado de las dichas cosas e de las demas que vos vieredes que conviene que yo sepa enbiarme hays la Relacion muy larga e particular de cada cosa poniendo al pie de cada una lo que os conviene que yo mande proveer asy en el buen tratamiento de los yndios e su ynstrucion como en las cosas eclesiasticas e buen Recabdo de nuestra hacienda y en todo lo demas y avi Bareys al dicho governador francisco pizarro de lo que os pareciere que el Alla lo puede Remediar en ello e lo mismo hareys a los nuestros officiales en lo que toca al buen Recabdo de nuestra hazienda con toda templanza e buena manera...

—y por que el Reverendo padre don fray thomas de berlanga obispo de tierra firme ha de pasar a la dicha provincia a entender en alguñas cosas de nuestro seruicio si concurrieredes en un mismo tiempo a estar juntos en la dicha provincia comunicareys las cosas della con el dicho obispo que el hara lo mismo con vos para que Ambos enbiayes entera Relacion de todo....

—fecha en Valladolid a diez e nueve dias del mes de jullio de mill e quinientos e treynta e quatro años—yo el Rey—Refrendada del comendador mayor de leon señalada del cardenal e beltran xuarez e mercado...

comisión al licenciado de la gama....sobre lo de Alvarado...

—don carlos etca. a vos el licenciado Antonio de gama salud e gracia sepades que nos abemos mandado cometer e cometimos a francisco de barrio nuestro governador de tierra firme que vay a la provincia del peru y a las otras que ay desde la dicha provincia hasta el estrecho de magallanes y sy hallare en ellas al Adelantado don pedro de alvarado nuestro governador de la provincia de guatimala le eche dellas y no le haziendo proceda contra ellos y le notifique que se buelva a entender en su descubrimiento conforme a la capitulacion que con el mandamos asentar como mas largamente se qontiene en vna prouisyon e ynstrucion que sobre ello mandamos enbiarle firmada de mi el Rey y sellada con nuestro sello y por que podra ser que dicho francisco de barrio nuevo nuestro governador por fallecimiento y por ynpedimento de enfermedad grave no pudiese yr en persona a entender en lo susodicho y por que el negocio es de calidad que se Requiere que no aya en la execucion Del Dilacion alguna confiando de vuestra persona y que entendereys en ello con aquella fidelidad diligencia y buen Reeabdo que conviene platicado en el nuestro Consejo de las yndias y conmigo el Rey consultado fue Acordado que en el dicho caso vos lo deviamos encomendar e cometer a vos como por la presente vos lo encomendamos e cometemos y que sobre ello debiamos mandar dar esta nuestra carta para vos en la dicha Razon por la que vos mandamos que en caso que quando estas nuestras prouisyones llegaren al dicho francisco de varrio nuevo sea muerto o por enfermedad grave este tan ynpedido que no pueda en persona yr a entender en el dicho negocio vos tomeys las dichas ynstruciones y prouisyones que al dicho francisco de varrio nuevo mandamos enbiar y luego que vos sean mostradas en persona sin vos detener ni enbargar en otra cosa alguna a las dichas provincias y tierras del peru y a otras partes donde sepays que el dicho Adelantado esta y como si a vos fueran dirigidas y enderezadas en el dicho negocio que para ello por la presente vos nombramos por nuestro juez y vos damos el mesmo poder y avtoridad que al dicho francisco de varrio nuevo por ellas esta dado y mandado al dicho Adelantado don pedro de alvarado y a los capitanes y gentes que en la dicha su Armada estuvieren y a todos los nuestros gobernadores y juezes y justicias subditos y naturales que asy lo guarden y cumplan e hagan guardar y complir so las penas en las dichas nuestras prouisyones y cedulas contenidas y mandamos que ayays e lleueys vos y el alguazil que con vos fuere a entender en lo susodicho otros tantos maravedis de salario como por la otra comision esta mandado que llevase el dicho francisco de varrio nuevo de lo qual aveys de ser pagado por las personas y segun y por la forma y manera que en la dicha nuestra carta de comision se qontiene dada en valla,dolid a diez e nueve dias del mes de jullio de mill e quinientos e treynta e quatro años—yo el Rey—Refrendada y firmadada de los dichos....

al alguazil...

—don carlos etca, a vos Juan de turgano Alguazil de nuestra casa y corte salud e gracias sepades que por algunas cavsas complideras a nuestro servicio hemos Acordado de enbiar a las provincias del peru A cierta persona para que por virtud dela comision que le hemos mandado dar vaya a echar dellasa don pedro de alvarado nuestro governador de la provincia de guatimala y a la gente que con el estoviere y que vaya con la tal persona un alguazil por ende confiando de vuestra persona e que bien e fiel e deligentemente entendereys en lo que por la tal persona vos fuere mandado y cometido por la presente vos nombramos para ello e vos mandamos que luego que con ella fueredes Requerido vays a la dicha provincia del peru con la tal persona con vara de nuestra justicia y cumplays y executeys todos los mandamientos que por ella vos fueren dados y todo lo que os mandare cometiere y encomendare Con aquel cuydado y deligencia que de vos confiamos y que ayays y lleveys de salario para vuestra costa y mantenimiento cada vn dia que en lo susodicho vos ocuparedes un peso de oro que vale quatrocientos y cincuenta maravedis el qual vos ha de ser dado y pagado segun y de la manera que por la dicha nuestra carta de comision lo tenemos declarado.—dada en valladolid a XIX dias del mes de jullio de mill e quinientos e treynta e quatro años.— firmada y Refrendada de los dichos...

   a alvarado   El Rey

Adelantado don Pedro de alvarado nuestro governador de la provincia de guatimala bien sabeys el asyento y capitulacion que Con vos mandó tomar en nuestro nombre la emperatriz y Reyna my muy cara amada muger sobre el descubrimiento y poblacion de ciertas tierras e yslas que ay en el parage de la dicha vuestra governacion y hazia el poniente della como se qontiene en un capitulo de la dicha capitulacion su thenor del qual es este que se sigue. primeramente vos damos licencia poder y facultad (poder y facultad pa) (sic) para que por nos y en nuestro nombre y de la Corona Real de Castilla podays descobrir conquistar y poblar qualesquier yslas que ay en la mar del sur de la nueva españa que estan en su paraje y todas las que hallaredes hazia el poniente della no siendo en el paraje de las tierras en que ay proueydo governadores y asi mismo vos damos dicha licencia y facultad para que podays descobrir qualquier parte De la tierra que hallaredes por la dicha costa del sur hazia el poniente que no se aya asta agora descobierto ni entre los limites y paraje norte sur de la tierra que esta dada en governacion a otras personas agora soy ynformado que vos excediendo de aquello aveys hido A la provincia del peru y a las otras que estan en aquella costa del mar del sur hasta el estrecho de magallanes lo qual no se deve creer por que allende de ser lo contra vos asentado y capitulado seria en gran desseruicio mio y desasosiego y escándalo de nuestras tierras y provincias especialmente aviendo como abemos proueydo en ellas nuestro governadores y capitanes generales y porque yo enbio la persona que esta os dara o ynbiara con nuestra prouision firmada de mi nombre y sellada con nuestro sello que os notifique que luego salgays de las dichas tierras y haga derramar la gente que con vos oviere y os haga luego asy complir y executar sin embargo de qualquier apelacion o suplicacion que vos della pusieredes por ende yo vos mando que luego que esta mi cedula vos fuere notificada sin poner en ello ninguna ascusa apelacion ni suplicacion ni otro Remedio alguno os salgays de toda la costa desde la cibdad de panama hasta el dicho estrecho de magallanes y no entreys en ella ni las yslas que ay en su paraje y comarca y os vays al dicho vuestro descubrimiento conforme a la dicha capitulación no ecediendo della o os bolvays a vuestra governacion de la dicha provincia de guatimala lo qual todo vos mando que asy hagays y cumplays so pena de muerte y de perdimiento de todos vuestros bienes y de caer en mal caso las quales dichas penas mando que conforme a la dicha su comision las execute en vuestra persona y bienes lo contrario haziendo y de como esta mi cedula vos fuere ley da y notificada y la cumplieredes mando so pena de la mi mera ced y de diez mill maravedis para la nuestra Camara a qualquier escriuano publico que para esto fuere llamado que de ende al que vos la mostrare testimonio signado con su signo por que nos sepamos como se cumple nuestro mandado—fecha en valladolid a XIX dias del mes de julio de mill e quinientos e treynta e quatro años—yo el Rey—firmada y Refrendada de los dichos...

DOCUMENTO XXIÍI

78 Documentos que se refieren a los anhelos de don Pedro de Alvarado de conquistar el Puerto de Caballos y obtener la Gobernación de Honduras por todos los medios aún de la fuerza y usando todas la mañas, haciendose ayudar por el Licenciado Cristóbal de Pedraza en contra del gobernador Francisco de Montejo.

REPARTIMIENTO DE LA VILLA DE SAN PEDRO DE CABALLOS y su fundación por Pedro de Alvarado.—Año de 1536.—(Revista del Archivo y Bibl. Nac.—Tomo IV, pág. 142, año 1908).

Yo Gerónimo de San Martin, Secretario de Su Majestad, e su notario público, en la su córte y en todos los sus reynos e señorios, doy fé e verdadero testimonio, a todos los señores que la presente vieren, como el muy magnifico señor don Pedro de Alvarado, Adelantado de las provincias de Guatemala, capitan general e justicia mayor en esta Gobernacion de Higueras e Honduras, e sus tierras e provincias por Su Majestad, por ante mí, el dicho escribano; su señoria, habiendo conquistado los naturales de la dicha gobernacion, hizo repartimiento general de los pueblos e indios naturales de la tierra de la jurisdiccion de la villa de San Pedro de Puerto de Caballos, que su señoria, fundó e pobló, para Su Majestad, a los vecinos e pobladores e conquistadores della, el cual se hizo en la forma e manera siguiente.

En la villa de San Pedro del Puerto de Caballos a quince dias del mes de julio año del nacimiento de Nuestro Salvador Jesucristo, de mil e quinientos e treinta seis años, el muy magnifico señor don Pedro de Alvarado, Adelantado de las provincias de Guatemala, capitan general e justicia mayor en esta governacion de Higueras e Honduras, e sus tierras e provincias, por Su Majestad; en presencia de mí, Gerónimo de San Martin, escribano de Su Majestad, e su notario público en la su corte y en todos los sus reynos e señorios, dijo: que habiendo conquistado e pacificado esta provincia de Higueras, hácia la parte del Puerto de Caballos e poblado para Su Majestad, esta villa de San Pedro de Puerto de Caballos, para que esta tierra sea noblecida y los señores y naturales de los pueblos de la dicha tierra questan debajo de la obediencia de Su Majestad, como de los que de hoy en adelante vinieren, sirvan en ella a los vecinos e conquistadores de la dicha tierra, conforme como Su Majestad lo manda, por ende, conformándome con la provision de su Majestad, en que manda que los señores y naturales destas partes, sean repartidos por los conquistadores e pobladores de la dicha tierra e villa, conforme a lo que cada uno en ella sirvieren y por su persona de cada uno, hacía e hizo repartimiento general de todos los pueblos de la jurisdiccion que tiene señalado a esta dicha villa, por los vecinos e moradores délla en la forma siguiente:

Señaló para sí, el dicho señor Adelantado, el pueblo de Quitola e Quitamay, de ques señor en el rio de Olua, que, segun por visitacion se hallado, tiene hasta ochenta hombres, y con ellos, unos pueblos pequeños a ellos sujetos, de a quince e a ocho, e a seis casas cada uno, que se llaman Toloa, Yux, Estupilpepeltonaltepeque, que son hacia la parte de las sierras del rio de Olua; y ansi mismo, el pueblo de Naconel, y pueblo de Ilamatepet a el sugeto, que pueden tener hasta trescientos hombres; y asimismo, el pueblo de Agalteca, qués, hacia la parte del Maniani, los cuales son, en la jurisdiccion de la villa, con todos los señeres y principales de los dichos pueblos e indios.

A Andrés de Cereceda, contador de Su Majestad, en esta dicha gobernacion, señaló e dió, de repartimiento, su señoria, el pueblo de Quimistem, y el pueblo de Tapalampa y Tetacapa, que son en el valle de Naco, con todos sus señores e indios, de los dichos pueblos; y el pueblo de Chapanapa, ques de la otra parte del rio de Olua, con todos sus señores e indios del dicho pueblo.

A Diego Garcia de Celis, tesorero de Su Majestad, dió e señaló, de repartimiento, el pueblo de Culimonga, y el pueblo de Copaninque, ques en el valle de Naco, con todo sus señores e indios de los dichos pueblos.

A Alonso Ortiz, alcalde ordinario en la dicha villa, dió e señaló, el pueblo de Chetegua y Chupenma, que son en el rio Olua; y el pueblo de Acapaques, en las sierras confines al valle de Curx; y el pueblo de Miambar, con todos los pueblos al dicho pueblo sujetos, en que hay cuatrocientas casas; y que si en el dicho Miambar. no las hubiere, que de lo que está por repartir, se haga complimiento a las dichas cuatrocientas casas, y la mitad del pueblo de Ayaxal, y del pueblo de San Gil de buena vista, con todos sus señores e indios de los dichos pueblos.

A Alvaro de Sandoval, alcalde de la dicha villa, dió e señaló, de repartimiento, el pueblo de Tibombo, qués, en el rio de Olua y el Maniani, con los pueblos a el sugetos, sacados los que pareciere questén encomendados a otros vecinos; y el pueblo de Lenga, ques hacía la parte del Maniani; y el pueblo de Caquera, questá, con Tibombo; y el pueblo de Patula y la mitad del pueblo de Ayaxal: y la mitad del pueblo de San Gil, con todos los señores e indios de los dichos pueblos.

A Gerónimo de San Martin, vecino e regidor de la dicha villa, se le dio e señaló, de repartimiento, el pueblo de Lemoa, que por otro nombre se llama Marcayo, ques en el rio de Ólua; y el pueblo de Tepoltepet, y Chilapa y Cecaloce, questán, en las sierras comarcanas a Cura, y los pueblos que se llaman Comayagua, que son, hácia la parte del Maniani y Agalteca; y los pueblos de Celot y Yoqui, que son, en las sierras de la otra parte del rio de Olua, con todos los señores e indios de los dichos pueblos.

A Miguel Garcia de Liñan, vecino e regidor de la dicha villa, dió e señaló, de repartimiento, el pueblo de Tepeteapa, con el pueblo de Chichiacal, a él sugeto, ques, tres leguas desta villa; y los dos pueblos de Chorochi, y Chicoy, Cecatan y Temaxacel, que son, los dos, hacia la parte del Maniani; y los dos, hacia la del camino de Guatemala; y mas, el pueblo de Peuta, ques, hacia el Valle de Yoro; con todos los señores e indios de los dichos pueblos.

A Hernando de Sayavedra, vecino e regidor de la dicha villa, se le dió e señaló de repartimiento, el pueblo de Lequele y Tichel, ques, en el rio de Olua; y el pueblo de Aramani, ques hacia el Maniani, con todos los señores e indios de los dichos pueblos.

A Alonso Cepero, vecino de la dicha villa, se le dió e señaló, de repartimiento, el pueblo de Choloma y Teocunitad, que son, en el rio de Balaliama; y el pueblo de Caxete, y el pueblo de la Guela, que son, hácia el camino de Guatemala, y el pueblo de Guatepegua, ques, hácia el valle de Yoro, con todos sus señoríos e indios de los dichos pueblos.

A Bernaldo de Cabranes, vecino de la dicha villa, se le dió e señaló, de repartimiento, los pueblos de Penlope, ques, en rio de Olua; y el pueblo de Cicapez y Xalmatepet, que son, en el valle de Zura; y el pueblo de Chapalia, que son en las sierras de la otra parte del rio Olua; y el pueblo de Chapoli, que por otro nombre se llama Chapulco, que son, en el camino de la Provincia de Guatemala; y el pueblo de Macolay, ques, hácia Maniani, con todos sus señores e indios de los dichos pueblos.

A Juan Gil, piloto, vecino de la dicha villa, dió e señaló, de repartimiento, el pueblo de Tarate, ques, en las sierras de la otra parte del rio Olua; y el pueblo de Toninlo, que por otro nombre se dice Chamolocon, ques en elrio de Olua; con todos los señores e indios de los dichos pueblos.

Al padre Luis Diaz, cura de la dicha villa, se le dió e señaló, de repartimiento, el pueblo de Timohol, ques, en el rio de Olua; y los pueblos de Suchistabaca e Tisuchecho y Timolo, que son, en las sierras de la otra parte del dicho rio, con todos sus señores e indios de los dichos pueblos de que llevó cédula.

Al padre Juan Havela, se le dió e señaló, de repartimiento, los pueblos de Chumbazina, y Chiquilar, y Tascoava y Aplaca, que son, en el valle de Zura, con todos sus señores e indios de los dichos pueblos; de que llevó cédula.

A Estevanía Hernandez, vecina de la dicha villa, se le dió e señaló, de repartimiento, el pueblo de Taomatepet, con todos sus señores e indios del dicho pueblo; de que llevó cédula.

A Francisco Martin, dió e señaló su señoría, de repartimiento, los pueblos de Temterique y Nantrao, que son de la otra parte del rio de Ólua, con todos los señores e indios de los dichos pueblos; de que llevó cédula. Va testado o diz, y el pueblo de Conta y Chulula, ques, en el rio de Balahama. Vala por testado; y el dicho señor Ádelantado, lo firmo de su nombre, en el registro de el Adelantado Pedro de Alvarado. En feé de lo cual, de mandamiento de su señoría, lo fice escribir, según que antes pasó; e fice aquí este mio signo. Atal.—Hay un signo.—En testimonio de verdad.—Gerónimo de San Martin, escribano de Su Majestad.—Entre dos rúbricas".

FUNDACIÓN DE LA VILLA DE SAN PEDRO

Testimonio de la fundación de la villa de San Pedro en la Gobernación de Honduras, por el Adelantado D. Pedro de Alvarado

Rev. Arch. y Bibl. Nac., t. XV, na. 1, julio 1936.

(Según este importantísimo documento histórico, la ciudad de San Pedro Sula fue fundada por D. Pedro de Alvarado, Gobernador de la Provincia de Guatemala al hacerse cargo de la de Honduras por depósito que hizo D. Andrés de Cereceda. Fueron los primeros miembros del Ayuntamiento, hasta 31 de diciembre de 1536, Alonso Ortis y Alvaro de Sandoval, alcaldes; Gerónimo de San Martín, Miguel García de Linan, Hernando de Saavedra y Antonio de Talavera, regidores).

ARCHIVO GENERAL DE INDIAS
SEVILLA
PATRONATO
Leg.20
(Al dorso) "Testim° de la
fundación de la vi—
lla de S. pedro.
Pedro de aluarado
fundó a San P° en
ygueras dicha Puerto
de cauallos. 1536".

"1536. fundación de Sn P°
"Este es un traslado bien e fielmente sacado de un testimy° sygnado de scro. puco segund por el parece el thenor del qual es el q. se sigue.

"En el nombre de dios todopoderoso e de la santysyma trinydad padre e hijo espiritu santo q. son tres personas e un solo dios verdadero e de ntra senora la virgen santa maria su presciosa madre amen. estando en vna cabana grande q. esta junto al asyento del pueblo de vnos indios que se dizen choloma donde esta un arbol que se llama madre de cacao q. es en esta gobernacion de higueras y honduras veynte e syete dias del mes de junyo año del nascymiento de ntro salbador inhapo de mill e quynyentos treynta y seys años El... señor don pedro Albarado adelantado y gobernador de la probyncia de guatimala y capitan general e justicia mayor en esta dha gobernacion de higueras y honduras por su mag e su notario publico en su corte e en todos los sus Reynos e señorios dixo que por cuanto por serbyr a su mag ha venydo de las probyncias de guatimala a esta dha gobernacion a la socorrer syendo ynformado de la estrema necesydad q. padesce el contador andres de cerezeda que la administraba en justicia en nombre de su mag con los pocos spañoles q. en su compania estaba e venydo hallo la trra q. se despoblaba y la desmanparaban y todos los naturales de la trra alzados y Rebelados contra el serbicio de su mag e ovediencia q. son obligados a dar como sus basallos visto esto le combyno por hazer mayor serbycyo Rescibir en sy la admynistracion de la justicia de esta gobernacion para remediar para q. su majestad no pierda esta trra y la ha andado conquystando y pacificando los naturales de la trra como mucha parte dello tiene fecho especialménte este Rio d vlua q. hra una de las fuerzas donde los yndios del estan en el serbicyo e obediencia de su Majestad y por que combiene al serbicyo de su Majestad y el bien de la trra e avmento de sus Rentas q, aya vzillas e cibdades en esta dha gobernacion y q. se pueblen donde aya disposicion de serbycio de yndios especialmente en esta parte del puerto de caballos combiene hacerse una villa ansy para lo q. ha dho su señoria como para que los mercaderes tratantes y otras personas q. el dho puerto con sus navios vinyeren hallen a quyen bender sus mercaderias y cosas y con quyen contraten y en ello aya el buen Recaudo q. conbenga....desta gobernacion con los Reynos de spaña y de las yslas como con la dha gobernación de guatimala y mar de sur ques tan serca de aquy y para q. su Majestad pueda ser mejor ynformado de las cosas de la mar del sur por este camino q. tan breve es para españa ha acordado e acuerda de mandar hazer y fundar como al presente haze e funda una villa en este dho asyento y çabana q. arriba es dho nombre y para su majestad q. manda q. se llame la villa de puerto de caballos donde manda q.

pueblen españoles y sirban los yndios segun su señoria lo ordenare y mandare que es que en este dho asyento de çabana funda y puebla la dha villa de puerto de cavallos para q. en ella ava sus alldes. y Regidores e otros oficiales y q. aya en ello su traca de solares para cada vecyno q. en ella viniere de ciento e ciencuenta pies en ancho e ciento e veynte de largo y en cada vno aya los solares q. en la dha traza le estuvieren señalados por su señoria y por el cabildo que en ella bibieren.

—E luego su señoria mando hincar y se ynco en la plaza q. señalo para la dha villa un palo para pycota donde se haga la justicia de la dha uilla e ansy quedo yncado do mando que mejor y mas bien puesta se haga quando aya dispusycion.

—E luego su señoria dixo q. mandaba y mando q. de oy en adelante hasta tanto q. su majestad o su señoria en su Real nombre otra cosa provea ninguna ny algunas personas de qualquier estado q. sean de oy en adelante solos ni acompañados...direta ny indireta via q. sea no despues....se pasen a vibyr della a otras partes dexandola sola y despoblada y la llamen el dho nombre de la villa de puerto de cauallos so pena de muerte y perdimyento de sus bienes para la camara de su mag. en las cuales penas de agora lo contrario haziendo los condena y aya por condenados.

—E luego su señoria dixo q. para q. la villa sea perfecta en hobra y en nombre ha de tener su alldes. e Regidores e Oficiales para q. Rigan e goviernen la dha villa y los q. a ella vinyeren dixo q. nombraba y nombro para hasta en fin de deziembre de este presente año para alldes, a alonzo hortiz e albaro de sandobal y para Regidores a geronymo de sant martin e a miguel garcia de linan e a hernando de sayavedra e antonio de talavera e a los dhos alldes. para q. conozcán usen sus oficios el dho tiempo en los cassos civyles e criminales segund a como puedan e deban conforme a las leyes pre—maticas partidas hordenamyentos fueros y derechos e leyes destros Reynos e señorios de su Majestad syn q. dello les mengue cosa alguna y a los dhos regidores para q. usen de sus oficios conforme y segun pueden y deben y son obligados a las dhas leyes fueros e derechos e ordenamyentos de su Majestad a los quales alldes. e Regidorés q. presentes estaban mando su señoria q. lo aceptasen los que les q.

presentes estaban dixieron q. por servyr a su mag. lo aceptaban y aceptaron.

—E luego su señoria a los dhos alonzo hortiz y albaro de sandobal sobre una cruz en que pusieron sus manos derechas tomo y Recyo juramento en forma debida de derecho por dios todo poderoso y por aquella santa cruz donde puseron sus manos...mente vsaran los dhos sus oficios de alldes por el dho tiempo syn amor ny temor dadiba ny promesa ny otro ynteres alguno no Recibiendo coechos ny presentes ny otras cosas defendidas de las personas q. ante ellos litigaren y q. la justicia administraran y executaran castigando pecados y delitos publicos y haziendo todas las cosas q.como buenos alldes. de su mag. conforme a derecho son obligados y q. obedesceran y cumplyran todos los mandamyentos de su mag. y de su señoria en su Real nombre q. por escripto y por palabra les fuesen enbyados y q.guardaran secreto de todo lo q. en el cabyldo se hiziere e acordare e q. sy ansy lo fizieren dios les ayude en este mundo al cuerpo y en el otro a las anymas donde no q. dios ntro señor se lo demande mal y caramente como a malos xpianos q. perjuran en santo nombre en vano so cargo del qual los dhos alonso hortiz e albaro de sandoval prometieron de lo ansy hazer e complir desyendo si juro amen y luego su señoria dio a cada uno dellos una vara con una cruz q. traigan en nombre de su mag. como alldes. en la dha villa a su termyno è jurisdiccion q. señalare y ellos la Rescibieron y mando su señoria a todas e qualesquier personas presentes e absentes q. en esta dha gobernacion estan y a ella vinieren tengan y obedezcan por allde de la dha villa de sant pedro de puerto de caballos a los susodichos e vsen con ellos los dhos oficios so pena de muerte y perdymyento de bienes e firmaron— lo de sus nombres —el adelantado pedro de alvarado.—alonso hortiz.—alvaro de sandobal.

.... juramento sobre la señal de la cruz en la forma de vida de derecho a los dhos geronymo de Sant martyn a myguel garcia de liñan y her—mano de sayavedra q. presentes estaban donde cada uno dellos puso su mano derecha q. bien e fiel e diligentemente usaran el dho tiempo cada uno el dho su oficio el de Regidores de la dha villa syn amor ny temor dadiba ny promesa ny otro ynterese alguno conforme a las dha leyes e hordenamyentos fueros y derechos destros Reynos segund y como son obligados y deben guardar el bien y pro de la dha villa y q. do obiere su provecho lo allegaran y su dueño lo arredraran y q. guardaran el secreto de lo q. se fiziera y se publicare en el cabyldo de la dha villa y obedesceran y cumpliran los mandamyentos q. por escripto y por palabra su Majestad o señoria en su real nombre les mandare y q. en todo haran lo q. deben y son obligados como tales Regidores guardando el servicio de su mag e bien de la trra e q. sy ansy lo fizeren dios ntro señor les ayude e sy no se lo domande como a los malos xpianos so cargo del qual cada uno de los dhos sy juro e amen e firmaronlo geronimo de san martin. miguel garcia de liñan.

E luego por su señoria en nombre de su mag y por virtud de sus poderes Reales q. tiene dixo q. a los dhos alldes. e Regidores a cada uno para su oficio Rescibya e Rescibyo a los dhos oficios para q. lo ha helegido y nombrado es necesario para q. cada uno pueda usar y exercer los dhos sus oficios con todos sus yncidencias y dependencias anexidades y conexidades tan bastante quanto de derecho se....pedro de alvarado.

E luego señalo q. en la casa de cabyldo q. en la dha villa se fiziese o donde se oviere de juntarse al dho cabyldo señalo dos dias de cada semana para q. hagan cabyldo e q. puesto será lunes e viernes a las mañanas lo q.bastare para el dho cabyldo y más los otros dias q. fueren menester e q. no juntando AL DHO CABYLDO MAS DE UN ALLDE E DOS REGIDORES sea entero cabyldo y lo q. fizieren sea valido con tanto q. si donde se quysyeren juntar pudieren ser avydos los otros oficiales sean llamados al dho cabyldo y sean obligados a venyr no tenyendo justo ympedimento para no venyr y q. se asiente este llamamyento en el libro de cabyldo y su señoria les da poder complido para q. en la dha villa y siendo nescesario en otra parte de la jurisdicion dellas se puedan juntar los dos oficiales al dho cabyldo sin pena ninguna con cargo que tal cabyldo se Ratifique en el cabyldo de la dha villa de sant pedro de puerto caballos y q. lo q. de otra manera se fiziere sea en sy ningun o no valgan ni haga fe nynguno en juicio ny fuera del.

—E luego su señoria dio e señalo por limytes e juridicion de la dha villa de sant pedro de puerto de caballos desde el Rio de Xagoa como viene corriente a la mar hazya la dha villa la costa adelante todo lo que cupiere hasta otra gobernación y desde esta villa hasta las minas q. estan descubiertas q. se dizen de san lucas q. es en el Rio de chumbazula y todas las otras q. en sus comarcas....del norte y al ponyente por aquellas serranyas. .., vertientes al valle de naco e hasta llegar los Repartimientos que se dieren e repartieren a los vecinos de la dha villa y q. en todo esto puedan los dhos alldes. e Regidores conocer de los dhos sus oficios y por tales alldes e Regidores ellos sean obedecidos. el adelantado pedro de alvarado. por mandato de su señorya geronymo de sant martin sno. de su mag.va testado a diz q. mandava vale por testado E yo el dho geronymo de sant myn sano publico de su mag. e su noto. publyco en la de su corte y en todos los de sus Reynos e señorios presente fue a lo q. dho es y de mandamyento de su señoria lo fize escribir segun que ante my paso en fe de lo q. fize aquy este myo signo a tal en testimonyo de la verdad geronymo de sant myn scno.de su mag."

1532.—Real Cédula mandando que Don Pedro de Alvarado, Gobernador de la Provincia de Guatemala, conquiste y pueble Puerto Caballos y el valle de Naco, quedando ambos en jurisdicción de Honduras. —20 de julio de 1532. —(Archivo General de Indias. —«Arbitraje de Límites, Guatemala y Honduras». —Anexos, pág. 7.— Washington, febrero de 1932.—2a edición).

Audiencia de Guatemala, Leg.393.

Para que alvarado conquiste el puerto de caballos e balle de naco.
Don carlos, etc. por quanto el puerto de cauallos e valle de naco que descubrieron nuestros capitanes para nuestra corona rreal que no esta acabado de poblar e conquistar es de la jurisdicion de la provincia de honduras e por que somos ynformados que es tan necesario para que por el se prouea la dicha provincia de honduras e las otras a ella comarcanas por estar como esta en la mar del norte donde pueden ser proveydas e bastéscidas de todas las cosas que oviesen menester y por donde nos libremente podriamos ser ynformados de las cosas desas partes e de las que sucediese en la otra mar del sur avemos acordado que don pedro alvarado nuestro gouernador de la provincia de guatimala la conquiste pueble e rreparta los yndios que pacificare ntre las personas que lo fueren a conquistar con qule quede metido e yncorporado el dicho puerto e valle de naco en la dicha governacion

de honduras y que deviamos mandar dar esta nuestra carta en la dicha rrazon y por la presente damos licencia e facultad al dicho don pedro alvarado para que se pueda yr con la gente que tuviere a conquistar e pacificar el dicho puerto de cavallos e valle de naco e ponello todo debaxo de nuestra corona rreal e rrepartir los yndios della a las personas que la conquistaren e poblaren la qual quede en la governacion de honduras como siempre a seydo y que el governador de la dicha provincia que agora es o fuere guarde los rrepartimientos que hallare hechos en el dicho puerto e valle de naco por el dicho don pedro aluarado a los pobladores e moradores que en ella quedaren e rresidieren e mandamos al presidente e oydores de la nuestra abdiencia e chancilleria rreal de la nueva españa e otros juezes e justicias de las nuestras yndias yslas e tierra firme del mar oceano que guarden e cumplan lo contenido en esta nuestra carta e contra el tenor e forma della no vayan ni pasen ni consientan yr ni pasar por alguna manera dada en la villa de medina del canpo a veynte de julio de mill e quinientos e treynta e dos años yo la rreyna rrefrendada de samano. firmada del conde don garcia manrrique, el doctor beltran licenciatus xuarez de carvajal licenciatus mercado de peñalosa.
(Sello Archivo General de Indias).

1534.—Real Cédula ordenando a don Pedro de Alvarado que busque, para la Provincia de Guatemala, un puerto en el mar del norte. —(ARGULE)

"Al governador de guatemala que se busque puerto al norte.
"Don carlos por la—divina clemencia emperador semper augusto Rey de alemania, doña joana su madre y el mismo don carlos por la misma gracia—rreys de castilla de leon de aragon de las dos secilias de—jherusalem de nabarra de granada de toledo de valencia de galizia de mallorcás de sevilla de serdeña de cordoba de corcega de murcia de jaen de los algarves de algezira de gibraltar de las yslas de canaria de las yndias yslas e tierra firme del mar oceano condes de barcelona e señores de vizcaya e—de molina duques de athenas e de neopatria condes de ruysellod e de cerdanea marqueses de oristan e de gociano archiduques de austria duques de borgoñae de brabante condes de

flandes e de tirol etcetera a vos don pedro de alvarado nuestro governador de la provincia de guatimala o a vuestro lugartheniente en el dicho oficio e a cada uno de vos a quien esta nuestra carta fuere mostrada salud e gracia sepades que nos somos informados que a causa de no aver puerto al norte de dicha provincia vezinos—y pobladores della an recibido y reciben mucho daño e no son tan bien proveidos como lo serian de todos los mantenimientos necesarios sy obiesen el dicho puerto por que de necesidad se proveen por el puerto de sant juan de lua ques en la cibdad de la bera—cruz del qual esta la ciudad de santiago desa dicha provincia—ay distinto de trezientas leguas por tierra e de alli los yndios naturales llevan mantenimientos a esa provincia a cuestas por—no los poder llevar en bestias por la aspereza de los caminos—y tambien los mercaderes que en esa tierra contratan los venden a muy subidos precios lo cual todo abria cesado sy se oviera—allado puerto al norte y poblado una cibdad o villa donde mas—cerca se oviera descubierto e ansy mismo diz que en la tierra adentro a la mar del norte ay muy grandes poblaciones de yndios de guerra donde se pudiera aver fecho poblacion de cristianos e queriendo proveer en el remedio dello visto y platicado en el nuestro consejo de las yndias fue acordado que deviamos mandar dar esta nuestra carta para vos en la dicha razon e nos tuvimos solo por bien por la qual vos mandamos que luego que con ella fuere des requeridos vos ynformeys de los suso dicho e proveys—con toda diligencia como cosa que tanto importa a nuestro servicio y el bien y noblecimiento desa provincia e vezinos e moradores della que se busque puerto al norte en la parte e sitio que le pudieredes allar que sea en los terminos de vuestra governacion e asy allado dareys y buenamente se pudieren hazer en la parte donde asy se descubriere el dicho puerto e procurareys de pacificar y traer a nuestra obidiencia las tierras que hasta agora an estado y estan de guerra en toda vuestra governacion repartiendo y encomendando las tales poblaciones a las personas que con vos o que con los capitanes que enviaredes lo fueren a poblar y conquistar a los quales encargareys que los traten bien y yndustrien y enseñen en las cosas—de nuessra santa fee e de lo que en estas hizieredes nos enviareys entera relacion para que nos la mandemos ver y proveer lo que mas a nuestro servicio convenga que para ello vos damos poder cumplido e non fagades en deal. dada en toledo a veynte—dias del mes de hebrero de mill e quinientos e treynta e quatro años—yo el rey—Refrendada del comendador mayor firmada del cardenal y del doctor beltran y del licenciado suarez de carvajal y del doctor bernal y del licenciado mercado de peñalosa".

(Tomado del «Arbitraje Límites Guatemala y Honduras».— Anexos.—Washington,
1932, 29 edic, —Anexo número 3, pág, 11).

1536.—Real Cédula mandando que el Gobernador de la Provincia de Guates mala conquiste y pueble para dicha provincia un puerto en la mar del norte, aun cuando sea en los limites de las provincias de Yucatan y Cozumel o en otros lugares de la costa norte.

Archivo General de Indias
Audiencia de Guatemala, Leg. 393.—(ARGULE)

La cibdad de Santiago de Guatemala sobre los puertos del mar y del norte.
"Don Carlos etc. por quanto hernand gutierrez de gibalje en nombre de la cibdad de santiago de la provincia de guatimala nos ha hecho rrelacion que por estar la dicha provincia en la parte de la mar del sur y tener grand falta del puerto del norte para la contratación destos rreynos los vecinos e moradores della reciben mucho trabajo y padecen gran necesidad de las cosas que ay en estas partes asy para la salud de la gente como para su buen tratamiento a que en la costa dek norte ay muchos puertos en tierra de guerra despoblada de xpianos suplicándonos mandásemos al nuestro gobernador de la dicha provincia que con toda brevedad conquistase y poblase uno de los dichos puertos el mas cercano y conveniente a la dicha provincia pues en ella ay gente española en abundancia para ello por que avyendo el dicho puerto seria proveyda la dicha provincia de las cosas destos rreynos y se escusaria el mucho trabajo y costa que reciben de priveerse por la cibdad de la vera cruz que es de la governancia de mexico o como la nuestra merced fuese, lo qual visto y platicado por los de mi consejo fue acordado que deviamos mandar dar esta nuestra carta por la qual declaramos y mandamos que sy el nuestro

gobernador de la dicha provincia de guatimala y gente della conquistare y poblare algund puerto de la mar del norte aunque sea en los lymites de las provincias de yucatan y Cozumel que esta dada en gobernación al adelantado don francisco de Montejo lo pueda tener el dicho gobernador de Guatemala con la juridiccion civil y criminal y usar dello como de la otra tierra que esta dentro de su gobernación por quanto en recompensa dellos hemos encomendado al dicho adelantado Montejo la gobernación de honduras y sy el puerto que assi conquystare y poblare fuere el de cavallos u otro alguno en la provincia de honduras mandamos que se guarden y cumplan las cartas e provisiones que en esta rrazon tenemos mandado dar al nuestro presidente e oidores de la nuestra Audiencia e chancilleria rreal de la nueva epaña y otros cualesquiera nuestros jueces e justicias de las yslas e provincias de las nuestras yndias que guarden y cumplan e hagan guardar e cumplir esta nuestra carta e todo lo en ella contenido e que contra el tenor e forma dello no vayan ny pasen ny consientan yr ny pasar en manera alguna so pena de la nuestra merced e de diez mill maravedis para la nuestra camara a cada uno que lo contrario hiziere dada en la villa de madrid a diez e seys dias del mes de hebrero de mill e quinientos e treynta e seys años yo la rreyna rrefrendada e firmada de los dichos".

(Sello Archivo General de Indias).

(Tomado del «Arbitraje Límites Guatemala y Honduras». — Anexos. —Washington,1932, 2" edic., an. 4, pág. 12).

1535.—Testimonio de requerimientos y autos dictados con motivo de ellos, en virtud de lo ocurrido entre don Cristóbal de la Cueva, Capitán del Gobernador de Guatemala, y don Andrés de Cereceda, Gobernador de Honduras.

Archivo General de Indias
Patronato, Leg. 180
(Extracto)
1535,19; N. E. ;62

Testimonio de como Don Cristobal de la Cueva Capitan del Gobernador de Goatemala requirió al Gobernador de Higueras sometiendole a su jurisdicion.

Villa de Buena esperanza, 1535.

Requerimientos y autos Cabtelosos que don xpoval de la Cueva Capitan de governador de guatimala hizo al governador de higueras y como a el y a su gente sometio a la jurisdicion de dicho gobernador.
Testimonio de ciertos Requerimientos que hizo don xpoual de la Cueva al governador de Honduras.
1º —En la Villa de buena esperanza ques en el Valle de naco viernes diez y nuebe dias del mes de hebrero año del nacimiento de nuestro Señor Jhsxpo de mill e quinientos e treynta e cinco años ante el señor andres de cerezeda governador y contador de su Majestad en esta governacion de higueras y honduras y sus provincias y tierras por su Majestad y en presencia de mi bernardo de cambranes escribano de su Majestad y de su notario publico en la su corte y en todos los sus Reynos e Señorios el capitan don xpobal de la cueva presento un escrito de Requerimiento que pidio a mi el dicho escrivano lo leyese al señor governador que es fecho en esta guisa, escribano que sois presente dadme por testimonio en manera que haga fee como yo don xpobal de la cueba Capitan por el magnifico Señor gorje de alvarado capitan general de la provincia de guatimala por su Majestad que pido y Requiero al señor andres de cerezeda governador que se dize que por quanto yo el dicho don xpobal soy venido por el dicho señor jorge de alvarado y en nombre de su Majestad con jente española asentar y poblar una villa a esta provincia de naco termino y jurisdiccion de la provincia de guatimala sometida y dada por una provision de su Majestad a la dicha provincia y governacion de guatimala segund que por la dicha provision dada y enviada a don pedro de alvarado governador de la dicha provincia mas largo paresce y consta y dado y cometido a mi como su capitan comision y poder bastante para que yo asiente conquiste y pueble la dicha Villa y que como tal conquistador y poblador he venido y vengo conquistando todos los pueblos que he hallado Rebeldes y desovedientes al servicio de su Majestad hasta llegar a este lugar donde he hallado y hallo al dicho

señor andres de cerezeda asentado su Real y como poblador poblado en el dicho termino y jurisdicion de la dicha governacion de guatimala solo podiendo hazer de hecho ni de derecho pues que la conquista y poblacion a mi pertenece hacer en el dicho nombre pues que su Majestad para ello por la dicha su probision le a dado poder y facultad al dicho mi parte y a mi en su nombre y por tanto que luego el dicho señor andres de cerezeda debe y es obligado a obedecer las provisiones de su Majestad dadas al dicho mi parte y saliese luego de la tierra donde tiene asentado su Real o dar la ovediencia al dicho señor jorge de alvarado y a mi en su nombre syn contienda ni contradicion ni escandalo pues que su Majestad lo manda y quiere y que otra vez se lo pido y Requiero y tantas vezes puedo y debo de parte de su Majestad y sy asi lo hiziere que su merced hara lo que debe y a servicio de su Majestad es obligado y lo contrario haziendo protesto de cobrar del dicho señor todas perdidas costas daños y menoscabos que sobre ello se Recrecieren y de me quexar a su Majestad del como de persona que no guarda ni cumple sus mandamientos y asi lo pido por testimonio y a los presentes que desto me seran testigos don cristobal de la cueva y asi presentado y leydo por mi el dicho escrivano el dicho escripto de Requerimiento luego el dicho don xpobal lo firmo de su nombre e firmo al pie dello y dixo que asi lo dezia y pedia como en el dicho escripto lo dize testigos el padre juan avela provisor y el thesorero de su Majestad diego garcia de celis e juan Ruano e juan Cabrera y otros muchos, y luego el dicho señor governador andres de cerezeda dio a mi el dicho escrivano y mando que luego leyese dos patentes de su Majestad firmadas de su Real nombre y selladas con su Real sello y firmadas del su consejo de yndias que su Majestad mando dar al capitan diego de albites defunto que aya gloria governador desta dicha governacion para que la governase en su Real nombre por fin y muerte de diego lopez de Sauzedo governador que fue de su Majestad desta dicha governacion y asimismo el poder que para governar la dicha governacion le dexo el dicho governador diego albitez defunto al dicho señor qontador y governador andres de cerezeda sygnado de juan de Rihuerca escrivano de su Majestad y asy mismo otra provision patente firmada de su Majestad y sellada con su Real sello y firmada de los señores del su qonsejo de las yndias derigida al dicho governador diego alvitez defunto para que poblase y pacificase y conquistase el puerto de cavallos y valle de naco questa es una sobre carta de la carta que su Majestad mando dar al governador don pedro de alvarado que hiziese la dicha poblacion y conquista que yra adelante ynsertas las quales yo el dicho escrivano luego ley una yntelexiblemente estando presente el dicho don xpoval y asi leydas el dicho señor governador andres de cerezeda dixo que el es governador desta dicha governacion por su Majestad y no el dicho don pedro de alvarado el qual ni el dicho don xpobal no pueden entrar a mandar en esta governacion ni deve usar en ella el dicho oficio de Capitan que trae salbo conforme a las dichas provisiones de su Majestad que Requeria y Requiero al dicho Capitan don xpobal con las dichas provisiones Riales y le mandaba e mando por virtud de ellas que asi como su Majestad por ellas lo manda lo aga y cumpla y ovedezca lo que le mandare en su Real nombre y el dicho don xpobal de la cueva Capitan tomo las dichas provisiones Reales en su mano y beso y puso sobre su cabeza y dixo que las ovedecia y ovedescio todas como cartas y mandamientos de su Rey y Señor natural a quien dios nuestro Señor a su santo servicio dexe bibir y Reynar muchos tiempos a su santo servicio y que en cuanto al cumplimiento dellas quel Responderia a ello testigos los dichos, y luego el dicho señor andres de cerezeda teniendo en su mano una carta de su Majestad y cerrada y sellada con su sello Real con un sobre escripto que dezia aRiba por la Reyna y avaxo dexia a don pedro de alvarado su governador e capitan general de la provincia de guatimala me dixo a mi el dicho escrivano como el tiene aquella carta de su Majestad para el dicho governador don pedro de alvarado del qual hasta agora no se sabe que este en su governacion ni en parte que se pueda aver que dis que es ido con cierta armada a descubrir o poblar azia el peru y porque conviene al servicio de su Majestad y pacificacion y poblacion desta tierra quel dicho don xpoval de la cueva pues es un Capitan y viene a esta tierra por su mandado que abra la, dicha carta y la lea 'y vea lo que su Majestad sobre lo suso dicho le manda tome la dicha carta de su Majestad y la abra y la lea y haga lo que su Majestad por ella manda porque ocurre peligro la tardanza de no hazer lo que en ella dize porque su Majestad por otra su carta firmada de su nombre Real y con su Real sello que abierta me dio alli el dicho señor gobernador para que liese manda al dicho governador diego alvitez que enbie al dicho alvarado la dicha carta lo qual por lo dicho no se puede hazer y el dicho don xpobal tomo la dicha carta de su Majestad dirigida al dicho señor don pedro de alvarado y dixo que la toma y abre y la lehera por lo que el dicho señor governador dize y por la ausencia del dicho señor governador que es ydo en servicio de su Majestad al peru, la qual despues de asy tomada abryo y leyo y despues de leyda dio a mi el dicho escrivano y me dixo que leyese publico y yo ley publico a todos y asi leyda el dicho don xpoval la torno a tomar ybeso y puso en su Cabeza y dixo que la ovedescia y la ovedescio como carta y mandado de su Majestad y que estava presto y aparejado de hazer lo que su Majestad por ella manda y el dicho señor governador me lo pidio por testimonio testi.gos los dichos el dicho señor juan andres de cerezeda—

despues de lo qual en la dicha villa de buena esperanza sabado veynte dias del dicho mes de hebrero del dicho año de quinientos e treynta e cinco años ante el dicho señor andres de cerezeda governador y qontador de su Majestad y en presencia de mi bernardo de canbranes escrivano el dicho don xpoval presento al dicho señor governador un escrito que pido yo leyese ques el siguiente—

andres de cerezeda magnifico señor governador en esta provincia de naco xpoyal de la cueba capitan general de la provincia de guatimala e digo que ya por un pedimento por mi presentado hize Relacion a vuestra merced diziendo como yo venia con jente española a sentar una villa en esta provincia de naco en nombre de su Majestad y que para ello traya poder del dicho señor jorge de alvarado como capitan desta provincia conforme a una provision de su Majestad enbiada al señor don pedro de alvarado governador de la dicha provincia de guatimala por la qual provision su Majestad le mandaque viniese o enviase a hazer aquello a que yo soy venido que es asentar la dicha villa y conquistar la dicha tierra y presentado ante vuestra merced el dicho mi pedimiento y pidiendo que me desenvaraçase la tierra como por el dicho pedimiento mas largo parecera vuestra merced en Respuesta del me presento unas provisiones de su Real Majestad deregidas a diego alvites al qual su Real Majestad hazia governador desta provincia y asimismo en la dicha provision vy que venia encorporada la provision del dicho señor don pedro de alvarado y que la derogaba y la desazia y que le manda su Majestad que ni use de lo que le avia mandado y asimismo una carta firmada de la emperatriz y Reyna nuestra señora y sellada con su sello de camara por la qual su Majestad la manda que deje y se vaya desta provincia y governacion y la dexe libremente al dicho señor diego de alvites y asimismo vide y por vuestra merced me fue mostrado un poder bastante quel dicho señor diego alvites dio a vuestra merced al tiempo de su fallecimiento por el qual se muestra que dexa a vuestra merced en su lugar y visto todo como mas largamente en ello se contiene digo que las dichas provisiones de su Real Majestad y todo lo que su Majestad manda que yo como su leal vasallo lo ovedesco y pongo sobre mi caveza con todas las solemnidades y ovediencia que yo debo a mi Rey y Se—ñor que quanto al cumplimiento dellas digo que yo soy y fue enbiado por el dicho señor jorge de alvarado mi capitan jeneral y el me dio y entrego la jente que conmigo traigo y que soy obligado a tornar a el a darle cuenta y Razon de todo lo sucedido en este caso porque me sea tomado en cuenta mi servicio trabajo que en esta conquista he pasado y que hasta dar la dicha quenta y Razon yo no seria ni soy obligado de hazer otra cosa y que quanto a lo que su Real Majestad manda que me salga de la tierra y la dexe que a mi me plaze de lo cumplir como su Majestad lo manda y quiere que ido y Requiero al dicho señor andres de cerezeda gobernador de parte de su Majestad que libre y syn ningun embargo me dexe salir de la dicha provincia y governacion porque yo quiero yr a dar la dicha cuenta de lo que he hecho e lo que mi Capitan me a encomendado y mandado..

despues de lo qual en la dicha villa de buena esperanza veynte un dias del dicho mes de hebrero del dicho año de quinientos e treynta e cinco años el dicho señor governador y qontador andres de cerezeda dixo al dicho señor don xpoval de la cueba Respondiendo al dicho su escrito que hoy le presento que es el de suso y dixo que dado caso quel dicho señor don xpaval de la cueba aya dado por su Respuesta en cumplimiento de las provisiones de su Majestad diziendo quel ha venido y vino en nombre del señor jorge de alvarado para poblar y asentar una villa en nombre de su Majestad el no lo puede hazer ni es parte el dicho jorge de alvarado para se lo mandar por quanto el dicho señor governador esta asentado en esta provincia de naco con mucha gente asi de pie como de cavallo y ganados y vacas y puercos cumpliendo lo que su Majestad le tiene mandado cono tal governador ha conquitado y conquista la tierra llamando y trayendo los ynfieles y desobedientes a su Majestad al servicio de dios y de su Majestad y por tanto dixo y mando al dicho señor don xpoval pues el ha venido y esta en esta governacion con la dicha gente y le ha costado y costa lo mnandado por su Majestad en las dichas provisiones y asimismo como el dicho señor governador tiene y posehe y go—vierna en nombre de su Majestad estas dichas tierras y provincias y manda asy al dicho don xpoval como a la dicha su gente que trae no salgan desta dicha governacion pues bino a la poblar y estar en ella y conforme a lo que su Majestad manda por las dichas sus provisiones ques questen debaxo de la juredicion del governador dessta dicha governacion pues su Majestad no manda que se vayan ni salgan desta tierra.

 E despues de lo suso dicho martes veynte e tres dias del mes de febrero año del nacimiento de nuestro salvador Ihu xpo de mil y quinientos y treynta y cinco años yo francisco perez escrivano de su Majestad en la su corte y en todos los sus reynos y Señorios me parti e fuy desde esta villa de buena esperanza que es en este valle de naco desta governacion del puerto y cabo de honduras y golfo de higueras... .dixe que es por el adelantado don pedro de alvarado governador de guatimala adonde dixe que el dicho don xpoval tiene la gente de su capitania para las notificar y que ovedescan las provisiones de su Majestad quel dicho señor governador andres de cerezeda tiene parte ser governador destas tierras y provincias de higueras y honduras y llegamos donde la dicha gente estava el miercoles siguiente dos oras poco mas o menos antes de sol puesto que es en las estancias que dizen que diz que es el rrio que diz ondepechi ocho leguas poco mas o menos desta dicha villa por el camino que fuymos donde el dicho don xpoval de la cueva tenia asentado su rreal e el dicho don xpoval se apeo e yo el dicho francisco perez escrivano y los que con el dicho don xpoval fuymos en el rrancho y posada del dicho don xpoval.

 E luego yncontinenti yo el dicho escrivano estando presentes todos los suso dichos les ley e notifique una provision de su Majestad firmada de su rreal nombre y sellada con su sello rreal y Refrendada de joan de samano que es de la governacion de diego alvitez por donde fue Recebido al cargo de governador de ygueras con Recibimiento al pie della del cabildo y justicia dada en madrid a veinte e seys dias de septiembre de mill y quinientos e treynta años. E otra provision de su Majestad firmada de su rreal nombre y sellada con su rreal sello y rrefrendada del dicho joan de Samano para quel dicho diego de alvitez fuese governador de las dichas provincias quanto la merced de su Majestad fuese dada en madrid a quatro dias de febrero de mill y quinientos e treinta y tres años. E otra provision de su magéstad firmada de su rreal nombre y sellada con su rreal sello y refrendada de joan vasquez en que su Majestad mando a escrivir al dicho diego alvitez quando le mando enbiar las dichas provisiones en que le mando que conquiste el puerto de cavallos y valle de naco aunque lo aya cometido a don pedro de alvarado governador de guatimala despachada la carta en madrid a veynte e ocho dias de enero de mill y quinientos y treinta y tres años. E asy mismo una escritura zinadade joan de rrihuerca escrivano de su Majestad hecha en la villa de trugillo a doze dias del mes de noviembre del mill y quinientos y treinta y tres años que es el poder qual dicho governador diego alvitez estando enfermo al tiempo de su muerte dio e otrogo al dicho andres de cerezeda que agora es governador de las dichas provincias para ser governador de las dichas provincias e governacion de honduras e higueras en nombre de su Majestad por virtud de los dichos poderes.

E despues de lo suso dicho yo el dicho francisco perez escrivano de su Majestad por mandado del dicho señor governador andres de cerezeda me parti desta dicha villa de buena esperanza en compañia del dicho diego de puerta para yr al dicho Real de don xpoval de la cueva jueves siguiente quatro dias del dicho mes de marzo del dicho año de mill quinientos y treynta y cinco años a notificar al dicho don xpoval y a la dicha su gente el dicho auto y mando del dicho señor governador de suso qontenido y estando cavalgando ya de camino junto a la puerta de la posada del dicho señor governador el dicho señor governador dixo que mandava y mando al dicho diego de puerta e al dicho melchor fernandez escudero de la dicha capitania del dicho don xpoval que asy mismo presente estava e avia venido en compañia del dicho puerta y de mi el dicho escrivano y se bolvia con nosotros al dicho Real so las penas contenidas en el dicho auto y mando de suso qontenido fecho por el dicho señor governador las quales les fueron declaradas que dentro de tercero dia primero siguiente despues que llegaren al dicho Real de don xpoval se buelvan y vengan a esta dicha villa de buena esperanza para estar debaxo de la obediencia de su Majestad y de dicho señor governador en su Real nombre.

 yo don xpobal de la Cueba Capitan por el magnifico señor Jorge de alvarado Capitan general y teniente de governador de la provincia de guatimala por su Majestad digo que estando asentado en este Rio con mi Real y compañia se aparecieron francisco perez escrivano enviado por el señor andres de cerezeda governador que se dize ser de Cabo de honduras y valle de naco el qual me leyo y presento un escrito de rrequerimiento o quien quier que es por parte del dicho señor de cerezeda en el qual me manda ciertas cosas a las quales digo que yo las he cumplido todo que a mi posible ni a mas ni allende de como lo dixe e jure no es tanta que acerca de todlo avria bien que decir y que viendo lo demas en su Requerimiento o quien quier que es digo y Respondo que no es mai juez otro sino el dicho jorge dalvarado debaxo de cuya jurisdicion y manparo yo estoy e con cuyo mandado yo vine a servir a dios y a su Majestad en esta tierra y poblar una villa donde mas a su rreal servicio conbenga lo qual yo voy a fazer y despues dle asentada dalle cuenta como a mi superior y señor y en quanto a lo que dize de que yo amparo e favorezco los malechores e los que se vienen amotinados digo que no lo fago ni tal parecera agora ni en ningun tiempo antes el dicho señor andres de cerezeda es el que lo hace por quanto yo le pedi por un pedimento que me diese y entregase ciertos ombres que de mi compañia se havian huydo a la suya el cual no lo quiso fazer e los suyos que a la mia se an venido me han dexado y se han huydo y ausentado syn mi licencia e mandado los quales fueron parte para hazer lo mismo a muchos de mi compañia por donde me han hecho perder mucha suma de pesos de oro que en nombre de su Majestad les avia dado todos los quales pienso muy tarde cobrar y esto a causa de aver sabido que yo me queria yr a juntar con dicho señor andres de cerezeda lo qual sino Io Remediara por sierta via de cartas a las quales me Refiero. la una mia e otras de ciertos Cavalleros de mi compañia no me quedara onbre e tras los mios se fueran los de la conpañia del dicho señor andres de cerezeda de donde Resultara mucho daño y fuera en mucho deservicio de dios nuestro señor y de su Majestad e ni la villa que voy a poblar ni la demas permaneciere syno que toda la tierra se despoblara y se perdiera e yo mirando quanto deservicio era de dios y de su Majestad que lo tal pasase he acordado y acuerdo de yr a asentar la villa en nombre de su Majestad y de su Capitan general vine hazer y despues yo dare todo el favor y ayuda al dicho señor andres de cerezeda que sea menester con licencia y mandado de mi Capitan general y Superior otro sy digo que en quanto a quererme dexar la governacion que yo no soy parte para acetalla por mano de nadie syno es de su Majestad y que sy el qree yr a darle quenta o a su Real audiencia en su nombre que muchas personas tiene a quien la poder dexar encargada y encomendada y que le den muy larga quenta y rrazon della y que todas las demas penas y vinculos e amonestaciones y molestias y mandamientos doy por Respuesta lo rrespondido en la dicha mi carta y de los Cavalleros de mi compañia no me parando perjuicio como no me para por no ser mi juez como dicho tengo y que yo voy a asentar la villa que vengo asentar como criado y vasallo de su Majestad porquesto es lo que comple a su Real servicio y abil y pacificacion desta tierra y al provecho de sus Reales Rentas y pido y Requiero al dicho escrivano me lo de por testimonio todo asi lo uno como lo otro, don xpoval de la cueba...

(hay un signo). FRANCISCO PEREZ,
escrivano de su Majestad.
(Rubricado).

(Sello Archivo General de Indias).

(Sacado del Arbitraje de Límites entre Guatemala y Honduras. Alegado con
Anexos. —Segunda edición, Guatemala, 1932.—Anexo N° 2.

NOTA d. A.—Las fechas de 1530 y 1533 que se refieren al nombramiento de Albítez como gobernador deben estar mal transcritas porque no son conformes con la fecha de su muerte, que he averiguado muy cuidadosamente, y sucedió según Oviedo, a los nueve días de haber llegado a Trujil'o y entrado a la Iglesia. Esta última fecha es la de 5 de noviembre de 1532. Véase Nota 10 y capítulos números 6 y 7.

DOCUMENTOS QUE SE REFIEREN A DON PEDRO DE ALVARADO, ANDRÉS DE CERECEDA, FRANCISCO DE MONTEJO Y CRISTÓBAL DE PEDRAZA
Y A LOS VARIOS ARTIFICIOS QUE USÓ DON PEDRO DE ALVARADO PARA QUE LE FUESE CONCEDIDO EL PUERTO DE CABALLOS Y LA GOBERNACION DE HONDURAS

Antes de salir del Puerto de Caballos para España, Alvarado hizo que el Cabildo de San Pedro enviase a la Corte un Procurador con todos los documentos que probasen la necesidad de su entrada a Honduras. —(Sacado de la Colección de Documentos Inéditos de Torres de Mendoza.—Tomo XIV,pag. 279 segg). —Los documentos siguientes fueron presentados en el Consejo de Indias por el Procurador Francisco Cava. Esta petición fué escrita en España, porque cita el viaje hecho a las islas Azóres y las noticias recibidas de la llegada de Montejo a Honduras.

Testimonio del estado de despoblación en que se hallaba la provincia de Honduras a no haberla socorrido el Adelantado Alvarado, a quien se lo rogaron, hallándose en Guatemala, con varias peticiones en favor de aquella tierra hechas por el Procurador dela Provincia,. —Año de 1536.

(Archivo de Indias. —Patronato, Est. 1°, Caj. 19)

"S.C. C. M.—Francisco Cava, procurador de la provincia de Honduras, digo: Que Vuestra Majestad sabe y es notorio las grandes necesidades y trabajos que los conquistadores y pobladores de aquella tierra han pasado, y como, estando a punto de se perder y dejar la dicha tierra desamparada,por no haber gente despañoles ni de armas ni las otras cosas necesarias para la guerra, todos de comun acuerdo, inviaron a Guatemala a requerir al adelantado Alvarado, de parte de Vuestra Majestad, y a rogárselo en nombre de todos los moradores de la tierra, que viniese a darles socorro, para que aquella provincia no se perdiese juntamente con los que allí estaban; y el dicho adelantado, viendo la necesidad en que estaban, y como se lo requerian de parte de Vuestra Majestad, y que la tierra se perdería si él no la socorriese, fué en persona con todos los españoles que pudo llevar de pié y de caballo,... .y llevo muchos indios de los amigos.....Ílegó a la sierra de Gracias a Dios y comenzó a conquistar y poblar, y dejando esto pacífico, pasó al valle de Naco y allanó toda la tierra y la puso en paz y la repartió; y hecho esto, le requirió Andrés de Cereceda, como Gobernador que de presente se llamaba, que tomase la administración de la justicia y proveyese en todas las cosas ansí de paz como de guerra, pues no habia otro que como él lo pudiese hacer, y le hizo dexacion del oficio que tenia, de gobernador, y le puso en el dicho Adelantado, porque así convenia hacerse para el bien y provecho de toda la tierra; y el dicho Adelantado lo aceptó por servir a Vuestra Majestad, y pasóadelante contra un gran señor que hay en aquella tierra, que se llama Socremba, que es el que a muerto y a hecho todos los daños que los cristianos han recebido; y a este cercó y le tomó preso con todos los principales de la tierra, y se tornaron cristianos por su voluntad y se concertaron de servir en paz, lo qual fué causa que todo el resto de aquella provincia diese la obediencia, hecho esto, se acabó de repartir la tierra conforme a los méritos de cada uno, quedando todos de buena paz y contento, y el dicho adelantado se partió para estos reinos a cosas quae le convenian. Suplico a Vuestra Majestad, en nombre de la dicha tierra, mande que el dicho Adelantado vuelva a ella con toda la brevedad que sea posible, porque, como él la a conquistado y tiene crédito entre los mesmos indios y le llaman hijo del sol, estarán pacíficos debaxo de su mano, lo qual todo se hará al revés si fuere otros governador, y habrá discordia entre los españoles a causa de estar repartida la tierra, y el que viniere, de necesidad hará mudanza en el asiento que agora hay. De donde seguiria notorio perdimiento de toda la tierra".

"Otro sí: digo que, después que llegué a las islas de los Azores, tuve nueva que el gobernador Montejo intentaba de ir a Honduras y que habia inviado adelante un capitan, al qual no quisieron recibir en la dicha tierra, y se a dicho que hubo algun escándalo en la llegada del dicho capitan, lo qual podráser principio de mucho daño y perdimiento..."

"Otrosí: suplico a Vuestra Majestad....no se pague por espacio de diez años almoxarifazgo de las mercadurias que a ella fueren…"

"Otro sí:.... por espacio de diez años no paguen más del diezmo del oro que sacaren de las minas...."

"Otro sí:.... que por quanto las minas de donde se saca el oro, están en la jurisdicción de la villa de San Pedro, que NUEVAMENTE se ha poblado a seis leguas de Puerto de Caballos, mande que se haga casa de fundición en la dicha villa, donde todos vengan a fundir, y que, si de Guatemala o de otra parte vinieren a labrar las minas en esta tierra, que sean obligados a fundir en ella el oro y pagar los derechos y en todo me remito a la instrucción. —FRANCISCO CAVA".

PODER DEL CONCEJO DE SAN PEDRO A FRANCISCO CAVA

"Sepan quantos esta carta de poder vieran como nos, el concejo, justicia, regidores de la villa de San Pedro del Puerto de Caballos, ques en la gobernación de Higueras y Honduras, de la Tierra Firme del mar Oceano, conviene a saber: Alonso Ortiz y Alvaro de Sandoval, alcaldes, y Gerónimo de San Martin y Miguel García de Liñan y Gerónimo de Sayavedra, regidores, estando juntos en nuestro cabildo y ayuntamiento segund que lo avemos de uso y de costumbre, otorgamos y conoscemos que, en nombre de la dicha villa, y de derecho debemos, a vos Francisco Cava y Nicolás de Irazaga vecino de la dicha villa, estantes en la playa de Puerto de Caballos, y a cada uno y qualquier de vos ynsolidum, para que por nos y en nombre de la dicha villa podais parecer y parescais ante Su Majestad y ante los señores del muy alto Consejo de Indias y de otros Consejos de Su Majestad y qualquier dellos, y ante sus secretarios y otras personas y oficiales de su casa y corte, y pedirles y suplicarles hagan merced a esta villa de las cosas y segund y de la manera que vos damos y llebais por una instruccion firmada de nuestros nombres y del escribano infrascripto, y sobrello y sobre lo que dello dependiere, podais pedir....conformándoos en todo con la dicha instrucción que llevais.... vos damos el dicho poder… y para jurar en nuestra ánima, así de calumnia como decisorio y de verdad dezir.... Fecho y otorgado en nuestro cabildo, en la playa de la baya de Puerto de Caballos. Testigos que fueron presentes al otorgamiento de esta carta: el alguacil mayor, Fernando de Almazan y Hernando Bravo, estantes en la dicha playa, y firmámosla de nuestros nombres, en el registro. Alonso Ortiz. — Alvaro de Sandoval.—Gerónimo de Sanmartin.—Miguel García de Liñan.—Fernando de Saavedra. E yo Bernardo de Ca—branes, escribano y notario público de Sus Majestades, fuí presente a lo que dicho es y fice aquí mi signo. —(Hay un signo).—BERNARDO DE CABRANES, escribano de Su Majestad.

INSTRUCCIÓN (pag. 284)

"Lo que vos señores Francisco Caba, vezino de la cibdad de Gracias a Dios, y Nicolás de Irazaga, y cualquier de voz, abeis de hazer y procurar con su Majestad y con los señores presidentes y oidores del su muy alto Consejo de Indias y con otros oficiales de Su Majestad de su casa y córte, en este viaje que is a España, con la vendicion de Dios Nuestro Señor, a suplicar a Su Majestad en nombre de esta villa de San Pedro del Puerto de Caballos desta gobernacion de Higueras y Honduras, de quien llevais poder, es lo siguiente:

"Primero, informareis a Su Majestad cómo, por su Real mandado, se vino a poblar esta provincia de Higueras, y cómo por la poca posibilidad que obo para ello, asi de españoles y armas y indios amigos, y motines que en ella obo a causa de dichas necesidades, el contador Andrés de Cerezeda, que era gobernador de Su Majestad en esta gobernacion y vino a la dicha poblacion, y como viéndose en necesidad, envió a pedir socorro al Sr. D. Pedro de Alvarado, adelantado y gobernador de la provincia de Guatemala, y Su Señoría, como servidor de Su Majestad, vino en persona, con muchos gastos que para ello hizo, y trujo españoles y indios amigos, con que a pacificado y conquistado así toda la tierra; y llegó a tiempo, que ya que la tierra se queria despoblar, a causa que ciertos españoles echaban de la tierra al dlicho Contador y Gobernador, y irse ellos della, lo apaciguó todo y sosegó de manera, que todo está en paz, y luego el dicho contador y Gobernador dexó en el dicho señor Adelantado esta gobernacion, y así es agora justicia mayor y capitan general della Su Señoría; y más informad a Su Majestad de toda la mas verdad que en este caso ha pasado, etc."

"Item: que, a causa de la pobreza y necesidades que en esta tierra habemos padecido por la poca posibilidad que ha habido para conquistar los indios, ha estado esta tierra perdida... que por diez años....franquealla de almoxarifazgo..

"Item:....no se le paguen....más, del diezmo della... ."

"Item: habeis de procurar que Su Majestad revoque qualquier cédula que la gobernacion de Guatemala tenga o otras personas para venir a sacar oro a esta gobernacion y llevallo a fundir a otra tierra.

"Item: habeis de hacer relación a Su Majestad cómo tiene mandado por su provision Real que de guerra ni de rescate ni en manera alguna no se hierren indios por esclavos, de que han resibido los españoles gran agravio, y los indios se han fecho más fuertes en su rebelion, haced relacion a Su Majestad cómo son malos y perversos y indómitos y mostrados a matar cristianos, y quel castigo que en ellos se hace, como ven que no los hierran por esclavos, no basta, y los españoles no tienen otro provecho sino las piezas que de ellos toman, y asimismo el servicio que de los cáciques que los españoles tienen encomendados se hayan a sus amos los indios que ellos tienen por esclavos y costo ayúdase el español que los tiene en sacar oro y labrar con ellos sus haciendas y no fatigar en el servicio a los indios tanto; habeis de suplicar a Su Majestad haga merced a los vecinos y personas desta gobernacion que se hierren por esclavos los indios que se tomaren en la guerra, fecho con ellos las diligencias que en esta tierra Su Majestad tiene mandado, pasados aquellos, se les haga la guerra y los hierren por esclavos. Y asimismo para que puedan pedillos de servicio y rescatar con ellos piezas de indios y indias. y los que conforme a derecho confesaren ser esclavos, que se hierren por tales, y que dé licencia para que se hagan hierros de guerra y de rescate y questos se hagan como la merced que hizo conforme a esto a la dicha gobernación de Guatemala. Y desta manera las rentas Reales serán más acrecentadas, y los vecinos más aprovechados y los indios relevados de su trabajo".

"Item: hareis relación a Su Majestad del servicio que dicho señor Adelantado ha fecho de venir a socorrer esta gobernacion, y cómo estando en ella, los indios le temen y vienen a servir como han hecho. Y visto los indios su ausencia desta gobernacion, se alzarán y no bernán a servir. Y hemos de estar en esta gobernacion en las necesidades pasadas. Aveis de suplicar a Su Majestad que luego le mande venir a residir en ella hasta que los indios estén quietos y pacíficos y sepan y tengan la orden que Su Señoría les ha dado y diere de servir en nombre de Su Majestad. Y el que excediese de ello, que ha de ser castigado, y que sepa Su Majestad que, si esto no manda, que tan perdida estará esta gobernacion como antes estaba".

Se debe notar que la ciudad de Gracias a Dios no estaba fundada todavia.

SÚPLICA ACERCA DE LAS ENCOMIENDAS (pag. 288)

"Item: habeis de suplicar a Su Majestad que todos los caciques y indios y pueblos, que en qualquier manera el dicho señor adelantado D. Pedro de Alvarado ha encomendado y repartido a personas para que sirvan en esta dicha gobernacion, que mande que sirvan en ella yno en otras gobernaciones, no embargante que los governadores que han sido de Guatemala y de Nicaragua los ayan o tengan en sus gobernaciones, por que todos estos quel dicho señor Adelantado ha repartido aquí, son y caen en esta gobernacion y jurisdiccion desta dicha villa; y que Su Majestad confirme el dicho repartimiento que ha hecho a los vecinos desta villa y de la ciudad de Gracias a Dios. Fecha en la playa dela baya de Puerto de Caballos, jurisdiccion de la dicha villa de San Pedro del Puerto de Caballos, estando en nuestro cabildo y ayuntamiento como habemos de costumbre, A DOCE DÍAS DEL MES DE AGOSTO, AÑO DEL NACIMIENTO DE NUESTRO SENOR JESUCRISTO DE MIL Y QUINIENTOS Y TREINTA Y SEIS AÑOS, y firmámoslo de nuestros nombres, con el escribano tin.—Miguel García de Liñan.—Hernando de Sayavedra.—E yo Bernardo de todos los reinos y señorios, fuí presente a lo que dicho es con los dichos se—ñores y regidores, y lo afirmné de mi nombre.— BERNARDO DE CABRANES, escribano de Su Majestad".

VIOLENCIA QUE LOS VECINOS DE LA VILLA DE SANTA MARÍA DE LA BUENA ESPERANZA HICIERON A CERECEDA
(Parece que la fecha no es exacta)(pag.289)

Higueras y Honduras, a vreinte y nueve dias del mes de abril, año del nacimiento de nuestro Salvador Jesucristo, de mil y quinientos y treinta y seis los testigos de yuso espuestos, parecieron presentes Juan Cabrera, y Diego Diaz de Herrera, y Diego Maldonado, y Martin Sanchez Merino, y Albaro Rodriguez, portugués, y otros dos o tres hombres de caballo, y Cristobal de Lozano, portugués, y Pedro de

Viera, y otros tres o cuatro peones, hombres un expuesto, su tenor del cual es este que se sigue:

Escribano presente: dadnos por testimonio signado que haga fé para Gobernador Andrés de Cereceda, y le decimos que bien sabe y le consta como nacion trabajando y muriendo, sirviendo a Su Majestad, pensando que de debemos hoy dia y ternemos que pagar. ..y que agora ya esta tierra estáhambre, sin tener de comer, y que solamente lo tiene el dicho Gobernador y que despues vamos todos por ahí a buscar la vida, perdidos, y él solocobradrillas en las minas, y que muchos hidalgos mueran de hambre y se adobden jamás en Indias se ha visto; y que esto todo, lo ha causado todo el dicho senor Gobernador, por no saberla gobernar; y que puesto que agora viniese a ella Gobernador con gente, no tiene remedio, demás de la tierra que, pobre de indios, que no hay en tierra que se pueda conquistar en estas comarcas, conquistar por la aspereza della, que son menester trescientos hombres; que señor Gobernador, que porque nosotros queremos ir adonde podremos mejor servir a Su Majestad y haber algund premio de nuestros trabajos, para poder que luego, sin dilacion alguna, cabalgue y se vaya a la dicha ciudad de Trujillódonde el (es) gobernador, llevando consigo los que con él quisieren ir, y llevando sus ganados a Naco, donde los aguarda, que irá luego tras dél, para ciere que de allí conviene hacerle saber, con protestacion que hacemos que sino quisiere salir luego INCONTINENTI, y de cabsa de no salir se recreciere algund escándalo o daño a su persona, o muertes de hombres, sea a su culpa y cargo y no a la nuestra.

"El qual escrito…fué leido al dicho señor gobernador Andrés de Cerezeda....estando a la puerta de su casa…"

Pedraza, y Herrera que lo copió, dicen que amarraron a Cereceda a un árbol, pero se puede dudar de lo dicho por Pedraza en este caso, porque estaba algo interesado.

ACTA DE LA ENTREGA DE LA GOBERNACIÓN A ALVARADO (pag 293—4)

"En el pueblo que dizen de Naco, pueblo de indios desta gobernacion de Honduras e Higueras, en veinte e un dias del mes de mayo, año del nacimiento de Nuestro Salvador Jesucristo de mil e quinientos e treinta e seis años, antel muy magnifico Sr. D. Pedro de

Alvarado, adelantado e goberna temala, por Su Majestad, en presencia de mí, Bernardo de Cabranes, escribe Cerezeda, gobernador e justicia mnayor desta gobernacion de Higueras e Cabranes, e Juan Lopez de Gamboa, e Miguel Garcia de Liñan, regidores de la villa de la Buena Esperanzá, ques en este dicho valle de Naco, quel dicho gobernador Andrés de Cerezeda pobló y crió en ella los dichos alcaldes e regidores con otros que aquí no estén de la dicha villa, y dixo el dicho señor gobernador Andrés de Cerezeda al dicho señor adelantado e gobernador D.Pedro de Alvarado, que ya Su Señoría sabe como los dias pasados le escribiócon el de Celis, haciéndole saber como que por mandado de Su Majestad habia venido a poblar e conquistar esta tierra, y tenia poblada la dicha villa de Buena Esperanza, que estaba en mucha necesidad de gente española e indios amigos, para sujetar los naturales desta tierra que son muy malos y perversos y mostrados a matar cristianos y otras cosas, segun que se lo escribió, y que suplicaba a Su Señoría, pues era gobernador e servidor de Su Majestad, le hiziese tan gran servicio, y el dicho señor Gobernador y todos los españoles que perdidos estaban en esta tierra tan gran merced; que le embiase socorro de españoles con indios amigos para sujetar los naturales de la tierra....y si no lo hacia questa tierra se perderia....y que el dicho señor Adelantado vista la dicha carta—embajada del dicho Tesorero, lo mucho que trabajó e solicitó con su Señoría para venir al dicho socorro, se determinóde lo hacer viendo que el muy gran servicio que a Su Majestad hacia viniendo a socorrer esta tierra con su persona e muchos españoles e indios amigos;y que por tanto, que seyendo la persona e poder quel dicho Adelantado trae, y como en manera alguna esta tierra se puede sostener, que (si) Su Señoría no se encarga de ella, especialmente como halló el dicho señor Adelantado a los españoles que en esta tierra estaban de camino, unos para la gobernacion de Guatemala y otros para la de Leon, con sus ganados e haziendas; e tambien el dicho señor gobernador Cerezeda era echado de la tierra e se iba della porque quedaba solo y no podia sostenerse en la tierra, que pide e suplica al dicho señor Adelantado, que por las cabsas dichas e por otras que declararáen su tiempo y lugar, reciba y tome en sí y para encargo de toda esta dicha gobernacion de Higueras y Honduras, y no la dexe caher, pues Su Señoría sabe el gran servicio que Su Majestad recibe questa

Gobernacion se pueble, por desde agora el dicho señor Gobernador deseaba y deseó, y se desistia y desistió del cargo e oficio de Gobernador justicia mayor que tiene desta dicha provincia, e la daba e dio al dicho señor adelantado D. Pedro de Alvarado, y mandaba a los alcaldes y regidores que luego reciban del dicho señor Adelantado el juramento e solenidad que en tal caso se requiere, y que le hayan e tengan por Gobernador e justicla mayor asta tanto que otra cosa Su Majestad probea, y cumplan e obedescan sus mandos, e que suplicaba al dicho senor Adelantado luego lo azete, donde no, que protesta, que si se despoblare o perdiese esta tierra que sea a su cargo e culpa y de sus bienes, e no a la del dicho señor gobernador Cerezeda; y asimismo dixo que mandaba e mandó lo mismo al concejo, justicia e regidores de la ciudad de Trugillo; de Honduras, y a los oficiales de Su Majestad, y a todas las otras personas desta gobernacion que hayan e tengan al dicho señor Adelantado por Gobernador e justicia mayor desta dicha gobernacion; e firmólo de su nombre.—ANDRES DE CEREZEDA.

Naco era población de indios y la Buena Esperanza de españoles.

ACEPTACIÓN DE LA GOBERNACIÓN POR PARTE DE ALVARADO (pag.295)

"E luego el dicho señor adelantado e gobernador, don Pedro de Alva.rado, dixo que porque le costase ser ansí lo quel dicho señor gobernador Andrés de Cerezeda dice y le pide, y envió a pedir con dicho Tesorero, que Su Señoría, bisto el gran servicio que haze a Su Majestad en socorrer esta tierra, a venido al dicho socorro personalmente a su costa, gastando de su hacienda y pospuesta la que dexó en su gobernacion de Guatemala y el armada que hace para descobrir la especiería para que benga por la mar del Sur a la dicha gobernacion de Guatemala, y por esta gobernacion al puerto de Caballos que está en la mar del Norte, para que desde alli balla a los reynos de Castilla, y pospuesto otras cosas muchas en que dexa de entender y hazer, y que viendo él esta expedicion en que alló esta tierra, y que los españoles que en ella estaban se iban della, que por servicio de Su Majestad, no por otro interese, él recibia e recibió esta gobernacion y administracion con la justicia della en sí, para ser justicia mayor e capitan general della, hasta tanto que Su Majestad mande probeher sobrello otra cosa, porque Su Señoría a su costa la sosterná por la necesidad en que está y porque Su Majestad no la pierda... .y que juraba e juró a Dios Nuestro Señor Todopoderoso y la señal de la + en que puso su mano derecha, que como buen y fiel cristiano e servidor de Su Majestad usará de la justicia e capitanía general desta gobernacion, bien fielmente guardando las leyes e fueros, derechos y ordenanzas, y que por amor ni temor, no dejará de lo hacer, y que en todo hirá (hará) lo que combiene al servicio de Su Majestad y bien desta dicha gobernacion, y que si ansi lo hiciere, Dios Nuestro Senor le ayude en este mundo el cuerpo, y en el otro el ánima, y el contrario haziendo se lo demande como al que jura su santo nombre en bano, e pidiólo por testimonio e firmólo, el adelantado D. Pedro de Alvarado".

"Y luego los dichos alcaldes y regidores dixeron que recibian el beneficio y señalada merced que Su Señoría en ella ha hecho a esta tierra, y a los que hazian tan gran servicio a Su Majestad, y que rescibian e recibieron al dicho señor Adelantado por tal administrador de la justicia e capitanía general de toda esta gobernacion, debajo del juramento e solenidad que Su Señoría a hecho firmar con testigos. Diego García, Tesorero, y el padre Juan Abela, y Bartolomé Jorge, y Francisco Cabrera, estantes en el dicho Naco; Alonso Ortiz y Bernardo de Cabranes, Juan Lopez de Gamboa, Miguel García de Liñan, el dicho Bernardo de Cabranes, escribano e notario para suso derecho, que con los dichos testigos, presente fuí a lo que dicho es, e fize aquí mio signo.—BERNARDO DE CABRANES, escribano de Su Majestad".

CARTA DE CERECEDA A ALVARADO (pag. 296)

"Muy magnífico Señor.—9 Mayo.—La letra de Vuestra Señoría que rescibí, que me dió el Tesorero Célis, ques fecha en el pueblo de Calcamo Dios sabe el grandísimo plazer que yo rescivi y el gran beneficio que bino a esta tierra el dia que tan gran nueba llegó segun el estado en que la allo, que a tardar un dia más, creo bien de los que en ella reposaron con la nueba de Vuestra Señoría, pudiera ser mal servido con ser yo muerto, como podrá dezir a Su Señoría quien quiere dezir berdad, plega a la gran bondad de Dios quella trujo aquí a Vuestra Señoría. A tiempo de tanta destruycion y daño que con solo el sonido de su benida, los españoles y naturales aún sin ver a Vuestra Señoría con solo el asomado, a hecho mucho fruto..."

"Mucho quisiera, luego que la nueba de Vuestra Señoría llegó, arrojarme a do estaba, si fuera posible; pero como el padre Juan Abela diráa Vuestra Señoría, la tierra era despoblada quatro dias habia, y todos amotinados ya, echándome primero desta villa y de mi casa, no estando para lebantarme de una cama en que lo más del tiempo estaba, dias abia, de una postema que me nació entre las piernas sin poderme sentar sino en una silla de poco suelo, y eso poco tiempo; y no embargante todo esto, me echaron de mi casa con la mayor siesta del mundo, solo, y que me fuese hazia la mar, que gente me darian que fuese conmigo a Trugillo, a fin de se llevar presos todos los indios que en esta comarca serbian, como lo tenian hecho antes que me echasen del pueblo, y yo porque (no) me matasen saqué fuerzas de flaqueza, y dejé (quedé) perdido en mi casa y por los caminos a la pobreza que tengo, y boy asta Naco, donde me tornaron a llamar y he buelto con trabajo intolerable, por lo que me sucedió de la caballería forzosa, y esto y tal que creo en tres meses no seré sano, y esta es la causa porque no boy de ojos a besar las manos a Vuestra Señoría, y a suplicarle me quite de encima tan mala carga como esta para hombre pobre y que no tenga mucho poder".

"Magnifico Señor— Demás desto, ay que decir que antes que llegase a este pueblo y desque he llegado, que no son quince horas pasadas, he sido cias sobradas que suele azer a bezes, quiso azer entender a Vuestra Senoría en Guatemala, a propósito quen su mano sola estaba dar a Vuestra Señoría la gobernación desta tierra, para azerse a sí solo el sentidor a los negocios y bien de la tierra y servidor de Su Majestad, y no a quien se lo mostró, a dezir lo que allá paresció que sabia".

"Y porque sepa y vea que hay otros que lo desean más quel tesorero Celis, aquí enbio a Vuestra Señoría con el padre Juan Abela, la renunciacion y dexacion que hago en la persona de Vuestra Senoría de toda esta gobernacion questá a mi cargo, y en esto pienso que hago a Su Majestad gran servicio. Aunque no tengo especial mandado suyo, porquesta tierra no se puede sostener si Vuestra Senoría no la manda con la de Guatemala, porque es persona poderosa y lo sabe y puede hacer mejor que ninguno de los caballeros de Indias ni de España, especialmente por el trato de la especiería que sespera, segun lo que Vuestra Señoría tiene comenzado, y por los indios amigos que tiene para castigar estos salvajes, que hará gran servicio a Su Majestad y bien general a todas las Indias y España, y por estas causas y otras que yo escrebi a Su Majestad, le supliqué humildemente, porque ansí combenía a su servicio, proveyese a Vuestra Señoría esta gobernacion juntamente con la de Guatemala, como podrá ver por mis cartas, porque Diego García de Celis y todos sepan, como saben, que de mí a salido siempre esta voz y que nadie es parte sino sola razon y el servicio de Su Majestad. Con el padre Juan Abela enbio a Vuestra Señoría como he dlicho esta dexacion y la mano ajena me perdone, porque mi enfermedad no me deja escrebir".

TRESLADO DEL CAPÍTULO DE LA CARTA DEL ADELANTADO MONTEJO, PARA EL ADELANTADO D. PEDRO DE ALVARADO (Tomo XIV, pag. 300)

"Señor: El Sr. Visorey me habló sobresto de Honduras y que le parecía que yo no tenia por donde entrar a esa gobernacion, y quue le habian infor—lugar de Merced—es un error evidente) lo podia muy mejor y a menos costa, ansí por estar tan cerca y como por la mucha gente que en esa gobernacion hay, como por tener amigos para hacer la guerra, y todo esto me falta a míque sin ellos en ninguna manera se podria conquistar, y que para conquistar al Yucatan que seria muy gran socorro y aparejo venir a Chiapa, y que le parescia que seria gran servicio de Su Majestad y bien de todos, questo se trocase y que debia desperar asta quél lo hiciese a Vuestra Magest, y por ced rescibiré quen tanto que Vuestra Merced escribe sobrello al Sr. Visorey, que Vuestra Merced enbie socorro a aquella tierra porque no se despueble, y con lo que determinare haga con brevedad mensajero al Sr. Visorey, para que yo sepa lo que sobrello tengo de hacer. Yo escribo al Tesorero (Cerezeđa), remitiendome a Vuestra Merced porque tengo por cierto el socorro quél ha menester...."

Este treslado está junto con los capitulos anteriores.

TRESLADO DEL CAPÍTULO DE LA CARTA DEL VIREY PARA EL ADELANTADO D. PEDRO DE ALVARADO (Tomo XIV, pag.301)

"Ya Vuestra Merced sabe como Su Majestad ha encomendado la gobernacion de Higueras y Honduras al adelantado Montejo, y la posibilidad que tiene de conquistalla, anos parescido acá, platicando en ello, que no hay quien mejor lo pueda hazer que Vuestra Merced por el buen aparejo que tiene y porquestará muy bien para con lo de Guatemala, por los puertos que tiene a la mar del norte, y que Vuestra Merced le dexase Chiapa para con lo de Yucatan. Vuestra Merced me abise de lo que le parece, porque conforme a ello,pues todo es para el servicio de Dios, y porque sobre todo escrebirá más largo el señor Jorge de Alvarado....

ABANDONO DE LA VILLA DE LA BUENA ESPERANZA
(La fecha de este documento no es exacta) (pag.301)

"En el pueblo de Naco, asiento de indios, estando en un aposento de los de la plaza del, ques en la gobernacion de Higueras e Honduras, jueves a to, de mil e quinientos e treinta e seis años. En presencia de mí, Bernardino Alonso Ortiz, alcalde....regidores de la villa de Buena Esperanza, el dicho des e regidores que bien saben el estado e perdicion en que está esta tierra, hay, no quieren estar en ella... .en este valle de Naco, despoblado, como lo está, e sin indios, e que no viene socorro de gente españoles, porque envió a Diego Garcia de Celis, tesorero de Su Majestad, a la provincia de Guatemala, y escrebió al gobernador della, pidiéndole por merced le ayudase a sostenella, y suplicando lo mismo a los señores Presidentes e oidores de la Abdiencia Real de la Nueva España, y Su Majestad a los reinos de Castilla, desde que a esta tierra vino el dicho señor tesorero Celis, que envió con dineros para la gente a la dicha Guatemala, que ha casi siete meses, hasta hoy no ha benido, ni nueva del, ni despacho de Su Majestad, ni de su Abdiencia Real. Por tanto, que de parte de Su Majestad, mandaba e mandó a los dichos señores alcaldes e regidores, quue luego le den su parecer de lo que en ello se debe hacer....Y luego los dichos señores....dixeron....que su parecer es que debe Vuestra Merced de dexar esta tierra, y que los españoles que en ella tiene los debe dexar ir adonde quisieren, porque les parece hacer otra cosa, es imposible sin perder la vida, pues no se pueden sostener...

"E luego el dicho Gobernador, dixo que visto lo suso dicho, mandaba e mandó dexar esta dicha tierra a todos los españoles que en ella al presente no vayan de veinte españoles abaxo, porque bayan seguros por tierra de indios de guerra, e mandaba e mandó a los dichos alcaldes e regidores de la dicha villa, que bayan a ella y tornen a acordar en cabildo, e lo manden pregonar.

"En la villa de la Buena Esperanza del valle de Naco, a cinco días del mes de mayo de mil e quinientos e treinta e seis años, estando en las casas y morada del Sr. Alonso Ortiz, alcalde ordinario en la dicha villa, ayuntados en cabildo, segun que lo han de uso e costumbre....el dicho señor alcalde ....regidores....en presencia de mí, Francisco Perez, escribano....dixeron los dichos alcaldes e regidores, que ellos aprobaban e abían e obieron por bueno e bien, todo lo suso dicho que pasó e se hizo en el pueblo de Naco, juntamente con el señor gobernador Andrés de Cerezeda, que a todo lo suso dicho presente estaba, e rectificaba e rectificaron (ratificaba e ratificaron). En todo ello segun e como de suso está escrito, e lo firmaron de sus nombres. Alonso Ortiz, Juan Lopez de Camboa, Miguel Garcia de Liñan, e yo el dicho Francisco Perez, escribano de Su Majestad, que a lo que dicho es, fui presente; lo fize escrebir y lo sino de mi signo acostumbrado en testimonio de verdad. —FRANCISCO PEREZ, escribano de Su Majestad".

Este treslado está junto con los capítulos anteriores. Parece de inspiración de Alvarado.

CARTA DEL ADELANTADO DON PEDRO DE ALVARADO AL REAL CONSEJO DE INDIAS, SOBRE VARIOS PUNTOS CONCERNIENTES A SUS SERVICIOS Y A LA GOBERNACIÓN DE GUATYMALA

(Colección de Docum. Ined. de I., t. XXIV, pag. 247)

Noviembre 20 de 1535. (La colección pone la fecha errada de 1536) Muy Ilustre y Reverendísimo Señor e Magnificos Señores.

Ya que su Majestad no se a servido, ni a Vuestras señorias e Mercedes les pareciere de mandar que yo entre en los limites de nenguna destas Governaciones, para ver si hay puerto seguro a la Mar del Norte, pues como digo, nenguno de los otros Gobernadores tienen ni manera para andar la Costa y buscar puerto en ella; y pues en la Costa de la Mar del Sur que participa a esta Governacion, se han descobierto puertos e ay gran aparexo en ella, de hacer navios con que placiendo a Dios se descobria por ella muy gran cosa, para cuya conquista e poblazon se a de llevar de aquí el socorro, y es muy gran gasto e trabaxo traer a esta Governacion lo necesario desde el Puerto de SAN JUAN DE OLUA, que ay trece leguas, y el pueblo de GUACAGUALCO, donde ay puerto al Norte está quarenta leguas desta Governacion; suplico a Vuestras Señorias e Mercedes provéan de que Su Majestad me haga Merced de aquel Puerto e Poblacion, para que esté debaxo desta Gobernacion; porque desde alli se puede proveer aqui de todo lo necesario para las armadas que de aqui saliesen para la Mar del Sur; pues dello, se espera tan gran provecho, y para toda esta Governacion muy gran bien e mercedes......

Desta Cibdad de GUATYMALA a veinte de Noviembre de mil quinientos treinta e seis. D. V. S. R. Mercedes muy arto servidor. — El Adelantado PEDRO DE ALVARADO.

CARTA A S. M. DEL ADELANTADO DON PEDRO ALVARADO ACERCA DE SU VUELTA A HONDURAS Y A GUATEMALA Y EL CONCIERTO QUE HIZO CON MONTEJO

Su llegada a la Isla de "Santo Domingo".—Camino abierto en dicha Isla por dicho Adelantado.—Su salida con rumbo a la Villa de "San Pedro" por las costas del Poniente.—Su llegada y residencia en "Gracias a Dios".—Graves cargos que el mismo Adelantado hace contra el Adelantado don Francisco de Montexo.—Preparativos del Adelantado Alvarado para su partida a GUATYMALA—Concierto que éste propone al Adelantado Montexo, ofreciéndole la Gobernación de "Chiapas" y en "México" el pueblo de "Chuchimillo" con toda su tierra, y dos mil castellanos, a cambio de la Gobernación de "Higueras" y "Honduras" y Merced de la Gobernación de GUATIMALA.—(Docum ined de I. t. XXIV, pag. 311).

Gracias a Dios. —Agosto 4 de 1539.
Sácra Cesárea Cathólica Majestad.

De SANLUCAR, al tiempo de mi partida, escrebí a Vuestra Majestad dandole larga cuenta, ansi de mi armada como de la gente que en ella traia;y ansy mesmo, escrebí a Vuestra Majestad, de la Isla de SANTO DOMINGO, haziendo saber a Vuestra Majestad mi llegada a ella en SALBAMIENTO, y como allí avia hallado un navio desta tierra de HONDURAS, donde supe el estado en que la tierra estaba, y del perdimiento délla; y hasta saber la certimidad de todo, no escrebí mas a Vuestra Majestad, acerca dello, sino que, Montexo dezia, que no me havia dexar desembarcar, y otras cosas que Vuestra Majestad por mi carta habrá visto. Yo me partí de la Isla de la Cibdad de SANTO DOMINGO, en veinte de marzo, y llegué a PUERTO DE CABALLOS, Viernes Santo, donde desembarqué sin hallar persona que camino ni nueva nos supiese dar, donde despues de desembarcado hallé un hombre perdido al qual pregunté, que qué hacia allí, el qual me respondió que hazia seis dias que andava perdido por los montes buscando camino e que no lo havia podido hallar, para ir a la Villa de SAN PEDRO; y dende a otro dia, desembarqué,y como savia la tierra, tomé doscientos hombres cristianos, y con azadones y machetes y hachas, comenzé a abrir camino; y en obra de diez dias, hize un camino tan ancho que podia ir una requa y venir otra asta la Villa de SAN PEDRO, de donde hize saber mi venida a esta tierra; y luego me volví al Puerto, adonde yo y mi gente estovimos veinte y cinco dias desembarcando nuestro hato, y mis municiones, sin morirseme un solo hombre, aunque cayeron arto malos porque los vastimentos que en las naos traya, eran muchos; y ansi mesmo cosas de medizina de que nos hizieron mucho provecho; y a cabo deste tiempo,yo salí del Puerto con toda mi gente a la Villa de SAN PEDRO adonde halléasta doce casas, y allí paré, donde de la Provincia de GUATYMALA fuí proveido de mucho vizcochos de ESPAÑA, y tocinos y quesos, y de algunas vacas que de la entrada pasada abian quedado aqui mias. Fuí tan bien proveido, que nunca tobe necesidad, ni mi gente menos, en la qual Villa estobe quarenta y tres dias, trayendo mis municiones y hato de la Mar en barriles por un rio arriba; y con treinta y quatro acémilas que traxe de SANTO DOMINGO, por tierra, en todo este tiempo, acudió a mi, mucha gente, y ansi de GUATYMALA, como de esta Provincia, cristianos y nunca el Adelantado Don Francisco de Montexo me quiso ver ni escrebir, ni proveer de la menor cosa del mando de la tierra, pensando que enfermedades y necesidades me desbarataran; y plugo a Dios que me sobraron vastimentos; y a cabo de tres meses que há que soy desembarcado, no se me han muerto de diez personas arriba, muchachos y hombres, y acabo deste tiempo, me puse en camino para venir a esta Cibdad de GRACIAS A DIOS, a berme con él, adonde nueve leguas antes que a este pueblo llegase, topé con el Licenciado Pedraza Protector de la tierra, y otros hidalgos que con él venian, los quales me rogaron que escrebiese al Adelantado Don Francisco de Montexo. Yo lo hize con ellos mismos, sin haver él echo nengun complimiento conmigo, en esta ni en otra cosa nenguna; y llegado que fuí a este pueblo, al Protector le quise presentar las Provisiones que trahía de Vuestra Majestad, para que me desagraviase a mi y a los demas; y el Protector me dixo que no lo hiziese por el presente, porque la tierra estava tan perdida, que nenguna cosa podia fundir con remedio; y que Montexo la queria dexar, porque yo le diese en MEXICO otra cosa, y por lo que convenia al servicio de Vuestra Majestad y bien desta tierra Yo venia a dexalle a Cibdad Real de CHIAPA, pero con lo de YUCATAN, y mas, me desistia SUCHIMILLCO, que tengo en MEXICO para que el Virrey se lo encomendase a él; y mas, pagaba dos mil castellanos que quedava, diziendo a personas, estando los conciertos asentados, para que esta tierra quedase xunto con la de GUATYMALA, y Dios e Vuestra Majestad fuesen servidos. Por dichos de personas libianas faltó al concierto, y no quiso venir en él, de donde no poco sentimiento hizo la tierra; y no piense Vuestra Majestad que lo hizo por lo que él interesa en ella, porque aun de pan de la tierra no se hartan él ni quantos en ella estan; y Vuestra Majestad es muy desservido, porque por lo menos, en la tierra se podia sacar cada año mas de cien miles de castellanos, y ansi no se saca blanca; y toda esta destruida y perdida, e sus rentas reales menoscavadas. Viendo el termino que llevava, yo le presenté una proposicion de Vuestra Majestad con dos abtos de sentencia en ella, en que me volviese y restituyese los indios, a mi y a las personas a quien yo los habia dado; no lo quiso obedecer ni complir, ansi habia hecho todas las demas que Vuestra Majestad asta agora a imbiado, porque nenguna a complido; antes tiene un clerigo por Capellan, que es su letrado, que dizen que dize publicamente, y de ello ay ynformaciones bastantes, que dize que no se ha de complir Provision de Vuestra Majestad en la tierra no es de Vuestra Majestad sino del Papa; y que los del Vuestro Real Consexo de las Indias, no saben lo que hacen, ni proven en lo que manden, y otras cosas muchas feas que yo no oso decir. Yo he querido prendelle para imbiar a Vuestra Majestad, y el Licenciado Don Cristoval de Pedraza, Protector, me ha dicho que por agora lo disimule, porquél tiene la ynformacion bastante tomada de todo ello; y ansi he cessado. Vuestra Majestad tenga por cierto, que si el Protector no le prendiese, que no me he de quedar con esse pecado, porque no son de sufrir estas palabras a los criados de Vuestra Majestad. Despues de no haber querido complir la Provision de Vuestra Majestad, que le notifiqué, yo tomé la executoria de Vuestra Majestad y la presenté al Protector, que para la execucion della venia señalado el qual luego ovedeció en el complimiento della, hizo sus ynformaciones y deligencias necesarias; y por lo que le costó por ellas, me dió y entregóciertos pueblos de los que el Adelantado Don Francisco de Montexo me havia tomado, aunque no fueron todos; y de los daños y perdidas que yo habia recebido y él me havia tomado de mis haziendas, le condenó en diez y siete mil castellanos, como a Vuestra Majestad constará por las informaciones y procesos que a los del su Real Consexo imbío, y en él se vea y conste los agravios que he recebido; y para que en todo Vuestra Majestad mande me se hecho e complimento de xusticia.

En esas cosas yo me he detenido algunos dias en esta tierra, sin haber ido a GUATYMALA; pero desde aqui tengo proveido que se aderezen dos naos para que de aquí a Navidad, placiendo a Nuestro Señor, salgan a la vela en proseguimiento de la Capitulacion que con Vuestra Majestad tengo hecha; y ansi mesmo, agora tengo acavada una galera pequeña de veinte bancos, y he imbiado a mandar que luego me hagan otra compañera, para que estas dos vayan costeando toda la Costa hacia el Poniente, y por esta via no se dexará de saver todo el fin desta tierra, y puertos e rjos de la Costa; y ansi como mi voluntad es de servir a Dios y a Vuestra Majestad, ansi él encamine mis cosas en que acierte en abmentar los Reynos de Vuestra Majestad; y porque despues de partidas estas naos, escrebiré a Vuestra Majestad, como van, y las armas y vastimentos que llevan; y de todo será Vuestra Majestad ynformado Acerca desto no diré más, sino que suplico a Vuestra Majestad me haga merced de este PUERTO DE CABALLOS, libremente, para que pueda pasar mis municiones y proveimento de mi armada por el dicho Puerto, porque de otra manera, yo no puedo ser proveido, ni Vuestra Majestad servido como yo queria.

Despues de escrita esta, y subcedido todo lo que arriba a Vuestra Majestad digo, el Adelantado Montexo y yo, nos concertamos desta Manera: que yo le dexe la Cibdad Real de CHIAPA, que es en la Governacion de GUATYMALA; y en la de MEXICO, el pueblo de SUCHIMILCO con toda su tierra; y mas, le doy dos mil castellanos y el me dexa el derecho que tiene a esta Governacion de HIGUERAS y HONDURAS, para que Vuestra Majestad me haga merced délla, xuntamente con la de GUATYMALA; y por ser cosa tan importante a la Gobernacion de GUATYMALA, ansi por estar en medio della como por el PUERTO DE CABALLOS, que es el mas cercano que ella tiene, como por servir a Vuestra Majestad, porque si yo no la tomára se perdiera, yo vine al hazer los conciertos, como a Vuestra Majestad digo. Suplico a Vuestra Majestad, que pues la Gobernacion ya está en mi, y la una e la otra yo las mando, y me costó mis pueblos y dineros; y demas desto yo los hize por una Provision de Vuestra Majestad, que traxe, que la podiese trocar como Vuestra Majestad sabe, porque la una sin la otra, no es nada, ni Vuestra Majestad puede ser bien servido.

Llegado que sea a la Cibdad de SANTIAGO DE GUATYMALA, haré mensaxero propio a Vuestra Majestad de todo lo que hasta entonces sucediere; y todo ío demas que desta tierra Vuestra Majestad quisiera saber, le informaráel Obispo desta tierra que va a dar cuenta a Vuestra Majestad de todo lo que hay en ella. Nuestro Señor guarde e acreciente la vida de U. S. S. C. M.con muy mayor acrecentamiento de Reynos. Desta Cibdad de GRACIAS A S. C. C. M. omilde vasallo que sus Reales Pies e Manos besa. —El Adelane tado ALVARADO.

CARTA A S. M. DEL LICENCIADO ALFONSO ALDONADO, ACERCA DEL ESTADO DE LA GOBERNACIÓN DE GUATEMALA

(Colección de Docum. inéd. de I., tomo XXIV, pag. 343)
Puerto de Caballos. —Enero, 15 de 1543 (La colección pone la fecha errada de 1545).

De México escribía Vuestra Majestad mi benida a Guatymala, e como pues acá; e que Vuestra Majestad sepa el que de Guatymala imbié mi Teniente a la Cibdad de Gracias a Dios, que es en esta Governacion de Honduras, porque por mi Provision se mandava tobiese esto de Honduras con lo de Guatymala, y el Adelantado Montexo e Cabildo de aquella Cibdad no le quisieron recebir; e a la provision Real e poder que yo dí, dieron cierta respuesta como mas largo por la sobrecarta que aquella Real Abdiencia a ello Teniente que imbié a la Cibdad de Gracias a Dios, bolbió, yo aguardé en bernacion. Vista la respuesta que en Gracias a Dios se dió a mi Teniente, despaché para el Visorrey e aquella Real Abdiencia, todo para que se proveyese lo que mas convenia; y en el entretanto que en México bolvía la respuesta de lo que se devia hacer en lo tocante a estas Gobernaciones, me parti a la Villa de San Salvador que es en la Gobernacion de Guatymala, a la visitar e proveer algunas cosas que convenian al servicio de Vuestra Majestad. Llegando alli, tobe nueva como Joan Perez de Cabrera avia venido proveido por Governador desta Governacion, por Provision del Abdiencia Real que reside en la Cibdad de Santo Domingo de la Isla de la Española; e tampoco en la Cibdad de Gracias a Dios, no le avian querido recebir, e se havia vuelto a esta Villa de San Pedro, para bolverse con gente que havia traydo, e hacerse recebir forzablemente; e pareciendome que no era bien que obiese el menor escandalo de los que dezian se esperaban, por evitallos, me parti para la Cibdad de Gracias a Dios, que está veinticinco leguas de aquella Villa. Llegado alli, tobe nueva de Joan Perez de Cabrera, no volvia de la manera que se havia dicho, antes avia pasado a Truxillo. Como aquello vide, me parti de alli para la Villa de San Miguel, ques en la Gobernacion de Guatymala a la visitar e dar orden en algunas que convenian, hasta ver la respuesta de lo que se proveia. Vista la respuesta que al Teniente que ymbié a la Cibdad de Gracias a Dios, se avia dado, estando alli, recebí sobrecarta e Provision del Abdiencia Real de la Nuava España, en que se me mandava, que sin embargo de la respuesta que a mi Teniente se dió, tenga estas Gobernaciones xuntamente con Guatymala, por todo una cosa, como mas largo por la Provision, e sobre—carta parece.

REcebí esta segunda Provision, me parti para Gracias a Dios, e luego fui recebido en el Cabildo de aquella Cibdad, e imbié mis Tenientes para las Villas de Comayagua, e San Jorge del Valle de Ulancho e minas de Guayape, fuy recebido, y en esta Villa de San Pedro no por Provision del Abdiencia Real de Santo Domingo.

Despues de esto, me vine a esta Villa por vella, e ver el Puerto de Caballos; e otro dia, despues que llegué aqui, llegó Joan Perez de Cabrera que pues la intencion del Abdiencia Real de Santo Domingo, hera, que no usase tulo de Ynstruceion quel Presidente e oidores de aquella Real Abdiencia le habían dado. Parescía no lo quiso hacer.

Yo por escusar todo escandalo, no hize otra cosa mas de presentar mi Provision e mi requerimiento, cuyo treslado también imbió a Vuestra Majestad con la rrespuesta que se me dió, y el capitulo de Ynstruccion que se Je dió, a Joan Perez de Cabrera.

He dado a Vuestra Majestad esta cuenta, para que sepa lo que acá a das las deferencias de Gobernadores en ella; e porque quando esta llegue, havra Vuestra Majestad mandado proveer lo que convenga a esta Gobernacion e a la de Guatymala no digo mas en ella.

Yo he visto toda esta Governacion, y hay muy pocos indios en ella, que les han dado mas prisa de la que convenia, y asi los han apocado; y si Vuestra Majestad no manda remediallo, se acavarán; y una de las cosas que convinieren para esto, es, que Vuestra Majestad mande abrir los caminos de Gracias a Dios a este Puerto de Caballos y de Comayagua, al Puerto, y de las minas de Ulancho al Puerto; porque en ir a la Mar, se trabaxa mucho y mueren muchos en este camino; y esto nno se puede hacer con indios, porque hay muy pocos. Ay necesidad que Vuestra Majestad haga merced de esta Governacion para este efeto, de quarenta negros que podran abrir los caminos; y los oficiales de Vuestra Majestad tendran cuidado de estos negros,como de cosa de Vuestra Majestad, y los venderán como se acaben los caminos, que se harán en poco tiempo.

Tambien hay mucha necesidad de abrir el camino de Guatymala a este Puerto de Caballos, y es cosa muy importante para aquella Governacion y para esta; y por esto se puede hacer con indios; y teniendo la Cibdad de Guatymala en su cabeza, los que agora tienen, que bacaron por muerte del Adelantado Alvarado, tiene buen aparexo para ello, aunque agora estan ocupados en hacer obras públicas de aquella Cibdad y no conviene que Vuestra Majestad los mande quitar a la Cibdad hasta que estan acavadas algunas obras públicas délla; y desta manera se edificará muy bien y ennoblecerá aquella Cibdad; y de todo lo que rrentan los pueblos y se gasta, ay quenta y razon, y la imbiaré a Vuestra Majestad como vuelva a Guatymala.

La memoria de los pueblos que vacaron en Guatymala por muerte del Adelantado, ya Vuestra Majestad antes de mi partida, los que en esta Governacion de Honduras e higueras, por su fin, vacaron, son estos: en terminos de la Cibdad de Gracias a Dios, los pueblos de Tencoa e Jamala y Posta; en terminos de la Villa de Comayagua, Tecosquin, Lexamáni, Quorora; en terminos de la Villa de San Pedro, Naco y Cocumba; estos se repartieron por los Governadores que el Calbildo elixió despues de la muerte del Adelantado Alvarado, y estanse ansi en las personas que los repartieron, que yo no he tocado en ellos, hasta saber lo que Vuestra Majestad manda que se haga en ello; y si Vuestra Majestad mandase que se aplicasen los que estan en terminos de la Cibdad de Gracias a Dios, a la misma Cibdad, y los que estan en terminos de Comayagua a Comayagua, para obras públicas y abrir los caminos, podríanse abrir muy bien, aunque todavia abria necesidad de veinte negros; porque como tengo dicho, en esta Governacion ay pocos indios para que entiendan en ello, y podrianse hacer algunas obras públicas. Podria Vuestra Majestad mandallos proveer en las personas que fuere servido, y pues se ha hecho ansi en Guatymala, no tendrian razon de agraviar los desta Governacion.

Las minas de Ulancho an afloxado algo, pero todavia se saca mucha cantidad de oro. Saca cada esclavo medio peso por dia, y a ducado. Ay mucha cantidad de negros ya en ellas, que serán hasta mil e quinientos, con los que allá hay, y estan en este Puerto para ir. Es toda aquella tierra muy rica de oro, y aunque faltase aquel rio de

Guayape, donde agora lo sacan, ay ya descobierto otros rios; y como entra cantidad de negros, cada dia an de descobrir más.

Por relacion que tengo de Francisco del Vasco, que es el que tiene poblada la Villa de San Jorge en aquel valle de UJlancho; aquella tierra es muy buena y muy rica de oro, y muy apacible e muy sana; hay mucha caza en ella de venados, conexos en mucha cantidad. Este valle es el mas apacible, segun me escriben, que se ha visto en estas partes. Tiene este valle diez o doce leguas de largo, y en ancho tendrá cinco; entran cinco rios en él, todos grandes, y todos cinco en el mismo valle se xuntan en uno. Ay muchas frutas y cacaba, tales el que yo he estado algunas veces para ello a ver; y con pensar cada dia que Vuestra Majestad imbiará persona aqui questo viera. Esto no lo he hecho, como Vuestra Majestad provea persona que lo tenga bien. Creo a de ser aquello lo mexor de la Governacion, y que Vuestra Majestad ha de ser muy servido y aprovechado en aquella tierra.

DESCUBRIMIENTO Y CONQUISTA DE HONDURAS

DOCUMENTO XXIV
Documentos que se refieren al descubrimiento y conquista de Honduras por varios capitanes; a la fundación de las primeras ciudades y las contiendas entre los varios conquistadores, especialmente entre Honduras y Nicaragua

Testimonio de la posesión y fundación que hizo el Capitán Francisco de las Casas, a nombre de Hernando Cortés, del Puerto, Asiento y Villa de Trujillo, en el Cabo de Honduras.—18 de Mayo de 1525.—(DOCUIN XIV,44).

79—"A todos los que la presente fée vieren, que Dios Nuestro Señor libre y guarde de mal: yo Juan de Saldaña, escribano público y del concejo desta villà de Trujillo en el cabo de Honduras desta Nueva España, por mandado del muy magnifico Sr. Gobernador Hernando Cortés, capitan general e justicia mayor en toda la dicha Nueva España, por Sus Majestades, doy fée e testimonio verdadero cómo en el dicho puerto e cabo de Honduras, golfo e sierra de Higueras, en diez y ocho dias del mes de Mayo de mill e quinientos e veinticinco años, estando presentes los señores Juan de Medina, alcalde e tesorero de Sus Majestades, e Sancho Esturiano, vehedor e regidor, e Francisco Cepero, contador ansimismo de Sus Majestades, e Alonso de Pareja e Antonio de la Torre, regidores, e Francisco de Muñana, procurador, e en presencia de mi Juan de Saldaña, escribano público e del dicho concejo e de los testigos yuso escritos, los sobredichos e cada uno dellos dixeron que ellos hacian saber a todos los que con ellos venian que ellos bien sabian cómo venian a buscar puerto e parte a donde poblasen un pueblo por Sus Majestades y en nombre del gobernador Hernando Cortés, y para eso los envió Francisco de las Casas, como capitan del dicho señor Hernando Cortés; y pues que venian a ello y hallaban tal puerto como este era y buen aparejo de asentar el pueblo, que en él les hacian saber que querian aqui asentar el dicho pueblo e tomar la posesion de la tierra por Sus Majestades y por el dicho señor

Gobernador en su nombre, ansi como lo traian por instruccion; a todos los que presentes se hallaron, que venian a poblar el dicho pueblo, que les parescia bien el dicho asiento e puerto, e que debian de hacer lo que decian; e que luego los dichos Alcaldes e Regidores e Oficiales dixeron que querian poblar segun dicho es, e que tomaban e tomaron la posesion de la dicha tierra en el dicho nombre, para lo qual hicieron la diligencia siguiente:

En el cabo de Honduras, que es en el golfo e tierra de las Higueras, a diez y ocho dias del mes de Mayo de mill e quinientos e veinticinco años, estando presentes los señores Juan de Medina, alcalde y tesorero de Sus Majestades, y Sancho Esturiano, vehedor e regidor, e Francisco Cepero, Antonio de la Torre, regidor, e Francisco de Muñana, e en presencia de mi Juan de Saldaña, escribano público e de los testigos de yuso, los sobredichos e cada uno dellos dixeron que ellos, en nombre de Sus Majestades e del Sr. poner debaxo del yugo e servicio de Sus Majestades los indios e pacificar la tierra; por tanto, que ellos e cada uno dellos por sí decian y dixeron que en el dicho nombre poblaban e tomaban en el dicho puerto asiento y villa, y le ponian nombre la villa de Truxillo, y nombraban; pidieron a mí el dicho escribano que lo diese por testimonio de cómo daban e nombraban dar un pregon que todas las personas que quisiesen asentar por vecinos, que vengan y los rescibirán y les guardarán todas las libertades y exenciones que a otros vecinos se suelen guardar.—Juan de Medina.—Sancho Esturiano.—Francisco Cepero.—Alonso de Pareja.—Antonio de la Torre.—Francisco de Muñana.

E luego incontinente, este dicho dia e mes e año susodicho, Diego Hernandez, pregonero público, dió el dicho pregon a altas e inteligibles voces, en manera que lo pudieron oir todas las personas que estaban en la dicha villa. Testigos: Juan Griego e Anton Bernal e Juan de Villa; e porque lo susodicho sea cierto e no tengades duda alguna, de pedimento del dicho señor gobernador Hernando Cortés, dí la presente, firmada de mi nombre e signada de mi signo, segund todo ante mí pasó. Testigos que fueron presentes e vieron corregir e concertar este mi testimonio con el registro original: Alonso Valiente, secretario del dicho señor Gobernador, e Antonio de Barrionuevo escribano de Sus Majestades, estantes e vecinos de la dicha villa. E yo el dicho Juan de Saldaña, escribano susodicho, la fiz escribir segund que ante mí pasó, e por ende fiz aquí este mi signo que es a tal. —(Hay un signo) en testimonio de verdad.—JUAN DE SALDAÑA.

Testimonio de la fundación de la Villa de la Frontera de Cáceres, en la Provincia de Honduras, y de la posesión que en ella tomó, a nombre de Su Majestad, Bartolomé de Celada. —Año de 1526[131].—(DOCUIN, XIV,p. 57).

"En Escamilpa, pueblo de indios, provincia de Huylancho, que es en esta Nueva España, á doce dias del mes de Mayo, año del nacimiento de Nuestro Salvador Jesucristo de mil é quinientos é veinte é seis años, en presencia de mí Francisco Cepero, escribano de Sus Majestades, é de los testigos yuso escriptos, el muy virtuoso señor Bartolomé de Celada, contador de Su Majestad, en nombre del muy noble señor Hernando de Saavedra, teniente éjusticia mayor en las villas de Trujillo é la Natividad é sus provincias é términos é jurisdición por Su Majestad y por el muy magnífico señor Hernando Cortés en su Real nombre, en la mejor via é forma que de derecho aya lugar,é por virtud del poder que tiene, su tenor del qual es este que se sigue:

Yo Hernando de Saavedra, teniente é justicia mayor en las villas de Trujillo é la Navidad é sus términos é jurisdicion é provincias, por Sus Majestades y por el señor Gobernador mi señor en su Real nombre, fago saber á vos Bartolomé de Celada, contador de Su Majestad é vecino de la dicha villa de Trujillo que, porque conviene al servicio de Dios Nuestro Señor é Su Majestad é bien é pro común de las dichas villas é vecinos é moradores dellas é señores é naturales de la tierra, que se faga y edifique otro pueblo évilla en la provincia de Huylancho, de cristianos españoles, para que en ella se celebre el culto divino é se haga algund servicio á Dios Nuestro Señor é áSu Majestad, é los naturales de la tierra vengan en verdadero conocimiento de nuestra santa fée católica, que esta es la principal cosa que me mueve álo facer é servir á Su Majestad, demás de la doctrina é buen exemplo que los señores é naturales de la dicha provincia tomarán de nuestra conversacion; por ende confiando de vos, que sois tal persona que guardareis y fareis lo que por mí vos

---

[131] Archivo de Indias. Patronato, Est. 1º Caj 1º

fuere encomendado, os mando que vais á la dicha provincia, é lleveis en vuestra compañía Antonio de Figueroa é á Diego Male donado é Alonso Ortiz é á Francisco Velásquez, alcalde é regidores de esta dicha villa de Trujillo, é á Juan de la Puebla, alguacil mayor, é á Francisco Cepero, escribano de Su Majestad, é â las otras personas que os pareciere éviérdes que conviene, asi de pié como de caballo, é vais á la dicha provincia de Huylancho é á las otras provincias á ella comarcanas, é mirais é veais todas las partes é sitios é asientos pertenecientes para pueblos de españoles, mirando todas las cosas nescesarias, especialmente que esté vistoso, airoso, y el sitio del para seca y mojado, donde en saliendo el sol reverbere é las aguas corrientes é claras, apartado de cénagas é lapachares, é ayan parte é dehesa para hexido de todos ganados, é tierras, árboles é labranzas, é do se pueda edificar casas de piedra, la qual intitulareis del nombre de la villa de la Frontera de Cáceres, é asi fundado y hedificado nombrareis para oficiales del á los susodichos alcalde y regidores é alos demás que os pareciere, mandando poner en partes convenientes forca é picota para que goce de mero misto imperio como villa de Su Majestad, é mandareis, juntos en vuestro cabildo segund costumbre de estos reynos é señoríos, hacer la traza conforme al estadal de Sevilla, señalando en ella primeramente solares para iglesia é para plaza é para hospital é para el señor Gobernador é para mí é para cárcel é casa de cabildo éalgunos para propios della; todo lo qual fazed antel escribano que dello de fée, é asi fecho lo susodicho, mandareis á los señores é naturales de la dicha provincia de Huylancho é á los demas á ella comarcanos, que fagan la dicha iglesia é otras casas é aposentos para los españoles, que convienen é fueren necesarias, é buenamente serviros eis de los tales naturales, é recibireis todas las cosas que os traxeran de comer, é si traxeren algund oro ó plata ó otras cosas de valor, tened cuenta é razon de todo ello para que Su Majestad no sea defraudado; é mando á los dichos alcaldes e regidores é á alguacil mayor é álas otras personas que os obedezcan é cumplan vuestros mandamientos, so las penas que, de parte de Su Majestad é mia en su nombre, les pusiérdes, las quales podais executar en sus personas é bienes; para todo lo qual vos doy poder complido, en nombre de Su Majestad y del dicho señor Gobernador en su Real nombre, con todas sus incidencias é dependencias; é vos doy poder é facultad para que podais traer vara de justicia, é vos nombro é eligio por alcalde de la dicha villa, é mando á los dichos alcalde é regidores que asívos reciban al dicho oficio, recibiendo en su cabildo la solemnidad del juramento que en tal caso se requiere; é porque yo vos abia dado otra provision en razon de los susodicho, aquella revoco é doy por ninguna, é mando que no useis della, sino desta, que es fecha en la dicha villa de Trujillo, á veinte énueve dias del mes de Abril de mil é quinientos é veinte é seis años.—Fer—nando Saavedra.—Por mandado de su merced,—Cristóbal de la Torre, escribano público.

Dijo quél tomaba é aprehendia, é tomó é aprehendió en los dichos nombres é por virtud del dicho poder la tenencia, propiedad é señorío é posesion de la dicha tierra é pueblos é sus provincias é comarcas en la forma siguiente;paseandose por el sobredicho pueblo, cortando de los árboles ramas é arrancando de las yerbas é cabando con sus manos de la tierra, haciendo otros muchos abtos de posesion, la qual tomó, en los dichos nombres, quieta é pacificamente, sin contradicion de persona alguna; é fecho lo susodicho, el dicho Bartolomé de Celada lo pidió a mí el dicho escribano por fée é testimonio. Testigos que fueron presentes á lo que dicho es: Antonio de Figueroa é Rodrigo de Vargas é Antonio de la Torre é Alonso Hortiz, estantes en la dicha provincia.

E despues de lo suso dicho, en Agalta, pueblo de indios, á veinte dias del mes de Mayo é del dicho año, en presencia de mí el dicho escribano é de los testigos yuso escriptos, el sobredicho señor Bartolomé de Celada gobernador de los dichos nombres é por virtud de dicho poder, dixo que asi mesmo tomaba é tomó é aprehendió la tenencia, propiedad, posesion é señorío del dicho pueblo é tierra é sus provinclas é comarcas, con más todo lo que Luis Marin, en nombre Su Majestad é del muy magnífico señor Hernando Cortés en Su Real nombre, á descubierto, con las provincias de Zulacomanany, Talaca, é Quesalpa, en la forma suso dicha, paseandose por el dicho pueblo, cortando de los árboles é ramas é arrancando de las yerbas, cavando de la tierra con sus propias manos, é faciendo muchos otros abtos de posesion, la qual tomó pacificamente sin contradicion alguna é lo pidió a mí el dicho escribano por fée é testimonio. Testigos que fueron presentes á lo que dicho es:

Antonio de Figueroa é Alonso Hortiz é Juan de la Puebla estantes en la dicha provincia.

E despues de lo suso dicho, en la dicha provincia de Huylancho, en una sábana cerca de unos pueblos de indios que se dicen Telicachequita y Escamilpachecita, poco más de una legua de Escamilpa la Grande, el valle arriba, a dos dias del mes de Junio é de dicho año, en presencia de mí el dicho escribano é de los testigos infrascriptos, el dicho señor Bartolomé de Celada, contador en nombre del muy noble señor Hernando de Saavedra, teniente de justicia mayor en las villas de Trujillo é Navidad é sus términos é provincias é jurisdiccion, por Su Majestad é por el muy magnífico señor Hernando Cortés en su Real nombre, é por virtud del poder que de suso vá encorporado, dixo quél habia visto é mirado en muchas partes é lugares desta dicha provincia é sus comarcas sitio é asiento para edificar y fundar un pueblo de españoles, y en todo lo que habia visto no habia hallado otro mejor sitio éasiento que era en la dicha sábana, cerca de los sobredichos pueblos donde estaba, porque tenia todas las cosas pertenescientes para pueblo, especialmente vistoso, é airoso, seca é mojado, donde en saliendo el sol reverbera, é las aguas claras corrientes, apartado de ciénegas é lapachares, donde hay pasto y dehesa é exido para todo género de ganados, tierras é árboles para labranzas é todo lo demas que es pertenesciente para pueblo de españoles; por tanto que, en el dicho nombre de Su Majestad é del dicho Gobernador en su Real nombre é del dicho Teniente en su nombre é por virtud del dicho poder, ante todas cosas tomaba é tomó la posesion del dicho sitio é asiento, segun de suso, é fundaba é fundó un pueblo de cristianos españoles, al qual ponia y puso nombre la villa de la Frontera de Cáceres, segun se contiene en la dicha provision. Testigos que fueron presentes a lo que dicho es: Antonio de Figueroa é Rodrigo de Vargas é Juan de la Puebla é Alonso Hortiz.

E incontinenti, luego en presencia de mí el dicho escribano, el dicho Bartolomé de Celada dixo que nombraba y nombró, por virtud del dicho poder, por alcalde de la dicha villa de la Frontera de Cáceres á Antonio de Figueroa, é por regidores á Alonso Hortiz y á Francisco Velasquez y á Luis de Avila y Diego Maldonado, de los quales é de cada uno dellos rescibió el juramento é solenidad que de derecho en tal caso se requiere, a la absolucion del qual todos é cada uno dellos por sí dixeron: sí juro, é amen; é el dicho Antonio de Figueroa le fué entregada la vara de alcalde de la dicha villa de la Frontera de Cáceres, en la qual dicha villa fué puesta horca é picota para que sea é goce de mero misto imperio, segund que otras villas de Su Majestad gozan. Testigos que fueron presentes á lo que dicho es; los suso dichos.

E despues de lo suso dicho, el dicho dia, mes é año suso dicho, estando los dichos señores Antonio de Figueroa, alcalde, é Alonso Hortiz é Diego Maldonado é Francisco Velasquez é Luis de Avila, regidores, en su cabildo o ayuntamiento, segun costumbre destos reinos é señoríos, é en presencia de mí el dicho escribano, paresció el dicho Bartolomé de Celada, é presentó una provision del dicho señor teniente Hernando Saavedra, que de suso vá incorporada, é pidió a los dichos señores la compliesen en todo é por todo, como en ella se contiene, é le rescibiesen por alcalde de la dicha villa, segund se contiene en la dicha provision.

E luego los dichos señores mandaron salir del dicho cabildo al dicho Bartolomé de Celada, é por mí el dicho escribano fué leida la dicha provision á los dichos señor alcalde é regidores, los quales todos juntos e cada uno por sí dixeron que lo obedescian é obedescieron como en ella se contiene, como carta e provision de su superior; é quanto al cumplimiento della, mandaron entrar en el dicho cabildo al dicho Bartolomé de Celada, del qual recebieron juramento é solenidad que de derecho en tal caso se requiere, a la absolucion del qual dixo sí juro, é amen; é fecha la dicha solenidad, le fué entregada la dicha vara de alcalde de la dicha villa de la Frontera de Cáceres, é lo firmaron de sus nombres.—Antonio de Figueroa.—Alonso Hortiz—Luis de Avila.—Francisco Velasquez.

E despues de lo suso dicho, en la dicha villa, á seis dias del mes de Junio é del dicho año, estando los señores Bartolomé de Celada, é Antonío de Figueroa, alcalde, e Alonso Hortiz e Diego Maldonabo, regidores, en su cabildo é ayuntamiento, segund costumbre destos reinos, é en presencia de mí el dicho escribano, entre ciertas cosas que platicaron, acordaron de facer é hicieron la traza de la dicha villa de la Frontera de Cáceres, en la qual señalaron solares para iglesia, plaza, hospital, cárcel, cabildo, propios de la dicha villa é para el señor Gobernador é para el señor Teniente, conforme al estadal de Sevilla, segund que más largamente se contiene en la dicha traza, que en poder de mí el dicho escribano está; é lo firmaron de sus nombres.—Bartolomé de Celada.—Antonio de Figueroa.—Alonso Hortiz.—Luis de Avila.—Francisco Velasquez".

E yo Francisco Cepero, escribano de Sus Majestades que a todo lo sobre dicho presente fuí, é por ende fize aquí este mio signo, á tal, (signo) en testimonio de verdad. —(Hay una rúbrica).—(No hay el nombre del escribano).

En la cubierta dice: "Fé de fundamento de la villa de la Frontera de Cáceres". Hay tres autos de posesion tomada por Bartolomé de Celada, por provision de Fernando de Sayavedra, teniente de gobernador por Hernando Cortés, y donde se fundó la villa de la Frontera de Cáceres y señalamiento de iglesia y lugar para plaza y cabildo, y nombramiento de alcalde y regidores y juramento que hicieron, y despues cómo recebieron por alcalde a este Fernando de Sayavedra.

Relación de lo que escriben los Oidores sobre la población del Golfo de las Higueras y de los capitanes que lo poblaban y de la armada que Cortés envía sobre Dolid y de lo que ellos han proveido sobrello.

(DOCUIN, 14 y 39.—RA, Tomo XVIII, n. 9, marzo de 1940).

(Extracto de una relación de los Oidores de Santo Domingo sobre la población del Golfo de las Higueras y sucesos en ella ocurridos.—Año de 1524).

Dicen que, estando haciendo el despacho que Vuestra Majestad les envió a mandar que hiciesen sobre el escándalo que se esperaba que habia entre Gil Gonzalez y Cristóbal de Olid, tuvieron aviso de los oficiales de la isla Fernandina, que los dichos capitanes habian llegado y estaban poblando, cuarenta leguas el uno del otro, en toda paz y conformidad, y que estos dos capitanes tenian nueva como en la otra mar del Sur, en el paraje de sus poblaciones, estaba Francisco Hernández, capitan enviado por Pedrárias Dávila, en el cacique Nicaragua, con mucha gente de pie y de caballo, y todavia enviaron al Fiscal con el despacho, como desyuso dirá.

Y que tambien les dieron, aviso que tenian una informacion de la armada que Hernando Cortés habia despachado contra Cristóbal Dolid, porque se habia alzado contra él y no le queria obedecer, de la cual iba por capitan Francisco de las Casas, con mandamiento que anduviese cona ella por la mar en el paraje por donde habian de entrar los navios que fuesen con bastimentos al dicho golfo de las Higueras, donde ansi estan los dichos capitanes Gil Gonzalez Dávila y Cristóbal Dolid, e los tomase todos, e no consintiese que les entrase socorro, hasta tanto que llegaba la otra armada que hacia por tierra contra el dicho Cristóbal Dolid, que iba por capitan Alvarado, e que, si algunos navios enviasen con oro los dichos Cristóbal Dolid y Gil Gonzalez o relaciones, que lo enviasen todo con las personas principales que en ellos fuesen; lo cual se puso de una fusta de remos que tenia en la dicha armada y se alzó, y la gente de ella se vino a presentar ante la justicia de la dicha isla Fernandina; envia la informacion que de la isla les enviaron.

Los Oidores, vistas estas informaciones y el daño e inconveniente que se podria seguir de juntarse las unas armadas con las otras y de andar la dicha armada por la mar, por el escándalo y rompimiento que entre ellos habria, asi de muertes como de poner en aventura la poblacion de aquella tierra y los españoles en rebelion, y por lo que Vuestra Majestad sobrello les envió a mandar, despacharon al Bachiller Pedro Moreno, fiscal de aquella Abdiencia, en una carabela con el despacho siguiente.

Que fuese a la isla Fernandina, porque, si otras nuevas de aquellas partes oviesen venido, ostoviese avisado de lo que en ello pasaba.

Que procurase hallar el armada del dicho Francisco de las Casas, que andaba por la mar, y le notificase una provision del Abdiencia, en nombre de Vuestra Majestad por la qual se le mandaba que luego tornase a la dicha Nueva España de do habia salido, ni no anduviese estorbando ni perturbando la entrada y salida de los dichos navios y proveimientos del dicho golfo de las Higueras, porque si algun derecho pretendia Hernando Cortés lo pidiese en el Abdiencia, a donde se le hará entero cumplimiento de justicia.

Que llegado que obiese al dicho golfo de las Higueras, diese a los dichos Gil Gonzalez Dávila y Cristóbal Dolid las provisiones que de acá Vuestra Majestad envió, por donde les mandaba que obedeciesen y cumpliesen lo que el Abdiencia les mandase, y que les notificase una provision desa Abdiencia por virtud de las dichas cédulas, por la qual en efecto se les mandaba que do la una armada fuese llegada primero, e la otra se estobiese poblando e pacificando,[132] sin perjuicio de otras poblaciones y descubrimientos de españoles, hasta en tanto que V. M. sobre todo proveyese lo que fuese su servicio.

Que fuese a do estaba Francisco Hernández, capitan de la armada del gobernador Pedrárias, y le notificase otra provision, por la qual se le mandaba que dexe poblar y pacificar libremente a los dichos Gil Gonzalez y Cristóbal Dolid a la tierra y provincias do ansi primero obieren llegado e descubierto, sin perjuicio de cualquier derecho que el dicho Pedrárias pretenda tener.

Que ansimesmo fuesen a do estobiese el dicho Pedro de Albarado, capitan del gobernador Hernando Cortés, e le notificase otra provision en que en efecto se le manda lo mismo que a Francisco Hernández.

Demás, que a todos estos capitanes el Abdiencia escribió particularmente, encargándoles que ansi lo hiciesen y cumpliesen, pues veyan quanto convenia al servicio de Vuestra Majestad que unos e otros no se embarazasen ni impidiesen en las poblaciones e descubrimientos de ansi primero oviesen llegado, y que por todlas vias escusen cualquier rompimiento y escándalo que entre ellos pudiese haber, con lo que demás a este propósito parecia que se les debia escribir.

Escribióse ansimismo a todos estos caciques que todo el oro, perlas y joyas que obiesen de Vuestra Majestad e con que pudiesen servir, lo diesen al dicho Fiscal, para que lo llevase a la Española, de donde se enviaria a Vuestra Majestad, muy encargado a todos ellos para que ansi lo hiciesen, demas que especialmente llevó muy a cargo el Fiscal de traer todo el oro de Vuestra Majestad.

Dióse para lo uno y para lo otro al dicho Fiscal poder muy cumplido para que lo hiciese y proveyese en nombre de Vuestra Majestad, como la calidad de los negocios lo requieren.

Y por que en el despacho del dicho Fiscal e compra de la carabela se gastaron de la hacienda de Vuestra Majestad algunos dineros, pareció que, ansi para sanear esta cosa, como para socorrer a los

---

[132] Así en la copia: falta algo para el sentido.

dichos capitanes, pues todos estan poblados en servicio de Vuestra Alteza, que se les debian enviar algunos mantenimientos e otros proveimientos de calzado e cosas al propósito de aquella tierra, todo lo qual los oficiales de Vuestra Majestad compraron e se cargó en la dicha carabela, encargando a una persona de recado para que lo vendiese y aprovechase como mejor pudiese, y el procedido dello truxese el Fiscal.

Dicen que de la Nueva España a dias que no tienen nueba ninguna, porque vá cesando el trato de aquellas tierras, con algunos descontentos que los mercaderes y otras personas que allá han ido, traen del mal tratamiento que allí se les hace y de la gobernacion de la dicha tierra y del mal oro que traen, quilatándolo por de veinte quilates, y no teniendo de ley doce quilates; en especial los dias pasados diz que, por mandado del gobernador Hernando Cortés, les tomaron a ciertas carabelas, que desta isla allá habian ido, todos los mas de los aparejos que tenian para aparejar el armada que envió con Francisco de las Casas, a cuya causa dicen que se perdieron los navios; asimismo se quexan que no da licencia para venirse ninguno de los que allávan, y que los tiene por fuerza, sirviéndose dellos en estas armadas e conquistas que de nuevo ha querido emprender, e que son tantas las cosas que en general e particular se dicen de aquella tierra y de la manera y gobernacion della y principalmente de la persona y estado de Hernando Cortés, que por no traer consigo mucha autoridad para dalles el crédito que convendria, no se hace a Vuestra Majestad relacion dellas, mas de que estan maravillados como los oficiales que Vuestra Majestad mandó enviar aquellas partes no les han escrito cosa ninguna, y que algunos de los que de allá han venido les dicen que no se deben maravillar dello, porque no osaran escribir la verdad de lo que pasa, a causa que, como todos ellos residen en México, que es ochenta leguas de los puertos de la mar, diz que el dicho Hernando Cortés, tiene puesto tal recado en los dichos puertos, que no puede pasar sin que se vea, e que están de manera en ello, que no saben de qué hacer cierta relacion.

Hánse de ver las relaciones ciertas de Cristóbal Dolid y Gil de Avila.

Y de las informaciones que vienen.

Relación e información del viaje que hizo a las Higueras el Bachiller Pedro Moreno.—Ano 1525.—(DOCUIN 14,236)

En quince dias del mes de Mayo de mil e quinientos e veinte e cinco años, el señor capitan bachiller Pedro Moreno llegó en el dicho navio llamado Trinidad a Cabo de Honduras, en busca de mucha gente que allá abia venido a poblar, e para aber de ello más informacion, de las cosas pasadas entre los capitanes, como de la dispusicion de la tierra, como lo de todo lo demás necesario de que se deba facer pesquisicion e aber informacion para que Su Majestad e los señores de su Ábdiencia Real sean informados, e para que a cada cosa dello el dicho señor Capitan pueda proveer lo mejor que vea que debe ser proveido por el presente, todo lo que al servicio de Su Majestad viere que cumple; e fallada la gente e pueblo do estaba la dicha gente que asi abia venido a poblar, de los quales el dicho señor juez fizó parescer ante sí a Alonso de Pareja e Antoño de la Torre, regidores de la isla de Trujillo, nuevamente poblada en Cabo de Honduras, e Francisco de la Miñana, procurador de la dicha villa, e Diego de Dueñas, vecino della, e a Diego de Vargas, natural de Lébana ques en Castilla en las montañas, de los quales e de cada uno dellos recibió juramento en forma debida de derecho.

El dicho Alonso de Pareja, regidor de la dicha villa de Trujillo, agora nuevamente poblada en Cabo de Honduras, habiendo jurado e siendo preguntado acerca de las cosas pasadas en este golfo de las Higueras, e lo acaescido entre los capitanes que a ella han veinido a poblar, e todo lo demas que dello a suscedido fasta la dispusicion que agora está la tierra, e siéndole mandado, so cargo de juramento, que declare todo lo que sabe e a visto e a oido decir acerca de lo susodicho, dixo lo siguiente: dixo que lo que sabe es, que podráaber honze meses poco más o ménos tiempo queste testigo vino de la Nueva España a este golfo de las Higueras, con Cristóbal Dolid, ya difunto, que venia por capitan, por mandado por Fernando Cortés, para que poblase por él en nombre de Su Majestad; e vinieron a desembarear al Triunfo de la Cruz, con obra de doscientos hombres poco más o ménos; e luego el dicho Cristóbal Dolid pobló allí e puso su justicia e regidores, e comenzó a entrar por la tierra, e dexó allí poblado, como dicho es, en nombre de Su Majestad, e fué con obra de ciento e sesenta hombres de pié e de caballo, e entró más de treinta e cinco leguas la tierra dentro, poco más o ménos, e hizo de paz sin matar indio ninguno ni facerles ningund daño quatro o cinco caciques muy mucha copia de gente, que un cristiano o dos iban muy seguros por la tierra adentro, con lo qual el dicho Cristóbal Dolid mandava; y fecho esto el dicho Cristóbal Dolid le fueron a decir comno era venido al dicho puerto del Triunfo de la Cruz, un navio de Diego de Aguilar, y él sabido esto, tornó al dicho puerto al dicho pueblo a despachar el navio o dar descargo a su gente de los bastimentos que traian, e asi venido e estando en el dicho puerto entendiendo en ello y en otro navio que abia venido de merchantia, de Francisco Camacho, a esta sazon vino al dicho puerto Francisco de las Casas con dos navios de armada, y una noche, sin el dicho Francisco Dolid saber nada, echo cierta gente en tierra de noche e le prendió dos hombres, e otro dia alombardió el pueblo y este testigo estaba al presente en el Real que tenia Cristóbal Dolid en la tierra adentro, e a esto no se halló presente, pero fue muy publico y pasó asi entre toda la gente, porque este testigo vino dende a quatro o cinco dias por mandado del dicho Cristóbal Dolid; e dende a pocos dias andaban en concierto el dicho Francisco de las Casas con el dicho Cristóbal Dolid e los conciertos heran acerca de quel dicho Cristóbal Dolid estuviese por el dicho Hernando Cortés, e no se concertaron; e las personas que desembarcaron a entender en ello, que hera Sayavedra e Orduña, se tornaron a embarcar a los navios del dicho Francisco de las Casas, y el dicho Francisco le tenia tomados los dichos dos navios que alli falló del dicho Aguilar e del dicho Camacho; e dende a siete o ocho dias poco más o menos, estando el dicho Francisco de las Casas con los dichos quatro navios, les dió Dios tal temporal, que dió con ellos al través e se ahogaron quarenta hombres o cosa dellos, y el dicho Francisco de las Casas e los demas salieron a la costa con mucha necesidad e muy desnudos, y el dicho Cristóbal Dolid los salió a recibir a un rio que estaba desviado del pueblo por donde ellos venian, e recibió al dicho Francisco de las Casas e a todos los demas muy bien, e les dió ropa e comida e los sentaba a su mesa e los aposentó en su casa a todos los demas dellos e los proveyó de caballos e vestidos; e dende a pocos dias fué con ellos al Real e dlexó como de antes su pueblo poblado, y en el camino supo como un Briones quel abia dexado con la gente en el Real, que se le abia alzado e llevado toda la gente e caballos e armas de muchos que abian venido con el dicho Cristóbal Dolid, e se absentó; no se a podido saber en esta parte que se a fecho fasta el presente; e sabido esto, continuando su camino adelante supo cómo esta quatro leguas de allí Gil Gonzalez Dávila con ocho o diez de caballo e con veinte peones poco mas o menos; y el dicho Cristóbal Dolid envió quarenta hombres a saber lo cierto e si allí estaba el dicho Gil Gonzalez como le abian informado, e que si allí estaba, que le pedia por merced que se viniesen; e desta manera ido el mensagero con la dicha, el dicho Gil Gonzalez holgó de venir e vino a ver al dicho Cristóbal Dolid, e que venido, no sabe este testigo si estuvo alli dethenido en lo adelante o por su voluntad; e dende a obra de veinte dias poco más o menos andaban juntos el dicho Francisco de las Casas y el dicho Gil Gonzalez Dávila con el dicho Cristóbal Dolid holgando, comiendo juntos e abiendo placer, en un pueblo que se dice Naqua, una noche domingo en la noche, acabando de cenar en la tabla de Cristóbal Dolid el dicho Francisco de las Casas e el dicho Gil Gonzalez Dávila, como otras veces solian, y estando allí uno que se dice Bezerra e Hurtado e Nuñez e otros muchos, que serian fasta treinta hombres, todos de los que abian benido con el dicho Francisco de las Casas e con el dicho Gil Gonzalez, todos, a lo que despues paresció, de concierto, e otros cerca del dicho aposento, mas de otros cinquenta, y de esta manera e estando asie abiendo placer, antes quel dicho Cristóbal Dolid se levantase del asiento do abian cenado, el dicho Francisco de las Casas arremetió al dicho Cristóbal Dolid, y el dicho Francisco de las Casas echándole mano, luego vió este testigo como todos los que alli estaban echaron manos a las espachillo por la garganta y el dicho Gil Gonzalez Dávila con una daga, y este testigó lo sabe porque llegó al ruido e fué publico allí, e aun al dicho Francisco de las Casas e el dicho Gil Gonzalez Dávila les oyó este testigo decir como el dicho Francisco de las Casas le abia dado con el cuchillo e el dicho Gil Gonzalez con la daga, e asi lo confesaban, e otros decian yo le dítal cuchillada e tal estocada; e queste testigo a los mas no los conoce de nombre mas de al Bezerra e a Nuñez, pero que los conosce de vista, e que desta manera a la sazon que dieron las dichas heridas al dicho Cristóbal Dolid, las quales, segund dixo el cirujano heran de muerte, se les fué con ellas e se escondió como hera de noche en el monte ay cerca e aquella noche lo buscaron e no lo podian hallar, e luego dieron pregon que la tierra estoviese por Su Majestad e por Fernando Cortés, e luego vino un clérigo de parte de Cristóbal Dolid diciendo que le asegurasen la vida e quél se ponia en manos de ellos, e que no quisieron sino saber do estava, e hicieron al clérigo que lo mostrase e lo hallaron e lo tomaron aquella misma noche, e lo hicieron llevar a la plaza del pueblo e dieron un pregon quie decia: "manda Gil Gonzalez Dávila e Francisco de las Casas, degollar este hombre por tirano", e asi le cortaron la cabeza e se la pusieron encima de un palo colgada por la boca; e dende a ocho o diez dias, el dicho Francisco de las Casas, hordenó de enviar a poblar cerca de Honduras a do mejor les paresciese en este golfo de las Higueras e hizo regidores a este testigo y a Sancho Esturiano, e theniente a Juan de Aguirre e asimismo lo hizo thesorero, e a lope de Mendoza contador e alcalde, e Sancho Esturiano veedor e tesorero; e fecho todo esto de alli se apartaron e este testigo elos otros oficiales con fasta cinquenta de pié e de caballo, para ir a poblar como dicho es, e el dicho Francisco de las Casas con el Gil Gonzalez para ir de camino de México, e que asi se partieron unos de otros, e que dellos este testigo no sabe más ni si son idos a Mexico, mas de cómo decian que iban allá;e este testigo e los dichos oficiales con la dicha gente vinieron al Puerto de Caballos, e alli fletaron un navio de Francisco Riso, vecino de Cuba, para que los truxese a Cabo de Honduras a donde al presente están, e que desde aqui que lo cargarian de esclavos para que los llevasen a Cuba a vender, e a la dicha caravela les truxesen bastimento de comer; en el dicho Puerto de Caballos, con este concierto para venir a Cabo de Honduras, metieron todo su fardaje de ropas e armas, e todo lo demas, ecebto los caballos e burros para venir por tierra e la caravela viniese por mar al dicho puerto de Cabo de Honduras, e en la dicha caravela vino Juan Lopez de Aguirre, teniente y Lope de Mendoza, alcalde, y Torquemada, escribano, que abia traido Francisco de las Casas, e otros muchos que de sus nombres no tiene memoria, que serian por todos con marineros fasta quarenta, e los demás, que serian fasta cinquenta o sesenta ombres, vinieron por tierra aqui a Cabo de Honduras a do al presente están, y venian como dicho es con el dicho concierto, para que cuando ellos llegasen, ya la caravela seria llegada con el fardaje que venia en ella, e que de alli abian de enviar a Cuba como dicho es; e quando este testigo e los demás llegaron a este dicho puerto, no faltaron la caravela ni persona ninguna,mas de que fallaron un escripto que decia: "Johan Lopez de Aguirre es ido a Cuba y presto verná con bastimento"; e que desta manera están al presente en este puerto esperando la merced de Dios, porque la gente es poca y muy pocas armas, y los indios son muchos; porque se an descubierto grandes pueblos de casas de a más de quinientas, a siete o ocho leguas, e casas de cal e piedra muchas dellas, e an fallado casa de fundicion de los dichos indios, e que la tierra es llana e muy buena e de muchos bastimentos de la tierra, donde es maiz y cazabe e gallinas y ajes e frisoles e otras muchas frutas, e que la tierra es muy buena, si ubiese más gente para poblar; e que deste fecho esto es lo que sabe para el juramento que fizo, e firmólo.—ALONSO DE PAREJA.

Memorial dirigido al Rey por los vecinos y el Cabildo de la Villa de Truxillo, en Honduras, año de 1528, para que las Provincias de Nicaragua, ciudad de León y de Granada, Villa de Bruselas y Provincia de Guatemala con las demás de aquella formen toda una Gobernación.

(RA, Tomo XVII, n, V, nov. 1938, pág. 261).

S. C. C. R. M.
Los vezinos, justicia regimiento y capitanes desta villa de Trujillo del Poniente que es en el Golfo de las Higueras puerto y cabo de Honduras que agora se llama el nuevo rreino de Leon súditos vasallos y naturales de Vra. rreal Majestad besamos sus rreales manos e pies y le suplicamos porque conviene al servicio de Dios nuestro Señor y de V. M. y porque es muy gran bien general destas partes que V. M. sea servido que sean las provincias de Nicaragua e cibdad de Leon y de Granada e villa de Bruselas e provincias de Guatemala juntamente con las demás desta villa todo de una gobernacion y que esté dividido lo uno de lo otro porque de lo estar dividido se han Recrecido los escándalos e bollicios e muertes de ombres deslealtades que a V. M. se ha fecho en estas partes en gran daño de los naturales de la tierra por los capitanes Fernando Cortés que a ella envió por Francisco de

las Casas y Pedro de Alvarado e Gil Gonzalez Dávila e Hernando Saavedra e Francisco Fernández capitan de Pedrarias Dávila por los cuales escandalos y novedades y desacatos que entre los Españoles han vido que avia los naturales de la tierra despoblaron sus pueblos y van huyendo a los yermos, a las mas asperas montañas que podian donde hazian sus labranzas y donde venían a se poner en saltos por caminos para saltear y matar los Españoles como los mataban viendo dichos yndios los escandalos e muertes de ombres que entre los españoles y capitanes que avia en la tierra porque hasta agora que V. M. fue servido de enviar por gobernador dellas a Diego Lopez de Salcedo sobrino del Comendador mayor que poblo la isla Española el qual como ombre astuto y experto y de mucha esperiencia llegado que fue en estas partes con su venida e buen proveimiento han cesado los dichos escandalos y muertes en ombres y desasosiegos que entre los señores naturales de la dicha tierra se han vuelto y vuelven viendo el buen tratamiento que les haze y manda hacer el dicho Diego Lopez de Salzedo a los dichos señores e naturales de la tierra a poblar sus pueblos e rreformarlos a sus asientos de donde rredunda muy gran bien a la tierra e los naturales della ser yndustiados en las cosas de nuestra santa fe católica. Y porque queremos que despues de aver visitado la tierra e naturales della e aviendo apaziguado los escandalos que en ella han avido y se esperavan haber cada día si V. M. no lo remediara como los rremedió con enbiar por gobernador destas partes al dicho Diego Lopez de Salzedo queremos despues que lo aya tenido todo quieto e pacífico y puesto en toda razón e sosiego se querra ir a su casa e haciendas que en la isla Española y en la cibdad de Santo Domingo tiene y para lo poner por obra enbiará a pedir e suplicar a V. M. suplicamos porque cumple al servicio de Dios nuestro Señor e de V. M. y es en gran bien de la tierra y naturales della que si el dicho Diego Lopez de Salzedo enbiare a pedir la dicha licencia V. M. sea servido de no se la mandar dar sino que de premio le mande estar en la dicha tierra con el dicho cargo porque de otra manera viendo los naturales de la tierra y provincias de ella las novedades de los capitanes pasados y viendo como cada día hay novedades en venir nuevos gobernadores y capitanes a les mandar no queran cosa de lo que les dijeron y sería dar lugar a que la tierra nunca se acabase de poblar ni se conquistase ni se atraxese que salieren a conquistar e pacificar la tierra e provincias della valla a esa costa de V. M. clérigos con cada un capitan un clérigo para que celebre el culto que si en la dicha conquista peligraren algunos Españoles les den los santos sacramentos y todo esto cometa V. M. si dello es servido al dicho Diego Lopez de Salzedo para que lo provea de manera que en ello no haya descuido. E asimismo para que provea las yglesias de clérigos y sacristanes e hornamentos para que el culto divino se celebre e las Yglesias sean servidas porque los oficiales de V. M. ponen adición en especial el thesorero Rodrigo del Castillo diziendo que no han de dar salario a los clérigos sin yndios y que no han de tener sacristanes las dichas yglesias y porque el deseo de V. M. es santo e bueno e manda que sobre todo se cumpla esto e no se haze le hazemos sabidor dello y porque Garci López de Cabrera e Francisco de Licauz van por procuradores desta dicha villa e nuevo rreino de Leon y llevan las rrelaciones e ynstrucciones e provansen que convienen se llevar al servicio de Dios nuestro Señor e de V. M. e bien general de la tierra y para que V. M.sea informado de lo que conviene a su rreal servicio proveer en ello. A.V. M. suplicamos sea servido de les mandar a los dichos procuradores entero qredito en todo lo que de nuestra parte pidieren y suplicaren a V. M.para que nos haga mercedes nos de libertades e franaquezas como lo han gozado y gozaron los vecinos de la isla Española. Y porque qremos que como a sus subditos e vasallos y naturales nos hara V. M. las mercedes y concederá todas las demas que de nuestra parte le pidieren e suplicaren los dichos nuestros procuradores en nombre de esta dicha villa e nuevo rreino de Leon no alargamos mas. Nuestro señor prospere y aumente la muy católica cesaria rreal Majestad de V. M. con acrecentamiento de muchos mas rreinos y señoríos e ymperios con que V. M. sirva a Dios nuestro señor y ensalse su santa fe catolica y a todos nos haga mercedes asi como por la sacra cilia de Trugillo del poniente desde puerto y cabo de Honduras que agora se nientos veinte y ocho años. Do quedamos como súbditos y vasallos de V.M. debaxo de su rreal servicio para hacer todo aquello que no fuere de su rreal nombre mandado.

Que sus rreales manos y pies besamos.

(Siguen las firmas).[133]
(De la Revista de los Archivos Nacionales de Costa Rica).

Instrucciones dadas por la Villa de Trujillo en Honduras a sus Procuradores en la Corte.—Año de 1528.—(Archivos Nacionales de Costa Rica, Sección Colonial, C. C. N° 5019; f. 5. Archivo General de Indias. E. 145 C. 1. Informaciones y Memoriales 1520—1559 (Colección León Hernández).—RA, Tomo XVII, n. VI, dic. 1938).

Relación de las cosas que se han de tener en memoria para pedir a S. M.

Primeramente pedir a S. M. que nos haga merced a esta villa e nuevo rreino de León de todas las preeminencias gracias a mercedes e esenciones de quegoza e a gozado e gozare la ysla Española después que se poble.

Yten que S. M. nos haga merced de las penas de la Camara por diez años e de los bienes de Hernando de Sayavedra e de sus consortes si los merecieren perder por los delitos que cometieren e deslealtades para propios desta villa e Reparos de los caminos della.

Yten pedir y suplicar a S. M. que porque la tierra se pueble la contratación della no cese e los mercaderes vengan a ella con mas voluntad que S. M. nos conceda e haga merced que no se pague almorifazgo ninguno en ella por ella por el tiempo que lo hizo a la Nueva España que fué por doce años.

Yten que por cuanto la tierra e vecinos della están muy adebdados de debdas que an hecho para conquistar e povlar e sustentar e atraer debajo del servicio de S. M. que S. M. nos haga merced que se suspendan las debdas por dos años, para que los debdores no puedan en el dicho tiempo porque no an avido hasta agora provecho nynguno en la tierra.

Yten que S.M. sea servido de mandar que se haga fortaleza en esta villa y lo que en ella se gastare se pague de los maravedis e pesos de oro de S. M. e que el salario que S. M. fuere servido de le mandar dar al dicho alcayde y escudero que han de guardar la dicha fortaleza.

---

[133] Faltan estas firmas en la copia del original hecha en el Archivo de Indias de Sevilla en 1885.

Yten que S. M. nos haga merced de los rregimientos perpetuos o que bengan los nombres en blanco para que los provea el señor governador en las personas que le pareciere que conviene al servicio de Dios e de S. M. e que sea hasta número de seys rregidores.

Yten que porque e cosa muy convincente al servicio de Dios nuestro señor e de S. M. e bien de la tierra e naturales della que S. M. sea servido que el governador Diego López de Salcedo lo govierne por la mucha yspiriencia que tiene de las cosas destas partes que S. M. nos haga merced que sea nuestro governador e administrador della e questa villa e las cibdades de Leon y Granada e villa de Bruselas con todas sus tierras e provincias que agora se llama el nuevo rreino de Leon e la provincia de Guatimala ques en la mar del sur cerca de las dichas cibdades de Leon e de Granada sea todo una governación porque lo uno sin lo otro ni lo otro sin lo otro no vale nada estando dividido por no tener otro puerto de mar para noblecer la tierra e contratación della sy no el desta villa e porque los españoles que han estado y estan desobedecen a sus capitanes estando dividida la governación de cuya cabsa se han recrecido muchas muertes de hombres españoles por se pasar sin licencia de una parte a otra e han alzado e alzan los naturales de la tierra del servicio de S. M. ansí los que an venido a dar la obediencia a S. M.como los que no han dado viendo las novedades e los desacatos e desasosyegos de los españoles que se han pasado e pasan de una parte a otra como onbres que no temen a Dios ni a su Rey ny a sus governadores e capitanes que los tienen a cargo de cuya cabsa conviene al servicio de Dios e de S. M.e bien de la tierra e naturales dellas que toda sea una governación e cosa porque dellos se Redunda hazerse servicio a Dios nuestro Señor e a S. M. e sosiego de la tierra e cesarán los bollicios e escándalos e deslealtades e muerte de onbres que en ella an avido hasta tanto quel señor governador en nombre de sus Majestades a ella vino.

Yten se a de pedir a S. M. que sea servido que las provincias de los Guanajos sean anexos a esta villa porque son de la jurisdicción della e que no se den a persona que las despueble ny que no sea vezino de la tierra porque es muy gran daño de la tierra despoblarla porque se an alzado los que vivian en la tierra firme viendo como los llevan en navyos a los de las dichas yslas e por quanto S. M. ha hecho merced a Juan Bosco de qulexo de las yslas lo cual es en mucho daño de la tierra que S. M. sea servido de mandar reponer la dicha provisión que en la dicha rrazón se ha dado por ser como es en perjuicio de la tierra porque para la ayudar a sustentar los tiene esta villa por amigos e sirven e an servido en tiempo de mucha necesidad que s ha ofrecido.

Yten que S. M. nos conceda y haga merced que de los esclavos que dan los caciques no se pague quynte.

Yten que S. M. nos dé el oro al diezmo.

Yten que S. M. nos haga merced de nos dar los ganados que tiene en Jamayca para noblecer esta tierra y gastar en la pacíficación de la tierra para que se nos pasen en los navíos de S. M. a esta Villa y a costa de S. M.

Yten que nos haga merced S. M. de mandar darcedula firmada de su Real nombre para que nos dejen hazer gente en la ysla Española y en la ysla Fernandina y en la ysla de Jamayca para en pacificación y población desta tierra sin que nos ponga ny impedimento en ninguna cosa la justicia de las dichas yslas.

Yten que nos haga S. M. merced de nos dar licencia para pasar quinientos negros sin pagar desrechos algunos a esta dicha villa.

Yten que S. M. mande que se haga en este nuevo rreyno de Leon cada un año dos fondiciones generales e que la una sea en esta dicha villa por ser como es puerto y comienzo de la tierra e la otra en la cibdad de Leon e dende mas fuere su Real servicio que sean.

Yten que S. M. sea servido de nos hazer merced de myll e trescientos y setenta e tantos pesos de oro quel bachiller Pedro Moreno dio a esta villa en armas e en otras cosas de la Hazienda de S. M. para la conquista e pacificación de la tierra lo qual se gastó en la conquista e pacificación e sustentación destas partes y en servicio de S. M. que S. M. tenga por bien de nos la mandar soltar púes se gastó en su real servicio.

Yten que S. M. sea servido de nos mandar proveer de tiros e artillería e munición que sea hasta veinte piecas de fusilera y cedulas para los de la casa de la contratación para que las den con la pólvora y munyción así para este puerto como para los demás quel señor governador en nombre de S. M. poblare para guarda e guarda de la tierra e un artillero para cada puerto.

Yten que S. M. sea servido a los pobladores e prymeros conquistadores de nos hacer merced de nos dar otro solar a cada uno leiende de los de nuestra vecindad que sea para los que al presente estamos en esta tierra a que se nos den por servidos.

Yten que se oviese salinas que S. M. nos haga merced de la sal y que no se pague cosa alguna de las salinas ny de otra cosa alguna.

Yten pedir e suplicar a S. M. que no paguen los vezinos desta villa derechos algunos de almofarifazgo ni de otra manera cosa alguna de lo que trajeren de Castilla ni de otras partes de esta villa para sus casas.

Yten que S. M. nos haga merced de dar pasaje franco a myll onbres que vengan a esta tierra en servicio de S.S. M.M. para poblar a esta parte e conquistar la tierra e hazer en ella ciertas villas e cibdades en ella en servicio de Dios e de S. M. de lo qual las rrentas rreales de S. M. a los quales se dépasaje franco a costa de S. M.

Yten que S. M. sea servido de mandar dar e hazer merced a esta villa de dos caravelas para descubrir los puertos de mar e costa porque hay extrema necesidad dellas.

Yten que S. M. haga merced a los vecinos desta villa para que vecinos della puedan meter e traer a esta villa hasta mill marcos de plata labrada sin pagar derechos ninguno dello.

Yten que pedir que no aya procuradores ni letrados en este nuevo rreyno de Leon porque se excusarán muchos pleytos e letijios e gastos de la tierra e vecinos de nuevo rreyno de Leon.

Yten que S. M. nos haga mnerced de nos mandar dar para el oro que ovieremos de los caciques e de las entradas marco e cuño para que se conozca e vea el oro questá quintado e marcado para que sea pagado el quinto que pertenece a S. M. y para que no se contrate en la tierra el oro que no sea quintado e marcado....

(Siguen firmas)

Relación presentada al Consejo de las Indias para suplicar a S. M. lo que hera preciso prever para la Gobernación de!Honduras que estaba a cargo de Don Diego de Albitez; entre otras cosas pide se señalen los limites a su Gobernación de la manera que expresa tanto en la costa del Norte como en la del Sur.—("Límites entre Honduras y Nicaragua".—Réplica al alegato de Nicaragua, 2a ed., Tegucigalpa 1938, pag: 31):

"que su mag conceda por lymites a la governacion (de Honduras) en la mar del norte dende el golfo de las higueras hasta el puerto de cagines y desde golfo de las higueras corta por la tierra adentro hasta llegar a la mar del sur al pueblo de nequepio ynclusybez dende aqui corra por la costa de la mar del sur hazia la parte levante y llegue hasta los postreros pueblos de quipio son frontera y trabiesa de la dicha governación de higueras y por este mero anduvo Gil goncalez y donde dexó su gente con fundamento de pueblo vernación y las primeras provincias que fueron dadas a diego lopez sentienden a lo que Gil goncales andubo e descubrió y otros capitanes con quien habla la dicha provysion y pedro de alvarado tiene ocupados estos pueblos y provincias en mucho daño y perjuicio de la dicha governación y de las vezinas de ella lo qual su mag. mandará ver e proveer cón justicia los otros lymites que a de aver entre la governación de higueras y nycaragua que su mag. mande que sean las aguas bertientes a una mar y a otra o que se junten pues esta pedido por ambas governaciones y escusarse an los debates y contiendas de los lymites y que no haya levantamyento despañoles de una governacion a otra de que se a seguido mucho daño y su mag. ahorra los salarios de la una governación...".

Testimonio de varias solicitudes que por la Provincia de Nicaragua, hicieron el Consejo, Justicia y Regidores de la Ciudad de León después de la muerte de Pedrarias Dávila, en favor del Lic. Castaneda. León de Nicaragua.

1531.—(Colección Centenario de Nicaragua, 1921)
Vra. mt—. çabra que pedrarias davila governador por vra mt—. destas provincias falecio en esta cibdad de leon en seys dias del mes de marco deste presente año de mill e quinientos e treynta e un años e falecido el dho governador los concejos destas dhas cibdades et de la villa de santa maria desperanca de las minas de gracias a dios viendo que convenia al servicio de vra mt—. y a la sustentacion e buena gobernacion destas partes, en nombre de vra mat—. y hasta que otra cosa provea y mande recibimos por gobernador y capitan general Destas provincias el licenciado Francisco de castañeda alcalde mayor y theniente de gobernador dellas por vra mt—...

....Al presente está poblada en las mynas de esta governacion que se llaman las minas de gracias a dios la villa de santa maria desperanza en la qual ay hasta setenta vezinos que tiene (n) repartimientos de indios e los vezinos de esta cibdad de leon y granada y de la dha villa sacan oro en las dhas mynas y cada dia se descubren mas mynas en la (s) provincia (s) a ella comarcanas questan pacificas de do tenemos por cierto que se saca harta cantidad de oro.

El dho licenciado franc° de castañeda enbio un capitan en un navio con cierta gente a pacificar ciertas yslas questan en esta mar del sur junto a esta governacion y a tomar la posesion dellas por vtra mt., las quales no obstante que estavan pacificas, el governador pedrarias davila en nombre de vra mt—. avia repartido los yndios dellas a vezinos desta cibdad de leon, por tanto humildemente suplicamos a vra mt—. las mande dilatar por desta governacion por ser como son junto della e por averse pacificado e tomado la posesion dellas en esta governacion.

Otro sy hazemos saber a va. mt— quel dho licdo. franco de Castañeda favorece mucho las dhas minas de gracias a dios e villa quen ellas esta poblada porque en aquellas esta el remedio desta tierra e viendo que conviene para la sustentacion y paz de las dhas minas que se pueble un pueblo en él valle de hulancho ques el que a vra mt— hezimos Relacion que se avia despoblado por guerra que los yndios dieron a los españoles que alli estavan el en persona va con la mas gente que puede a lo poblar y sse partira de aqui a dos o tres meses cuanto esten buenas las sementeras por que vayan a tpo que aya comida en la tierra lo que sera gran bien para la sustentación destas partes e de las dhas mynas poblarse el dho pueblo y pacificarse aquella tierra por que el dho valle esta en comarca de las dhas mynas que avra de las mynas al valle doze leguas cerca de donde agora el capitan Rojas por mandado del dho alcalde mayor a descubierto las mynas rricas de que a vra mt—enbia hazer relacion...

Otrosy suplicamos a vra mt—que por quanto esta tierra esta nuevamente comencada a poblar et por la distancia de los viajes que se hazen de españa aca que son muy largos y dificultosos a cabsa de no estar diestros en la navegacion e a cabsa de no tener en esta governacion puerto a la mar del norte los mercaderes e otras personas que a ellas vienen a muy gran costa.

...Otro sy suplicamos a vra mt—nos haga merced de mandar al gobernador y a sus lugares thenyentes e otras justicias desta governacion para que no concientan ni den licencia que saquen indios desta gobernación por ninguna via ny manera que sean esclavos ny libres por quanto hasta agora a cabsa de las muchas necesidades y debdas que thenian los vezinos pobladores y conquistadores destas partes se a permytido que se saquen esclavos"

"otros y suplicamos a vra magt—, nos haga merced que por quanto esta que se atienda en los terminos e lymites desta governacion desde el golfo de san Lucas por la costa del sur hasta el Rio de lenpa ynclusible nordeste sudeste de mar a mar que entre el golfo y a provincia de las higueras y puerto y cabo de honduras pues que conviene al servicio de vra mgt—e a la sustentacion destas dos gobernaciones que se junten para que la una favorezca a la otra y se pueble y pacifique la tierra y porque esta governacion no tiene puerto nynguno a la mar del norte por donde se provea y bastezca de las cosas necesarias.

otrosy suplicamos a vra mgt—que por quanto el governador pedrarias davila que aya gloria enbio avra un año y medio un capitan con ciento e cincuenta (?) hombres de pie y de cavallo a poblar en esta costa de la mar del sur al ponyente el qual llego hasta un pueblo questa poblado de españoles llamado san salvador de la governacion del adelantado pedro de alvarado adonde ayo la gente desta tierra y con brevedad se retorno a poblar en el sitio desta governacion adonde estando poblado el dho capitan y gente llego un capitan que se llama franco—erduna que estava en la tierra y governacion del dho pedro de alvarado proveydo por el abdiencia real de vra magt—que recide en la cibdad de mexico porque a la sazon estava absente el dho pedro de alvarado con mucho poder de gente y mano armado y les hizo despoblar el pueblo y quito las varas a los alcaldes de do resulto que a cabsa deste alboroto la gente que ya estava poblada se dividiese y delles vinyesen a esta governacion y dellos se fueron con el dho franc° erduna y el pueblo quedo despoblado y después el dho pedro de alvarado a enbiado gente y por su mando se a poblado un pueblo al qual puso nombre san miguel de la frontera como si estuviera en frontera de moros o sy fueramos nosotros vasallos de otro Rey y no de vra mt—ya n destruydo la tierra que esta deste cabo del dho Rio de lenpa ques desta governacion trayendo consigo muchos yndios que les den a comer la gente naturales de latierra lo qual cabsa gran destruycion en ella de que Dios y vra mt—son muy desservidos suplicamos a vra mt—pues el dho pedro de alvarado tiene señalados por limites de su governara magt—mande que se rretrayga con gente deste cabo del Rio de lenpa y dexe mismo suplicamos a vra magt—no provea el dho pedro de alvarado de govierno desta província porque nos andho que a enbiado a suplicar a v. mt—tan enemystados los desta governacion con el dho Adelantado y el con ellos e somos sujetos a diversas abdiencias e por otras cossas que cuando vra mt—nos lo mandare las diremos".

Carta a S. M. del Licenciado Castañeda, Juez de Residencia, sobre la muerte del Gobernador Pedrarias Dávila; y sus consencuencias en la Gobernación de Nicaragua. —(DOCUIN 24,173).

Mayo 30 de 1531.

Sacra Cesárea Cathólica Majestad.

Despues que a Vuestra Majestad escrebí la muerte del Thesorero Tobilla, Thesorero que fué de Vuestra Majestad en esta Provincia, ha sucedido quel Gobernador Pedro Arias, Gobernador que era de vuestra Majestad, falleció desta presente vida a seis de Marzo pasado: su muerte fué de vexes a pasiones y enfermedades que tenía; enterrose en el Monasterio de Nuestra Señora de la Merced desta Cibdad de Leon; e de más de ser Caballero por ser Teniente e Governador, por Vuestra Majestad, en estas partes fize hacer su entierro con toda la mas honrra e abtoridad que se pudo, porque fize venir al entierro, de mas de los clerigos que aqui se hallaron, los frailes de los Monasterios de San Francisco e Santo Domingo e Nuestra Señora de la Merced desta Cibdad de LEON; e yo e el Cabildo desta Cibdad, le llevamos en los hombros, e fize que llevasen delante de las cruces las banderas todas que tuvo quando a estas partes vino por Teniente de Vuestra Majestad, e se las fize poner encima de la capilla mayor a do se enterró; por manera que se complió con su honrra como convernia a criado e Teniente de Vuestra Majestad.

A los Tenientes quel Governador Pero Arias tenia puestos por si, en esta Governacion, yo les di poder ansi mesmo, para aunar los oficios, porque todos los criados del Gobernador Pero Arias, rreciban favor; e lo mesmo hize al Teniente que ternia en el pueblo de las minas, que se dize el Capitan Grabiel de Rojas, al qual, muerto el

Governador al tiempo que le imbié el poder, visto que las minas que se dicen de GRACIAS A DIOS, andavan flojas, le escrebí que en las vertientes de SANTANDRES hacia el Norte, yo estava informado que avia tierra e rios que parecian tierra de oro, porque asi me lo havian certificado mineros viexos que havian visto al tiempo del Capitan Francisco Fernandez aquella tierra; por tanto, que luego fuese a buscar otras minas, porque antes que con el poco oro que se sacaba en las minas viexas, la gente se desmayase, estobiesen halladas otras minas para alegrar e forzar la gente; el dicho Capitan Gabriel de Roxas puso por obra lo que le escrebí, e fué con diez y seis hombres a ver las bertientes de la Sierra de SANTANDRES hazia el Norte; y plugo a Nuestro Señor, de dalle tan buena dicha, que a descobierto siete rrios en espacio de dos leguas, a do conforme los rios para coxer cincuenta años, como Vuestra Majestad berá, por el testimonio de la relacion que imbió el dicho Capitan, que aqui a Vuestra Majestad imbío.

Y tenga Vuestra Majestad por muy cierto, que le han tenido por encantada y encobierta esta sierra, porques muy rrica, y tiene rriqueza aora que la sierra está destruida e sin indios, que segun dizen mineros antiguos, tanta muestra de oro en tantos rrios, no se há visto en estas partes. Y como a Vuestra Majestad he escrito, despoblaronle a Vuestra Majestad las minas, e despues de despobladas no las socorrieron; despues que yo estoy en la tierra, se fueron a poblar, y dos bezes quel Capitan de las minas imbióa pedir socorro, se le hizo.

Este Capitan Gabriel de Roxas, es una persona muy honrrada e fixodalgo; fué criado del Duque de Alburquerque de quién Vuestra Majestad podrá ser informado, de quien se ha servido en estas partes desde el Gobernador Pero Arias, bino muy bien en cargos de Capitan que a tenido; es muy solizito y gran trabajador para la sierra, y el que dicen que descobrió primero estas minas de GRACIAS A DIOS, y a las que angora descobrió las puso nombre del ESPIRITU SANTO. A estado pobre en esta tierra sin que se le haya pagado su servicio. Yo le he dado, abrá ocho dias, unos buenos indios.

Suplico a Vuestra Majestad le favorezca, con serville, teniendole su servicio, lo que ha trabaxado en esta tierra; porque desto se animaran otros muchos a servir.

El dicho Capitan Roxas, a inbiado a pedir lo que se acostumbra dar a los descobridores, que son doscientos pesos de la Hacienda de Vuestra Majestad; visto lo que trabaxó e la buena nueva de minas e muestras de oro que embió, e abida informacion que ansi se acostumbra dar, yo se los he mandado dar de la Hacienda de Vuestra Majestad, con seguridad que dió, que si Vuestra Majestad no lo aprovase, los volverá. Suplico a Vuestra Majestad lo mande aprovar; pues es costumbre, e siempre se fizo asi, con los descobridores de minas.

Ay hasta agora coxidos en las minas, segun me dizen, veinte e quatro mil pesos de oro; creese que por lo menos se fundiran esta fundicion que se ha de fazer, por aora, treinta mil pesos; e a la otra fundicion, que se sacaráoro de los rrios nuevos, se cree que se fundirá mucha cosa.

El Capitan Roxas me escrebió, como tenia una nueva de mucha gente de indios que avia baxo de aquestas minas nuevas que corren las poblaciones hazia el VALLE DE ULANCHO, ques desta Governacion.

Yo estoy determinado de lo mas presto que podiere, ir a ver aquella tierra e fazer un pueblo a do mas a proposito convenga fazerse.

Uno de los daños questa tierra ha recebido e muly grande, a sido como a Vuestra Majestad ya otras veces he escrito, los esclavos que de esta Provincia an sacado por la Mar, e los indios hurtados que sacaban la gente que iban con los Capitanes que de aqui se proveian, que ha sido mucho numero, de los quales, pocos an vueltas a sus naturalezas.

Ya a Vuestra Majestad escrebí en lo que paró el viaje HOROTEGA, a do fué por Capitan Martin Saez; llevó aquella gente quatro mil piezas desta tierra, de todas las quales no volvieron ciento a su naturaleza; e demas desto traxeron pestilencia en las que vinieron, que nos abrasaron la tierra e muerto quanta gente teniamos.

Despues desto, proveyó otro Capitan el Governador Pero Arias, que se dice Ruiz Dias, para que fuese a descobrir el desaguadero, lo qual le contradixe; como a Vuestra Majestad e escrito, sucedió que toda la tierra que halló, era ciénegas e monte e gente que no ternian pueblos sino un buhio en una parte, e otro en otra parte que hera harta gente, viven miserablemente, e ansi se volvieron perdidas dos mil piezas, e ansi de indios de la tierra que llevavan; en fin, crea Vuestra Majestad, que le han tenido esta tierra encantada, e que avierta a los viaxes, ni se han hecho a derecha sino como si quisieran destruirlla; que la tierra es. muy rica e viene agora a descobrir la riqueza, que ya no ay indios en la tierra, puesto que yo daré a do puedan traer veinte e treinta mil indios a la tierra, despues que no han servido ni serviran xamas, sino se metiendoles en la tierra quedando asiento e plazas para ellos a los que les traxesen, a do los pongana, questan despobladas en esta Governacion, de muchos frutales, rios e pesquerías mexores quellos los tienen a do viviran mexor, e servirán.

Despues de muerto el Governador Pero Arias, yo he imbiado seis de caballos; a GUATYMALA, el uno de ellos con mi poder para dos cosas, la una para requerir al Gobernador de GUATYMALA, don Pedro, que no se entremeta en entrar en la Provincia de HOROTEGA, porque desta Governacion, ni ranchen los indios della, e que quite la gente que alli tiene en un pueblo, pues es desta Governacion. Esto he hecho porque se abstenga de no fazer las cruelldades que fazen en los indios de la dicha HOROTEGA, que casi la tienen destruida; e los indios que dicen amigos que consigo traen, comen públicamente delante de sus amos, carne humana, matan los indios e indias que lo toman,e los comen, ques gran dolor de ver lo que pasa; e porque no se meta en esta Governacion, visto que el Governador está muerto, e la otra cabsa fué que con el mismo imbié copia sacada de los libros de lo que deben a Vuestra Majestad, los que se fueron del viaxe del Capitan Martin Saez alla a GUATY.

MALA, la qual imbió a entregar a los oficiales de Vuestra Majestad de la Provincia de GUATYMALA, para que los cobren dellos, que montará la copia, casi ochocientos pesos; que puesto que lo contradixe, dexaron ir los cristianos sin asegurar las debdas de Vuestra Majestad ni de particulares; que llevaron los que se fueron, mas de quinientos mil pesos de oro a vecinos e a mercaderes como a Vuestra Majestad. E a lo que he escrito, que avia de imbiar a cobrallos a Vuestra Majestad, les imbié a mandar a los oficiales de GUATYMALA, que cobren lo que ansi les imbié en la copia.

Yo he escrito a Vuestra Majestad, que no convernia xuntar a esta Governacion e a HONDURAS, al presente: e lo mismo digo ahora;

por lo que escrebí a Vuestra Majestad, e porque si se xuntan, la una de dellas se ha de despoblar; e ansi cada Governador terná cuidado de abmentar e poblar e pacificar su Governacion; e a mi parecer esto conviene, fasta agora, fasta questa tierra esté asentada, que no lo está.

En esta Provincia habrá Vuestra Majestad tenido mucha costa; demas siada segun la poca rrenta della que a vido; ni se puede bien ver las costas que Vuestra Majestad debe tener e quitar, fasta que por esta fundicion que ha de ser por Agosto, e se comienze a sacar oro de las minas nuevas, porque aun no se saca; e como mostrasen las minas nuevas, ansi terná Vuestra Majestad las costas.

Aqui ha avido muchos escandalos de nuevas que han hechado, que Don Pedro de Alvarado, Governador de GUATYMALA por Vuestra Majestad, imbia a suplicar a Vuestra Majestad, que le dé esta Governacion; e lo mismo diz que escriben criados de Pero Arias a Diego Arias su fixo, que pida a Vuestra Majestad esta Governacion; lo uno ni lo otro no conviene al servicio de Vuestra Majestad, porque los indios naturales desta Gobernacion, estan escandalizados de los amigos que traen consigo los de GUATYMALA, e de sus crueldades; e podia ser que de miedo se alzaran como en la Provincia de GUATYMALA, de miedo.

Ay muchos indios alzados, e tambien porquel Adelantado Don Pedro de Alvarado e los de aquella Governacion, estan mal con muchos desta Governacion sobre el viaxe de HOROTEGA e las afrentas que los de allá a los de acá fizieron; e por questas Governaciones son subxetas a diversas Abdiencias, e ser esta a la NUEVA ESPAÑA, seria mucho trabajo y daño de los vezinos; e por otras muchas cosas, no conviene que a Don Pedro de Alvarado se dé esta Governacion; y menos conviene dalla a Diego Arias porquel Governador Pedro Arias tieneaqui muchos que le quieren mal, e a sus criados tambien, de cosas que el Governador Pero Arias les fizo;e venir su fixo de por Governador, seria mucho inconbiniente e daño de la tierra e vezinos della, porque querian sostener las enemistades e cosas de su Padre.

Nuestra Señor la vida de Vuestra Majestad acrecienta con muchos mas Reynos e Señorios como Vuestra Majestad se desea dello. De NICARAGUA a treinta de Mayo de mil quinientos treinta e uno años.

—Besa los Reales pies de Vuestra Sacra Cesárea Católica Majestad.—El Licenciado CASTAÑEDA.

Real Cédula al Capitán Diego de Albitez para que averigile los limites entre Nicaragua y Honduras—18 de agosto de 1532.— (Colección de Documentos del Centenario de Nicaragua, 1921).
"Don Carlos, etc. a vos el Capitan Diego Alvitez salud e grazia: Sepades quel Rdo. in Xto. padre don fray alonso de guzman obispo de la ciudad de trugillo ques en la provincia de las higueras y cabo de honduras a quien havemos porveydo del oficio y cargo de nuestro governador desa provincia nos hizo relacion que algunas de las minas de la provincia de nicaragua caen dentro de loslimites de la dha su provincia e otras que haunque no son dens tro de la dha provincia de honduras son muy cercanas a ella de donde los vezinos della mas comodamente podyan yr a sacar oro que los vezinos de la dha provincia de nicaragua por estar muy más cerca de sus pueblos e nos suplico e pidio merced que porque la gente que con el passo a essa provincia de honduras se anyma a conquistar lo que esta por ganar les diese licencia y facultad para que pudiesen sacar oro de las dhas minas de nicaragua porque concediendoles esta licencia la dha gente que tiene aparejada ha llevar yrian con mas voluntad o que sobrello proveyesemos como la nuestra voluntad fuese, lo qual visto por los del nro consejo de las yndias confiando de vra persona e rectitud e experiencia que teneis de las cosas desas partes e que bien e fiel e diligentemente hareys lo que por nos vos fuere mandado y encomendado fue acordado que vos lo deviamos cometer como por la presente vos lo encomendados y cometemos, por lo qual vos mandamos que luego questa nra veays vos ynformeys e sepays por donde van los terminos de las dichas provincias de nicaragua y honduras que tienen señalados et por donde se divyden e parten e ansy ynformado declareys por dm van e deven yr los dhos terminos entre las dhas provincias de nicaragua y honduras señalandoles los dichos terminos a cada provincia que os paresciere que cada una deve tener e fecho esto declareys, ca nos por la presente declaramos y mandamos que todas las mynas de ambas las dhas provincias sean comunes entre todos los vezinos e moradores de cada una de ellas....

...es nra voluntad e mandamos que lo que por nos fuere ordenado e determynado cerca de lo suso dho. se guarde y cumpla por tiempo de tres anos proximos siguientes que corran e se cuenten desde el dia que asy lo determynaredes en adelante e que los nros governadores e otras qualesquier personas de ambas las dhas provincias guarden e cumplan lo contenido en esta nra carta e lo que asy por vos fuere determynado segun lo dho es...

...e para todo lo demas en esta nra carta contenido vos damos poder cumplido con todas sus ynadencias e dependencias, emergencias, anexidades, conexidades, e mandamos que esteys o vos ocupeys en hacer lo suso dho cient dias, por cada uno de los quales ayays e lleveys de salaorio para vuestras costas e mantenimyentos mill maravedys los quales mandamos que ayais e cobreys e vos sean dados e pagados por mitad por ambas las dhas provincias e para las cobrar dellas e de cada una dellas por mytad e para hazer sobrello todos los prendimientos, e reconvenciones, trances e remates de bienes que sean necesarios de se hazer, vos damos el dho nro poder segund dho es e no fagadesdada en tordesillas a diez e ocho dias del mes de agosto de mill e quinientos e treinta e dos años—Yo la Reyna—Refrendada de samano—firmada del doctor beltran, xuares y bernal y mercado".

Cartas del Capitán Gil González de Avila, a Su Majestad sobre el descubrimiento de Nicaragua, dirigida desde Santo Domingo, Islas Española, a 6 de marzo de 1524

(Archivo General de Indias, Patronato. —Legajo número 26)
Este documento, de difícil consulta, se encuentra publicado solamente por Peralta (v. bibl.) y por la Revista dé la Academia de Geografía e Historia de Nicaragua (Año I, tomo I, pág. 209. — Colección de don Sofonías Salvamento en su primitiva escritura, sin las enmiendas ortográficas que pone Peralta.

bolbio a panama a 5 de junio de 1523.
Muy alto e muy. poderoso catolico principe Rey y Señor: Esta sera para que vuestra Majestad sepa con loores a nuestro señor y su

gloriosa madre yo llegue a panama que es en la mar del sur de tierra firme de buelta del descubrimiento que vuestra Majestad me mando hazer, a cinco dias de junio del año pasado de quinientos e veynte e tres años con cinco y doze mill pesos de oro la mytad dello muy baxo de ley que los caciques de la costa al poniente dieron de serbicio para vuestra Majestad y dexo tornados cristianos XXXII mil y tantas animas asimesmo de su boluntad y pidiendolo ellos y quedan andadas por mar desde la dicha panama de do partimos. DCL leguas al poniente y en este comedio quedan descubiertas por tierra que yo andube a pie. CCXXIIII leguas en las quales descobri grandes pueblos y cosas hasta que tope con la lengua de yucatan y soy venydo a la ysla española donde con andres de cerezeda tesorero desta dicha armada enbio a vuestra Majestad diez y siete myll pesos de oro de ley que le cupieron desde diez e ocho quilates hasta doze y de otro oro de hachas más baxo quinze myll e trezientos e sesenta e tres pesos que dize el fundidor de tierra firme que hallo que tenia doszientos maravedis de oro cada peso como parece por la fe del mesmo fundidor que con esta enbio de más de otros seys myll e ciento e ochenta e dos pesos de cascaveles que dizen que no tienen ley ninguna, lo qual todo va Repartido en las cinco naos que agora van como vuestra Majestad lo tiene mandado en estas partes.

Y si vuestra Majestad quysiere saber lo que en este medio tiempo me ha sucedido y lo mas brebe que he podido sacar de la Relación general de todo el viaje suplico a vuestra Majestad mande leer lo que se sigue.

Despues de hechos otros navios en la ysla de las perlas porque los quatro primeros que se hizieron en la tierra firme quarenta leguas un Rio arriba se perdieron como a vuestra Majestad en la carta antes desta escrebi quedome tan poca gente y tan flaca del trabajo de avellos hecho que no osaba partir con ella y despues de aver ydo a panama do estava pedrarias a pedille y Requerille [f. 2] de parte de vuestra Majestad que dexase yr conmigo alguna gente de la que conmigo quysiese yr como por los Requerimientos que con esta embio parecera y de nunca aver hallado en el la salida ny Respuesta que para esto convenia me bolbi a la dicha ysla de las perlas que es en la mar doze leguas frontero de panama y de sy me parti a hazer el descubrimiento que vuestra Majestad me mando hazer por la mar del sur al ponienté en veynte e uno de henero de quynientos e veynte e dos años y ya que teniamos navegadas cien leguas por la costa al poniente avisaronme los maryneros que toda la vasija del agua estaba perdida que no sostenya ninguna agua y tal que no se podia Remediar sin hazer otra y segun parecio fue la causa no ser los arcos de hierro y tambien me avisaron que los navios estaban muy tocados de broma y por esto fue forzado sacar en tierra todas las cosas de los navios y a ellos mismos para adoballos y hazer otra vasija de nuevo con arcos de hierro que no fue poca osadia segun la parte do estaba pues sacados los navios y la fragua y herreros para hazer los arcos y los aserradores para la madrera despache un vergantin a panama do pedrarias estava por pez para brear los navios pues como yo con la gente aunque no me pudiese sostenor alli do los navios estaban por falta de mantenymientos y por no comer (?) a los maryneros que avian de guardar los navios lo que avia y a los oficiales que trabajaban en hazer la vasija fue necesàrio meterme la tierra adentro con hasta cien onbres aunque en ellos avia harta bijada para sostenerme cón ellos en tanto que la pez venya y se hazia la vasija y caminando yo siempre por la tierra adentro al poniente metido algunas vezes tan lexos de la costa por hallar poblado donde me sostuviese que muchas vezes me halle arepentido, dexo mandado a andres nyño que con los navios quedada que venida la pez y adobados y hecha la vasija para el agua que se viniesen la costa abaxo al poniente y que andadas ochenta o cen leguas si llegase antes que yo me esperase en el mejor puerto que por la comarca hallase porque asi lo haria yo si llegase primero y andando yo en este medio tiempo por la tierra adentro sosteniendme y tornando cristianos muchos caciques e yndios de causa de pasar los Rios e arroyos muchas vezes a pie y podia dar un paso a pie ni dormir las noches ni los dias [f. 3] de dolor ny camis nar puesto que me llevavan en una manta atada en un palo muchas vezes yndios e cristianos en los onbros de la qual manera camine hartas jornadas pero por causa que caminar desta manera me hera el camynar muy dificultoso y por las muchas aguas que entonces hazia que hera ynvierno ube de parar en casa de un cacique muy principal aunque con harto cuydado de velarnos el qual cacique tenya su pueblo en una ysla que tenya diez leguas de largo y seys de ancho la qual hazia dos brazos de un Rio el mas poderoso que yo aya visto en castilla en el qual pueblo tome la casa del cacique por posada y hera tan alta como una mediana torre hecha a manera de pavellon, armada sobre postes y cubierta con paja y enmedio della hizieron para do yo estuviese una camara para guardarme de la omydad sobre postes tan alta como dos estados y dende a quinze dias que llegue llovio tantos dias que crecieron los Rios tanto que hizieron toda la tierra una mar y en la casa do yo estava quie hera lo mas alto llego el agua a dar a los pechos a los onbres y de ver esto la gente de my conpañya uno a uno me pidieron licencia para se yr fuera del pueblo a valerse en los arboles al derredor y quedo yo con la gente mas de bien en esta gran casa esperando a lo que dios quysiese hazer creyendo que no bastaria el agua a derriballa y estando ellos y yo a la media noche con harta sospecha y temor de lo que acaecio tenyamos en lo alto de la casa por de dentro una ymagen de nuestra Señora e una lampara de azeite que la alumbraba y como la furia del agua creciese myentras mas llovia a la media noche quebraron todos los postes de la casa y cayo sobre nosotros y derribo la camara donde yo estava y quede yo con unas muletas que traya de pies encima de la dicha camara el agua a los muslos y llegaron las varas de la techumbre al suelo y quedaron los compañeros el agua a los pechos sin tener parte por do Resollar plugo a dios por quien el es que con quanto golpe la casa hizo al caer no se murio la lampara que teniamos delante la imagen de nuestra Señora y fue la causx que como la casa dio sobre el agua y vino poco a poco sin dar golpe en el suelo no hizo fuerza para que la lampara, se muriese y como quedamos [f. 4] con lumbre pudose hallar manera conque saliesemos de alli y fue que Rompieron con una hacha la techumbre de la casa y por alli salieron los compañeros que conmigo se avian quedado y a my me sacaron en los onbros que los otros todos el dia de antes se avian ydo con mi licencia a salvarse en los arboles y sus yndios que trayan de servicio y desta manera me llevaron dando bozes para que los compañeros nos pudiesen oyr y juntarnos con ellos ya que nos juntamos pusieronme en una manta atada con dos cordeles a dos arboles y alli estuve hasta la mañana lloviendo lo posible y alli estovimos dos dias hasta que el agua menguo y tornaron los Rios a sus madres y por que si otra vez tornasen a crecer de la misma manera hezimos hazer yo y todos en. los árboles con varas a manera de sobrados y tejados con Ramas y hojas de manera que tenyamos huego en ellos a los quales sobrados otras dos vezes nos venymos huyendo quedo toda la tierra tan enlamada y tan llena de arboles caydos y atravesados que los Rios traxeron que a gran pena los compañeros podian andar sobre ella alli se nos perdieron muchas espadas y vallestas y vestidos y muchas Rodelas de cuya causa hize hazer muchas adargas de algodon bastado para los compañeros en lugar de las Rodelas perdidas y tambien para los quatro de cavallo que despues de juntado con los navios saque en tierra pues como asimismo el agua nos llevase los mantenymientos fuimos forzados yr a buscar donde oviese que comer y como nuestro fin fuese bolver a la costa de la mar que avia diez leguas hasta ella y por tierra no podiamos yr fue forzado hazer balsas de maderos grandes y atados uños sobre otros puesto encima nuestro fardaje y los yndios que nos servian fuymos en ellas el Rio abaxo hasta llegar a la mar que seriamos mas de quynientas anymas y de ventura como algunos compañeros llegaron de noche arrebatados la corriente del Rio y sacolos a la mar a media noche metiendolos la Besaca muchas vezes debaxo del agua y otro dia desde la costa los vimos dos leguas la mar adentro que como la menguante de la mar los llevo la creciente los tornava hazia tierra con todo yo mande luego que en otras balsas pequeñas saltasen onbres sueltos nadadores y fueron alla y los traxeron a los [f. 5] quales hallaron tales que ay se dexavan de ayudar plugo a dios por quien el es que no se perdio nynguno y Recogidos camyne por la costa de la mar al poníente hasta que llegue a un golfo que se llama el golfo de San Viceynte que es adonde halle a andres nyño que acababa de llegar con los navios adobados y la vasija del agua hecha y bistos pense enbarcarmêen ellos y hazer el descobrimiento con los maryneros porque no tenia piernas para andar por tierra a acavallo ni a pie y dexar a un teniente myo en tierràcon los onbres que yo traya y como la gente de my compañia lo supo comenzo a sentir soledad pensando quedar sin my porque en la verdad ya aviamos comenzado a topar mayores caciques y visto yo esto y considerando que tenyan Razon enbie a my teniente con andres nyño a otros dos pilotos juramentados para que mydiesen y contasen las leguas que se andaban en el dicho descobrimiento y yo quede con mys cien onbres y quatro cavallos persiguyendo my descobrimiento por tierra y por la costa al poniente porque aquella hera la verdad para que vuestra Majestad fuese servido como lo fue con pensamiento de pacificar los caciques y hazellos vasallos de vuestra Majestad por toda manera de bien y a los que no quysiesen hazerselo hazer por fuerza como lo hize.

Pues partidos los dos navios a descubrir y dexados otros dos en este dicho golfo de San Viceynte para que a los descubridores de por mar y de por tierra nos esperasen alli con XImil castellanos de oro que ya teniamos yo me parti por tierra haziendo muchos caciques amigos y vasallos de vuestra Majestad y tornadose todos cristianos muy de su voluntad y llegue a un cacique que se llama nycoya el qual me dio de presente XIIII mil castellanos de oro y se tornaron cristianos. VI mil y tantas personas con el y sus mujeres y principales quedaron tan cristianos en diez dias que estuve alli que quando me parti me dixo el cacique que pues ya el no avia de hablar con sus yndios que me los llevase y diome seys estatuas de oro de grandura de un palmo y me rogo que le dexase algun cristiano que le dixese las cosas de dios lo qual yo no ose hazer por no aventuralle y porque llevaba muy pocos.

Como ove andado cinquenta leguas tube nueva de un gran cacique [f. 6]que se llama nicaragua y muchos yndios principales que conmigo llevaba me aconsejaban que no fuese alla porque hera muy poderoso y aun muchos de los compañeros que yban conmigo me aconsejaban lo mesmo pero la verdad es que yo yba determinado de no bolver atras hasta hallar quyen me estorvase por fuerza de armas de yr adelante y como llegue una jornada antes de su pueblo enbiele las lenguas que llevava y seys principales otros que conmigo yban y enbiele a dezir lo que a los otros caciques solia y es que yo hera un capitan que el gran Rey de los cristianos enbiaba por aquellas partes a dezir a todos los caciques e señores dellas que supiesen todos que en el cielo mas arriba del Sol ay un Señor que hizo todas las cosas y los onbres y que los que esto creen y lo tienen por Señor y son cristianos que quando mueren van arriba donde el esta y los que no son cristianos van a un fuego que esta debaxo la tierra y que a todos los Señores y caciques de atras hazia donde el sol nace lo avia dicho y todos lo creen asi y lo tienen por Señor y son cristianos y quedan por vasallos del gran Rey de castilla y que a todos los caciques y Señores de do hazia el sol se pone lo devia de dezir porque este mismo dios asi lo manda que esten en su pueblo el y sus yndios y que no aya miedo que yo le dire otras cosas muy grandes deste mismo dios que avra placer de savellas y que si esto no quysiere hazer ny ser vasallo del Rey de los cristianos que se salga al gran campo de guerra que yo sere con el otro dia este mismo dia en la tarde unos espingarderos que llevava provando la polvora pusieron fuego a su posada y a la mya y quemaronse ellos mismos que fueron tres que no fue poca turbacion entre los compañeros por ser en bispera dle tal dia como esperavamos pero alli sédixo a todos lo que convenia y quedaron con harto menos escandalo los quales dexe alli a curar y un otro onbre con ellos—

Otro dia como yo llegue una legua de su pueblo halle quatro principales y los mios que me dixeron que el cacique me esperava en su pueblo de paz y llegado aposentome el mismo en una plaza y casas de alderredor della y luego me presento parte de quinze mill castellanos que en todo me dio y yo le di una Ropa de seda y una gorra de grana [f. 7] y una camysa mya y otras cosas de castilla muchas y en dos o tres dias que se le hablo en las cosas de dios vino a querer ser cristianos el y todos sus yndios e mugeres en que se

bautizaron en un dia IX mil XVII anymas chicas y grandes y con tanta voluntad y tanta atencion que digo a vuestra Majestad que vi llorar algunos compañeros de devocion y diziendo los primeros ellos y a ellas aparte como dios es testigo que este dios que hizo las cosas no quyere que nadie se torne cristiano contra su voluntad y con todo esto dixeron que querian ser cristianos y cristianos aquy estuve ocho dias y puse dos cruzes como en los otros pueblos traya de costumbre una muy grande en unos montones grandes de gradas que en cada lugar en la plaza ay que sin duda no parece sino que los mysmos montones estan pidiendo las cruzes y dexe otra en su mezquita que el mysmo la llevo en sus manos a que allí se pusiese y quedo encima de un altar por pie y hecho un monumento de mantas pintadas y muy devota pasados los ochos dias me parti a una provincia que esta seys leguas adelante donde halle seys pueblos legua media e dos leguas uno de otro de cada dos mill vezinos cada uno despues de avelles enbiado a dezir el mensaje y cosas que a este cacique nycaragua e aposentadome en un pueblo dellos y despues de venyrme todos los señores dellos a ver hechome presente de oro y esclavos y comyda como es su costumbre y como ya ellos sabian que nycaragua y sus yndios se avian tornado cristianos casi sin hablarselo vinyeron a querello ser y cada dia se venya a bautizar un señor de cada pueblo con su gente y hecho esto venyan cada dia a dezirme que fuese el clerigo a sus pueblos a haballos de dios y asi se hazia y madrugavan los del un pueblo y de otro para qual le llevaria antes.

Estando enmedio desta buena obra ya dicha parece que supieron de my otros caciques grandes que estavan mas adelante y devian saber lo que los otros caciques hazian comigo y uno dellos que se dize diriangen vinome a ver desta manera truxo consigo hasta quinientos onbres cada uno con una pava o dos en las manos y tras ellos diez pendones [f. 8]y tras ellos diez e siete mugeres todas casi cubiertas de patenas de oro baxo que pesaba todo diez e ocho mill castellanos y mas atras cerca de si y de sus principales venyan cinco trompetas y en llegando cerca de la puerta de my posada tocaron un Rato y acabado entraron a verme con las mugeres y el oro mandeles preguntar que a que venyan y dixeron que a ver quyen heramos que les avian dicho que heramos una gente con barvas y que andavamos ensima de unas alimañas que por ver quyen heramos y lo que queriamos venyan a vernos yo mande a la lengua que les dixese todo lo que se avia dicho al cacique nycaragua y ellos Respondieron que todos querian ser cristianos—pregunteles que quando querian bautizarse dixeron que ellos vernyan dende a tres dias a ello y como al diablo no le plaze de la salvacion de los onbres hizolos mudar proposito y tambien creo que fue la causa vernos tan pocos y al tercero que dixeron aviendo ydo el clerigo con mejor cavallo que tenyamos y dos compañeros. valentes onbres a pedricar a unos pueblos vecinos estando todos algo descuidados de cosa de guerra. sabado diez e siete dias de abril a medio dia con la mayor siesta del mundo dan sobre nosotros tres o quatro myll yndios de guerra armados a su manera de jubones bastados de algodon e armaduras de cabeza y Rodelas y espadas y otros arcos y flechas y varas y queyso dios por quyen el es que un tiro de vallesta antes que llegase al lugar un yndio del pueblo do estavamos los vido venyr y me aviso y lo mas presto que pude cavalgue en uno de los tres eavallos y recogi todos mis compañeros a la plaza delante de my posada ponyendo la tercia parte a las espaldas y al derredor della porque como heran muchos temy que nos cercasen la casa y le pusiesen fuego y como los yndios llegaron de golpe a la plaza arremetieron a nosotros y nosotros a ello y como a manera de torneo se dieron los nuestros y ellos tantos golpes que estuvo la cosa un rato en peso sin que nadie supiera cuya hera la victoria y despues de avernos derribado seys o siete [f. 9] onbres en el suelo heridos y llevarnos un onbre en peso bivo sin querello matar a lo que parecia aviendo ya a arremetido con cavallos y andando entre ellos pusieronse en huyda y seguydo el alcance por los nuestros y acuchillando los de pie los que podian y los de cavallo alanceando los que topavamos hechamoslos fuera del pueblo y ella en el campo yo que tenia el mejor de los Rocines aunque tan mal aderezado de cosas de la gineta que certifico a vuestra Majestad que traya ya las espuelas de palo y uno de los otros no nynguna segui algo mas el alcance que los otros y despues de averme cansado alanceandolos que a una parte y a otra hallava acordeme que hera gran yerro dexar mi gente tan lexos y buelto sin duda a la buelta heran tantas las varas y las piedras y garrotes y flechas y varas que los yndios me tiraron que lo tuvo por peor que quando de la plaza los hechamos en fin que quando tope los delanteros de my compañia que hera fuera ya del pueblo no consenti que nadie pasase adelante porque me parecio que si en el campo nos toviesen verian que heramos tan pocos que osarian bolver sobre nosotros y que no bastariamos con ellos y aun tambien se me acordo que quedava la posada sola con oro y la Ropa y que los del pueblo podria ser que no nos fuesen leales y que viendonos fuera nos róbasen y por esto lo mas presto que pude truxe my gentezilla aunque en los anymos mas que gente a ponella otra vez en orden delante de my posada porque si volviesen nos hallasen adelantados y segun lo que me parecio ellos obieron por bien de no bolver y creo sin duda que lo causo porque ellos tienen de costumbre quando pelean de no dexar nyngun herydo ni muerto en el campo y de hallarse embarazados con los muertos y herydos no tuvieron manera de volver pues estando todos delante de my posada apercibiendonos para si otra vez tornasen el clerigo nunca hera venydo ni los compañeros que con el avian ydo y como el pueblo a do avian ydo hera hazia la parte de los yndios vinyeron sin duda creymos todos que lo avian muerto de camyno quando vinyeron pero por satisfacernos es creible una carta con un yndio de los del pueblo donde yo estava en que le dezia lo que pasaba y bista my carta luego vino de lo qual todos los compañeros Recebieron mucho plazer porque era su padre de conficion pues Recogidos todos como la gente aun hasta alli avia llegado contra su voluntad y como digo arriba murmurando de my [f. 10] luego me dixeron todos que no debria dar un paso mas adelante porque hera mas poner en cobro lo ganado que ganallo denuevo y yo de ver toda la gente con esta opinion tome a los oficiales de vuestra Majestad y quise que ellos y toda la gente mas principal de toda la compañya dixesen sus dichos cerca de ello los cuales todos dixeron que hera conocida locura pasar adelante y que dyos ny vuestra Majestad no se serviria dello los quales dicho con esta enbio a vuestra Majestad porque sin duda yo quisiera que esa noche fueramos a dar en ellos aunque despues de vista la, flaqueza de nuestra gente y los heridos y el oro se aventurava porque avia de quedar alli y de los del pueblo no tenyamos seguridad y con este parecer me torne de alli con pensamiento que buelto a tierra de cristianos aunque estaba bien lexos podria tomar alguna mas gente y cavallos y tornar a castigar y hazer de pazes aquella gente.

Pues como el gran cacique nycaragua por do avia pasado supiese que yo me venia despues de aver peleado con el otro diriangen y sus valedores y supiese que llevavamos cantidad de oro penso el y los suyos tomarnoslo y matarnos segun lo que despues parecio que por muy estenso va sabida la verdad de ello y por otro bien sospechoso de lo qual pensava por los yndicios y muestras que todos viamos al pasar de su pueblo puse esa poquylla de gente que traya que hera hasta sesenta onbres sanos en la mejor orden que me parecio y hize un esquadron y meti dentro del toda la gente flaca y el oro y las cargas de nuestra comyda y hazienda y a las quatro esquinas quatro de cavallo que heramos y quatro espingarderos y desta manera pase por el pueblo a las onze del dia ya que estavamos fuera del comienzan yndios a venir a dezir a los yndios que nos llevavan las cargas que soltasen y husen con ellas y tanto les sofriamos esto por no quebrar con ellos que se ponyan en querer sacarnos los yndios con las cargas del esquadron de lo que Recebiamos mucho daño y visto esto mande a algunos vallesteros que los tirasen y como hiriesen algunos supitamente comienzan a salir gente con armas y de guerra del pueblo y de ver el negocio en tal estado dixe al tesorero y a los que llevavan el oro con el a cargo y el mantenimiento y otras cargas que andoviesen lo que pudiesen y mande a los tres de caballo que quedasen [f. 11] conmigo en la Rezaga y algunos peones vallesteros y Rodeleros y los quatro espingarderos que fueron todos los que pudieron quedar hasta treze y los quatro de cavallo que fueron die e siete y la gente que del pueblo salia hera ynnumerable y mucha parte dellos con árcos y fléchas y comienza a llegarse a nosotros con la mayor grita del mundo tirando flechas y los de cavallo haziendo algunas bueltas sobre ellos y alanceando algunos y otras vezes los vallesteros hiriendo los que mas se allegaban fuymos desta manera hasta que el sol se queria poner por un llano donde nos acaecieron muy aventurados trances especialmente al pasar de los arrollos porque aun de los quatro de cavallo el uno de ellos aun los dos lo mas del tiempo entendían en tomar dolientes de la Rezaca y pasar a la delantera y el otro en alancear los yndios que soltavan las cargas y como vieron que antes perdia gente que ganavan y no salian con lo que querian venyda ya casi la noche ellos dixeron que querian paz y yo de ver que estavamos todos tan cansados se la otorgue y dexadas las armas tres principales dellos y mandada quedar toda la otra gente me vinyeron a hablar y hera su fin des que no pudieron salir con su yntincion desculparse diziendo que nycaragua ny los suyos no tenyan culpa de aquello sino que la gente de otro cacique que estava en aquel pueblo que se llama çoategua que yo no avia visto quando pase por alli avia hecho aquello yo les Respondi que yo conoci muchos principales en la batalla de los de nycaragua a lo qual no tovieron que Responderme. plugo a díos y a su bendita madre que nyngun onbre ni oro perdimos ny vino nadie herido ecebto my cavallo de una flecha en parte no peligrosa y esa noche Recogidos todos a un cerro que en nuestro camyno se hazia cada qual de la compañia hecho menos lo que le faltava y como los mas de los yndios que nos trayan las cargas heran del mesmo cacique que a la pasada me los avia prestado para llevar las cargas con lo que les dezian los que nos hazian la guerra casi todos soltaron las cargas e se perdio mucha Ropa de los compañeros por manera que obo algunos que quedamos sin bestidos y sin comyda dellos por guardar la Rezaga y dellos por guardar el oro esa noche puse en orden la gente asi los dolientes e heridos que trayamos como la gente sana para que aunque otro dia tornasen los yndios a salir [f. 12] nos al camyno pudiesemos andando defendernos y ofendellos. y hecho esto bien se puedecreer que sin dormir a media noche con la luna me parti porque tuve nueva que avia un paso que desde el pueblo avia otro camyno para el donde podian tomandolo primero que nosotros hazernos mucho daño y puestos en esta orden camyne esa noche y todas las otras y los dias hasta que llegue al golfo de San Viceynte donde nos despartimos yo y andres nyño quando fue a descobrir y halle que avia ocho o diez dias que heran venidos y que habia descobierto trezientas y cinquenta leguas del golfo de San Viceynte al poniente y que por causa de la falta de los navios y aun de agua no pasaron adelante como vi por los autos que cerca de esto se hizieron que por ante escrivano pasaron los quales con esta enbio. llegaron por la costa hasta ponerse en diez e siete grados e medio y puede vuestra Majestad creer que andres nyño en esta jornada ha trabajado hasta agora muy bien y con mucha voluntad.

Vuestra Majestad ha de saber que este pueblo deste cacique nycaragua esta la tierra adentro tres leguas de la costa de esta mar del sur y junto a las casas de la otra parte esta otra mar dulce y digo mar porque crece y mengua y los yndios no saben que decir que por aquel agua vayan a otra salada sino que todo lo que ellos an andado por ella a una parte y a otra es dulce yo entre a cavallo en ella y la prove y tome la posesion en nombre de vuestra Majestad preguntado a los yndios si esta mar dulce se junta con la otra salada dizen que no y quanto nuestros ojos pudieron ver todo es agua salvo una ysla que esta dos leguas de la costa que dizen que esta poblada el tiempo no dio lugar aca saber otra cosa mas de que yo mande entrar media legua por el agua en una canoa en que los yndios navegan para ver si el agua corria hazia alguna parte sospechando que fuese Rio y no le hallaron corriente—los pilotos que conmigo llevaba certifican que sale a la mar del norte y si asi es muy gran nueva porque abia de una mar a otra dos o tres leguas de camyno muy llano llegado yo al golfo de San Vicente halle que el navio mayor de los quatro que tenyamos no se podia tener encima del agua y en los otros y en canoas de

yndios me embarque con toda la gente aunque con harta aventura y bine mediante dios a panama con [f. 13] harto Riesgo por la falta de los navios adonde hize fundir el oro conforme a la ynstrucion que vuestra Majestad me mando dar, en todo quanto me ha sucedido de cuydado sirbiendo a vuestra Majestad en esta jornada no he Recebido tanto trabajo como pasar la gente que truxe de castilla por tierra firme a la mar del sur y sostenerlos comigo casi dos años que aqui me detuve haziendo dos vezes los navios y esos pocos de compañeros que me quedaron fue bien menester gastar con ellos de my hazienda y joyas y aun partir con ellos de la parte que vuestra Majestad me manda que gano en esta armada y a otros prestar de mis dineros con los quales hartos se me huyeron solo porque lo gastado por vuestra Majestad en esta armada no se perdiese y tambien por salir yo con lo comenzado.

Yo Señor quedo de aquy con perdida de dientes y de parientes porque perdi dos sobrinos que murieron de enfermedades que me quitaban de harto trabajo y con harta flaqueza de persona. Suplico a vuestra Majestad me mande hazer merced de alguna ayuda de costas pero que diga mas con vuestra Majestad que la da que conmigo que la pido y sea librada en las partes do yo boy y mande librar a mi mujer en Sevilla el salario de capitan que se me deve conque mis hijos se crien y aprendan.

Todas las cosas de yucatan habemos topado ansi en casas como en Ropa y armas por do esta cierto que por esta mar del sur tiene vuestra Majestad descubierto tanto adelante al poniente como por la mar del norte.

Buelto a panama dixe a Pedrarias con el tesorero de Vuestra Majestad alonso de la puente lo que cerca Buelto a panama dixe a pedrarias con el tesorero de desto pasava y que si me queria dar el ayuda y socorro que en la tierra avia que con esa poca gente que yo traya bolveria a castigar la traycion que estos caciques me avian hecho de paz y Respondiome que si lo queria yr a hazer como su teniente y en su nombre que me lo daria de lo qual yo quede poco corrido porque me parecio a mi que siendo yo capitan de vuestra Majestad en cuyo nombre se lo pedia que hera conocida baxeza acebtallo sin la diferencia que de su linaje al mio ay y sobre esto paso con el otras cosas que serian larga para escrevir.—

El dicho Pedrarias a la sazon que yo llegue a panama me dixo que estaba para enbiar a descobrir por la otra costa de panama al levante que de alla tenya el mayores nuevas que yo [f. 14] traya y como fuy avisado de los que conmigo vinieron y de mi de la Riqueza de las tierras y pueblos que yo avia hallado dexo lo otro y a enbiado gente de la suya y la que yo traxe a ellos yo le Requeri no la enbiase sin consultar a vuestra Majestad por que de la manera que los pueblos quedavan no convenya y demas de todo por que heran cristianos y le dixe en el Requerimiento muchas Razones por do no avia de enbiar alla a las quales no tuvo Respecto puesto que vistas y oydas tocan bien al servicio de dios y de vuestra Majestad como podra mandar ver por el mesmo Requerymiento que le hize que con esta enbio y hago saber a vuestra Majestad que una de las principales cosas que le hizo osar a pedrarias enbiar gente a aquellas tierras que yo dexo descubiertas y de paz fue que yncito a los oficiales de vuestra Majestad que se junten con el a ser armadores y ellos de ver el gran ynteres e lo acebtan usando comigo el dicho pedrarias de muchas malas crianzas.

Pues como yo vi que por la via del socorro de pedrarias no podia tornar a castigar y pacificar aquellos dos caciques yo y los oficiales de vuestra Majestad nos despachamos de panama y la salida de tierra firme con mucha brevedad por dos cosas, la una por hazer saber a vuestra Majestad lo que se havia hecho y descubierto hasta entonces y lo que sobre ello pensaba hazer y la otra para venyr a la ysla española a procurar con los jueces y oficiales de vuestra Majestad me diesen lugar para sacar de aqui la gente y caballos que fuese menester para ello lo qual viendo ellos como vuestra Majestad se sirvia dello lo acebtaron y porque de my ida a castilla sin mas no se ganaba sino hazer tornar a gastar dineros a vuestra Majestad podrá tornar a armar de nuebo porque por ser la cosa qual es no se sufre otra cosa y para avisar a vuestra Majestad de lo que pasa my carta bastava porque visto un capitulo de my ynstruccion vuestra Majestad manda que trabaje mucho por saber si ay estrecho de una mar a otra y que procure que lo que yo descubriere por la mar del sur tenga salida a la mar del norte y porque bolviendo desde aqui de la española al golfo de las higueras que es en el paraje de la mar dulce que yo halle se podra saber la duda de todo yo me parto mediante dios con cinquenta de cavallos y trezientos onbres donde pienso presto dar aviso a vuestra Majestad de grandes Riquezas [f. 15] y nuevas y para que vuestra Majestad mejor este en ello enbio con esta la figura que nuevamente agora se ha hecho la mas verdadera qe se ha podido hazer por los pilotos que lo han navegado—

Visto los reveses y estorbos que a my salida y de los oficiales de vuestra Majestad se procuravan en tierra firme. se conpro de la hazienda de vuestra Majestad una caravela por myll castellanos de oro para salir de la tierra con el oro y dar esta cuenta a vuestra Majestad y a poner en efecto esto que digo y no fue tan espaciosa la salida y enbarcada que no fue a la mayor priesa que pudo ser y vista por el governador y oficiales de vuestra Majestad el punto de nuestra partida se pusieron en Requerirnos que no se traxese el oro todo en aquel navio porque a peligro por ser uno y yo les Respondi que a mayor peligro quedaba en su poder como creo Realmente que queda la veyntena que vuestra Majestad me mando dexar alla y como esto basto y nos vio partido al nombre de dios a la costa del norte do la caravela estaba se partio el dicho gobernador luego tras nosotros a muy gran priesa y llegado a dos leguas del nombre de dios fuy avisado de su venyda y a la hora nos enbarcamos con el oro y hezimos vela para esta ysla española.

Pues llegado a esta cibdad de santo domingo de la ysla española con este cuydado y deseo de buscar por esta mar del norte a aquella mar dulce que yo descubri yendo por la otra costa del mar para que aquellos grandes pueblos y aquella tierra se pueda governar y visitar desde castilla y que aunque el estrecho de agua de una mar a otra no se hallase que hallandola mar dulce que salga a la del norte ay tres leguas de una mar a otra las dos de tierra muy llana que se puede andar con carretas y la otra legua de tierra que aunque no es como las dos leguas no se dexara de acarretar. es bastante estrecho para gozar de la especiería por este camyno porque por la parte que yo fuy a descobrillo que es por do esta pedrarias no se puede desde castilla aquellos pueblos ny tierra proveer por estar la tierra en medio y ay de alli a la mar dulce dozientas cincuenta leguas y en esta otra parte demas del aparejo que ay por la via de aver este estrecho de tierra ya [f. 16] que de agua no se halle a proporcion desto en la costa del Sur ay dos muy hermosos puertos para hazer navios para ello y demas desto ay mucha madera y enzinas como las de castilla y muchos cedros y los yndios dan nuevas de pinos y yo vi y tuve mucha tea de ellos. y porque vuestra Majestad principalmente como tengo dicho por un capitulo de my ynstrucion me manda que con mucha diligencia procure de saber si ay mar o camyno para que desde castilla se pueda yr a las partes que yo descubriere sin tornar por do esta pedrarias aviendo platicado lo uno e lo otro a los juezes y oficiales de vuestra Majestad desta ysla española y mostrandoles el capitulo de lo que sobre ello vuestra Majestad manda que se haga y la figura de lo descubierto parecioles a todos que vuestra Majestad Recebiera gran servicio que por esta mar del norte se halle aquella mar dulce o estrecho de agua e la certenydad de ser la tierra estrecha de tres leguas de una mar a otra porque hallado lo uano o lo otro aquellas tierras y pueblos que yo descobri se puede dezir que son halladas y desta causa deseoso yo de hazer a vuestra Majestad algun gran cervicio olvidada mi casa y my Reposo por este deseo que digo voy desde aqui a buscar y descubrir por la mar del norte lo que descobri y halle por la del sur que es otro yucatan en la Riqueza y en la lengua y en las otras cosas que los yndios visten y tratan.

Y porque supe en esta ysla que aunque enbio a vuestra Majestad poco oro que llegara a buen tiempo y por no hazer más gasto desto que agora se lleva a vuestra Majestad creyendo que en esto le hago también servicio procure aqui con lo que yo tenia y con ayuda de mys amigos que ayudasen con dineros para la costa de lo que voy a hazer y porque espero en dios nuestro Señor que de la mysma cosa enbiando a vuestra Majestad un gran presente de oro quedara de las sobras conque pagar a ellos y a my la costa que en ellos se hiziere y esto es una de las principales cosas que a esto me ha puesto espuelas de mas de ver quanto conviene e ynporta a su servicio que se descubra y halle por la mar del norte la mar dulce que digo o el estrecho de agua o de las tres leguas de tierra como vuestra Majestad me lo manda buscar y aviendo o visto y sabido si me pareciere poblar lo hare en la parte mas a proporcion [f. 17] de lo que conviene a la tierra y de la mar que se hallare. y de poblar no llevo duda sino que poblare mediante dios porque esta es la verdad en lo de aca y haziendolo sera con el menos daño y escandalo de los yndios que ser pueda.

Aqui no se a podido sacar gente sino a la costumbre desta tierra que es que sacado el quynto para vuestra Majestad de los demas se toma la mytad para la costa y la otra mytad para el capitan y la gente en la qual costa por vuestra Majestad se puso el navio que se compro en la tierra firme para tener el oro a esta ysla que llegado aquy y adobado se avaluo en myl pesos de oro y de lo que dios me oviere encamynado que haga lo mas breve qué podiere hare mesajero a vuestra Majestad con esperanza de buena albrizias.

Y porque el tesorero de vuestra Majestad andres de cerezeda llevador desta se ha hallado presente comigo en todos los principales trabajos y hanbres y peligros que en esta jornada se an ofrecido desde el principio hasta agora y con el oro lleva a vuestra Majestad la figura de lo descubierto por mar y por tierra pues es oficial de vuestra Majestad a el me Remyto.

Asimismo va alla el contador de vuestra Majestad francisco de salazar a curarse de cierta enfermedad que tiene que de los trabajos le ha sobrevenydo que asimismo le cupo parte dellos y dexa aca en su lugar una persona por contador con otra persona que deja en su lugar el dicho tesorero para que tenga cuenta y Razon de la hazienda de vuestra Majestad.

Y porque como arriba he dicho tengo por cierto que poblare porque en ciertos capitualos de my ynstrucion parece que vuestra Majestad manda que lo haga pues mando dar orden de lo que en la forma de los pueblos y Repartimyentos se ha de hazer pues la mucha bondad de la tierra lo permite y porque segun la sed de los vecinos que de una parte a otra estan aunque lexos podia ofrecerse algun ympedimento destorvo porque a my y no a otro vuestra Majestad mando venyr y hazer este descubrimiento con certenydad de mercedes Suplico a vuestra Majestad mande con brevedad despachar una su cedula en que mande que cada uno se este en lo que tenia descubierto hasta que yo por mandado de vuestra Majestad comence a hazer esto porque conviene mucho al servicio de vuestra Majestad y al bien y pacificacion y poblacion y descubrimyento de la tierra—

[f.18] Y si vuestra Majestad quysiere ver bien probada la yntincion que tuve a hazer los caciques que tope de paz ha de saber que vuestra Majestad me haze merced en my ynstrucion que de todas las cavalgadas o presas que hiziere aya cuatrocientos ducados de valor valiendo la dicha cavalgada o presa diez myll ducados y si valiere menos la veyntena parte y tuve tanta gana de hazellos de paz que jamas hize en ellos presa ni cavalgada nynguna puesto que muchos dellos dieron causa a que se hiziese y por esto de todos ciento y doze myll castellanos de oro que me pudieran caber quatro myll castellanos y mas no quise tomar como capitan sino una patena de oro que peso ciento e quarenta e quatro pesos de oro testigos desto son los oficiales de vuestra Majestad que alla van a los quales en esto me Remyto—

Lo de hasta aquy es dar cuenta a vuestra Majestad lo mas en breve que he podido de lo hecho porque lo demas que no acaecido aunque muy estraño es muy largo e por esto no enbio a vuestra Majestad en esta la Razon dello porque creo que no tiene tiempo para vella y tambien porque en ser trabajos myos pareceria que los escrivo por contallos pero enbio Relacion de todas las cosas y hechos que con los caciques me acaecieron comno dellos da fee un escrivano que dello tuvo cargo desde que el discubrimiento se comenzo hasta bólver a panama en la qual demas de otras cosas muchas vuestra Majestad podra ver que a nyngun capitan de los que a estas partes an pasado no ha hecho dios tanto fabor como a my lo qual todo creo ha manado de la buena ventura de vuestra Majestad porque cinco o seys cosas señaladas que me han acaecido nunca ninguno gozo dellas como yo la primera que nunca nynguno descubrio tantas leguas a pie por tierra nueba como yo y con tan (poca?) [ilegible] gente. la segunda que nunca nynguno torno tantos cristianos porque se bautizaron. · XXXII mil, y tantos pidiendolo ellos la tercera que nunca saco de un entrada tanto numero de castellanos de oro la quarta que nunca nynguno peleo con tantos yndios las vezes que yo que no le matasen algun cristiano cómo a my la quynta que nunca nynguno ha venido a descobrir que no bolviese perdidos los dineros de la costa sino yo por lo qual dios nuestro Señor sea loado por siempre.

[f. 19] Y pues a otros sin mandarles vuestra Majestad venyr a servyr ny dexar su casa y Reposo como yo vuestra Majestad les ha hecho grandes mercedes Suplico a vuestra Majestad no sea yo de peor condicion que ellos y me haga merced de la Gobernacion de lo que yo he descubierto y descubriere con titulo de almirante de la mar duçe y con la decima parte de los derechos de oro y Rentas y granjerias y otras cosas que a vuestra Majestad en ello le perteneciere y que todo esto sea perpetuo para my y para mys herederos e subcesores y decendientes con que de las yslas que en la dicha mar duçe se descubrieren pueda señalar tres para my y para los dichos mys herederos conforme a un memorial que el thesorero de vuestra Majestad andres de cerezeda lleva que por no dexar salir pedrarias comigo de su governacion nynguna persona mas de un paje y dos mozos que me sirbiesen no tuve persona que a vuestra Majestad solicitase sobre ello de los que fueron testigos de los trabajos y estas mercedes Suplico a vuestra Majestad me haga porque demas de avello yo de trabajar y avello trabajado con tanta aventura de la vida y hazienda los que aca tienen algo sino lo tienen perpetuo trabajan de destinyllo y disipallo antes que venga otro que se lo quyte como se a bisto por esperiencia.

Y guarde nuestro Señor la sacra cesarea y católica persona de vuestra Majestad muchos años y con muy prospero estado a su servicio desta cibdad de Santo domingo de la ysla española seis dias del mes de marzo de IU DXXIIIIo años.

De Vuestra Sacra Majestad umilimo siervo que sus Reales pies y manos besa.

GIL GONZALEZ DAVYLA (Rubricado)

[f.20] 1524. —a su Majestad—del capitan gil gonzalez de avila VI de marzo—

alto y muy poderoso Rey e Señor poderoso Señor.

PEDRARIAS DÁVILA AL EMPERADOR CARLOS V SOBRE LA POBLACIÓN DE BRUSELAS—PER 33—35

Panamá Abril de 1525[134]

S. C. C. M.

A diez deste mes de Abril de veinticinco años, llegó aquí á esta ciudad de Panamá un mensajero de Poniente que mi Teniente Francisco Fernández que se ha hecho al Poniente, con el cual me escribió é hizo saber las cosas siguientes:

En el estrecho dudoso[135] se pobló una villa, que se dice Bruselas, en el asiento de Brutina[136], la cual tiene los llanos por una parte, y por otra la mar y por otra la sierra, donde están las minas, que será a tres

---

[134] Colección Muñoz, tomo LXXVII, fol. 140
[135] Todavia no se hallaba descubierto el Desaguadero ni estaba suficientemente explorada la región comprendida entre el lago de Nicaragua y el mar del Sur, y en la rias se sirve de las palabras EN EL EStRECHO DUDOSO. Esta villa de Bruselas estaba situada en el fondo del golfo de San Lucas (Nicoya),
[136] Brutina, Curutina u Orotina.

leguas. Están los indios pacíficos, y este pueblo está en medio de toda la gente de aquellas provincias; es muy buena comarca, tiene buenas aguas y hay res é monteria é pesqueria en cantidad. Es la tierra fructífera é de buenas guertas y a propósito de pan de la tierra, que lleva en abundancia.

DIEGO LÓPEZ DE SALCEDO, GOBERNADOR DE HONDURAS É HIGUERAS, AL EMPERADOR

Trujillo, Honduras, 31 de Diciembre de 1526.

Francisco Fernández, capitán de Pedrarias, diz que hizo tres pueblos en lo que llaman de Nicaragua, setenta leguas desta villa. El primer pueblo llaman Leon, el segundo llaman, Granada, está quince leguas del que dicen Leon; el tercero se llama Bruselas, está setenta leguas del que llaman Granada, junto a la mar del Sur.

INFORMACIÓN HECHA EN LEON DE NICARAGUA POR EL GOBERNADOR PEDRARIAS DÁVILA

13 de Julio de 1528[137]

Resulta que Pedrarias habrá año y medio fué de las provincias de Nicaragua á hacer residencia en Panamá, dejando pobladas las ciudades de Leon y Granada y villa de bruselas en el golfo de San Lucas, é Villa Hermosa en un punto de Santa Maria de Buena Esperanza, en las minas de Gracias a Dios, que por su mandado se descubrieron. Dejó por su lugar teniente general al veedor Martin de Estete, y al mismo por Alcaide de la fortaleza de Leon; teniente de Granada al Capitán Gabriel de Rojas, e por alcaide de la fortaleza de Granada á Diego de Texcrina; teniente de Bruselas al Capitán Gonzalo de Badajoz; teniente de las minas de la Esperanza al capitán Francisco Compañon, ya difunto; teniente de Villa Hermosa al Capitán Benito Hurtado. Quedó hecha casa de fundicion en Leon. Todo en justicia y paz con sus ordenanzas, alcaides y regidores, é

---

[137] Colección Muñoz, tomo 78, fol. 95.

sirviendo los indios. En igual estado lo consevó Estete en ausencia del Gobernador. Estando asi las cosas, fué Diego López de Salcedo y se hizo recibir por Gobernador. Y porque enviadas sus provisiones a Bruselas, no quisieron recibirle a causa de no extenderse su Gobernacion a esas provincias, envió a otra residencia al capitan Andrés Garabito con gente, el que la despobló, sin dejar españoles en ella. Hizo Salcedo nuevo repartimiento, muy inicuo, dejando para sí lo mejor, a esta causa hubo mayor alteracion entre españoles é indios, se deshicieron las cuadrillas y dejó de cojerse mucho oro. Ocasionó que no se hiciesen sementeras; de allí gran necesidad de comida.

Cuando volvió Pedrarias, hecha su residencia con provisiones reales de Gobernador de las provincias de Nicaragua, halló despoblada a Bruselas é Villa Hermosa, mucha carestia y muertos muchos indios, reformó la tierra y por su mandado se descubrieron nuevas minas.

El Licenciado Francisco de Castañeda a S. M. sobre el estado en que encontró a Nicaragua, y las disposiciones que tomó en virtud de órdenes del Capitán General Pedrarias Dávila

(PER 36—60)

PRIMERA CARTA

Leon de Nicaragua, 30 de Marzo de 1529[138]

S.C.C.M.

Desde la cibdad de Panamá, que es en Castilla del Oro, escreví a v. m. mi partida, que fué a veynte e tres de diciembre pasado, y llegué en diez e seys dias a la ysla de Chira, que es en el golfo de San Lucar, dos leguas de Ja Tierra Firme desta provincia de Nicaragua e sesenta leguas desta nueba cibdad de Leon, a do halle un cristiano que se dice Murcia, criado de Pedrarias, el qual me dio dos cartas suyas por las quales me dezia que desde allíme viniese por tierra e no por la mar, lo

---

[138] Archivo de Indias. —Simancas.—N. España.—Papeles pertenecientes al buen gobierno del Reino de Nueva España.—Años 1519 a 1540.

qual hize y llegue a esta nueba cibdad de Leon a doze dias de hebrero, porque alli me detuve en un cacique que dicen Nicoya, a causa de hazer bastimento para aquellas sesenta leguas e esperar hombres con que pasar. El mismo día que llegue fui recebido al oficio de alcalde mayor por mi e mis lugares tenientes e oficiales no he puesto ni pienso poner ningun lugar teniente ni oficiales, por la autoridad del governador, porque me parecio que si me entremetiera en poner oficiales, segun la gente en estas partes son de muchos quereres e deseosas de novedades, obedecieran e aun honran poco al governador Pedrarias, lo que acá no conviene, syno que los governadores sean muy honrados. Al tiempo que llegue halle ya partido a Diego Lopez de Salcedo, gobernador de las Higueras, del qual al presente no se ynformara a v. m., por que ay diversas opiniones entre esta gente; halle en la tierra poca obediencia a la justicia e usados los pecados publicos, especialmente juegos, e mancebas e blasfemias a Dios nuestro señor. Hordene cierto pregon, que el governador en su nombre mando dar para que no blasfemasan, ni jugasen, ni hombres oviese amancebados, e hizele que señalase hora de abdiencia en que yo tubiese juicio para que las cosas se pusiesen en horden, e porque la gente esta pobre e aun por que no digan que por llebar derechos e parte de penas entiendo en casos de justicia, yo mande a pregonar que remitia y soltava todos los derechos que me perteneciesen, ansi de cabsas cibiles como criminales, todo el tiempo que administrase el oficio de alcalde mayor, para que ninguno me pague derechos a my ni a otro por my, e ansy mismo hize grasia a la yglesia e monesterios de qualquier parte de pena que por prematica o hordenaca me pertenescan e con esto he apartado a los amancebados que en esta cibdad e en la cibdad de Granada avia e los juegos, de los quales pregones enbio el testimonio a vuestra Majestad, que a avido harto que hazer en los dichos pecados e blasfemias, especialmente que algunos que los usaban son de los que aca se tienen por principales.

Al tiempo que llegue e agora, hallé e beo toda la gente muy pobre, e dexados dos o tres vezinos de quien se dize que tienen algun oro suyo, entre toda la otra gente no se cree aver mill castellanos repartidos, e mucha gente syn tener que hacer, a lo menos syn darselo, comiendo a costa de la otra gente que algunos Repartimientos tienen, e la cabsa de esta pobreza fue que las minas de San Andres e Gracias a DIOS, de a do se sacava en estas provincias el oro, de que tanta nueba a vuestra Majestad fue, la despoblaron e se vinieron el capitan e gente que halla estaban; porque dizen que los yndios dieron en el pueblo e lo quemaron. Yo no he hecho informacion dello a cabsa de otras cosas que he tenido en que entender, por que soy nuevamente venydo, por que todos quantos pensavan pedirse unos a otros me estavan esperando que llegase, e ansy a ávido muy muchos pleitos, yo los he despachado e despacho concertando las partes, dando medios entre ellos porque no se gasten ni fatiguen, e ansy pienso de acabarlos e trabaxar que aya los menos que ser pudiere, e entonces hare ynformacion para enbiar a vuestra Majestad de porque cabsa se despoblaron las minas, e a lo que una de las causas fue el poco acatamiento e temor que a la justicia an tenido, que osaron dexar las minas e venirse por que a lo que algunas personas me an de palabra dicho de los que estavan alla, me dizen que quando los yndios vinieron a quemar el pueblo, ya el capitan e gente andavan por venirse, e como esto supieron los yndios, osaron dar en ellos, e que en el Rio de Sant Andres e Rio Grande, a lo mencs que se sacava hera a peso por batea, e no avian buscado otros rios que obiese adelante, syno como la gente halló tanta muestra de oro, que al principio sacaron con palos a diez e a quinze por batea, pararon allí. Syn buscar mas rios, no solamente redundó el daño en dexarse las minas a vuestra Majestad e a los pobladores de esta tierra en solo lo del oro, mas fue cabsa que se perdió mucho maiz que la gente alla tenia e herramientas en cantidad, e sy las minas se sostuvieran, muchos yndios de los que son muertos de hanbre en lo llano, sirviendo alla se remediaran e tuvieran que comer e no murieran, que son muchos los yndios que son muertos.

Como vi la pobreza e perdimiento de la tierra, se dio horden por el governador e oficiales de vuestra Majestad e por mi, que un capitan que se dize Garavito fuese con cincuenta hombres aderacados de armas, bateas e herramientas a una tierra que se dize Boaco, do ay mueba por los yndios que ay oro, que son de aqui, segun dizen, de veynte e cinco e treinta leguas, e a que partido la gente de nuebe leguas de aqui, do se juntaron en un cacique que se dize Tipicapa. Diez e ocho dias deste capitan partido, visto quel capitan Astete, que antes que yo llegase abia ydo a buscar el Desaguadero, se venia syn aver efectuado su viaje, yo hize informacion de testigos a do podria yr un capitan e alguna gente de la que aqui esta syn tener que hazer, que vuestra Majestad fuese servido y ellos aprobechados, e nuebe testigos que tome concluyeron como hombres de bista que anduvieron con Gil Gonzalez e con otros capitanes calando esta tierra e cincuenta leguas de aqui, entre Chorotega Menalaca e Nequepio, se podria fazer un pueblo de cristianos hacia la syierra, a do creen que ay minas, porque vieron algun oro en poder de yndios e vieron muchos pueblos muy poblados de yndios e tierra fertil, la qual ynformacion yo presente al gobernador e oficiales de vuestra Majestad, como parece por el testimonio que aqui enbio, e luego se proveyo que vayan doscientos hombres, e por capitan dellos Diego Albites, ques un capitan platico que a servido en estas partes a vuestra Majestad mucho tiempo, e pueblen entre Nequepio e Chorotega Menalaca, dentro desta governacion, en lo mejor que le pareciere, do aya mejor disposicion de minas, el qual esta haziendo la gente para se partir, plega a Dios suceda como todos lo deseamos, porque Dios Nuestro Señor e vuestra Majestad serán muy servidos, y si el capitan Garavito no hallare minas en Boaco, a de yr a poblar al pueblo que estava hecho en las minas viejas, porque se dé orden en sacar oro lo mas presto que se pudiese.

Esta tierra es buena, e de lo que della esta poblado tenia mucha gente, e agora tiene alguna aunque no tanta quanta solia tener, porque la hambre a muerto mucha parte della; y yo creo tanta la falta de la gente quanto se dize, porque mucha de la gente que falta se cree estar en la syerra acogida; para remediar su necesidad de la hambre que ay Dios es serbido de darnos agua e llober, abajaran al llano a sus moradas como antes estaban, e porque en la carta general del estado de la tierra se escrive a vuestra Majestad e sy se pone la diligencia que conviene en la calar e poblar e soguzgar, e por esto, a lo que me parece, v. m. no debe mandar juntar esta governacion con otra ninguna por agora, aunque a vuestra Majestad se syga sota de governadores e oficiales, en cada provincia el suyo; porque desta manera la tierra se poblara e soguzgara, que cada governador procure de aumentar e poblar su governacion e hazer buen tratamiento a la gente, e no quedara cóssa en la tierra que no se bea e pueble; e de otra manera, syendo muy grandes las governaciones, la gente nunca asyenta bien a poblar; e aunque puebla en una parte, siempre gastada aquella parte donde asyentan; luego despueblan e se ban a otra, ques muy gran daño; desto ynformo a vuestra Majestad, porque en la carta general que se escribe se dize que se junten estas governaciones; e aunque en la carta general por algun respeto yo escriba a v. m. no dexare syempre de avisar a vuestra Majestad en la particular.

Una de las causas que me parece que a sydo causa de gastarse los yndios desta tierra, a sydo hazerse los repartimientos muy menudos e no ser perpetuos, porque como se dan pocos yndios en Repartimiento a todos los mas bezinos a quien se reparte, quieren sacar tanto servicio de aquellos pocos como si fuesen muchos, que puede ser menos, syno que lo an de sacar, porque de esta manera no se podrian sostenerlos a quien se dan los Repartimientos e escusarseyan; e los yndios se sosternian siendo perpetuos e dando largos Repartimientos, e no por esto faltaria gente aunque en el numero de los Repartimientos se abaxasen, porque los que tienen largos Repartimientos suelen sostener en sus casas toda la gente que no los tiene, hasta que se provee, e aun tienen criados e otra gente, conquesta la tierra poblada, e darse perpetuos los yndios, cada uno que tobiese Repartimiento curara muy bien dellos, e trabajara de sobre llevalos para que se aumenten e no se apoquen.

En esta cibdad de Leon ay de oficiales sastres, espaderos, cerrajeros, carpinteros, que todos usan sus oficios e muy buena obra, e ay zapateros e sylleros, los quales no gastan otra corambre sino la de la tierra, ques buena, de cueros de benados curtidos e curados, e tintas para teñir, e buena cascara para curtir, e ropa de algodon de que se podria vestir toda la gente aviendo necesidad, e agora la traen muchos, e vinos de mayz e de diversas frutas, por manera que si no es azeite, de necesidad no falta cosa aca para sostenerse los hombres, e aun buen azeite se haze de pepitas de cuesco de mameyes, syno que no ay cantidad.

Al tiempo que venya de camino tope en Nicoya a Rodrigo del Castillo, thesorero de Higueras e cabo de Honduras, e al fator de Castilla del Oro, que se dize Miguel Juan de Ribas, que an aqui usado sus oficios, a los cuales por ante escrivano les requeri que bolviesen a darme las quentas de la hacienda de v. m. conforme al capitulo de mi ynstruccion en que v. m. me manda tome las quentas, los quales como parece por este testimonio que aqui embio, me respondieron que las avian dado al thesorero Diego de la Tobilla por mandado de vuestra Majestad, conformea un capitulo que la en ynstrucion de v.m. traxo, e por esto no bolvieron. Llegado aqui, halle a Andres de Cerezeda, contador de las Higueras e Honduras, que no era aun partido, e por el dicho capitulo e para hazer cargo al dicho tesorero Diego de la Tobilla, le tomé las quentas a el e a Juan de Ampudia, que sirvio un poco de tiempo el oficio de contador, e parece que las quentas que ansy tomé e cargo que hize al dicho thesorero Tobilla, que recibió en oro del thesorero Rodrigo del Castillo en una partida dos quentas, e seyscientos e noventa e ocho mill e ochenta e siete maravedis, e en otra ciento e diez e ocho mill e seyscientos e quarenta e siete maravedis, todo en oro fino, e en guanayn[139] sesenta e ocho pesos e quatro tomines, en plata un poco e seys tomines e diez granos, e en debdas que se deben a v. m. e copias dellas quel dicho thesorero Rodrigo del Castillo no abia cobrado, e entregolas al dicho thesorero Tovilla para que las cobrase. Montan las dichas copias e debdas tres quentos e ciento e treinta e un mill e quinientos e cinquenta e ocho maravedis, e de cargos que le hizieron para que cobrase a los contadores Cerezeda e Ampudia, montaron dozientos e cinquenta mill e quinientos e sesenta e seys maravedis, e otros cinco mill e trezientos e treynta e nueve maravedis que monta todo el cargo que hize al dicho thesorero hasta el dia en que me recibieron al dicho oficio de contador, seis quentos e dozcientas e quatro mill e ciento noventa e siete maravedis, de lo qual, que ansi recibio en oro, halle quando vine para v. m. apartados tres mill castellanos que a v. m. embiamos el governador e oficiales, e lo otro que falta de alli se avia distrebuydo en salarios quel governador e protetor e thesorero avian recibido, e parte, despues de llegados, recebimos el veedor e yo, e no se a podido hazer menos por las muchas costas con que llegamos e poco remedio que en la tierra a avido para socorrernos de prestado e embiar todo el dinero a v. m.

Diego Lopez de Salcedo e los oficiales de Higueras e Honduras se pagaron de sus salarios de los frutos desta provincia, dello hizo cargo al contador de Cereceda, que lo libró e remití a v. m., porque me constó por testimonio de los oficiales de la contratacion de Sevilla

---

[139] Guanin oro bajo.

que tiene dadas fianzas al oficio e por esto lo dexe yr e porque fuese a poner cobro a Higueras e a Honduras en la fazienda de v. m. Suplico a v. m. apruebe lo que ansy hize en dexar yr al dicho contador.

En la ynstrucion que se me dio para usar el oficio de contador, se me manda que cobre los derechos de syete y medio por ciento e haga cargo dellos al thesorero Diego de la Tobillas; yo he avido ynformacion de navios e gente que an entrado por la mar con mercaderias, e tambien de las que han metido en la provincia por tierra e porque en la ynstrucion quel thesorero truxo para usar su oficio se nos manda que cobremos los derechos de las mercaderias que an entrado e entraren, yo le boy haciendo cargo por las ynformaciones de todo ello, ecepto de la ropa de su casa delos que an venido con sus mugeres, conforme a una provisyon que desto esta en Castilla del Oro. De lo que hasta oy he hecho cargo al dicho thesorero en copias monta nobecientos e ochenta e ocho mill e quatrocientos e diez e syete maravedis. Resta por averiguar lo que entro en tiempo de Francisco Hernandez por mar e por tierra e en los navios en que a venido dos veces el governador Pedriarias a esta tierra, e lo que con Diego Lopez de Salcedo vino a la tierra e despues de el a venido por el puesto de Honduras, que aun no he hecho ynformacion dello. puesto que en la tierra no ay dineros, e de necesidad por la pobreza de la gente avemos de suspender los oficiales el cobrar de mucha parte de lo que sedebe. Asegurarse a, porque aviendo fundacion se pueda cobrar, la qual aunque agora parezcan minas e se hallen, no se podrá facer fundacion hasta de aqui a un año y medio, porque será necesario primero facer comidas en las minas. V. M. me manda avisar si de lo que aqui digo se cobraron derechos, o si cobrados, se les bolveran, porque lo hago por el dicho capitulo de la ynstrucion.

La horden que he tenido en el aforar de las mercaderias como contador, a sido que he rogado a los oficiales de v. m. que se hallen presentes al aforar de las mercaderias; quando estan desocupados lo hacen, e otras veces que tienen ocupacion no lo pueden facer. Yo hize ynformacion ante escrivano que personas avia aqui de buena conciencia, e sabido por la dicha ynformacion de ciertas personas que a los testigos parecio que para en esto del almoxarifazgo darian mejor parecer en el aforar los tomo por compañero e con su parecer afuero cada cosa e lo firman fasta agora no se a podido traer todo a manifestar al parecer de aquellos, lo que no se podido ver se a aforado. Suplico a v. m. ansy lo apruebe, porque de aqui adelante a qualquier nabio que viniere yré al puerto a poner recabdo en que en vacandose se trayga a la aduana, e aun pienso de hazer que se haga una casa de v. m. junto al puerto para que alli se descarguen las mercaderias, e yr alli....aforallas aunque sea a mi trabajo.

A los oficiales de vuestra Majestad e al portador e a su hermano, nos a dado a todos yndios el goverdlador, lo mejor quel a podido, puesto questaba todo repartido, lo que a my me dio son de los que el tenia, porque yo no quise que de persona se quitase yndio para darme, e los que a dado a los que digo an sydo syn perjuicio, e estos yndios no nos pueden ayudar mas de con mayz a avido, e algunos esclavos que podran dar. Es tanto el gasto e costa que todos lo que aca hemos venido, e mas yo por las enfermedades que yo e my mujer e casa avemos pasado, que tenemos por ymposible de empeñarnos.

Suplico a vuestra Majestad nos remedie a todos en acrecentarnos los salarios, pues los gastos y enfermedades an sydo tan grandes.

El gobernador Pedrarias, en lo que hasta agora del me parece es un buen caballero e de buena conversacion; muestra mucho deseo al servicio de v. m. e la obra que yo le he visto ansy lo es, e quando lo contrario obiese, lo haré saber a v. m.; no a sydo en sus mandamientos muy ovedecido de los subditos, y en esa disposycion halle la tierra; yo pongo la gente en que le mas de lo que mandava no se hazía, e para esto a sydo necesario tener yo con ellos algunas asperezas en el mandar, e extrañarme en la conversacion que en dos meses que usé esto van ya puestas en buena costumbre. Quien aya sydo la cabsa de que la gente aya thenido en poco al governador, que dirán verdad, yo no le escrivo porque no lo se bien, el os que de aca van saben mejor que yo todo lo que aca a pasado.

Esta tierra hace que los hombres que de allá vienen bolliciosos e cabsa en ellos alteraciones, he sabido que cierta persona aca puso en platica antes que si el governador Pedrarias muriese, que avia de trabajar la tierra le sabiendo que v. m. enbiaria aca por su alcalde mayor e lugar teniente de en la governacion de la tierra hasta que v. m. proveyese. yo he deeseusar a diferencia desirven en mucho a v. m. e son cabsas que las tierras se destruyan, e antes dexaria de usar los oficios que tengo que tener diferencia tal acahesciese, me mande enbiar provision para si en algun tiempo Dios llevase a Pedrarias, me obedezcan por teniente en la governacion syn helegir otro governador ny nombrar persona, porque aunque esto no es menester, según la provysion de v.m. que tuxe, conviene para quitar achaques.

Quando a esta tierra llegue supe que el protetor tenia audiencia en los casos de que conocia, e escrivano, e alguazil, e que avia mandado azotar a dava partir tierras e nombrava personas para ello, hazia otras cosas, e conforme a sus mandamientos que aquí enbio parecen por manera que qualquier pleitos que suceden entre cristianos e yndios o entre yndios e yndias o entre vysion e ordenanzas, e es verdad que su yntencion en esto no peca, porque bien hecho, e cree que por virtud de su provysion puede facer todo aquello. Yo le hablé porque me parecio que en algunas cosas se entendia de su provysion, porque su provysion dize que sea protetor e defensor de los yndios e en Castilla del Oro avia. Dize una hordenanca al fin, hablando con los visitadores, que deshagan todos e qualesquer agrabios que los yndios recibieren por la qual el dicho protetor se estiende a usar su oficio, mas que por la provysion se la manda que use conforme a las hordenancas como a v.m. digo; yo le dixe que me parecia que debia usar su oficio en todos aquellos casos que avia de hordenancas e penas, e no en cabsas criminales por ser eclesiasticos en quien, los casos que no abia hordenancas, e alos yndios se les hiziese algun agrabio por algunas personas e por la justicia, debia de ocurrir al governador sobre ello, e que en el proceder no debia de hazer procesos hordinarios por no dar cabsas a costas, syno sumariamente castigar al que yncurriese en alguna pena oyendoles su descargo, el qual me respondio que usaba su oficio como debia, e que sy yo queria que no lo usase que no lo usaria, e porque me parecio que me lo dezia con pena que dello recibia, le respondi que lo usase a su voluntad quan largamente quisiese, e aun el alcaldia mayor con ello, porque no quiera Dios que yo cabse diferencia de jurisdiciones, pues todos somos probeidos por v. m, faziendolo uno bien, los otros avemos de holgar, e ansy usa su oficio tan largamente e mas que antes que yo viniese, e le he hecho que esté al herrar de los esclavos, que salga a visytar los caciques e yndios de la tierra que hasta agora no lo a hecho por ser rezien llegado y ocupaciones que a tenido; e por ello se le an dado algunas escrituras, y para que la gente no de vozes e aca no pueda aver diferencia entre los ministros de v. m. es cosa que al servicio de v. m. conbiene proveer sobre ello e declarar a cada uno en lo que a de entender, porque en la provysion que de alcalde mayor se me dio, se me manda e da poder que conozca de todos los pleitos e cabsas que en ella obiese e recrecieren, ansi entre los que estovieren en la tierra como entre los que la vinieren a poblar e entre los naturales della, aviendo de cumplirse la jurisdicion del protetor en tanta maña, ninguna necesidad v. m. tiene de governador ni alcalde mayor, e yo tengo determinado de que caso de yndio no entenderé, syno remitirselo al protetor por no cabsar diferencia; e aun porque no faltaren personas que quisieron ponellas, e muy rezias entre nosotros, sy yo a ello diera lugar, lo qual no dare como he dicho a v. m. lo....e lo que se a de mandar por v. m. Remediarlo es lo siguiente:

Primeramente declarar sy conforme amy provision puedo conocer de tianos, que entre yndios e yndias, e entre cristianos e yndios subcedieren e se recrecieren, ansy ceviles como criminales e de ordenanzas, pidiendo ante my.

Sy el protetor a de conocer de cabsas criminales o de solamente las de las hordenanzas que imponen pena civil.

Sy en los casos fuera destos a de ocurrir e requerir al governador e alcalde mayor los remedien e provean.

Sy el governador puede poner visytadores de los yndios como solia, porque yo he hecho con el governador que no provea vysitadores hasta que v. m.lo mande declarar.

Si por los dichos de los yndios solos contra el estrangero cristiano o contra otros cristianos es prueba suficiente para condenarlos, porque dize una hordenanca al fin della estas palabras: "e los yndios hasta que mas sepan e entiendan, no parece que son suficientes testigos", la qual hordenanca synada enbio aqui a vuestra Majestad, e sy se a de dar credito a los dichos de los yndios, ningun amo ternan ni estanciero contra quien no depongan para quitarse de el o para haborecerse e no servirle como deben, cada vez que los mandare servir, e los yndios desta tierra, con poco fabor que se les de, no serviran, porque muchos de los chorotegas por no servir, se an dexado morir e huydo, porque son los mala gente que en el mundo ay, que se comen unos a otros e son tan viciosos de comer carne umana que no ay quien se los pueda quitar, aunque a avido grandes castigos, no basta a refrenallos de su mal vicio e despues que yo vine justicié tres yndios, los quales confesaron que andaban por quadrillas en la syerra, e que salian al llano a saltear yndios de los que sirven, e en las cuadrillas traen capitanes que los mandaran e llaman por los nombres de los capitanes cristianos, e dixeron que en barbacoas asavan a los indios que tomavan, despues de tomar ellos lo que avian menester para comer, proveyan de carne de hombres a un cacique que esta alzado en la syerra a quien ellos servian, y al tiempo que los cristianos tomaron estos yndios, e los otros que estaban con ellos les huyeron, hallaron que avian acabado de matar dos mochachos que tenian quinze o veynte yndios e yndias atados engordando para matar. El governador a proveydo al capitan Palomino que vaya a estos de la syerra con treynta e quarenta hombres; por manera que si a estos que sirven agora se les da avilanteza e fabor, no solamente no servyran, pero tornaran a su malvado vicio de comer carne umana. de lo qual por el castigo se van refrenando, puesto que tambien ay algunos que tratan mal a sus yndios, e probandose es justo castigallos conforme a las hordenanzas.

Sy en los casos que no aya ordenanzas el protetor pueda echar pena arbitraria.

Sy el protetor a de llevar parté de las penas, que las hordenancas dan parte al juez que los sentenciare, porque las hordenancas se hicieron para los vysitadores que no lleban salario, e sy a de llebar derechos de su juzgado.

Sy el protetor por la ynformacion que de la querella se le diere syn llamar la parte pueda condenar, porque lo fazia ansy ante que yo biniese, e despues le e dicho que llame la parte e sumariamente oyga sus disculpas, porque de otra manera no le podra condenar justamente.

Conviene que v. m. mande declarar e dar orden en todo lo suso dlicho porque sera quitar diferencia entre el protetor y la justicia que despues de my obiere, porque para conmigo, aunque no se diese la horden no causaria diferencia, por que yo no dare lugar a ella e el protetor es tan buena persona midad e quitarse ya, conociendo juntos el governador e protetor en las hormitido parar algo en el usar del oficio de alcalde mayor, e aun he dado lugar antes se cabsara disyncyon, e por hebitalla he consentido e avido por bien quel thesorero forme primero que yo, que por el oficio de contador e por mis letras a autoridad avia el de permitir lo que yo a el le he permitido.

Suplico v. m. e tengo abilidad para el e he dado buena quenta de los otros oficios que he tenido en Castilla, e ansy espero de dalla en estos, e dandome la contaduria sy v. m. fuere servido proveer el alcaldya mayor, suplico a v. mn. la provea, e sy v. m. fuere servido que yo la use, la usare hasta que v. m. provea lo que fuere servido.

Los oficiales que resydieren en la mar del Norte no pueden resydir ni usar bien sus oficios en la mar del Sur, por la mucha distancia que ay de un mar a otro, e por otro al servicio de v. m. conviene e al bien de su hacienda rreal que en cada mar aya oficiales, ecebto en Castilla del Oro, que por la poca distancia que ay de una mar a otra, aunque mucha agrura, pueden proverlo todo.

Castilla del Oro es muy rica porque tiene las minas e syerras cerca de Panama; bien creo que las syerras de esta provincia son tan rycas, sino que estan mas lexos e se a de sacar el oro a mas trabajo que en Castilla del Oro; ay pocos yndios, he oydo decir que a v. m. a mandado acortar los salarios a los oficiales de Tierra Firme; bibiran en mucha necesidad, porque como digo no ay yndios; syempre escrivire a v. m. lo que sucediere e biere e me pareciere. En Castilla del Oro ay necesidad de governador, sy no de los letrados que goviernen, los quales que conozcan de las apelaciones desta provincia e Guatemala e de la tierra del Peru e lo que a descubierto Picarro, porque an de andar navios y en cantidad al trato en esta mar del Surde Castilla del Oro a estas provincias, porque por Castilla del Oro se an de prober de la mar del Norte, e sera evitar costas a los litigantes en yr con las apelaciones a Mexico o a Santo Domingo, que para yr por tierra de aqui a Mexico no pueden por los caminos no estan seguros e ay quinientas leguas de aquí allá, e yr a Santo Domingo desde esta provincia por lo menos an de yr seiscientas leguas los litigantes e hazer dos navegaciones, una desde aqui a Panama, que ay trezientas leguas o ansi, e otra del Nombre de Dios a Santo Domingo, que ay otras tantas, e en este brebe camino por tierra de Panama al Nombre de Dios, que son diez e ocho leguas, suele pasarse tanto trabajo e mas como en cualquiera destas embarcaciones, e que ynformen a v. m. que esta tierra se a de proveer por Higueras e Honduras, v. m. no de credito a ellos al presente porque ay de aqui alla ochenta e ciento leguas e caminos brabos e cienagas, e en pasar las mercaderias del Nombre de Dios a Panama, se pasan grandes trabajos e riesgos quanto mas se pasaran en camino tan largo e de mucha braveza e cienegas. Syguese destar dos letrados en Panama que v. m. ahorrara la mitad de salario e costa que con el governador de Tierra Firme tiene con dalles cada tresientos mill máravedis de salario, los litigantes no se gastaran ni trabajaran porque en quinze o veynte dias suelen yr y venir los navios e no tardan treynta a mas tardar con razonables tiempos, e andan al trato de esta tierra a Panama cinco navios que son el uno de v. m. y el governador de Tierra Firme, e el otro del contador Alonso de Caceres e otros compañeros, e otro del gobernador Pedrarias e otos dos de los capitanes. Picarro e Almagro e otro tienen hecho aqui para echar al agua ya los capitanes Soto e Hernan Ponce. Demas de los provechos dichos seguirse a uno muy grande al servicio de v. m. que si en qualquiera destas partes e probincias viniere governador e oviere diferencias entre governadores o escandalos entre otras personas, estos dos oydores que alli estovieren remediaran todo esto brebemente pasando uno de ellos e canbiando a lo remediar, los vasallos de v. m. seran mantenydos en justicia en estas partes, viviran quietamente, porque los governadores e alcaldes mayores no les faran agravios ny ynjusticia, viendoles tan cerca el remedio; lo que haran viendolo tan lejos como en Mexico o la Española, sy conciencia e temor de v. m. no los refrenan. Aviendo governador en Tierra Firme no puede estar syn tener pundonores con los otros governadores que en muchas costas de la mar del Sur gobernaran, ansy en no dexar pasar gente como mercaderias para estas partes, e los governadores los an de tener con el que alli estoviere, aviendo dos oydores no ay diferencia con ellos e ellos mandaran lo que eonviniere al servicio de v. m. como juezes superiores de los otros, e sy yo nó me engaño esto es lo que conviene al servicio de v. m. e desta manera se aumentara e poblara Castilla del Oro.

Como v. m. ya sabe, la villa de Bruselas, que estava en el golfo de San Lucar, se a despoblado dos vezes, una en tiempo del capitan Francisco Hernandez, e otra en tiempo de Diego Lopez de Salcedo; quien haya sydo la cabza o porque no lo se en verdad, porque ay diversas opiniones e cada una tira en ellas a favorecer a quien es afcionado. A cabza de averse ansy despoblado los guetares, que son los mas yndios de la syerra, se an levantado e no syrven, tornarse a poblar seria cosa dificultosa porque de las syerras no se podran al presente soguzgar, e los indios del llano son pocos para repartir en gente que pueble allí, porque podra aver treynta repartimientos pequeños, e sy an de ser como es razon, no son quinze porque los caciques della, de quien se pueden al presente servir son el cacique de Nycoya, que es el mas principal; este tendra a mas tener, dos mill yndios, e aun no creo que tiene tantos, tiene mucha tierra, de que se aprovecha e importa mucho el servicio de v. m. este cacique, porque es muy amigo de cristianos, nunca alli a avido levantamiento, e todos los que se desembarcan en la ysla de Chira para venir a esta provincia por tierra, pasan en canoas e barcas a este cacique de Nicoya, e alli se proven de comida treynta e cinco leguas que ay hasta Nycaragua, e les dan yndios que les traigan la comida e bestias que de Castilla del Oro se usen para estas provincias porque no osan los nabios desde alli atravesar este golfo que dizen de Nicaragua para venir al puerto de la Posesyon con cavallos, a causa que eneste golfo anda mucha mar, en el navio en que yo venya despues de yo desembarcado en Chira, viniendo para aca, se penso perder e se daño con tormenta e agua casi la mas ropa que en el trayan los mercaderes, e alli se reparan e descansan, e les dan yndios que guien los que vienen e pasen con ellos hasta Nicaragua, que ay treynta e cinco leguas despoblado y comida por el camino. Ay otro cacique que se dize Chira, questa es una ysla dos leguas como he dicho de Nycoya; pasan los desta ysla a labrar en la Tierra Firme sus mayzales, e a coger miel e cera, este cacique podra tener, segun yo me ynforme estando alli e en Nycoya, quatrocientos yndios de trabajo. Ay otro cacique que se dize Corobeci en la Tierra Firme, frontero de la ysla de Chira, que podra tener dozientos yndios de Trabajo. Ay cerca de Nycoya otro cacique que se dize Cangen, que ternia hasta dozientos yndios. Ay a la banda de Corobeci otro cacique que se dize Orotina, que terna otros tantos. Segun dizen, los demas caciques que ay: en la tierra llana son de pocos yndios, estos que he dicho biben de rescates con los de las syerras que les llevan cantaros e ollas e platos de barro negro que labran muy bueno, e mantas de algodon e chaquira, e mayz é cosas de la tierra que los de la syerra no tienen. He dado por parecer que, pues al golfo no se pueden tornar a poblar la villa de Bruselas, questos del golfo, se repartiesen entre bezinos de la ciudad de Leon e de la de Granada, que tienen necesydad, para que se sirvan dellos en que les den mantas e myeles, cera e e quarenta e cinco de Granada, no pueden servir con sus personas ny dar mayz, e esto que digo sufrillo an de seys meses o deaño, no se haze, porque cada uno de los que aca biben, que piensan poder algo, quisiera dar su parecer e que aquel siga el governador.

Algunos quieren hazer sabios diziendo que quieren yr a descobrir por mar a esa costa del Peru e Tacamez e Tumbez, ques la tierra que Pizarro e Almagro descubrieron e sacar gente de aqui para éllos. yo lo contradigo por dos cosas, lo uno porque esta tierra como he dicho no esta bien calada ni bisto todo lo que en ella ay, e es menester que la gente poble la tierra e la anden e se busquen mynas, porque a faltar esto se despoblaran, e lo otro que aquella costa se a de descobrir e correr toda por el governador que v. m. alli an muchos ynconveniente, lo uno que como van avriendo las costas esta e aquélla creese que ay de traviesa desde aqui a Tumbez seisientas leguas de golfo e gruesas mares en la otra costa, e aun no buena navegacion porque los tiempos no sirven a popa en esta travesia sino aquartelando a bolina a lo menos desde aqui a mas de medio golfo. En el descubrimiento de Picarro e Almagro, son muertos, segun es publico, dozientos hombres de hambres y enfermedades e algunos malos tratamientos quel capitan Almagro hizo, segun ques publico en Tierra Firme. No les hizo malos tratamientos Picarro, que en la verdad todos le tienen por buen hombre, e de buena conciencia, por manera que esto que echan a v. m. por delantera desde los que quieren armar que armaran a su costa, cuesta mucho a v. m. porque le questa sus vasallos que de malos tratamientos e mal de comer les matan e se mueren, provenlos cortamente, sojuzgandolos mucho como los tienen debaxo de su mano e en tierra do no pueden aver remedio, e como al salir, que con ellos salen de la tierra a do los toman e se embarcan, los sacan algo empeñados, que les presten para en quanto de sus partes como les dan con las debdas en los ojos cada vez que hablan, no osan los tristes hablar, por manera que unos mueren e los que escapan andan tan abdedados que sy cosas en muy subidos precios. Esta ganancia no subcedio en el viaje del capitan Picarro, porque no la obo, pro obo gran burla desto en los armadores que armaron para esta en compañia de Francisco Hernandez, que se consumieron las partes de los mas, e otras en fin, nunca acabaron de pagar, es por esto v. m. mande mirar en los que pidieren licencia para armar en esta tierra, porque se de cierto por lo que muchos me an certificado, que en estas partes cierto capitan enbiaba un navio a Panama y avia algunos dolientes los embiase a Panama, porque yendo alla escaparian, e por no dexallos yr que deben llevar en cada navio cada quinze o veinte hombres e no mas para amarinallos e ver por la mar lo que ay, e esto bisto, hazer relacion a v.m. e ydo a poblar, ya que se sabe lo ques la tierra, e no llebar golpe de gente a morir sin saber lo ques la tierra, e sy esta orden se tobiera al principio en el descubrimiento de los capitanes Picarro y Almagro, no gastaran treinta mill castellanos que an gastado, ni muriera la gente y no hallaran la tierra que querian, e despues que el capitan Picarro fue con un nabio, solo falló a Tacamez e a Tumbez, e la buena tierra gano la costa desta provincia de Nicaragua. Quando se descubrio la primera vez fue por la mar con un nabio o dos que enbio el governador Pedrarias por la costa, e despues vino Gil Gonzalez con otros nabios e gente e entró en ella e no bastó hasta que por la mar, despues de sabida la tierra, e por tierra entro en ella la gente que hera menester, que para descobrir el governador Pedrarias tiene cantidad de e syno se lo estorba dize que armará. Quando en estas partes conviniere al servicio de v. m. que alguno arme, v. m. mande quel tal armador o armadores, de mas de su quinto, le de ahora la tercia parte dela ganancia de armada limpia, con que v. m. meta cosas en ella; porque a mi me an acometido aqui que me la daran syn que yo ponga costa ninguna porque consienta sacar la gente a lo aconseje al governador, yo no lo acebté, porque importa mas al servicio de v. m. que la ganancia, e son ganancias que llevan los hombres al ynfierno.

V. M. provea que estas cibdades de Leon e Granada no se despoblen en ninguna manera, porque veo aparejo para despoblarse e pasalles a otra parte, como estan, en muy buenos sitios, e he de trabajar yo mismo de yr a buscar estando un puerto por donde me dicen que sube un estero que llega tres leguas desta cibdad e que podran llegar nabios, que sy es ansy como me dicen, seria gran cosa tener el puerto a tres leguas de aqui se hacen muchas casas de tapieria, de las personas que dicen perseverar en esta cibdad.

En mi provysion, v. m. me manda que las penas en que como el alcalde mayor condenaramos yo e mis lugares tenientes, las cobre e tenga quenta e razon dellas hasta que v. m. mande lo que se a de hazer, no obstante lo de mi provysion. El thesorero Diego de la Tobilla me a requerido que se las de y entregue como a thesorero de v. m. e bisto que me lo requirio, yo le respondi que me place delo fazer ansy, en ansy se las hare entregar e pagar todas quellas penas que yo condenare para la Camara de v. m. sy v. m. no mandare otra cosa.

Destas partes de las Yndias, muchos informan a v. m. a su proposito e de lo que a todos conviene. He oydo que han ynformado a v. m. que ay yndios que dizen que saben de sus antepasados la creacion, que Dios hizo el mundo y el diluvio, e como Noé metió en una canoa grande de todas las cosas, aves, e animales macho e hembra, e otras mas cosas que dixen. Certifico a v. m. que no ay yndio que tal diga syno le industra algun cristiano en ello e haze que lo diga como se lo hordena, porque yo lo e preguntado a muchos e no ay quien diga tal, e el, padre vicario provincial de la Merced, en una ynformacion que hizo, hallo lo contrario la qual lleva en su poder. Los yndios desta provincia son muy bestiales, e ay muy pocos dellos que tengan juizio para dezir cosa de la creacion del mundo, aunque se lo den hordenado que lo diga, sy al tiempo que lo estaba diziendo no se lo tornan a hordenar.[140]

En unas syerras cerca desta cibdad e de la cibdad de Granada anda cantidad de yndios levantados que no quieren servir ni obedecer. El governador Pedrarias como buen servidor de v. m. provea en que vaya un capitan a ello. A descobrir el Desaguadero fueron los capitanes Martin de Astete e Graviel de Rojas, yo he hablado con el Graviel de Rojas, ques venido, el qual se decierto ques muy platico en esta tierra e que esta en ella desde quel governador Pedrarias vino, siempre con cargos de capitan o teniente de governador en pueblos de aca;ha ynformado que a servido mucho a v. m. en todo el descubrimiento e

---

[140] Rodrigo del Castillo, a quien se refiere Castañeda, en esta carta, tiene mejor opinión de los indios. En su memorial al Emperador Carlos V, siendo aquel procurador de Nicaragua en 1531, dice: "Hay muchas provincias que son gente de mucha razon, como veo los de Nicoya, que no quieren que los llamen yndios sino cristianos, e otros ponen cruces sobre las cepulturas de los que se mueren, e en naciendoles sus hijos los llevan a la Iglesia e tratan muy bien a los cristianos españoles, e les dan todo lo que han menester quando pasan por esta provincia, ques donde se llamaba Bruselas, la cual despobló el governador Diego Lopez (de Salcedo) por enojo que recibio del capitan Badajoz, porque recibio alli a Pedro de los Rios.

(*) Colec. Muñoz, tomo LXXIX, fol 50.

trabajos de Castilla del Oro e desta tierra; yo le dixe que escribiese la relacion de todo lo acaecido en el viaje del Desaguadero e de otra particularidad que me dize, por do cree que podria dar puerto a esta governacion para la mar del Norte syn tocar en la governacion de Diego Consejo de las Indias; parece hombre cuerdo e de buena rázon. V. M. lo enbie a encomendar al governador, porque se que a servido mucho e tiene e de la gente sobrada que oviere lo envie con alguna por aquella parte que dize, para que ande toda aquella tierra y vea sy ay puerto a la mar del Norte que sea desta governacion, syn perjuicio ni tocar en la governacion de Diego Lopez de Salcedo.

A v. m. escribi sobre los derechos que en Castilla del Oro me llevaron de my casa e hazienda, suplico a v. m. mande se me buelvan.

A v. m. escrivi sobre lo que aqui le vendio quando vino el governador Pedro de los Rios e sobre las otras cosas del almirantazgo, suplico a v. m. mande se me responda para que sepa lo que he de hazer, e v. m. reciba esta mi prolixidad, no como la digo, syno como de criado que tiene deseo de acertar en el servicio de v. m. e le avisar de lo que aca pasa. Cuya vida e Real estado e señorios a su santo seruicio. Desta nueva ciudad de Leon, a treynta de marzo de mill e quinientos e veynte e nueve años—besa los Reales pies de vuestra Majestad—EL LICENCIADO CASTAÑEDA—hay una rubrica—Demas de lo que he dicho se ofrece quel protetor a suspendido e pide que le de licencia para suspender yndios, y si a esto se da lugar con los dueños de los yndios, se quedaran syn ellos, con el achaque de la suspension, e quando buelban a ellos los yndios ternan en tan poco a sus amos con ver que se les an quitado una vez, que nunca les serviran bien; entremetese el protetor en dezir que del caso de yndios no he de conozer.[141]

Sea mucho remedio para los que litigaren ante el protetor que se mande puedan apelar del para ante el governador, porque de otra manera lo que quisyere hará. —EL LICENCIADO CASTAÑEDA.

---

[141] El protetor de indias citado por Castañeda es Diego Alvarez Osoric, primer Obispo de Nicaragua, electo en 1532 y muerto en 1535.
Arch.de Simancas—Audiencia de Guatemala, Cartas y expedientes del Presidente y Oidores —Años 1529 a 1573.

El Licenciado Francisco D. Catañeda a S. M., sobre el mismo asunto, y sus Disensiones con Pedrarias Dávila

(PER 61—82)
SEGUNDA CARTA

Leon de Nicaragua, 5 de octubre de 1529.

SACRA, cesarea, católica Majestad:
Despues que a esta tierra llegue e escripto a vuesta Majestad la rrelacion della, ansy mismo hize rrelacion, como asni el gobernador como el protector y thesorero, me escrivieron cartas al camino con el thesorero de Honduras, Rodrigo del Castillo, cada uno me juntase con el, como el dicho thesorero Castillo dirá; yo les rrespondi diziendoles que yo no venia a pasiones, sino a escribir a vuestra Majestad; a la sazon que llegue avian pasado ciertos requerimientos e ynformacion entre el thesorero y el governador, el treslado de lo qual enbio aqui a vuestra Majestad; yo trabaje que estuviesen conformes y todos lo estuviesemos, e ansi lo avemos estado y dello escribieron cartas a vuestra Majestad el governador y protector y oficiales, una de las quales aqui enbio a vuestra Majestad firmadas de sus nombres, que ellos me dieron; luego como vine hize pregonar que yo no avia de llebar derechos en ninguna cabsa ni parte de penas, ny los llevo como parece por este testimonio que aqui enbio; e ansi mismo trabaje de quitar y e quitado los pecados publicos de amancebados, jugadores, blasfemadores, y castigando los que en ellos e hallado como parece, pues esta fe de escrivano que aqui enbio y para que en el oficio de la contaduria, tome acompañados d....(roto)...que les tome ynformacion que hize para que los acompañados fuesen buenas personas, porque los mercaderes y tratantes no se quexasen como parece por cierto testimonio que aqui enbio. Yo escrevi a vuestra Majestad ynformandole de lo que me parecio que debia ynformar, especialmente haziendo a vuestra Majestad saber como esta tierra esta perdida y la mas pobre que en todas las Yndias ni en España puede aver, porque las minas se despoblaron estando pobladas y cojiendose en ellas mucho oro, que fue el despoblar la total destruycion desta tierra en no socorrer los que en ella estavan con mas gente para

favorecerlos, porque los yndios avian dado en los cristianos, quemandoles el pueblo, y pidieron socorro, y como no se les hizo, aviendo esperado el socorro casi veinte dias, al fin de los quales les escrivio el governador que se viniese, y lo acordaron ansi el governador e oficiales que se despoblasen las minas, no haviendo otras, como parece por este testimonio que aqui enbio, el qual acuerdo no quisieron despues firmar, y escrevi a vuestra Majestad como el governador Pedrarias es muy buen cavallero, que en la verdad sy es, pero dixe que estaba muy viejo e muy enfermo e que esta governacion tiene necesidad de un cavallero por governador, de buena edad, mancebo de quarenta o cincuenta años, para que salga por la tierra y la pasee, y cale y ponga diligencia en la sostener, porque en la verdad el governador Pedrarias a servido mucho y merece muchas mercedes, pero no puede hazer esto porque esta muy viejo e tullido, casi siempre en la cama y no puede andar sino es en una silla sentado; que vuestra Majestad le devia de dar equivalente provecho e descanso y proveer de rremedio a esta governacion, que lo esta syn el, e ansy mismo dixe en la carta a vuestra Majestad, que en esta provincia tenia muchos gastos y pocos provechos, y que se pudieran escusar con que el governador pusiera sus visitadores de yndios, y los que hizieran las visitaciones como en Castilla del Oro se haze e siempre se ha hecho, syn gastos de proteetor, e que en lo de la hazienda de vuestra Majestad, el governador que aqui oviese podria tener cargo della e otra persona con el, syn hazer los gastos que se hacen con oficiales, porque los salarios que oy se nos dan no nos podemos sostener sy vuestra Majestad no nos lo manda alargar y las rentas y provechos de la tierra que al presente ay, que son mas los salarios y gastos que lo que la tierra renta en mucha cantidad, como vuestra Majestad verá por la cuenta de las rentas y gastos de la hazienda de vuestra Majestad.

E ansi mismo avisé a vuestra Majestad que en gastos que acá se hazen ay alguna largura, porque juntos en acuerdo con el governador no se oza hazer sino lo mas de lo que a el le plaze, porque sy ay contradicion se forman enemistades, y como en un capítulo de mi ynstrucion se me manda que libre lo que por governador e oficiales se acordare, librelo y (con) harta pena suplique a vuestra Majestad mandase proveer sobre ello y demas desto aviséque en tierra tan pobre proveer de obispo hera dar mucha confusion, por la pobreza que el obispo terná, e una porque suele aver competencias y diferencias en las jurisdiciones, y que mi parecer hera que vuestra Majestad al presente no proveyese de obispo por lo dicho, e aun porque quando a una tierra como esta se proveyese, avia de ser persona de cuya vida, y buenas obras, enxemplio y letras se tubiese esperiencia, y que me parecia, por lo poco que hera, hazer obispo por si en esta provincia y tambien ser obispado por sy Sastilla del Oro, que vuestra Majestad devia proveer que fuese todo un obispado, y que por descargo de mi conciencia yo suplicaba a vuestra Majestad no mirase de que de acá aya ydo suplicacion en que se suplicaba a vuestra Majestad eligiese el protector por obispo desta provincia, porque si yo fui en aquella suplicacion, fue porque algunos dias se me tubo aqui enemistad por no quererlo hazer, e por evitar la tal enemistad yo mismno lo propuse en cabildo e se hizo la suplicacion como vuestra Majestad vera por cierta cio que devia ansy hazerlo e que yda mi carta ante vuestra Majestad seria secreta, para que acá no me tobiesen enemistad sabiendolo.

Al tiempo que yo llegue al asiento de Nicoya, de camino vi que se llevaban yndios fuera desta tierra por herrar que no eran esclavos, e hize que un sacado y llevado, la qual ynformación enbio aqui a vuestra Majestad, y agraviando yo al governador que era rezia cosa sacar yndios y libres y no Castilla del Oro, su amigo, lo avian permitido, se enojo conmigo. Sucedio que estando en acuerdo, no acordandose el governador de lo dle los yndios sacados, manifesto que avia mandado sacar ciertos yndios con los del fator Miguel Juan de Rivas, que no yvan quintados y me dijo que se los avaluase e quitnase, a lo qual yo respondi lo que en este testimonio que aqui enbio vuestra Majestad mandará ver, de lo qual el dicho governador a tomado odio y pasion conmigo. En la carta que aqui digo que a vuestra Majestad escrevi, hize rrelacion a vuestra Majestad que casi todos los pleitos que aquí he allado an aydo sobre aver quitado yndios los governadores desta tierra a los que los tenian y dadolos a otros, e que avia querido hazer reformacion de los Requerimientos e yo lo avia contra dicho porque estas reformaciones no acarrean otras cosas sino debates y diferencias y echar a perder a unos y no ganar a otros y siguense pasiones, que cada uno quiere faborecer a los que se le antoja. Yo como digo lo contradije por lo dicho y porque por hordenanzas hechas por los rreyes catolicos avuelos de vuestra Majestad, lo qual aqui enbio, esta mandado que a los que tubieren los yndios repartidos no se les quiten ni se les admueven, e visto por el governador de vuestra Majestad que no queria venir en que se hiziese Reformnacion, quiso que escriviesemos el y yo a vuestra Majestad que la mandase hazer, e yo no quise hazerlo, y creo que deben aver enbiado a suplicar a vuestra Majestad que se haga; vuestra Majestad no la debe mandar hazer, porque se rebolvera toda la tierra y dara lugar a que cada uno siga sus pasiones e diferencias con quien las tuviere e que favorezcan y desfavorezcan a quien quisiere, y es cosa que mucho conviene al pro desta tierra que no se haga reformacion, sino que cada uno se....ga los yndios que retiene en su rrepartimiento, porque hazerse otra cosa sera despoblar esta tierra segund esta probrisyma.

Pero que la gente se nos yva con dar licencias el governador para sacar esclavos, y teniamos duda del poblar de las minas, el protector con parecer que yo le di para ello que no se sacasen esclavos, visto lo que dicho tengo e que avia licencias para sacar mas de mil esclavos adelantadas, y hecho el Requerimiento sobre ello al governador, mandose que no se llebasen esclavos fuera de la tierra; dos navios que en el puerto estavan, los maestres de ellos con mucho desacato, syn consentimiento de los oficiales y con mucho alboroto y escandalo, como vuestra Majestad por las ynformacione que aqui embio vera, y sin dexarse visytar, cargaron los navios de yndios esclavos e libres y se fueron y los llevaron a Panama, lo qual yo agravie al governador e aun le dixe que con su consentimiento se avia hecho aquel desacato e fuerza, porque los maestres eran muy sus amigos y en el un navio dellos yva un su criado que se dize Diego de Vega con muchas piezas, e se despacharon los navios syn saberlo los oficiales de vuestra Majestad. Vuestra Majestad mande proveer que el governador de Tierra Firme embie presos aqui a los mastres, por que aunque no se les de pena nynguna, sera escarmentar a otros con verlos traer aqui para que no usen en la costa del poniente que esta aqui poblada, y en la del Levante que poblara Picarro, y en la que mas se poblare en ambas costas, no faltaran escandalos ni fuerza, sy vuestra Majestad no provee que en Panama mas que en Castilla del Oro, aya quien conozca de las apelaciones, y deshaga agravios, y fuerzas, y escandalos, porque yr a la Española con las apelaciones es imposible a ninguno alcanzar justicia, por la distancia que ay de aqui alla de seyscientas leguas de camino, y dos navegaciones, y pasar de Panama al Nonbre de Dios, que en inbierno aquel poco de camino es mas trabajoso que ninguna navegacion de las que digo por la mar, e sin falta sy vuestrá Majestad esto provee hara muy gran servicio a Dios y todos viviran, en justicia ninguno la perdera por distancia de camino o trabajo de Costas, porque ternan cerca el remedio. Visto esto, los governadores e alcaldes e mayores e otras justicias e oficiales no osaran hazer agravios a persona alguna, y en esta provincia ay personas que yrian a pedir justicia e que se les deshiciesen agravios sy el remedio tuviesen en Castilla del Oro, que lo dexan de hazer por no yr a la Abdiencia Real de Santo Domingo, por la distancia del camino e gastos que sobre ello se le rrecrecen, y estando todos tan pobres que por agravio que se les haga no pueden 'seguirlo, ni se podran yr a querellar a vuestra Majestad, ny a pedir el socorro que la tierra a menester, syno se les pone cerca el remedio.

    Vista la pobreza de la tierra y que las minas se havian despoblado, yo e trabajado por mi parte, y los oficiales de vuestra Majestad por la suya que se fuesen a poblar las minas, e ansy el governador enbio sesenta hombres, y por capitan dellos al capitan Gabriel de Rojas a las poblar, e a los que de ella an venydo dizen, estan en las minas haziendo comidas el dicho capitan e gente, y sembrando, por lo qual el viaje de Chorotega Manalaca, caso de no salir el capitan Diego de Albites a poblar, como a vuestra Majestad se escribio, hasta que se poblasen las minas y se comencase a sacar el oro, porque en aquello consiste el remedio desta tierra; el capitan Diego Albites, vista la dilación, se va a Panama, el governador, para el viaje de Chorotega, proveyó por capitan a un criado suyo que se dize Martin Estete, e syn esperar a lo que vuestra Majestad se escribio de ver las minas pobladas e que se comencase a sacar oro, le manda que vaya luego a salir con la gente, y sobre ello se dieron los pareceres que a vuestra Majestad aqui embio; por eso vuestra Majestad vera las cosas de aca como van, e sin ver la gente que ay en la tierra e a que rrecabdo quedan estas cibdades, y si la gente de las minas abra menester socorro, porque no tienen mas de tres caciques de paz, le manda yr a poblar, que ya plugiese a Dios sostuviesemos bien estas dos cibdades de Leon y Granada y el pueblo que se va a hazer en las minas, que no hariamos poco. An querido el governador, y thesorero, y protector, y veedor que las debdas que a vuestra Majestad se deven se suspendiesen por la necesidad de la tierra, yo no e querido ser en ello, antes e sydo del parecer contrario, porque para ello no tenemos facultad de vuestra Majestad, y el thesorero quisiera que se suspendieran por no tener trabajo en el cobrar, sobre lo qual se an enojado conmnigo, yo no lo e querido hazer, porque monta lo que se avia de suspender mas de quatro quentos.

La carta que de lo que dicho tengo escrevi a vuestra Majestad, que contenia lo que arriba dixe, yo la comunique y mostre a Alonso Perez de Valer, veedor de vuestra Majestad en esta provincia, e vio lo que escrevi, subcedio despues de todo lo arriba dicho, que el dicho veedor uvo una quistion delante del governador, estando yo en el campo fuera de la cibdad, con un alcalde hordinario como vuestra Majestad vera por el proceso que aqui embio, e despues que yo vine del campo, fui a ver al governador y a saber lo que era, el cual los tenia encarcelados, y agravio al dicho veedor el descubrimiento que avia tenido delante del governador, el cual veedor porque lo reprendi e porque el quisiera que yo le diera favor para bandejear contra el alcalde hordinario, formo enemistad conmigo e me qquito la habla, y lo que ansy mismo fue la causa de enemistarse conmigo, a sydo porque una amiga que truxo de Panama aqui, e tiene publicamente en su casa le dixe que la dexase, porque era mal exemplo que en la tierra se daba que le viesen en pecado publico, fue una rezia la enemistad y pasion que conmigo tomo, que les debio descobrir el governador y protetor y thesorero lo que yo a vuestra Majestad escrevi, o ellos ovieron por su aviso my carta, e me a rebuelto tan rezia y apasionadamente con ellos, que el governador publicamente a formado querella a mi, diziendo que le e tocado en su honrra, y el thesorero lo mismo, y como de tocar la honrra del governador y thesorero yo estoy salbo, yo le requeri ante escrivano al governador me dixese quien le avia dicho que yo le avia tocado en su honrra, y el thesorero lo mismo, y como de tocar en la honrra, como parece por este testimonio que ante vuestra Majestad embio, e lo mismo dixe antes el thesorero y fator ar andado publicamente diziendo males de mi, que hera un robador y otras peores cosas, formando vando y diferencias, y el dicho fator juramentando personas y diziendo que no me visitasen, ni viezen ni acompañasen conmigo, sino que todos fuesen al governador, dando a entender que entre el governador e my abia diferencias, y formando parcialidades, y publicamente yendome a juntar con ellos, apartarse de mi, para dar a entender al pueblo que teniamos diferencias y enemistades, y publicando el governador que me abia de prender e que tenya provisyon para quitar alcaldes mayores y thenientes, e andando a buscar personas que escribiesen contra mi cartas particulares e para darme disfavores, el governador pierde (?) suelta y comete cabsas de justicia ceviles y criminales, y conoce de las cabsas y casos de justicia fuera de la governacion, contra lo que en su provisyon y en la mia se le manda, y dize que lo puede hazer. Aunque a mi me este cometido el cargo de la justicia e sentencia que e dado de execucion y remate, se dize Diego de Mercado, e anme hecho otraz muchas afrentas e disfavores, lo cual todo yo e sufrido y callado y desymulado, porque vuestra Majestad no me embio aca a pasiones ni diferencias, syno a hazer justicia, con todo lo que a pasado, no dejando de acompañar al governador y le visytar y serbir como antes, e hablar y conversar a los dichos thesorero y protetor, e ansy lo hare syempre. Yo he dexado al protetor husar su oficio quan largamente e a querido husarlo, el suspende indios, como a vuestra Majestad escrevi, como todo lo subcedido se verá por ynformacion, que aqui embio, ante un alcalde hordinario; no queriendo el cabildo desta cibdad pedir para governador al governador Pedro Arias, yo trabaje...... (por el) como parece por la dicha ynformacion, e ansy mismo hize que se pidiese por cabildo que vuestra Majestad......(diese) el obispado aldicho protetor, que no son obras de enemistad, syno de mucha amistad que yo les e tenido e tengo.[142]

Crea vuestra Majestad que los oficiales y regimiento dela Nueva España dela cibdad de Mexico, sirvieron mucho a vuestra Majestad en no recibir por Regidor de Mexico al dicho veedor, porque debieron conocer su condicion, que es escandalosa; pero hasta tanto quel estuvo mal y escandaloso conmigo, nunca tovimos pendencias qui, antes el governador me favorecia e honraba, e despues se me a dado

---

[142] En efecto este protector de indios, Diego Alvarez Osorio, fué el primer Obispo de Nicaragua.

todos los disfavores e afrentas del mundo, e no solamente a mi, pero si alguno se junta conmigo o me acompaña, por manera que tengo por mejor estar en mi casa o salirme solo, que no que persona se allegue a mi.

La verdad es quel governador se huelga desto, porque con todos los alcaldes mayores que vuestra Majestad que en sus governaciones a tenido, syempre con ellos a tenido pendencias, por tener la mano en la justicia, como vuestra Majestad podra ser ynformado del licenciado Espinosa, oydor ques en la Española y como vuestra Majestad me mando probeer con mucho favor, las a querido tener mas Rezias conmigo, si yo obiera dado lugar a ello, lo cual no dare. Antes si el governador me dixere que no haze ningun oficio, cesaré por no dar lugar a que sientan en mi pasion, ni dar cabsa de enojo. A tomado tanto enojo conmigo el governador y formado tanta pasion, que a puesto en platica e dicho que me a de quitar los yndios que me dio de Repartimiento, syendo tan pocos quantos vuestra Majestad vera por visitacion dellos, puesto que en la encomienda me los dio en mas cantidad de teniendo yo el gasto e costa que tengo, aviendolos antes tenido un alcalde suplico a vuestra Majestad me confirme el dicho mi Repartimiento y mande no me toque en el, pues parece lo que dicho tengo por el repartimiento e ynformacion e visitacion del protetor, que aqui enbio.

Como a vuestra Majestad e dicho, el protetor usa de como quiere sus oficios, y suspende yndios, y entra en los acuerdos, como vuestra Majestad vera por el acuerdo de Chorotega Manalaca que aqui va, a que a mi parecer su provysion no se entiende.

La tierra esta tan pobre como a vuestra Majestad e dicho, y en ella no se saca al presente oro, ni se contrata; las contrataciones que ay en la tierra son en mayz y cacao y esclavos, y las otras cosas de la tierra. Como el dicho veedor Alonso Perez de Valer a visto la pobreza de la tierra e lo que a rebuelto, a acordado de se yr, e por acuerdo se le dio licencia por quatro años, y se me mando por el dicho acuerdo le librase el salario de los dichos quatro años, y no ose contradecirlo entonces, porque vi determinado al governador quel dicho veedor fuese a Castilla e que le diese la dicha licencia e salario, y hera en el hervor del enojo quel governador conmigo tenia, puesto que despues en otro abto le contradixe, e ansy no le libraré mas salario de hasta el dia que de aqui partiere, e la voluntad quel dicho governador tiene a quel dicho veedor vaya parece porque en un abto quel dicho veedor lleba, dize el governador que va a Castilla por su muger, y en otro que ansy mismo lleba el dicho veedor, dize que va a ynformar a vuestra Majestad de las cosas de la tierra.

El governador y el thesorero quisieran que fuera el dicho veedor por procurador destas cibdades, e llevar poder de los cabildos dellas, para que hiziera con ello daño a quien quisiera y sus negocios dellos, estas cibdades no se los quisieron dar, vista la pasion con que va y enojos que a rebuelto, como parece por los abtos del cabildo que aqui a vuestra Majestad enbio, e porque vaya el dicho veedor le a fiado el governador en mill pesos de oro que devia a un Francisco de Sepulveda, como parece por fe de escribano que aqui enbio.

El governador enbia al veedor a que negocie como se le dé el cargo de la justicia, que haga alla e diga las cosas que a el y al thesorero y protetor convienen; y demas de los mill pesos que por el a salido por fiador le dio un negro e dio en pago de sus fletes y le a prestado ciertos pesos para el camino, e a hecho tanto por el hasta vender su placa para socorrerle, porque de otra manera no pudiera salir de la tierra, e con ver el ayuda que le an hecho se a determinado salyr el thesorero le a fiado en seys mill pesos de oro, como parece por esta fee que aqui enbio, e le a prestado, pagado e salido por el mas de otros dos mill pesos a entregarse en su salario, y le quedan los indios del dicho veedor en conmienda, como parece por la ynformacion que aqui enbio, hecha ante Alvaro de Peñalver, alcalde hordinario. Los casados que son los que mas pueblan la tierra, an sydo aqui mas desfaborecidos, e de los yndios que yo tengo de repartimiento e dado a algunas personas algunos dellos que e visto pobres, como vuestra Majestad vera por la ynformacion que aqui enbio, e algunos se an querido yr de la tierra porque algunos de los que aca estamos les tocan en la honrra, porque yo lo e mitigado y no enbio dello ynformacion por ser cosa tan delicada.

Dios es testigo que yo e deseado y deseo servir a vuestra Majestad y poblar esta governacion ello e travaxado quanto a my a sido posible, e de hazer la justizia lo mas templadamente que yo e podido, syn lastimar a persona ny le buscar achaques ni dolencias viejas, e ansy pienso que ay de toda la gente se tomase ynformacion dirian que razonablemente vivo e huso mys oficios, puesto caso quel thesorero me a dicho, y no lo podra negar, que si quisiere durar en los oficios que tengo, a de ser no tocando ni enojando a las personas faborecidas que aca estan, ny a sus criados ni allegados, de lo qual yo no e curado antes me e reydo, porque aunque esto me a dicho biendome bien obrar no podra dar mal testimonio de my vida sy verdad quisiere certificar, etc.

Y si el veedor quisiere dezir verdad ante vuestra Majestad, muchas vezes el me percibio y dixo que me guardase del governador Pedrarias, que me queria mal e tenia las mas rezias mañas y cabtelas del mundo para destruyr quien quería e salir con ello, e que concertaban contra mi de convencer personas que escribiesen cartas a vuestra Majestad diziendo que yo bivia mal y contra my, y esto me dixo queriendo abonarse conmigo que le consintiese vibir desonestamente con esa muger que publicamente tiene y lleba consigo aqui enbio, hecha ante un alcalde hordinario, por la qual vera vuestra Majestad el amistad que siempre les he tenido, y la templanca y la moderación con sus enojos, e la amistad que siempre e hecho al veedor en buscarle dineros prestados para sus necesidades, y empeñarme yo por el governador en trabajar que el cabildo lo pidiese a vuestra Majestad por governador, no tra Majestad por Obispo, dexandole husar su oficio y suspender yndios e que vuestra Majestad, e si me dixeran que acuestas acarreara lo que ellos vieran ced de me proveer en otra parte adonde vuestra Majestad sirba, pues que enbio a mandar con el secretario Juan de Samano que viniese a serbir a estas partes a vuestra Majestad syn yo lo negociar ni pedir, a lo qual yo me ofreci como el dicho secretario dyra, y truxe mi muger y casa a estas partes con muchos gastos y grandes enfermedades que pasamos, y peligro de muerte como a vuestra Majestad ya consta por las ynformaciones que de Castilla del Oro enbie a vuestra Majestad. Vuestra Majestad no consienta ni permita que teniendo yo la vara de su justizia sea afrentado ni desonrrado, que a sido mucho sufrimiento que e tenido y mientras el governador Pedrarias pen.... y tubiese esperanza de con negociaciones aver el cargo de la justicia, nunca ternan paz con el alcalde mayor de vuestra Majestad sino se le certifica que no se lé a de dar, y es tanta la gana que de tener el cargo de la justicia a tenido, que como parece por esta ynformacion que aqui enbio, a oro porque yo me fuese, e ansy se dize publicamente que a trabajado con el governador, que se le de el cargo de la justizia, porque de la otra manera a su proposito, como que salga de ellos, y quel escribira de mi para que no lo por el, e diga verdad a vuestra Majestad, porque ninguno a de osado dezir ticia el governador Pedrarias es cosa de perdicion, porque como es viejo, enfermo y caduco, no haze mas en governacion, nien justizia de lo que le dizen e quieren sus allegados y sirbientes, ya vuestra Majestad sabe que esto no lo digo yo por tener yo el cargo de la justicia, porque a vuestra Majestad por muchas cartas e suplicado se me haga merced de me lo quitar y dar la contaduria con salario conveniente, pues se me prometio y dio esperanza de la contaduria, al tiempo que de ella parti, e sy con aquella esperanza no fuera, no vyniera aca, y el veedor dize que lo que a de negociar que se le de es la dicha contaduria, lo qual suplico a vuestra Majestad no consienta, pues este viaje por servir a vuestra Majestad me a costado tanto, dandoseme la contaduria, aviendose de proveer al alcaldia mayor como ya a vuestra Majestad e escripto. Conviene que vuestra Majestad enbie alcalde mayor letrado, porque sy otra cosa se haze, la tierra se perdera totalmente, e yo me beo probe e muy adebdado e syn remedio de salir a parte a donde pueda re.mediar mis necesidades, si vuestra Majestad no lo remedia, el governador a prometido al dicho veedor de le soltar lo que por el a fiado e le a prestado sy le negociare lo de la alcaldia mayor que se le de Vuestra Majestad no de credito a testiminio ny ynformacion que vayan hechas ante Bernardino de Valderrama, escrivano, porque yo le e tenido preso sobre cierta falsedad de un proceso y esta el pleyto pendiente, como parece por esta fee y testimonio que aquí enbio, y es criado paniaguado del dicho gevernador, e sy sobre esto oviese de dezir a vuestra Majestad lo que pasa, no acabaría en mucho papel, lo qual sobra en su tiempo y lugar.

Vuestra Majestad no de credito a firmas que alla se lleven, porque tenido aqui un mozo preso, el qual las contra hacia muy perfectamente, segund parece por este testimonio que aqui embio, y por ser sin malicia el contra hazer, sino por pasar tiempo, no le di pena corporal: podra ser que a este o a otro semejante hiziesen contra hazer firmas a su proposito.

E por la misma Ynformacion vera vuestra Majestad como an formado contra my parcialidad e se an aliado e confederado contra mi el dicho governador e los susos dichos y esto se a holgado de mancar el governador a fin de como e dicho, aver el cargo de la justicia, porque antes que oviese esto que aqui e dicho a vuestra Majestad, luego en vinyendo el governador mismo, nos andaba aqui revolviendo de casa en casa; diziendo unos mal de otros, como tomando juramento al veedor, lo declarara. Agora a mandado en que dé poder el gobernador de su teniente general al thesorero, según el publico.

En esta tierra se an despoblado la villa de Bruselas y el pueblo del Valle y el pueblo de las Minas, que si oviera habido buen recabdo e diligencia no se despoblaran y la tierra estuviera remediada, y no con la pobreza que agora esta.

El governador a escripto a vuestra Majestad diziendo que haze navios para descobrir por esta mar del Sur; es burla lo que a escripto, porque no quiere hazer sino un navio para traer a sus fletes y ganancias de aqui a Castilla del Oro, como hizo otro estando en Panama, que no le ha ocupado ny ocupa en otra cosa syno andar a fletes; solo lo haze a fin de sostenerse en la governacion, diziendo que haze Armada para servir a vuestra Majestad; antes a estorbado e estorva a los capitanes Hernan Ponce de Leon e Hernando de Soto[143], que aqui estan, que no ayan hecho quatro o cinco navios, que pudieran aver hecho aqui, para servir a vuestra Majestad e descobrir por esta mar, que son personas que en estas partes a vuestra Majestad an servido mucho. Depues que el governador vino a Castilla del Oro, que a bien diez y siete años hasta agora, se han hallado en todos los trabajos y cosas de la tierra, e tienen aparejo para hacer los dichos navios, e hizieron uno, el mayor que en esta tierra se a hecho e porque no hagan mas navios, porque sabe el governador que an los dichos capitanes enbiado a suplicar a Vuestra Majestad les de licencia para descobrir por esta mar, les a tomado y toma los carpinteros para que no hagan los navios, diziendo que el quiere hacer navios, e se los ocupa en hazer un bergantin, todo a fin de ambarazar que no hagan navios; creo que la yntencion de los governadores destas partes es tener a los pobladores tan pobres, que no tengan con que yr a quexarse a vuestra Majestad de los agravios que se les hazen.

---

[143] Hernan Ponce de Leon fue uno de los compañeros del Licenciado Espinosa durante su expedición a París y Natá, y uno de los déscubridores del golfo de Sanlucar o Nicoya.

Despues de la quistion arriba dicha, que el veedor obo con un alcalde hordinario, obo otra con el mismo alcalde, en lo qual yo no quyse entender en castigar, porque no pensasen que les tenia odio, como parece por este testimonio que aqui enbio, porque en verdad a nynguna persona yo lo tengo, e sy digo lo desta carta a vuestra Majestad, es, no por ser maldiziente, syno porque es tanto el deseo que el governador tiene de ver alcalde mayor por vuestra Majestad aqui, que han hecho todo esto con los que se han juntado con el para hazerle plazer, y porque conviene hazer Relacion de todo lo que aca pasa a vuestra Majestad, pues estamos tan lexos, que de dos a dos años y aun mas se puede hazer.

Por vuestra Majestad se nos manda que escrivamos juntos el governador e oficiales la carta general y rrelacion de la tierra cada vez que se escriviere, e agora se an estrañado de mi porque syempre avemos escrito juntos el governador e oficiales de vuestra Majestad, e agora escriven syn que yo lo sepa ny vea, y porque el governador no pueda dezir que yo no me e juntado o no quise juntar con él a escrevir, desque vi la poca quenta que de my an Presa, escrivano de vuestra Majestad, que me mostrase lo que escrebia, pondio lo que vuestra Majestad en el testimonio que aqui enbio vera; y veydo de su lugar thenientede governador, por me afrentar, a dado poder rero, como oficial de vuestra Majestad, vysitarlo, acebtó el dicho poder, por querido hazer su theniente general para me afrentar, y porque todos estan que vysite, porque esta enfermo en la cama, a do vuestra Majestad podra cama y tullido, lo que esta tierra no a menester.

Como ante vuestra Majestad parecio al tiempo que me proveyeron estos tar e villa de Palos y Requena, alcalde mayor de la ysla de la Gran Canaria de todos los dichos oficios e dado la cuenta de que a vuestra Majestad se antes que me proveyesen de los oficios, las quales tiene en su poder, e aun tar, de que tiene el dicho licenciado Cahinos y el secretario Samano en su poder testimonio dellos, e porque vuestra Majestad vea como e vivido y vivo e huso los oficios que vuestra Majestad me encargo en esta tierra, yo e dicho a los cabildos, justicias, e rexidores destas dos cibdades de Leon y Granada que ynformen a vuestra Majestad de mi manera de vivir y husar los oficios, los quales, por testimonios que aqui van y por sus cartas, ynforman a vuestra Majestad; y de mi manera de vivir e hacer justicia, se puede vuestra

Majestad ynformar de Hurtado de Mendoza, caballero dle su casa con quien yo residi en los oficios de Oran.

Para que vuestra Majestad vea la burla que aca pasa, el protector siempre a dicho que se herraran aquy muchos yndios libres por esclavos, y dello a informado a vuestra Majestad, e a esta cabsa, para que no se herrasen fuera de aqui esclavos, syno aqui en esta cibdad, para que el los viese herrar, porque no se herrase nyngun libre; y en esta tierra no hay otro provecho sino es el de los esclavos; y se tomo un hierro que tenyan en la cibdad de Granada para herrar alla los esclavos y se truxo al arca de las tres llabes, e aunque a pedido el dicho hierro el consejo de Granada para herrar alla los esclavos, porque dizen que en traerlos aca pasan trabajo, no se lo quisimos dar el dicho hierro para que alla herrasen. Anse juntado despues en acuerdo el governador y protector y thesorero y veedor e an proveydo que lleve hierro para herrar el capitan Martin Estete, a lo que va de Chorotega, para que hiere yndios por el camino, e despues en el pueblo que diz que a de hazer que se an herrar libres y no libres, como parece por este testimonio que aqui a vuestra Majestad enbio; e ansi va todo lo que aca se haze, e por que lo digo, soy malo. A querido el governador proveer de capitan al dicho Martin Estete contra comun parecer e voluntad de toda la tierra; no estando los yndios de las minas pacificos ny comenzadose a sacar oro, podria ser suceder gran desman, por no aver gente para socorrer como sucedio la vez pasada, que por no enbiar socorros se despoblaron, e syn aver sabido nueva cierta del dicho capitan Rojas, a hecho ynformacion el dicho governador, con testia dado buena quenta de los cargos que le a encomendado de ser su theniente de governador en esta provincias; crea vuestra Majestad, e digo verdad, que las veces que a dado cargo el dicho governador al dicho capitan Estete, a sydo con la voluntad de toda la gente, que siempre a avido e agora ay personas muy civiles y suficientes para qualquier cargos, e porque si fuere necesario probaré lo que aqui digo, que en el viaje del Desaguadero, a donde enbio el dicho gobernador por capitan al dicho Estete, a pesar de toda la tierra ver que oviesen de pelear con los yndios, el dicho Martin Estete, capitan, nunca fue a pelear; pasaron en el camino muy grandes crueldades, e consintio especialmente que llevando yndios de servicio la gente en cadenas, porque no se les bolviesen, acaescio coxeando un yndio, e sintiendose mal dispuesto, por no abrir la cadena para sacarlo, cortarle yendo en la misma cadena la cabeca para sacar la collera, e se hazian otras crueldades que el dicho capitan las consintia y se holgava dello, e solo entendia en estarse echado y en otras cosas suzias y de mal exemplo; e aviendo ydo el governador Pedrarias a hazer su rresidencia a Panama, lo dexo por su theniente en esta provincia, a donde acaescio que los yndios de una placa que se dize Matenerire e otros con ellos enbiaron a desafiar a los cristianos a esta cibdad y pusieron la tierra en grande alboroto e confusyon, hasta poner a la ciudad de Leon en estado que los cristianos no osaban dormir ni estar de noche sino en un cercado de tapias, por miedo de los dichos yndios. El dicho Martin Estete no oso salir a ellos, e a la sazon tenian mucha avilanteza los yndios e favor, porque el pueblo que estava hecho en el valle de Olancho, los yndios del dicho lo que alla estava por capitan en el dicho pueblo, e la gente desta cibdad se perdiera syno fuera por el capitan Compañon, que vino a favorescer esta cibdad desde el pueblo de las minas, e con la gente desta cibdad salio a los yndios que estavan esperando en el campo a los cristianos y desbarato los yndios e hizo gran estrago en ellos, syn riesgo de ningun cristiano, ny otro daño que alla se oviese, mas de un cavallo que los yndios mataron al dicho capitan Compañon. Cre vuestra Majestad que si oviera dado parecer que el dicho Martin Estete fuera por capitan, e oviera faborecido al dicho veedor contra el dicho alcalde que escrivieron de my al dicho Governador e oficiales y protector muchos mas bienes de los que en sus cartas an escripto; pero como e de dar quenta a Dios e a vuestra Majestad de los cargos que huso, trabajo en que la quenta sea buena quando se me oviese de tomar, pues se que la he de dar; e de lo que digo del dicho capitan Estete todas las vezes que vuestra Majestad mandare lo provare con muchos testigos fidedignos, de que agora no embio ynformacion por no enemistarme con el governador.

    Suplico a vuestra Majestad no de credito a ynformaciones que el dicho governador haga contra mi e enbien, e a lo que escrivieren los dichos protector e thesorero e dixere el dicho veedor, porque estan apasionados por lo dicho, e sy yo lo estuviera con ellos como ellos lo estan, y oviera castigado al dicho Bernardino de Valderrama, escrivano, ques criado del dicho governador, de la falsedad que cometio en el processo de que tengo hecha relacion a vuestra Majestad, e castigara, al dicho fator e a sus criados del dicho thesorero que con el fueron a catar las cosas del dicho alcalde; pero como yo no tengo pasion y me e moderado en todo esto con ellos e en otras cosas que pasan, y ansy lo hare hasta que vuestra Majestad provea como no tengamos enojo, que si yo algo escrevi a vuestra Majestad fue por lo que soy obligado de avisarle de lo que me pareciere, y por no hacer enojo al governador yo no e proveydo thenientes en el cargo de la justicia, de que vuestra Majestad me dio facultad que los pusiese, y es verdad que tengo todo el acatamiento al dicho haga merced de me mandar la contaduria de aqui con salario convynyente con que yo biva, o me proveer en otra parte en que sirva a vuestra Majestad porque tanta la pobreza de esta tierra e yo tengo aca gran costae debdas con tener a my muger y casa y personas que de Castilla traxe, y con la pobreza que tenenos en esta tierra no puedo remediar a ellos ny a my. Nuestro Señor la vida de vuestra Majestad acreciente con muy mayores Reynos y Señorios, como por vuestra Majestad se desea. De la cibdad de Leon de la provincia de Nicaragua, a cinco de octubre de mill e quinientos e veynte e nuebe años. Bessa los Reales pies de vuestra Majestad. —EL LICENCIADO CASTAÑEDA.

El Capitán Diego Machuca de Suazo, a S. M., sobre la muerte de Pedrarias Dávila—(PER 83—88)

Granada, 30 de Mayo de 1531.

S. C. C. M.

sea tan obligado a lo que al servicio de v. m. toca o tocare, que determiné de escrebir á v. m. haziendole saber todo lo en esta provincia sucedido, juntamente con lo que conviene mas a su rreal servicio se provea por la sustentación y buena governacion dellas, siguiendo en todo mas el camino de la clara verdad que a v. m. sin ninguna mezcla manifestar conviene, que no las voluntades, algo o mucho desto agenas, de los que nos mandan y goviernan, o por mejor decir, señorean.

Lunes que se contaron seis de marzo del presente, fue servido Nuestro Señor de llevar de esta presente vida a Pedrarias de Avila, governador en esta provincia de Nicaragua por v. m. de cuya cabsa quedó y esta en ellas niente de governador del mismo Pedrarias por v. m. lo uno porque dize que por ser teniente, como lo es, se yncluye y esta en la governacion, y lo otro porque a la ora que Pedrarias murió, estando en la cibdad de Leon, que es en estas partes, tuvo mañas con el cabildo, lo rrecibiesen por governador hasta que v. m. provea sobre ello lo que sea su servicio, los quales le recibieron y aun juraron solemnemente por governador hasta que v. m. otra cosa provea, y aun no se lo que se haria si v. m. de ay proveyese en ella, no proveyendo el Emperador nuestro señor.

Luego envió a esta cibdad de Granada una fee de lo hecho en Leon, pidiendo lo mismo hiziesemos en el cabildo della que en Leon se avia hecho, lo cual no se hizo ni se ha hecho hasta agora por ver como no hemos visto porque: Si hera por ser teniente de Pedrarias, por vuestra Majestad ya estaba antes recebido y no hera necesario recibirse de nuebo, y si por otra provision no sabiamos como se puediese hazer, y por ser recibido en la cibdad de Leon, en esta de Granada no heramos sufraganeos a ello, porque pasasemos por lo que bien o mal hecho hizieron. Luego nos envió su mandamiento para que tuviesemos en esta cibdad teniente de governador, por él, de lo qual apelaniente pusiese otro teniente, el nos denego la apelacion y nos mandó de nuebo general, ansi en esta cibdad como en toda la provincia. Nosotros visto que de fuerza o de agrado avíamos de pasar por todo, sufrimos el teniente y padecimos lo demas, pareciendons mejor pecar de muy obedientes, sy en ello pecavamos, que ser reputados de la menor demasya del mundo, pues el es justicia mayor en estas partes por v. m. y que si mal hize, ó ha hecho, ó hiziere, v. m. siendo ynformado, hara en ella lo que sea su servicio con justicia, pues que ya que otra cosa quisieramos hazer, hera antes cabsar alboroto que poner remedio, y al fin no sabiamos sy en ello se acertava.

Antes de agora se pudiera aver hecho saber a v, m. la muerte de Pedrarias, sy no que el alcalde mayor, qualquier navio que queria yr a Panamaódella bolbia y queria tornar a bolber, todos los a enviado a diversas partes, y aun agora no se hiziera saber tan presto sino viniera un bergantin de la provincia de Guatemala al puerto de esta, que va a Panama, y visto que de aquel se avia de saber, lo hazen saber a v. m. enbiando tambien juntamente a pedir a su Majestad del Emperador nuestro señor algunas cosas como las a mancado el mismo alcalde mayor, que ni a su servicio conviene ni al bien de esta tierra, vecinos y moradores y naturales della cumplen, y son que su Majestad, por cierto tiempo, no provea de govierno aca, justificando ser necesario para que estas provincias se rremedien y rreformen o, por mejor decir, sus haciendas y bolsas, y esto a hecho en la cibdad de Leon y en la villa de Esperanza, ques el pueblo de las Minas, y agora el mismo licenciado viene a esta cibdad de Granada, con pensamiento que con su provincia hara lo mismo, lo cual no dudo, aunque asta aqui sea mirado como enteramente lo que el rreal servicio de vuestra Majestad deven, segun los temores que traen delante, y como la gente de estas partes no somos mas buenos ny malos de quanto quieren los que goviernan o mandan, y que hasta que uno tenga dominio sobre todos para que aunque no lo sea pidan todas las veces cualquiera a v. m. por governador, y que aunque sea tan malo que claramente reconozcan ser total destruycion de la tierra, digan que por milagro de Dios nuestro señor vino aqui para su rremedio, y que no solamente para rremediar sus cuerpos, pero que basta para salvar sus animas, en lo cual deve v. m. tener mucha consideracion, porque por Dios, por lo que he visto, juzgo que las mas veces conviene acerca desto a v. m. proveer al reves de lo que se pide, porque a la tierra cumple y todos desean y con lo que su rreal conciencia mas se descarga y lo que al rreal servicio de v. m. es mejor provea para buena governacion y sustentacion desta provincia, es que en ella aya quien la govierne y tenga en justicia por v. m., y no letrado, porque muchas cosas y casos se hazen y consienten hacer, que con hazellos letrado se aprueban y no se contradizen con pensar que son conformes de derecho oy, aunque vuestra Majestad sea servido que lo sea letrado y sea tambien persona de quien quede satisfecho, mande que aya otros letrados....(roto) mismo en esta provincia, porque de no aver mas de uno y tener justicia y governacion en sy, o la justicia, hacen hazer y entender a todos los demas todo lo que quieren, syn que aya quien los contradiga ni sepan contradezir, y sobre todo como v. m. sea mas servido y con brevedad aya en esta provincia quien la govierne y tenga en justicia por vuestra Majestad, porque de lo contrario se sigue no governar uno sino muchos, de los quales procura cada uno su propio ynterese y pagamos los que tantas potestades sufrimos, y que siendo persona como ya tengo dicho de quien se pueda confiar, porque aca para tan lexos es todo bien menester sea quien mas v. m. fuere servido.

Conviene ansi mismo que los cabildos desta provincia sean muy favorecidos y sean perpetuos por v. m. porque de no ser favorecidos se sigue no ser v. m. avisado de muchas cosas y casos que a su rreal servicio tocan, y ya que lo es mas a favor del que govierna o de los que mandan, que con la verdad que a v. m. principalmente avisan deben y son tenidos en tan poco los cabildos, que ya que quieren hazer lo que deben, cada vez les van a la mano y buscan nuebas mañas y cabtelas en justicia para amedrentarlos o destruyrlos hasta que hazen lo que ellos quieren, y los leen contra su voluntad los libros del cabildo para saber los que contra ellos votan y pagarse dellos, y por esto muchas vezes no osan hazer lo que deben, sabiendo que sus votos y acuerdos se an de ver destruydos o se an de tener a contradezir, haziendo lo que no deben. De no ser perpetuos los cabildos por v. m., se sigue que nombrando los que salen a los que an de ser, como se nombran doblados para que dellos helija el que govierna los que les pareciere, syempre helije sus parientes, si los tiene, o amigos o allegados, para que con estos salga con todo lo que yntentare, aunque sea contra rrazon e justicia, y ansi quando algunas vezes es v. m. ynformado, es lo, como ya tengo dicho.a fabor del que govierna o manda, aunque otra cosa pase en la tierra o cumpla en ella.

Un mes antes de la fecha desta se fueron a descubrir nuevas minas, desde la villa de Esperanza, que es el pueblo de las Minas, donde se a cogido hasta agora oro, y plugo a Nuestro Señor que se descubrieron tales y tan ricas que segun la ynformacion del escrivano y la grand muestra que traxeron, se cree no averse bisto ni descubierto otras tales en todas las yslas y tierra firme. Allaron muchos rios y en todos se tomaron muy grandes muestras de oro, de manera que andando de paso, estando todos los rrios en tres dias con siete bateas, se tomaron cincuenta e tantos pesos de oro, y de que la tierra se a alegrado tanto quanto es razon, por andar ya algo flacas donde agora cogian oro no se cogera oro en ella; esta demora hasta que primero se hagan aziendas en ellas.

Porque en el capítulo quarto de esta mi carta escribo a v.m. diciendo quel despacho que a procurado el alcalde mayor Francisco de Castañeda, es questos pueblos supliquen a su Majestad del

Emperador nuestro señor que por cierto tiempo no provea de governador en estas partes para que se reforme, y despues descrito, el a venydo a esta ciudad de Granada, donde me parece no averse contentado con que aquello solamente se pida, sino que visto que en lo antes pedido allo buen aparejo, agora pidio que suplique a su Majestad del Emperador nuestro señor que le provea de governador desta provincia, diziendo que ansi conviene a su rreal servicio y a la buena governacion de estas partes, lo qual como el lo a pedido ansi lo an afirmado todas estas cibdades sin quedar ninguna, y si mas pidiera mas se escriviera, por quel los a ay quien aya osado hazer otra cosa, y a esto ya tengo dicho a v. m. lo que a la tierra cumple y al desahogo de la Real conciencia de v. m. y lo que debo, sin que dello discrepe un punto de lo que pasa y conviene, en lo qual provea con brevedad teniendo esta mi relacion de todo en todo por muy verdadera, pues quien otra cosa a v. mn. escriviese, merecia muy grave castigo. Nuestro Señor a. s. c. c. m. bien aventuradamente guarde y prospere con acrescentamiento de muy mayores Reinos y señoríos Desta cibdad de Granada a 30 de mayo de 1531 años.—S. C. C. M.—humill criado y vasallo que los rreales pies y manos de v. m. besa.—DIEGO MACHUCA DE ZUAZO.

El Capitán Alonso Calero a S. M., sobre el descubrimiento del Desaguadero o Río de San Juan de Nicaragua.—(PER 94—96)

Sin fecha(*)

S. C. R. M.

SACRA v. m. como por una su cedula mandó que se descubriese un Des—aguadero que sale de las lagunas dulces desta provincia de Nicaragua a la mar del Norte, a costa de v. m., y como nadie a ello se moviese, yo, el capitán Alonso Calero y el Capitan Diego Machuca de Cuaco, por servir a v.m. con licencia de Rodrigo de Contreras, su governador desta dicha provincia de Nicaragua, hizimos una Armada a nuestra costa y mision, sin ayuda de la Real hazienda de v. m. ni de otra persona alguna, gastando en ella nuestras haziendas y nuestros amigos, de que hemos quedado muy pobres y adebdados, y puesto que antes muchas vezes y por muchos capitanes se a querido hazer el dicho descubrimiento, solamente por nosotros y con la dicha nuestra Armada a avido efecto, de manera que se descubrio el Desaguadero desde las dichas lagunas hasta la mar del Norte, y como no se pudo hazer sin muchos travajos e gastos de la dicha Armada e gente, yo el dicho capitan Alonso Calero, viendome en la dicha mar, fuy a la provincia de Castilla del Oro, donde al presente era oydor de v. m. el doctor Robles[144], a pedille favor e ayuda a para bolver acabar de ver y poblar lo por nosotros descubierto, del qual, en remuneracion de lo que avia servido a v. m., recíbi muy grandes e notorios agravios por hazer governador a su yerno Badajoz, como lo hizo, de lo que aviamos travajado e gastado nosotros, los quales agravios podra ver v. m., siendo servido, por la rrelacion que dellos ymbio, e despues bolviendo

---

[144] Ubi supra.—Audiencia de Guatemala—Cartas y expedientes de personas seculares, de 1526 a 1561.
El DR. ROBLEs, en carta al Emperador en su Consejo de Indias, de Panamá, a 16 de febrero de 1540, da cuenta de la expedición del capitán Calero, el cual recorriendo la ribera izquierda del Desaguadero fué persuadido por sus lenguas o intérpretes a que pasase a la derecha donde hallaría comida. Y a la mano derecha estaban dos ríos caudalosos, uno que se llama sucRE y otro BUCURABA, que estaban muy poblados de indios y tenían mucha comida; y como iba en demanda de su compañero Diego Machuca, que iba por la mano izquierda del río, no pudo de dejar de seguir aquella vía; y como no había bastimentos ni ellos llevaban, ní pudo hallar a su compañero, muriósele de hambre y maltratamiento casi toda la gente de los cristianos, que no quedaron sino siete u ocho, y de todos los indios de servicio no escaparon sin) obra de veinte y cinco Y cómo se vieron perdidós y aportaron a la mar del Norte, acordaron tomar la vía en busca del Nombre de Dios, y Dios milagrosamente los aportó allá, y llegaron los cristianos e indios que dicho tengo más muertos que vivos".
"Diego Machuca, que fué por tierra, alejóse de la costa del río y topó muy mala tierra y falta de mantenimientos, y finalmente, de hambre se comieron todos los caballos, e volvió a Nicaragua con mucha falta de gente...."
"De los dos ríos de SUCRE y SUCURABA se tiene mucha noticia desde que Nicaragua se ganó, y están en fama de muy ricos y muy poblados. Estos caen en la conquista e población que Hernán Sánchez de Badajoz, mi yerno, se ofreció de hacer, en que al presente está entendiendo".
El Emperador desaprobó la conducta del Dr. Robles y ordenó a Hernán Sánchez, por cédula de 11 de enero de 1541, que suspendiese su jornada y respetase el asient, y capitulación tomados con Diego Gutiérrez cuya GOBERNACIÓN DE CARTAGO incluía el DESAGUADERO.(") Colec. Muñoz, tomo LXXXII, folio 156

a la dicha demanda con la posibilidad que puede, creyendo para ello como era razon seriamos favorecidos del dicho su governador Rodrigo de Contreras; fué por el contrario, antes moviendole cobdicia a querido aprobar y tomar para si el premio de nuestros travajos e gastos, como por ventura el abrá escrito a v. m. echandonos fuera de la dicha tierra, no con pocos agravios y molestias, porque los mayores daños e agravios que en estas partes se husan son los que so color de servicio de v. m. e de su justicia se hazen, y porque el que la presente dará a v. m. que es el dicho capitan Diego de Machuca de Çuaço, podra dar mas larga Relacion de todo lo que mas puedo decir, como quien lo a visto, trabajado e padecido, rremitiendolo todo a el, ceso suplicando a v. m. provea en ello de rremedio y en rremuneracion de los gastos e travajos y servicios que a v. m. hemos hecho, se a servido hazernos mercedes, porque mas aparejo tengamos ansi en lo hecho como en lo que mas pensamos hazer en su servicio, en el qual pensamos gastar personas e haziendas quanto la bida nos durare. Nuestro Señor el imperial estado de v. m. acreciente con muchoa mas Reynos e señorios e Larga vida.

De vuestra sacra, cesarea, real Majestad humill siervo que sus Reales pies besa. —ALONSO CALERO.

El Cabildo de León de Nicaragua a S. M. sobre el descubrimiento del Desaguadero. (PER 97—100)

A 25 de marzo de 1540

S.C.C.M.

El Concejo, Justicia e Regimiento desta cibdad de Leon, de las provincias de Nicaragua, besamos los Reales pies de V. M. y dezimos que ya por otras avemos hecho relacion a V. M. del estado desta tierra, y de como Rodrigo de Contreras, governador desta provincia a procurado y procura con toda diligencia al servicio de Dios y de V. M., y que los naturales desta provincia sean muy bien tratados y yndustriados en las cosas de nuestra santa fee Catholica, muy mejor que se hazia antes que viniese a esta tierra, y en tener esta tierra en paz e justicia, y enviamos a suplicar a V.M. nos hiziese mercedes de ciertas cosas que por una ynstrucyon que enbiamos a nuestro procurador, dezia que hera pedir e suplicar nos hiziese mercedes de ciertas cosas que tocavan al descargo de la rreal conciencia de V. M., y a la prosperidad y acrecentamiento desta provincia. Especial nos hiziese merced de dar los yndios perpetuos a esta provincia, y agora de nuevo ternamos a suplicar lo mismo, porque saviendo los vezinos que los indios son perpetuos, con mejor voluntad los trataran y yndustriaran en las cosasd de nuestra Santa fee Catholica, que no teniendolos solo por encomienda, y los yndios se acrecentaran y vernan mejor en conocimiento de Dios, y para esto y para lo demas que conviene a la perpetuydad desta tierra e vezinos della, a V. M. suplicamos humillmente que lo que en nuestro nombre nuestro procurador pidiese V. M. lo conceda, pues son cosas que convienen al servicio de Dios y de V. M.

Ya V. M. abra sabido la mucha noticia que se ha tenido del Desaguadero e tierras a el comarcanas desde questa provincia se descubrio, que va de la Laguna Dulce de la cibdad de Granada a la mar del Norte, y siempre los vecinos en los tiempos pasados an ydo en esta demanda y hecho gastos. Especial el Governador Rodrigo de Contreras, e los Capitanes Diego Machuca e Alonso Calero, que an ydo tres vezes en esta demanda e an gastado mucha suma de pesos de oro por servir a V. M., e saber el secreto de aquellas tierras, y el año pasado fueron los dichos Capitanes, aunque otras vezes avian ydo con dos vergantines y una barca grande e muchos españoles e quarenta cavallos, y fue nuestro Señor servido que el un Capitan fue el Rio abaxo del Desaguadero, e salio a la mar del Norte, e segund dizen no hay desde la laguna de Granada por el Desaguadero e abaxo asta la mar del Norte cincuenta leguas, y el Capitan que salio a la dicha mar del Norte con un vergantin y cierta gente fue al Nombre de Dios en pocos dias y el otro Capitan fue por tierra falto de comida e se tornó a Granada con la gente que llevava. Él Capitan que fue al Nombre de Dios, se tornava el y su gente aderezadas para bolber a descubrir lo encomenzado por la gran el dotor Robles, oydor de V. M. y de su chancilleria Real, que esta en Panama, sabiendo de la gente la noticia de la tierra rica enbio aquí por parte de un Hernan Sanchez su hierno, governador de Veragua, a hazer vergantines y gente para yr a lo que el governador de esta provincia y sus capitanes vernador desta provincia ni sus capitanes a acabar de saber el secreto de hierno del dicho dotor Robles, que tiene a cargo la governacion de Veragua. Suplicamos a V. M. que pues desta provincia, desde que ella se descubrió, siempre los vezinos della an gastado y gastarán asta acabar de saber el secreto del Desaguadero y de sus tierras a el comarcanas, que V.M. no permita que el governador de Veragua ni el dotor Robles niotra persona alguna que sea fuera del governador desta provincia, e sus capitanes e vezinos della, se entremetan a querer quitar a esta provincia lo que tan propinco e vezino le es e tanto questa a esta provincia, pues todo ello a de ser para el servicio de V. M. y acrecentamiento de su patrimonio real, y haziendose por via del governador de Veragua no sabemos el fin o yntento que terna, o si querra el o el dotor Robles dezir que pertenece al Duque de Veragua o a la virreyna su madre, o otras colores que les podrian dar, y V. M. no permita que pues el governador y sus Capitanes y vezinos desta provincia an gastado tanto en esta demanda, que el governador de Veragua ni otro ninguno se entremeta en ello, pues esta muy claro que dicho Desaguadero y tierras a el comarcanas estan debaxo de los limites desta provincia, que de mar a mar y aun por tierra de leguas, pues que todo esta descubierto e gastado por los mandamientos que V. M. a mandado a Rodrigo de Contreras, governador desta provincia, e que V. M. mande e provea que el dotor Robles ni la audiencia de Panamá ni el governador de Veragua se entremetan en esto del Desaguadero e tierras a el comarcanas, pues S. M. tiene mandado por sus cédulas réales que se decubran, porque podría ser suceder muchos inconvenientes e muertes de hombres hazer lo contrario. Nuestro Señor la S. C. C. M. guarde e prospere bien aventuradamente con mucha paz e obediencia del Universo. Desta cibdad de Leon de Nicaragua XXV de Marco de 1540.

S.C.C.M.

muy humilldes vasallos que los Reales pies de V. S. C. C. Magd besan,

PEDRO DE SEGURA　　　　　　　　JUAN NIETO

LUIS DE MERCADO	R. AL. CERVICON
alcalde	Regidor

PEDRO DE BUY TRAGO	JUAN DE URRETA
alcalde

Audiencias de Panamá y de Guatemala —1535—1543
(PER 130—134)

La Audiencia y Chancillería Real de Panamá ó de TIERRA FIRME fué creada por primera vez por reales cédulas del Emperador Carlos V, de Madrid, á 30 de febrero de 1535, y de Valladolid a 2 de marzo de 1537. Por real cédula de 23 de mayo de 1539, la provincia de Nicaragua, que hasta entonces estuvo sometida á la Audiencia de Santo Domingo, fué puesta bajo la jurisdicción de la nueva Audiencia de Panamá, cuyo vastísimo distrito comprendía las provincias de Castilla del Oro, el Río de la Plata y Estrecho de Magallanes, Nicaragua, Cartagena, Carabaro[145], Nueva Castilla y Nueva Toledo.

Pero este estado de cosas no podía durar y tan dilatadas regiones exigían una atención más inmediata y más constante que la que podía consagrarle la Audiencia de Panamá; así es que el Emperador, después de la muerte de Francisco Pizarro en el Perú y de D. Pedro de Alvarado en Nueva España, expidió sus famosas leyes de reformación de las Indias, suprimió la Audiencia de Panamá y fundó el Virreynato y Audiencia del Perú y la AUDIENCIA DE LOS CONFINES DE GUATEMALA Y NICARAGUA, suprimiendo estas dos gobernaciones y mandando a erigir esta última Audiencia por cédulas de Valladolid, á 7 y 13 de septiembre de 1543, siendo su primer Presidente el Licenciado Alonso Maldonado, oidor de Méjico, y oidores los licenciados Diego de Herrera, Pedro Ramírez y Juan Rogel, á quienes ordenó que sin demora pasasen a establecer dicha Audiencia, que se instaló el 16 de mayo de 1544 con el nombre de los Confines, en la ciudad de Gracias a Dios, lugar pobre y poco a propósito para el despacho de los negocios, situada no lejos de Comayagua, en la provincia de Honduras, y sin más mérito que el de

---

[145] El Ducado y provincia de Veragua.

hallarse en la mediación del reino, bien que demasiado distante de sus principales poblaciones.

Su distrito primitivo comprendía las provincias de Tabasco, Chiapas, Soconusco, Yucatán, Cozumel, Guatemala, Honduras, Nicaragua, Costa—Rica, Nicaragua y Panamá[146], bien que esta última provincia debía agregarse al Virreynato del Perú, como las de Tabasco, Yucatán y Cozumel á la Audiencia de Nueva España[147].

El 25 de julio de 1545, el licenciado Pedro Ramírez de Quiñónez escribe á S.M. representándole la conveniencia de trasladar la Audiencia de Gracias a Dios á Guatemala, y por reales cédulas de Valladolid, á 25 de diciembre de 1548 y 1° de junio de 1549, se facultó al licenciado Alonso López Cerrato, su presidente, para que la mudase a otro sitio más conveniente, y la estableció en la ciudad de Santiago de los Caballeros de Guatemala, cuya traslacion fue aprobada por real cédula de Valladolid, á 1° de julio de 1550.

Acusada la Audiencia y en particular su presidente, el licenciado Juan Martínez de Landecho, de cometer mil abusos, Felipe II, por real cédula de visitador, tomase residencia á Landecho y se hiciese cargo de la gobernación de Guatemala, trasladando la Audiencia á Panamá.

Así lo efectuó el licenciado Briceño, y en virtud de real cédula de Zaragoza, á 8 de septiembre de 1563, se verificó dos años después la traslacion de la Audiencia de Guatemala á Panamá, pero restringiendo su jurisdicción ácia de Nueva España la gobernación de Guatemala.

---

[146] El Licenciado Diego de Herrera, oidor de la Audiencia de los confines en carta a S. M. el Emperador acerca de la residencia de Rodrigo de Contreras, de Gracias a Dios, a 24 de diciembre de 1545, dice:
"Estando yo en Leon proveyó esta Audiencia á un Pedro de Casaos por Alcalde mayor de Panamá y el Nombre de Dios, y a un Colmenarespor Alcalde mayor de Truxillo, que es un pueblo de catorce a quince vecinos, e a un Turencio por alcalde mayor de de proveer de Alcaldes Mayores a Guatemala y Nicaragua, etc. Colec. Torres de Mendoza, tomo XXIV, pág. 414.
[147] El licenciado Cerrato, presidente de la Audiencia, escribe al Emperador, de Santiago de Guatemala, a 8 de abril de 1549:
"Proveanse mas oidores, que este distrito es largo y convienen visitas. El distrito de mar a mar son de ochenta y noventa leguas, y desde el Nombre de Dios ques el principio hasta el fin de Yucatan, otro cabo por tierra, más de selscientas leguas y de la mas mala tierra para caminar. Va pintura della".
Colec. Muñoz, tomo LXXXV, fol. 128.

El Virrey D. Luis de Velasco y la Audiencia de Nueva España escriben a S. M., de México a 26 de febrero de 1564, haciéndole ver los inconvenientes temala. En igual sentido trabaja el procurador de Guatemala en la corte, Francisco del Valle Morroquín, y gracias al valimiento, á la incansable actividad é influencia de fray Bartolomé de las Casas, púdose lograr que en enero de 1567, seis meses después de la muerte de aquel gran prelado, decidiese el Rey que la Audiencia se tornase a fundar en la ciudad de Santiago de la provincia de Guatemala, fijando sus límites por reales cédulas del Escorial á 28 de junio de 1568 y del Pardo á 25 de enero de 1569, con el mismo distrito y jurisdicción que tenía antes de su traslación á Panamá, abrazando las provincias de Guatemala, Nicaragua, Chiapas, Higueras y Cabo de Honduras, la Verapaz y Soconusco, con las islas de la costa. Ni estas reales cédulas, ni la ley VI, título XV, libro II, de la RECOPILACIÓN DE INDIOS, designan especialmente á COSTA RICA; pero esta provincia, comprendida bajo la denominación de NICARAGUA, DE CARTAGO, ó de VERAGUA, estuvo sujeta desde 1543, y por virtud de diversas reales cédulas, a la jurisdicción de la Audiencia de Guatemala.

Abrióse de nuevo esta Audiencia en la ciudad de Santiago de los Caballeros el dia 3 de marzo de 1570, siendo su presidente el Dr. Antonio Gonzalez, oidores Jofre de Loaisa, Valdés de Cárcamo y Cristóbal de Azcoeta, y fiscal el licenciado Arteaga de Mendiola.

He aquí el texto de las ordenanzas de 20 de noviembre de 1542, en lo que se refieren á la fundación del Virreinato del Perú y de la Audiencia de los Confines, según lo da Herrera:

10.—Que en las provincias del Perú resida un Virrey y una Audiencia real, de cuatro Oidores letrados, y sea la residencia en la ciudad de los Reyes, por ser la parte más convenible, porque de aquí adelante no ha de haber Audiencia en Panamá.

11.—Que se ponga otra Audiencia en los Confines de Guatemala y Nicaragua, en que haya cuatro letrados Oidores y uno de ellos Presidente, y que sea Presidente el licenciado Maldonado, Oidor de México, y que esta Audiencia tenga a cargo la gobernación de las dichas provincias y sus adherentes, en las cuales no ha de haber gobernadores, si otra cosa el Rey no mandare.[148]

DOCUMENTO XXV
80   FRANCISCO PLANCARTE Y NAVARRETE, "Prehistoria de. México", Tlalpan,México, D. F., 1923.——Lo que dice acerca del mito de Topiltzin—Quetzalcóatl—Tlapallan, etc (Páginas 463 a 478).

No era Quetzalcóatl el único nombre que llevaba entre los nauas el dios ulmeca. El encabezado del capítulo LXXIX de la obra de Durán es el tierra llamado Topiltzin y por otro nombre Papa a quien los mexicanos llama—narración de las leyendas de Quetzalcóatl. Este dios era, por consiguiente,el que llevaba los nombres de Topiltzin, Papa y Hueymac o Huemac,según Durán.

Topiltzin se compone de to, pronombre posesivo, nuestro; pilli, hijo, niño,oraciones y plegarias se usa la expresión Nuestro Hijo Quetzalcóatl; es una versión del náuatl Topiltzin Quetzalcóatl. Topiltzin fué al principio un título,un dictado de Quetzalcóatl que se volvió un sinónimo después, como entre los griegos..........,radiante, resplandeciente, en Homero aplicado como epí—teto al dios............, que se volvió. ...., nombre del dios Sol usado por los poetas posteriores que indistintivamente lo llaman Apolo o Febo.

Papa era uno los nombres que se daba a los ministros de los dioses, quiza a los principales que nos dice Sahagún y otros cronistas, llevaban el nombre de Quetzalcóatl. Encontramos en los anales de Cuautitlan que en el año Ce Acatl, "nació Qutzalcóatl y fué llamado Papa, Toltzin y Ceácatl". En el mismo documento se lee que en el año Chicuace Calli los Toltecas fueron a traer a Quetzalcóatl, le nombraron jefe en el gobierno de Tollan, dándole también el nombre

---

[148] Arch. De Indias. —Simancas—Segular—Audiencia de Panamá
—Reales órdenes á las autoridades, etc., 1551—1577—Ibidem—Aud. de Guatemala.
—Reales cédulas á las autoridades, corporaciones, etc. 1560—1578
—Herrera—Década VI., lib. V, cap ÍII y Déc. VII, lib. VI, capítulos V y VI.
—JUARROS, Hist. de Guatemala, cap. VII.—Las demás leyes relativas a estas Audiencias se insertarán por orden cronológico

de sacerdote y ministro, esto es, Papa. Papa claro está que era un título del dios ulmeca, como lo era también del sacerdote jefe de la tribu.

Dice Motolinía de los sacerdotes mexicanos que "criaban sus cabellos a manera de nazarenos, y como nunca los cortaban ni peinaban y ellos andaban mucho tiempo negros y los cabellos muy largos y sucios, parecían al demonio. A aquellos cabellos grandes llamaban nopapa y de ahí les quedó a los españoles llamar a estos ministros papas". (Motol. Hist. p. 25). Lo asentado por Motolinía no es sino una conjetura del escritor que quiere derivar la palabra papa, usada no sólo por los escritores españoles sino también por los indios, en sentido de sacerdote, del modo como traían los cabellos los ministros de los ídolos. Bernal Díaz, refiriéndose a los sacerdotes mayas de Campeche, dice de ellos que, '"en Nueva España, comunmente se llaman papas'. En la explicación de un códice pictórico de París encontramos unas figuras que representan a los niños dedicados al templo y la explicación, dice: "éstos están dedicados al ídolo para papas". Que más: en el '"Proceso del Santo Oficio contra Tecátetl y Tanixtetl, indios, por idolatría" seguido en 1536, se lee frecuentemente la palabra papa como el término usual y corriente para designar a los sacerdotes gentiles.

Los que sostienen el parecer Motolinía no derivan la palabra de nopapa como él, sino de papahuaque, que viene de papachtli, plural de pacchtli heno, comparando esta planta con las sucias y enmarañadas guedejas de los sacerdotes idólatras y por eso papahuaque significaría guedejudo como puede verse en el diccionario de Molina y sería la correcta ortografía del apodo que les pusieron los españoles. Otros, admitiendo que papahuaque es el nombre verdadero, dicen que es un plural de papahua, derivado de "papatli", guedeja o vedeja, y por eso Molina dice: "Papatli cabellos enhetrados y largos de los ministros de los ídolos". (Robelo. Diccionario de Mitología Naua ps. 324—326). Sin entrar en discusiones lingüísticas, más lógico y natural me parece que de los papas hayan tomado nombre los cabellos, de la manera que los traían los ministros, y no ellos de las guedejas enmarañadas que llevaban. Estoy de acuerdo con Durán Orozco y Berra en que Papa fué uno de los nombres que llevaron los sacerdotes gentiles en México y Papa fué un título que se volvió sinónimo de Quetzalcóatl. Los argumentos con que lo prueba el autor de la Historia Antigua y de la Conquista de México, son convincentes.

Youalliehécatl llama a Quetzalcóatl la Historia de los Mexicanos por sus pinturas, y Ehécatl es un nombre que se le da en muchos anales y crónicas.De todos estos nombres usados por los autores como sinónimos del dios ulmeca entre los nauas y otros usados con menos frecuencia, el que merece mayor atención es el de Huémac, Hueman o Hueyman, usado por Durán en unión del de Papa y Topiltzin en el capítulo de su historia que a él se refiere.

Suelen ordinariamente decir que el nombre de Quetzalcóatl está compuesto de dos elementos: quetzalli, pluma preciosa y cóatl, culebra o también mellizo. Dejando el primer elemento para discutirlo plenamente después, fijémonos en el segundo cóatl, con la significación de culebra y de mellizo admitido generalmente por todos. Hoy se conserva aún entre nosotros el significado de gemelo que sedaba en naua a la palabra cóatl, en nuestro provincialismo cuate. ¿Por qué se llama gemelo a Quetzalcóatl? La serpiente, dice Mr. Gerald Massey, refiriéndose a otros países en donde la palabra correspondiente a nuestra serpiente tiene también la significación de gemelo, como en náuatl, por su propiedad de cambiar piel se vuelve el tipo más acabado de los gemelos. Otros creen que por la propiedad de algunos ofidios vivíparos de reproducir siempre gemelos; mas yo creo que la doble acepción de la palabra se daba a un simbolismo que se pierde en la más remota antigüedad, en el cual la unión de dos serpientes representaba una esencia compuesta e indisoluble que a veces se desunía en dos distintas personalidades; el androginismo de los dioses supremos en una forma tal, que los dos elementos se suponían mnasculinos y sólo podían concebirse como dos gemelos, a veces inseparables, confundidos uno en otro, a veces distintos.

¿Quién era entonces el gemelo de Quetzalcóatl en el sentido que acabamos de enunciar? De Xólotl, dios nocturno, dice el comentador del Códice Magliavecchi que era su hermano y no le falta razón; el del Códice Vaticano A en vez nos presenta a Tótec como un compañero, un discípulo predilecto de Quetzacóatl, y este dios no deja de tener un estrecho vínculo de parentesco con Xólotl. Tótec, según Ríos, fué un imitador fiel de la penitencia de Quetzalcóatl. Este antes de ir a Tula a reinar, "hizo siete años de penitencia andando solo por los cerros y sacándose sangre para que los dioses le hiciesen gran guerrero" (Hist. de los Mex. 237): aquél se ve dibujado en el códice que citamos, sobre el monte de las espinas, y nos dice el comentador que, terminada su penitencia, se subió a una montaña y allí gritaba fuertemente llamando al pueblo de Tula "que viniese a hacer penitencia con él"; modo de decir, quizá reminiscencias de las predicaciones de San Juan Bautista, que no hay que tomar en cuenta sino sólo para tener a Tótec como el compañero de la penitencia simbólica de Quetzalcoatl.

El igualmente llamaba a los pueblos desde la montaña "que se llama Tzatzitépetl, en donde pregonaba un pregonero" que los llamaba a cien leguas de distancia y "desde allá oían y entendían el pregón y luego con brevedad acudían a saber lo que mandaba el dicho Quetzalcóatl" (Sahagún I,243). La predicación de Tótec y Quetzalcóatl y las gentes que reunían a su alrededor no son sino una alegoría o semejanza que se aplica al Sol y tenemos la misma en la India, aplicada a un dios solar también. En el himno dedicado a Mitra leemos en el Rigveda, que este dios reunía a los hombres cuando él hablaba y que vigilaba a los cultivadores del campo con un ojo que no parpadeaba. (III, 59).

Compañero de Tótec, llama Ríos, a Quetzalcóatl, también cuando explica el significado de la serpiente con plumas que se traga a un hombre. En otra lámina vemos a los dos dioses, uno en pos del otro, ante ciertas montañas cuyos vértices se tocan, y el intérprete nos dice que, como no las pudieron pasar, fingen que las perforaron por debajo y así pasaron; "fingono che le pertusarono di sotto e cosi passarono". Estos hechos, en que se muestran tan unidos y amigables Tótec y Quetzalcóatl como ninguno de los otros dioses, sugieren que quizá fueran éstos los gemelos, puesto que juntos atravesaron la montaña que perforaron en el camino de Tlapallan: mas no me resuelvo todavía a creer que fueran en sui origen Xólotl o Tótec los gemelos de Quetzalcóatl.

Ríos nos da a entender que hubo dos Quetzalcóatl, o como lo entiendo yo, que el dios estaba mitológicamente duplicado: la personalidad suya podía considerarse bajo dos aspectos distintos y estos dos aspectos distintos de la misma persona, o las operaciones de dos seres mitológicos distintos unificados en el los hay que buscarlos en los mitos que pasan como la historia de los tultecas y no es sino un euhemerismo de las fábulas simbólicas relacionadas con Quetzalcóatl. Huémac a mi entender es el gemelo que en esas fábulas ya se identifica con Quetzalcóatl, ya se le aparta, y éste y no Tótec ni Xólotl es el verdadero gemelo del dios ulmeca.

"Llegó a esta tierra—dice Ixtlixóchitl—, un hombre a quien llamaron Quetzalcóatl y otro Hueman por sus grandes virtudes, teniéndoles por justo, santo y bueno, enseñándoles por obras y palabras el camino de la virtud y evitándoles los vicios y pecados, dando leyes y buenas doctrinas". A Quetzalcóatl lo llamaron también Huémac dicen unos "porque imprimió y estampósobre una peña sus mnanos, como si fuese en cera muy blanda en testimonio que se cumpliría todo lo que les dejó dicho: otros quieren decir que significaba el de la mano grande y poderosa". (Ixtlixóchitl, Ob. hist. I, ps. 20 y 21). En una pintura, añade Durán, "le ví pintado con una loba larga y un sombrero grande puesto en la cabeza a este varón Huéimac, y un rótulo que decía:'padre de los hijos de las nubes" (vol. II,77). He aquí a Huémac idéntico a Quetzalcóatl.

Sabemos que histórica y mitológicamente los toltecas llegaron al centro del país y fundaron a Tula bajo la dirección de Quetzaltcóatl, pero encontramos en Ixtlixóchitl que fué Huémac el alma de la expedición: grande astrólogo que había encontrado un propicio agüero para haber salido de su tierra y después de larga peregrinación, aconsejados los toltecas por él, fundaron la ciudad. (Ixtlil, Ob. H. vol. I, ps. 23—27). Aquí aunque no tan abiertamente, Huémac también queda identificado con Quetzalcóatl.

Antes de morir juntó Huémac todas las historias que tenían los toltecas desde la creación del mundo hasta en aquel tiempo y las hizo pintar en un libro muy grande, en donde estaban pintadas todas sus persecuciones y trabajos, prosperidades y buenos sucesos, reyes y señores, leyes y buen gobierno de sus pasados, sentencias antiguas y buenos ejemplos, templos, ídolos, sacrificios, ritos y ceremonias que ellos usaban, astrología, filosofía, arquitectura y demás artes, así buenas como malas y un resumen de todas las cosas de ciencias, sabidurías, batallas prósperas y adversas y otras muchas: e intituló este libro llamándole Teoamaoxtli, que bien interpretado quiere decir, diversas cosas de Dios o libro divino". (Íxtlil vol. I, ps. 31 y 32).

El Teoamoxtli no fué quemado como los libros sibilinos, pero desaparesió; el Sr. Chavero, que lamenta su pérdida, sospecha que un fragmento de él se conservó copiado en las primeras páginas del Códice Vaticano A. Otros escritores en vez, se ríen de la enciclopedia tolteca, atribuyendo el libro a la fecunda imaginación del escritor texcocano. Que haya existito el libro no me cabe la menor duda, sólo que no era un libro real, pintado en pieles o papel de maguey, sino un libro tan mitológico como el de los destinos de que nos hablan los griegos, o los que Hermes escribió, o se encontraron en Egipto varias ocasiones en remotos tiempos escritos en jeroglíficos por Tahuti.

El origen de todos estos libros es el mismo, y no falta el tolteca en las manos de Quetzalcóatl. "También me dijo un indio viejo—, escribe el Padre Durán—,que pasando el Papa, así llama nuestro autor a Quetzalcóatl, por Ocuituco, pueblo del Estado de Morelos, el histórico Tamoanchan les había dejado un libro grande, de cuatro dedos de alto, de unas letras, y yo movido con deseo de haber este libro fuí a Ocuituco y rogué a los indios, con toda humildad del mundo, me lo mostrasen y me juraron que habrá seis años que le quemaron, porque no acertaban a leer la letra, ni era como la nuestra y que temiendo no les causase ningún mal, le quemaron, lo cual me dió pena porque quizá nos hubiera satisfecho de nuestra duda que podía ser el sagrado Evangelio en lengua hebrea, lo cual no poco reprendía los que lo mandaron quemar". Ob. cit., p. 76). Represión muy bien merecida, no por haber quemado el libro, que no hubo tal, sino por perjuros y embusteros. Era el Teoamoxtli de Huémac en manos de Quetzalcóatl, era el libro de los destinos que no se puede quemar ni perder. Quetzalcóatl otra vez identificado con Huémac.

Durante la permanencia en Tula de Huémac, y muchos años después, no se acuerda Ixtlilxóchitl que no viene a figurar en su historia del imperio tolteca sino con el nombre de Topiltzin, nuestro hijo, nuestro noble señor, poco antes que se derrumbara y sepultare en sus ruinas a los toltecas. Cuando era irremediable la catástrofe huyó y se encerró en la cueva de Xicco, cerca de Tlalmanalco, "y una noche con algunos toltecas partió para Tlapallan caminando de noche por desiertos hasta que llegó a aquel lugar "y estando para morir mandó que con él quemasen todo el tesoro que tenía. Tuviéronlo cuatro días por quemar, al cabo de los cuales lo quemaron". Hay otra versión: '"de este rey dicen muchos indios que está todavía en Xicco y no se fué a Tlapallan" (Ixtlilxochitl, vol. I, ps. 55, 73). Durán asegura que Topilzin "comenzó a caminar pasando por los demás pueblos de la tierra dando a cada lugar y cerro su nombre apropiado al pueblo y a la hechura del cerro....y tomó la vía hacia la mar y que allí abrió, con sólo su palabra, un gran monte y que se metió por allí" (vol. II, ps. 75, 76). Todo lo que estos autores cuentan de la salida de Topiltzin es lo que Sahagún escribe de Quetzalcóatl.

Para los anales de Cuautitlán, fué Huémac, el último rey de Tula; subió al trono después de haber gobernado dos años a los atempanecas; y Chimalpain nos hace saber que atempaneca era el nombre que daban a los hechiceros chalcas que practicaban la nigromancia en el agua de la laguna cerca del islote de Xicco. Era entonces un astrólogo, jefe de los hechiceros, y astrólogo lo encontramos en Ixtlilxochitl. Apenas comenzó a reinar "se casó con una señora llamada Coacueya, la que fué educada por el demonio en el lugar llamado Cuacueyecan, en donde tenía su casa'". Tal lugar no era pueblo, era la habitación o morada, o el adoratorio de Coacuétl, Coatlicue, enaguas de culebra, la diosa tutelar de Culuacan con el nombre de Ciuacóatl, culebra hembra. Fué la hija de Tescatlipoca y madre de Quetzalcóatl. (Muñoz Camargo, p. 40.—Códice Vaticano A.—Historia de los Mexicanos, p. 237). Esta es la causa porque se dice haber sido educada por el demonio. Aquí tenemos a Huémac padre de Quetzalcóatl. Volvamos a Ixtlilxóchitl.

En las postrimerías del imperio Tolteca tiene un papel muy principal una hermosísima mujer llamada Xóchitl o QQuetzalxóchitl, inversión el segundo, del nombre Xochiquetzalli. "Era esposa de un caballero Papantzin, descendiente de la casa real y en esta señora tuvo el rey a Topiltzin" (ob.cit., vol. I, p. 71); en otro pasaje el mismo autor hace a Xóchitlhija de Papantzin. Quitándole a Papantzin la terminación reverencial tzin nos queda papa, nombre que ya vimos daba Durán a Quetzalcóatl. De donde resulta que Xochiquetzalli y Coatlicue al mismo tiempo era hija, madre y esposa de Quetzalcóatl.

Coalicue y Xochiquetzalli era diosa representante dle la tierra, madre de los dioses y de los hombres y, como tal, madre de Quetzalcóatl; pero era al mismo tiempo la que recibía del sol el poder de producir plantas y frutos y, por eso, era esposa del sol, padre de la tierra florida y fructífera. Representante del Dios Sol era Quetzalcóatl, por eso mitológicamente no es un absurdo que sea padre, hijo y esposo de una diosa representante de la tierra, como parece al dar al mito una forma histórica. Para evitarlo los analistas tomaron diversos nombres del dios, volviéndolos personajes distintos.

Perdida Tula, según los anales de Cuautitlan, Huémac salió huyendo con los toltecas y trató de meterse a la cueva de Tlamazcalcinco, pero no pudo penetrar, se llevó a los suyos y el año VII Tochill "se mató" Huémac en Chapultepec en un paraje llamado Cincaleo. (Anales de Cuautitlan).La causa de la salida de Huémac, leemos en otro documento, "fué cierta novedad que aconteció, que vieron una estatua muy fea, espantable que puso en temor a la gente, e no osaban morar en la ciudad, de lo cual, le cayó a este señor un gran pensamiento, e se vino como desesperado a la dicha sierra de Chapultepeque a donde se ahorcó el mismo, de allí a seis años: dicen otros que no se ahorcó sino entróse en una cueva que está cerca de la dicha sierra en Atlacoyoaya e nunca más de allí salió". (Órigen de los Mexicanos, p.289). Aun creían los indios, decía Ixtlilxóchitl, que Topilzin estaba metido dentro de la cueva de Xicco, cerca de Tlalmanalco; también creían que Huémac estaba aún en la de Cincalco, cerca de Tacubaya; así lo cuentan Tezozómoc y Durán y lo apuntaba Sahagún. Con circunstancias análogas el mito de la fuga de Huémac de Tula se identifica con el de la huida de Topiltzin— Quetzalcóatl.

Quedó muy preocupado Moteuczoma por los presagios que, a juicio de los indios, precedieron en México la llegada de los españoles; pedía consejo a los principales acerca de lo que había que hacer y ellos le decían: "hay muertos "y también el paraíso terrenal', el Tlalocan, lugar de delicias de ciertas almas privilegiadas, "y la casa del Sol", Tlapallan, que conocemos ya, "y la cuaeva que se llama Cincalco que está cabe a Tlacuyoayan detrás de Chapultepec que hay grandes secretos". Tal cueva era la entrada de Mictlan, Tlalocan y Tlapallan, según parece todos lugares enteramente mitológicos como se comprende (Sahagún III, lib. XII, cap. IX).

Con esta noticia llamó a sus servidores, dice Tezozómoc, y les dijo :"Hijos, ya he hallado a donde habemos de ir y todos vosotros conmigo, que es en Cincalco, y hemos de estar en compañía del que andaba ya muchos años ha en Tula, que nos trajo aquí, que se llama Huémac, y si allá entramos jamás morirémos. sino vivirémos para siempre, a donde hay cuántos géneros de comida hay en el mundo, bebidas y todo género de rosas, y todo género de árboles frutales, porque todos los moradores que allá están, se hallan lo más contentos del mundo, y el rey de ellos, que es Huémac, estáel más ufano y contento del mundo: allá hemos de ir y estar en su compañía".

Antes de poner en obra su designio Moteuczoma quiso mandar una embajada. Hizo que le llevaran gran cantidad "de vino blanco y se embriagó" con todos sus servidores. Sacrificó cuatro cautivos, los hizo desollar y quitar las pieles; llamó los mejores hechiceros y les dijo: "id a la parte que llaman Cincalco y de mi parte le besaréis las manos al rey Huémac". Con las pieles,que le mandaba como presentes, debían de ir unos xolos, enanos y corcovados, para presentarlos al antiguo rey de los toltecas, de parte del tlatoani de México. Quetzalcóatl se embriagaba también antes de emprender el viaje y lo siguen enanos y corcovados. Los mensajeros de Moteuczoma entran a Cincaleo "y hallaron cuatro caminos". Cuando los dioses quichés Hunahpú y Xbalenqué bajaron a la región de los muertos, Xibalba, para jugar a la pelota con los soberanos de allí "llegaron a una encrucijada con cuatro caminos y ciertamente sabían el camino del infierno: uno era negro, otro blanco, otro colorado y otro verde". Esta misma encrucijada había tenido que pasar su padre, mas en el texto hay una pequeña diferencia en los colores de los caminos que eran "uno colorado, otro negro, otro blanco y otro amarillo, y viéndose perplejo habló el camino negro y dijo: a mí me habéis de tomar, porque yo soy el camino de los señores". (Ximénez, ob. c., ps. 34 y 58).

Los Mexicanos, no muy lejos de la entrada de la gruta, "toparon al viejo Tótec chicahua" y Tótec los condujo a la presencia de Huémac. Ya es nuestro conocido Tótec; recordemos que fué el discípulo predilecto de Quetzalcóatl, que lo acompañaba cuando agujeraron las montañas para poder pasarlas; aquí es uno de los cortesanos de Huémac.

En una de las leyendas relativas a Tula, que conservó Sahagún, Tezcatlipoca, en forma de indio cuexteca, hizo que la hija del rey de los toltecas para que se pudiera aliviar, no hubo más remedio que casarla con él. Desgraciadamente el cronista misionero calla su nombre pero debe haber sido Xochiquetzalli, Quilaztli, Coyolxauqui, Coatlicue o alguna otra de esas diosas que, en los mitos indígenas, representan los papeles de damas jóvenes de las comedias de nuestro teatro clásico.

Quetzalcóatl era, en los mitos de Sahagún, el sacerdote casto, penitente y austero que dió motivo para miles de inmerecidas sospechas de los sencillos y buenos religiosos, y aquella coquetuela casquivana que se enamoró del toveyo que vendía chiles verdes, no podía ser hija suya; pero "Vemac era señor de los tultecas en lo temporal, porque Quetzalcóatl era como sacerdote y no podía tener hijos', nos dice el excelente viejo misionero al endonar a Huémac la enamorada doncella para quitársela a Quetzalcóatl; mas a vuelta de unos tantos episodios en que el protagonista es el yerno, no se vuelve a mencionar ni la mujer ni el suegro forzado de Tezcatlipoca, preocupado únicamente el escritor con los antecedentes de la fuga y viaje a Tlapallan de Quetzalcóatl hasta dejarlo en el mar, después de haber dado "todos los nombres a las sierras, montes y lugares". (Sahagún, vol. I, p.248 y sig.)

Huémac aparece por los mitos identificado con el dios ulmeca y al mismo tiempo con un personaje distinto de él: es el gemelo de Quetzalcóatl. Topiltzin es el nombre del dios que usa Ixtlilxóchitl en el euhemerismo del mito solar, mientras Durán usa indistintamente los de Huémac y Papa, y Sahagún y los Anales de Cuautitlan, el de Quetzalcóatl. ¿Cuál es la significación simbólica de los gemelos que se unifican? Lo vamos a ver, pero antes hay que aclarar mejor quién era otro personaje, por algunos creído distinto de Quetzalcóatl y que no es, como vimos, sino un dictado, un título del dios, que personificó el euhemerismo de los escritores o de los indios de quienes tomaron sus noticias.

Mientras que a Quetzalcóatl le dan el carácter de dios del viento, hijo de los dioses supremos, hermano y padre de los dioses, a Topiltzin casi nunca le conceden un carácter divino, considerándolo como la parte humana e histórica de Quetzalcóatl, rey de Tula y soberano de los toltecas, los que no hacen de él un personaje enteramente distinto. "Topiltzin, escribe Durán, era un hombre advenedizo de tierras extrañas, que casi quieren certificar que apareció en esta tierra, porque ninguna relación pude hallar, de qué parte hubiese venido": y preguntando a un indio conocedor de las antiguas tradiciones cuál había sido el fin de Topiltzin "vino a confirmar que hacia la mar se había ido y que nunca más se supo de él ni sabían dónde aportó". (vol. II, ps. 74 á 78). Es el mito de Quetzalcóatl. Ixtlilxóchitl en vez le da como padre a Iztaccaltzin para humanizarlo enteramente, pero si de este nombre quitamos la terminación reverencial tzin, nos queda iztaccalli, compuesto de iztac, blanco y calli, casa. El sol se esconde en las montañas y se queda debajo de la tierra, le corresponde el poniente punto cardinal del símbolo calli, que tenía designado el color blanco iztac; de aquí la casa blanca Iztaccaltzin, el padre de Topiltzin. Sahagún nos dice también que de las cuatro casas de Quetzalcóatl la del sur era de plata y conchas, blanca; por consiguiente, y como el sur era el punto cardinal de la tierra, madre y esposa de Quetzalcóatl, de allí pudo salir también Iztaccaltzin.

Toda la nómina de los Reyes de Tula podemos sacarla de los mitos. El primer nombrado por Ixtlilxóchitl, fué Chalchiutlatónac el dios supremo, que con un soplo, engendró portentosamente a Quetzalcóatl. En los anales de Cuautitlán es Mixcoamatzatzin, el venado de Mixcóatl, cuyo mito ya conocemos y dió origen a la fábula de que, por consejo de Huémac, se pidió para el reino de Tula al hijo del rey de los chichimecas. De los cinco nombres que da Ixtlilxóchitl al segundo de los reyes, uno es Tlachinoltzin, y hay que recordar que donde hicimos mención del venado de Mixcóatl, hablamos también de un mito que se refiere a Quetzalcóatl en donde aparece el Tlachinoltépetl, peña o montaña donde se quema. El tercer rey es Huetzin de huéhuetl viejo y nombre también de uno de los instrumentos músicos que veremos trajo Quetzalcóatl de la casa del sol. Sigue Totepeuh, de quien hablamos ya, y en seguida Mitl o Mímitl, cardo, en relación con Amímitl la vara de Mixcóatl y de quien dice Torquemada era el mismo Topiltzin. A éste le sucedió en el reino su esposa Xiuhtlaltzin, tierra verde o tierra preciosa y el símbolo de una tal tierra era Xochiquetzalli, la esposa del padre de Quetzalcóatl, o del mismo, con el nombre de Papantzin. Los últimos soberanos antes de Huémac, según los Anales, fueron Matlalcáatl y Tlilccóatl, diez culebras y culebra negra el segundo; nombres de dos de los días del tonalámatl, perteneciente el primero, a la XVI trecena Ce Cozcacuauhtli; el otro, también personaje mitológico. ¿No es una coincidencia rarísima, que todos estos personajes tengan que ver con mitos en relación con Quetzalcóatl?

Tenía razón Durán al decir que Papa, Topiltzin y Huémac eran tres nombres del mismo personaje, pero no está de acuerdo en que este personaje fuera el mismo Quetzalcóatl, a quien, contradiciendo el parecer de todos, hace aliado de Tezcatlipoca contra Topiltzin, de la misma manera que, en los Anales de Cuautitlan, se hace aliado de Huémac al mismo Tezcatlip ca contra Quetzalcóatl; contradicciones aparentes que se explican perfectamente en el simbolismo del mito. Tezcatlipoca y Quetzalcóatl eran dioses solares relacionados con los cuatro elementos y los cuatro puntos cardinales o, mejor dicho, los puntos solsticiales de oriente y occidente: por eso aparecen contrarios, y una vez que contrarias son las dos estaciones principales del año, el frío y el calor, las aguas y las secas, relacionadas con distintas posiciones del sol en el espacio.

Ese camino probablemente no es la vía láctea, como se cree, sino la eclíptica. De manera que si Quetzalcóatl, lo mismo que Huémac y Topiltzin aparecen enemigos o aliados de Tezcatlipoca, esto no quiere decir que Topiltzin y Huémac fuesen personajes esencialmente distintos de Quetzalcóatl; Topiltzin no hay ninguna duda que es el mismo Quetzalcóatl. Sahagún repetidas veces en el original mexicano lo llama Topiltzin Quetzalcóatl, traduciendo el primer nombre en la versión española en las plegarias, en donde lo llama nuestro hijo Quetzalcóatl. También en Ríos encontramos a Topiltzin—Quetzalcóatl. Huémac es también el mismo, pero en las. contradicciones reales o aparentes de los mitos puede considerarse el gemelo o aún el enemigo de Quetzalcóatl.

FIN

ÍNDICE

- *LAS DOS CARAS DE MONSEÑOR LUNARDI* 5
- *BIBLIOGRAFÍA RESUMIDA* 7
- *EL AUTOR AL LECTOR* 13
- *PRÓLOGO* 15
- *PRIMERA PARTE: GRACIAS A DIOS Y SAN PEDRO SULA* .. 23
- *SEGUNDA PARTE: LAS PRIMERAS VILLAS Y CIUDADES DE HONDURAS* 99
- *TERCERA PARTE: ALBORADA DE HONDURAS* 137
- *CUARTE PARTE: DOCUMENTOS QUE SE REFIEREN A LA FUNDACION DE LAS VILLAS Y CIUDADES DE HONDURAS EN EL PRIMER TIEMPO DE LA CONQUISTA Y AL DESARROLLO DE LA NACIONALIDAD* 177
- *FUNDACIÓN DE LA VILLA DE SAN PEDRO* 281
- *DESCUBRIMIENTO Y CONQUISTA DE HONDURAS* 323

www.ingramcontent.com/pod-product-compliance
Lightning Source LLC
Chambersburg PA
CBHW070323010526
44107CB00004B/397